중도와 물리학

정신과 의사의
빛나는 삶을 위한 사유

중도와 물리학

최성욱 지음

한동네

차례

추천사

최성욱 선생의 저술에 붙여
(신인섭: 철학자, 한국현상학회 13, 14대 회장, 강남대 교수) _7

정신과 의사의 중도 이야기
(이명권: 동양철학자, 코리안아쉬람 대표) _14

프롤로그 _23

제1부 원리론

1. 중도 : 존재의 원리 _33
2. 기氣 : 유무중도체 _57
3. 기의 회전 : 음양의 탄생 _70
4. 근원 : 물리적 장 _87
5. 분화와 얽힘 : 음양의 상호작용 _98
6. 회전 : 우주(근원)의 존재 방식 _117
7. 역행매질 : 물질의 탄생과 죽음 _133
8. 화해와 수용 : 형상의 탄생 _151
9. 순행 매질 : 불멸의 질료 _165
10. 형상의 전사轉寫 : 영혼의 본질 _177
11. 정보와 진화 : 영원한 저장 매체 _188

12. 의식 현상 : 중도의 회로 _208

13. 뇌의식과 영의식 ; 소아와 대아 _238

14. 영혼의 사유방식 : 무념과 직각 _256

15. 물질의 시간성, 의식의 무시간성 : 시간의 정체 _280

16. 환생과 의식 : 내 속의 주인공 _303

17. 영계靈界 : 실재로서의 의식 _323

제2부 수행론

1. 아모르 파티 _345

2. 생각 _353

3. 자기애 _366

4. 개체성과 합일 _382

5. 무아와 유식 _393

6. 수행과 도전의식 _407

7. 수도와 종교 _424

8. 사천왕의 교시 _447

9. 출가와 도의 바다 _457

10. 명상 _476

에필로그 _490

추천사

최성욱 선생의 저술에 붙여

신인섭

(철학자, 한국현상학회 13, 14대 회장, 강남대 교수)

청소년 시절

　최성욱 선생의 단행본 출간과 더불어 서로 기쁨을 나누고자 오랜 벗으로서 추천사를 쓰고자한다. 최선생과는 청소년 시절부터 종교와 음악이라는 문화영역을 통해 서로 평행과 교차의 궤도를 함께 그려온 듯하다. 고교와 대학 시절 동안 교회와 병원을 통해 중창단 활동을 하는 가운데 각기 그리고 같이 활동한 것이 엊그제 같은데 벌써 40년이 되었다. 당시 자연계열에서 우수한 성적으로 의과대학에 합격한 최선생은 나와 함께 보컬그룹으로 병원 등에서 봉사를 했고, 신앙문제에 관심이 많았던 그는 갓 태어난 어떤 종교 섹트에 들어가 남다른 경험도 했다. 그러나 병역의무를 이행하면서 다시 자신의 본래 삶의 자리로 돌아가서 의학공부를 이어갔다. 이후 그는 정신의학과 전문의가 되어 병원을 운영하면서 깨달은 바와 함께 유가와 불가 중심의 동양사유에 몰두한다. 그리고 이제, 그러한 자신의 삶에 대한 통찰을 책으로 내놓는다. 그와 나의 삶의 여정이 의학과 철학으로 껍질은 다르지만, 인간과 존재 그리고 우주에 대한 관심에서는 유사하다고 느껴왔다. 그리고 그것을 이번 저술에서 다시 한 번 확인할 수 있었다.

기본 구도

최성욱 선생의 존재 이해를 위한 언어인 '근원'은 그의 말처럼 중국사유와 불가철학의 주요 내용에서 멀지 않다. 근원의 실질적인 존재양상은 유와 무 사이를 교차하는 원형의 궤도 곧 '존재 성향'과 '무無의 성향'이 공평하게 서로 교대되는 형국이다. 그리고 바로 이것이 최선생의 핵심어 중도中道의 내막으로 보인다. 근원은 이처럼 있음과 없음 사이의 절묘한 순환 즉 가시적인 것과 비가시적인 것 사이의 '긴박한 교환의 파동'이 된다. 회전 운동으로 유지되는 이 공존의 이치는 중국사유에서 음양의 양극으로 개진되는 태극에 다름 아니고 그것은 결국 영원히 역동적으로 순환하는 기氣의 본상이라 할 수 있겠다. 이 같이 회전하는 기류氣流는 중도를 이루는 매질이고 궁극적으로 모든 실존도 양극의 회전 곧 '존재론적 자리교환'으로 확보되는 것이다. 요컨대 최선생이 말하는 근원은 스스로 음양의 좌우회전을 교대로 펼치면서 중中의 균형을 복원하는 것이며 이 같은 무한대의 교차배열 운동이란 뫼비우스 띠의 영원한 반복과도 흡사하다. 그런데 이러한 논리는 나의 현상학적 존재론에서도 제시되고 있어 잠시 비교해보고자 한다.

양의兩儀와 중도

메를로퐁티는 존재현상의 본모습인 '살아있는 현재living present'를 체험하려면, "사태 그 자체로zur Sache selbst" 돌아가라는 후설의 이념을 완수하기 위해 '가운데' 곧 중도가 필요했다. 그는 중도를 부정하는 서양의 고전적 논리인 배중률을 라이프니츠처럼 거부하고 제 3의 영역인 사이-세계

interworld을 설정하게 되는데 이것이 '세계의 살chair du monde'이다. 이 살의 기제가 바로 최선생의 중도와 같은 역할을 하고 있는데 말하자면 양의兩儀, 곧 음양陰陽의 원리가 작동하면서 존재자 두 항목들 사이에서 순환적인 자리교환이 발생하게 된다. 최선생이 모든 실존자는 존재론적인 좌우회전으로 확보된다고 하였듯이, 메를로퐁티도 존재자들 두 항목 사이의 긴박한 교환을 통해 차원이 생성되면서 의식이 발현한다고 보았다. 생명을 소생시키고 세계를 가동시키는 이러한 이진법을 메를로퐁티는 양의성ambiguïté이라 부르는데 생生과 사死, 유有와 무無 그리고 의식과 신체 및 자아와 타자라는 소위 '양자 사이Entre-deux'의 '중도'적 불투명성이 우주의 바탕 매질이라 볼 수 있겠다. 이는 혼돈과 질서의 뫼비우스인 양자역학과도 무관하지 않으리라 본다. 음과 양이라는 두 항목 각자가 그 나머지 항목의 백그라운드가 되어 자신은 드러나지 않으면서 반대 항목의 존재를 나타내는 이 같은 류의 철학을 우리는 부정 존재negative ontology 혹은 간접 존재론indirect ontology이라 부른다.

자아와 타자

지금까지 존재의 역학易學인 '중도의 현상학'을 구축한 최성욱 선생은 마침내 타자의 문제 곧 '존재론적 윤리학'에 다다르며 공동체의 구현을 통해 자신이 이해한 존재원리의 클라이맥스를 개봉하고 있다. 그는 만물을 원천적으로 긍정할 수 있는 토대로, 의식의 세계에서 타자他者의 등장이야말로 내 의식의 실상實相이라는 가설을 제기한다. 이것이 바로 현상학의 핵심 독트린이라 할 의식의 '구성적constitutive' 역할이다. 의식은 나와 다른 것으로써 자신을 채운다는 말이다. 즉 의식의 확실성은 타자(타인과 세계)의 등장으로 가능해지는데, 환언하면 타자는 내 의식의 성립에 '필수적'이라 하겠다. 그리고 이때부터 타인은 나의 자기애를 위한 맹아가 된다. 최선생이 말하는 공존의 역학은, 모든 것이 긴밀하게 얽인 '연기의 법계'에서 타인에 대한 사랑은 결국 '자기애'로 돌아온다는 것이었다. 타인을 사랑함은 자기 사랑의 오디세이아를 촉진시킨다는 말이다. 그런데 이 논리는 메를로퐁티의 '연기론적 현상학'에서 멀지 않다. 이 철학자에게 인간은 '세계로 열린 존재être au monde'인데 말하자면 세계를 매개로 타인들과 신체적으로 접속되면서inter-corporeal 교차 배열되는 존재라는 것이다. 실존이 세계世界로 열림이란, 시간적 연쇄인 세世와 공간적 연속인 계界로서 존재하는 인간의 철두철미 연기론적인 양상을 말하는 것이며, 그러한 열림 속에서 나의 행위는 타인들과 사물들의 그물망을 '타고 넘어서' 이윽고 나 자신에게 다시금 그 결과를 돌려주게 된다.

사랑의 공동체

현상학적 정신의학자 빈스방거가 치료의 목표로 삼았던 사랑의 공동체는 프로이트의 기계적 인과율의 관계보다 우월하다. 그런데 빈스방거의 공동체보다 뛰어난 것이 동양의 '유기적 공동체(자연)'와 메를로퐁티의 '실존적 정신분석'이다. 최선생이, 사랑은 타자 속에 깃들어 있는 '나의 가치'를 발견하는 일이며 내 존재의 근거가 되는 '타인의 가치'를 발견하는 일이라고 한 것은, 나와 너 서로가 서로의 안으로 긴박하게 미끄러져 들면서 공존한다는 메를로퐁티의 상호귀속존재In-ein-ander-sein와 오버랩 됨을 알 수 있다. 이 현상 역시 교차배어交叉配語: chiasme의 양의兩儀 존재학과 진배없다. 말하자면 타인은 따로 떨어져 2인칭에 그치는 것이 아니라 나와 섞이면서 우리we-ness라는 1인칭 복수로 합류한다. 곧 1인칭 나는 2인칭 너로, 너 2인칭은 나 1인칭으로 연속적으로 교차 배치되면서

'우리'로 영글어진다. 여기에 어울리는 범례일지는 모르겠으나 다음을 보자. 10명의 사람이 한 권의 공저를 출판한다고 하자. 출판사로 원고를 넘기기 전에 각자의 원고를 다른 저자가 서로 읽어주며 수정하는 미션이 주어진다. 이때 어떤 이는 내 글도 아닌데 왜 시간을 낭비하느냐면서 귀찮아하고 또 어떤 이는 성실히 남의 글을 첨삭해준다. 남의 글을 잘 다듬어 좋은 책이 간행되면 그 책은 판매부수가 늘 것이고 궁극적으로 나에게 영광과 이득이 돌아온다. 결과적으로 나는 나 자신의 글을 윤문한 것과 마찬가지의 작업을 한 것이다. 즉 내가 고쳐준 글은 남의 것이지만 필경 '우리'의 책이 되고, 따라서 나는 너의 글을 사랑함으로 우리Wirheit를 이루면서 마침내 나 자신을 사랑한 것이 된다. 남의 글을 나의 '존재반경'으로, 모두의 책을 우리라는 '존재한계'로 치환해보라. 아마도 사랑의 현상학이 회전됨을 느끼리라. 물론 최선생의 원격적 자기애는 보다 긴 '연기론적 순환'을 전제로 했으며 나의 공저 이야기는 근접미래의 인연으로 묘사되었지만 아무튼 동일한 진리내막이 될 것으로 보인다.

현존재 분석

이제 나는 철학적 진리의 외로운 길을 가는 이 정신과의사가 속한 학문세계의 지형도를 그리면서 마무리하고자 한다. 일반적으로 정신과전문의는 약물치료나 상담치료를 통해 환자 또는 내담자를 상대한다. '정신분석학'은 상담치료의 한 방법론이 되며 그 원조는 프로이트이다. 주지하듯 그에게서 여러 갈래의 학파가 나왔는데 그 중에서 주요 몇 그룹을 보면 먼저, 조카뻘 되는 카를 융이 '분석심리학'이라는 이름으로 새 동아리를 잉태했으며 다음, 루트비히 빈스방거라는 아들쯤 되는 의사가 프로이트를 사사한 후 하이데거를 읽으면서 '현존재분석'이라는 학파를 이루게 된다. '라캉 학파' 및 '클라인 학파'와 더불어 정신의학의 소위 5대 학파인 '현존재분석'은 가장 철학적인 그룹이라 하겠다. 그러나 프로이트의 자연주의를 기계적이라 비판하는 의사 빈스방거와 달리 메를로퐁티라는 철학자가 중국사유와 더불어 프로이트의 실존성을 복원한다. 여러분이 보았듯이 나는 이 메를로퐁티를 통해 최선생의 논의를 재해석한 것이다. 한편, 빈스방거는 후기에 접어들면서 의식주체들 사이의 문제인 에드문트 후설의 상호주관적intersubjective 현상학으로 방향을 틀었지만 의사와 철학자인 그의 제자들은 저마다 고유의 방법론으로 지구상에 퍼지게 된다. 대표적으로 프랑스 철학자 앙리 말디네Henri Maldiney 1912-2013가 유럽 최고의 학파를 이끌었으며, 국내서 여러 번역서로 알려진 롤로 메이Rollo May 1909-1994는 직접 제자는 아니지만 실존분석이라는 이름으로 빈스방거의 미국 아방가르드가 되었으며, 교토대학 정신의학과교수 기무라 빈은 일본 전통사유와 더불어 빈스방거의 현존재분석을 심화시켰다. 나는 10년 전쯤 경희대 국제캠퍼스의 하이데거 전공 모교수와 함께 교토를 방문해 기무라 빈 선생과 대화를 나누었는데 현재 일본에는 동서철학이나 현존재분석과 더불어 정신의학을 연구하는 의사가 거의 사라지고 있다는 말을 들었다.

정신의학의 미래

우리나라에서 카를 융과 자크 라캉의 연구는 어느 정도 진척되어 소정의 학파를 이루었다고 볼 수 있겠지만, 정신의학의 임상에서 불가나 도가의 철학적 논리에 기초해서 현존재분석과 유사한 고급치료를 실시하기란 쉽지 않을 뿐더러 임상과 상관없이 개인적인 학술탐구를 하는 의사를 찾는 것도 어려울 것으로 사료된다. 이같이 척박한 상황에서 최성욱 선생의 오랜 지적 여정의 결실이 나왔음은 이 나라 정신의학계로 봐서도 경축할 일이 아닐 수 없으리라. 요즘 유럽에서는 루트비히 빈스방거 이후 앙리 말디네의 영향으로 정신의학자들과 현상학적 철학자들의 공동 작업이 활발하다. 원컨대 우리나라의 의사들도 자본시장을 위한 표피 에스테틱의 소모품이 되는 대신, 포괄적 인류애를 향한 심층 생태주의 deep ecology로 돌아서주기를 바란다. 그러려면 최성욱 선생의 '실질 메타피직 material metaphysics'과 같은 존재 지형도가 필요할 것이다. 그의 저술은 비록 제도권의 학술적 글쓰기는 아니지만 불가철학과 도가사유 그리고 양자역학의 논리가 교양인 수준에서 원만히 융합되면서 일종의 하이브리드 존재론과 심리학이 새겨지는 새로운 도전이 될 것이다. 부디 이 지적 제품이 정신의학계와 문화독자층에 충격파를 일으키길 빌면서 추천사에 대신하고자 한다.

추천사

정신과 의사의 중도中道 이야기

이명권
(동양철학자, 코리안아쉬람 대표)

　여기 인간과 우주에 대한 새로운 통찰을 제시하는 이가 있다. 그는 정신과 전문의다. 그가 제시하는 새로운 통찰이란 '순행매질'과 '역행매질'이라는 독특한 용어로 세계의 순환적 구조를 설명하는 것이다.
　여기에서 '순행매질'이라 할 때 '매질媒質'은 사전적 정의 그대로 '물리적 작용을 한 곳에서 다른 곳으로 전하는 매개체'를 말한다. 그렇다면 저자가 말하는 순행매질이란 순행의 기氣 이론과 관련된다. 이때 이 기氣는 고정된 존재가 아니라 '흐름'을 원칙으로 한다. 인간은 기 흐름과 밀접하게 관계된 존재이며, 이 기 운동에서 한순간도 벗어나지 못한다. 이러한 기 움직임과 관련하여 저자는 순행매질이란 '근원根源'적 존재의 바탕에서 출발하는 하나의 '작동원리'로 보고 있다.
　'근원적 존재'라고 하면 다소 어렵고 추상적인 개념으로 들릴 수밖에 없다. 하지만 저자는 인간의 근원에 대한 근본적인 질문을 던지고 있다는 점에서, 인간 형성의 조건에 대한 근원적 물음을 풀어 갈 수밖에 없었고, 그러한 질문에 대해 저자는 다양한 물리적, 혹은 정신적 개념을 동원하여 차근차근 설명하고 있다. 저자가 그 근원적 물음의 바탕에 핵심적인 키워드로 설정하고 있는 것이 바로 '기氣'라는 개념이다. 이 기와 관련된 '순행매질'의 작동원리는 이른바 삼라만상의 모든 질료를 포함하는 '창조의 원리'와도 같은 것이며, 그것은 다시 하나의 원리로서의 '일자一者'로 상정된다.

이 부분은 동서양의 고전이 제시하고 있는 우주적 바탕의 근원적인 창조 질서를 주관하는 '일자'와도 맥락을 같이 하는 것으로, 저자는 이를 다시 '중도中道'의 원리라는 개념으로 과감하게 설정한다. 앞서 언급한 기氣가 하나의 파동 매체라고 볼 때, 그것은 시작과 끝이 하나로 융합한 유무有無의 파동체이며, 이 기는 유와 무를 오고 가는 멈추지 않는 '중도'의 출렁임이라는 것이다. 이 점에서는 놀라운 발견이요 주장이다. 이 중도는 카오스적 혼돈의 세계가 아닌 코스모스적인 질서의 세계이다. 저자는 이 코스모스의 물질적 질서를 '회전하는 실체'로 파악하고, 이 회전의 질서를 우주의 시공時空과 결부시켜 규칙적인 만물의 부단한 변화를 읽어내고 있다. 즉 저자가 강조하는 순행매질은 우주적 창조 원리로서의 일자의 순행과 결부되는 것이고, 그것은 다시 인간에게도 적용되고 있다.

이에 반하여 역행매질은 순행매질의 방향과 반대의 방향으로 거슬러 회전하는 물리적 기제를 말한다. 저자가 말하는 '순행의 기氣'가 "근원적인 에너지의 흐름과 일체가 되어 사실상 저절로 돌아가는 상태"라고 한다면, '역행의 기氣'는 "근원적 흐름과는 맞서 싸우는 형국"이다. 이러한 역행의 기운은 결국 에너지를 소비하게 되고 종국엔 죽음에 이르게 된다. 따라서 저자의 주장에 따르면, 인간의 수명도 엄격히 말하자면 역행의 결과다. 반면에 불멸不滅은 순행의 결과다. 여기서 우리는 저자의 의도를 간파할 수 있다.

인간은 역행의 매질로 언젠가는 반드시 죽게 되지만, 그 의식이 순행의 매질에 합류하게 되면 불멸을 획득하게 된다는 논리다. 그러한 논리적 근거로 저자는 동양사상의 기 이론과 더불어 불교사상의 유식唯識학에서 말하는 여래장如來藏의 불성佛性을 획득하는 일과 관련짓고, 한 걸음 더 나아가서 힌두교의 사상체계인 '범아일여'의 이론도 도입한다. 이른바 아트만의 불멸성에 따라 우주의 궁극적 실체인 브라만과 합류함으로써 시간적 유한성의 존재가 아닌 영원성의 브라만과 합일을 이루는 단계를 통해 불멸을 주장하고 있다.

그렇다면 불멸성을 획득하는 순행매질의 특성은 어떤 것일까? 이에 대해 저자는 "순행은 뗏목이 강을 타고 흐르듯이 그 바탕과 함께 흐르는 것이다"라며 강과 강물에 비유한다. 동시에 순행매질은 공간을 점유하지 않는 '비물질적 상태'로 존재하며, 물질의 속성에 구애되지 않고 그 운행이 영구적이다. 이런 것이 바로 순행매질의 불멸성이며, 인간의 정신도 그러한 순행매질에 편승할 때 불멸성을 획득한다는 논리다.

그런데 문제는 인간은 처음부터 순행매질로만 존재할 수 없다는 점이다. 오히려 역행하는 인간의 몸이 있기에 변화와 성숙의 계기가 마련된다. 즉 인간에게는 정반합일의 변증법적 과정을 통해 진화의 기회가 있다는 것이다.

저자에 의하면, "진화의 숨은 인자는 역행과 순행의 '얽힘'에 의한 정보의 이월移越이다." 이는 얼핏 어려운 이야기로 들릴지 모르지만, "유전자와 관계없이 삶의 모든 흔적(정보)은 순행의 매질에 각인된다."라고 하는 저자의 말 속에서 탁월한 가설적 주장을 엿보게 된다. 진화의 주체는 유전자가 아니라, '삶의 흔적' 곧 '정보'화 된 삶의 족적이 진화의 주체라는 탁견을 보게 된다. 그렇다면 인간이 삶의 현장에서 맞이하는 숱한 고난은 진화의 정보가 아닐 수 없고, 한 걸음 더 나아가서 저항과 갈등의 상황 속에서 변화와 통합의 계기가 형성되는 것이다.

순행 그 자체로는 불멸이지만 그것만으로는 생명체들로 가득 찬 환희의 세계가 나타나지 못한다는 것이 저자의 견해다. 순행의 매질에서는 물질적 마찰이 없기는 하지만 오히려 그것은 건조한 비물질적 '하늘 세계' 자체일 뿐이고, 역행의 매질에서만 고난이 얽힌 축축한 땅의 세계가 전개된다. 땅의 세계는 험난하기는 하지만, 역경의 극복을 통한 희열이 있는 세계다. 오히려 그러한 역행매질이 있음으로써 그 지혜와 희열이 순행매질로 편승할 수 있다는 역설의 논리가 성립된다. 그런 점에서 인생은 살만한 '공즉시색'의 한마당이다.

그런데 놀라운 것은 진화에도 사이클이 있다는 것이다. 예컨대, '환생'과 '윤회'를 통해 인간 삶의 한 단면적 사이클이 형성되는데, 그것은 삶의 과정에서 축적된 흔적, 곧 정보가 다시 역행매질로 재전송되면서 진화의 새로운 사이클을 만들어 간다는 것이다. 이른바 "역행의 파동이 순행의 기장에 등록되는 것처럼, 역으로 순행의 정보도 역행의 물질체 형성에 영향을 미치는 것"이다. 이것은 역행과 순행의 '기氣'가 서로 주고받는 정보의 교류에 따라 인간 존재의 궤적이 끊이지 않는다는 논리다. 이는 인간의 정신이 수십 억 년이 흐르면서도 단절 없이 지속되어 온 비밀을 엿보는 계기가 된다.

정신과 전문의로서 저자가 말하는 인간 정신의 본체도 '역행매질'과 '순행매질'의 교류 작용에 따른 정보와 그 처리기능으로서의 '의식'이다. 진화 또한 물질적 경험을 통한 영체의 작용이 빚어내는 엄청난 세월의 공덕功德이며, 인간 영혼의 탄생은 "무수한 죽음과 환생의 스토리가 만든 우주의 걸작"이므로 결코 가벼운 존재가 될 수 없다는 것이다. 이러한 우주적 순환의 결과로서 인간의 죽음은 단지 "육체(물질)와 맞물려 있던 영혼(우리의 의식)이 '얽힘 상태'에서 풀려나는 것"을 말한다. 이렇게 보면 죽음은 단순히 영혼이 육체에서 이탈하는 것일 뿐이다. 여기서 한 걸음 더 나아가서 저자는 죽음에 대하여 다음과 같이 담담하게 언급한다.

> 물질의 입장에서 본다면, 죽음은 자신의 소멸이다. 자신을 물질적 존재로 믿고 있던 입장에서는 비극이며 두려움이다. 하지만 영혼의 입장에서는 해방이다. 그것은 무겁고 딱딱한 물질에서 벗어나는 진정한 해탈의 순간이다. 육체는 영혼이 잠시 걸치는 옷과 같고 죽음이란 그 옷을 다시 벗는 과정이다. 그 옷에는 자신의 소멸을 슬퍼할 자의식이 없다. 껍데기에서 벗어난 애벌레가 나비가 되어 훨훨 날아가듯이 물질에서 벗어난 영혼은 오히려 무한히 자유로워질 것이다.

　다소 길지만 죽음에 대한 저자의 문장을 옮겨 보았다. 탁견이요, 명문이다.
　죽음은 그렇다 하더라도 우리가 지구촌에 살고 있는 한, 우리는 매일 새롭게 무수한 형태의 '상象'들을 만나고 산다. 밤하늘의 뭇별로부터 시작하여 아침에 타오르는 찬란한 태양을 기분 좋게 맞이한다. 그 감각의 중심에 다시 인간 '의식'이 자리 잡고 있다. 그런데 인간이 의식하는 주체는 또 누구인가 하는 질문에 봉착하게 된다. 이것은 의식하는 자를 의식하는, 곧 '알아차림'이라는 깨달음의 문제로 발전한다. 기계와 달리 인간의 의식은 자각적이며, 독립적인 성질이 있다. 그것을 일러 '자아自我'라고도 하는데, 저자는 에고의 측면을 넘어선 진정한 자아로서의 진아眞我에 대한 연구를 지속하고 있다. 그 결과 저자는 "의식 현상에 대한 고찰도 유형적 논거를 통해야 객관적 이해에 도달할 수 있다."고 보았고, "존재의 근본적인 이치는 중도中道였으며, 중도의 유형적 물리는 '회전'이었다. 따라서 의식이 발현되는 원리도 회전의 속성"에서 찾고 있다. 그 회전의 속성인 '원점으로 회귀하는 기氣'에 천부적 '각성覺性'이 존재한다는 가설을 세우면, '알아차림'이라는 깨달음도 저자의 논리대로 '불성佛性'을 깨닫는 이치요, "내가 곧 브라만이다."라는 '범아일여'의 궁극적 깨달음도 가능하다는 것이다.

문제는 저자의 표현대로, "자신을 무엇으로 여기느냐 하는 것이 삶의 질을 결정한다." 그것은 곧 자신의 진정한 정체를 발견하는 일이다. 바로 그 자신은 단순히 물질적 존재로 소멸하는 삶이 아니라, '소아小我'의 경험과 지혜를 통해 불멸의 의식으로 저장되는 '대아大我'와의 합일을 목표로 하고 있다. 그것이 곧 '영혼의 수행'이다. 그리하여 저자는 '영혼의 사유방식'을 이 책에서 언급하고 있다. 인간은 감각 경험의 한계로 인해 발생한 '정보'의 공백을 메우기 위해 '생각'이 등장한다는 것이다. 이는 육체의 제한된 감각이 사건 전후의 기운氣運을 모두 파악하지 못하기 때문에 '생각'이 등장하지만, 영혼의 사유작용은 오히려 일체의 사념에서 벗어난 무념無念의 자리다. 이때의 무념은 '완전한 감각'으로 모든 것을 조견照見하는 지혜의 완성이다. 이른바 영혼의 사유는 '생각을 초월한 사유'이며 진정한 자유의 길이다.

정신과 의사로서 이러한 논의를 전개하는 데는 나름대로의 논리가 있다. 그것은 다음과 같은 그의 웅변이 잘 말해 준다.

> 모든 결심의 주체는 영혼인데, 그의 기파氣波가 먼저 뇌의 활성을 유발하고 그다음 그 뇌의 활성(전자기 파동)이 우리의 심경변화로 전달된다는 것이다. 지금의 내 마음(뇌의식)이 모든 결정을 최초로

내린다고 생각하겠지만 사실은 영혼의 결심이 선행하고 그것이 지금 우리(육체적 뇌의식)의 결심으로 전달되기까지 극히 짧은 시차(수백 밀리 초)가 있다는 말이다.

이것은 어디까지나 저자의 가설이지만, 이것이 입증되는 날이 온다면 가히 혁신적인 발견이 아닐 수 없다. 이는 단순히 전자기파의 물질적 단계를 넘어서 뇌의 전자기 파동이 의식의 본원으로 연결되는, 이른바 '영혼과 육체를 연결하는 다리'로서의 뇌의 작용을 상정하고 있는 것이다. 그리하여 뇌는 '영의식'과 육체 간의 송수신 장치로 작용하고 있고, 주변을 인식하는 주체는 뇌가 아니라, 영혼이라는 것이 저자의 강력한 주장이기도 하다. 이 영혼이 전생前生의 정보와 비교하여 판단하면서 시시각각 다가오는 뇌의 전자기 파형을 오감五感으로 변형하여 감상하고 있다는 것이다. 결국 영혼의 사유방식은 감각의 확장을 통한 무념의 성취다. 무념의 상태에서 대상을 직접 조견하는 자유다.

저자의 주장과 같이 인간 의식의 차원은 시간성에 쫓기거나 종속되는 것이 아니다. 오히려 빛보다 빠르거나 무시간적이다. 무아지경의 환희 속에서도 의식은 시간을 벗어난다. 이른바 "의식이 시간에 종속되는 것이 아니라, 시간이 의식에 종속되는 것"이다. 시간도 "의식의 창조물"일 뿐이다. 한 걸음 더 나아가서 저자는 의식을 불멸不滅로 보는데, 그 이유도 '무시무종'의 원융圓融적 형태의 기氣의 회전을 근간으로 하기 때문이다. 일체 삼라만상의 모든 존재는 회전을 그 속성으로 하고 있다고 주장하기에, '존재의 원형이자 영존의 조건'으로서의 회전이 바로 의식의 작용과 같이 하기에, 의식은 불멸이 되는 것이다.

이제 저자가 이 책에서 강조하는 '중도'의 논점으로 다시 돌아가, 앞서 언급한 순행매질과 역행매질이 회전하면서 양극을 아우르는 중도의 의식으로 들어가 보면, 그 중심에는 불교적 사고인 일체유심조一切唯心造의 유식무경만이 남는다. 이러한 논리를 기초로 하여 저자는 환생을 긍정하며 스스로 일어설 수 있는 재기의 기회로 삼을 수 있다는 측면에서 "환생은 참으로 아름답고 따뜻한 은혜"라고 까지 말한다. 이러한 환생을 통한 윤회는 "멋진 희망의 메시지"라고 말하고 있다. 저자가 이렇게 말하고 있는 근거는 무엇일까?

정신분석학자 프로이드가 인간의 무의식(잠재의식)의 중요성을 발견하고, 융이 '집단 무의식'을 강조했는데, '집단 무의식의 저장고'는 바로 의식의 본체로서 영혼이며, 이를 다시 불교적으로 해석하여 유식唯識 불교에서 말하는 종자식種子識, 아라야식이라고 주장한다. 이러한 유식불교의 입장을 따라 영혼은 윤회를 통해 무수한 삶을 거치는 동안, "역행과 순행매질의 결합과 이탈을 통해" 점진적 진화를 이룸으로써 마침내 개아個我가 진정한 자아를 획득하여 '범아일여'의 초월적 자아로 거듭난다는 것이다.

이제 남은 것은 죽음 이후의 세계다. 그러한 세계를 영계靈界라고도 말한다. 저자에 의하면, 영혼은 순행매질로 이루어져 있기에, 물질의 속성에 구애되지 않는다. 따라서 영계는 장소적 제한을 받지 않는 비국소적 차원이다. 의식은 비물질적인 파동체로서 영계도 이들 파동이 모인 곳이라는 결론이 나온다. 방송국의 주파수를 맞추면 정확한 소리를 들을 수 있듯이, 영계는 순행매질의 고주파로 측정되는 곳이다. 문제는 진화의 수준에 따라 영계의 영혼들도 층차가 있다. 비슷한 의식 수준에 따라 파동이 서로 공유된다는 뜻이다. 이때 층차의 구별은 높고 낮음이 아니라, 파동의 강약으로 나누어진다. 모두가 동일한 가치로 빛나고 있기 때문이다. 하지만 파동 에너지에는 엄연히 강약이 있다. 바로 이 영계의 세계에서도 일체가 마음이 빚어내는 세계라는 '일체유심조'의 원리가 작용한다. 그곳에서는 의식이 현실을 창조하기 때문이다. 영계에서의 창조주는 바로 영혼 자신이다. 저자가 이러한 가설을 주장하는 까닭도 그의 일관된 논리적 근거가 되는 '중도'의 원리에 입각해서다. 예컨대, 음양으로 회전하는 순행매질과 역행매질의 출렁임 속에는, 육계肉界가 존재하듯이 그 대척점에는 영계靈界도 존재하는 것이 마땅하다고 여기기 때문이다. 더구나 영계의 실상을 확신한다면, 이생이승에서의 삶의 목표는 더욱 분명해질 것이라는 이점도 강조하고 있다. 삶과 죽음 그리고 그 이후까지, 의미 있고 성공적인 삶을 살아낼 수 있도록, 정신과 영혼의 영역에 걸쳐 많은 통찰력을 주는 이 책의 일독을 강력히 권한다.

프롤로그

고등학교 2학년 때로 기억한다. 나는 우연히 참석한 금요 철야 기도회에서 충격적인 이야기를 듣게 된다. 그것은 교회 근처에서 구두수선을 하는 50대 아저씨 한 분이 들려 준 자신의 체험이었다. 대략 기억하자면 이렇다.

잠자고 있는데 몸이 무겁고 불편해서 눈을 떠보니 누군가가 내 어깨를 누르고 있었다. 놀랍고 무서웠지만 정신을 차리고 보니 성경책에서나 언급되던 천군이었다. 그 천군은 나의 신앙심을 칭찬하면서 지구와 인간들의 정체를 밝혀주는 하늘의 비밀 하나를 전해 주었다.
원래 하나님은 인간을 물질로 된 육체가 아니라 무한히 자유로운 영체靈體로 창조했다. 하나님의 형상을 본받은 인간들은 그 불멸의 신체로 온 우주를 자유롭게 돌아다니며 신과 같은 능력을 발휘했다.
그런데 신과 같은 신체를 가진 인간이었지만 그 정신은 미숙했다. 인간은 사소한 것으로도 자주 싸웠고, 때로 화를 주체하지 못해서 주변을 온통 쑥대밭으로 만들어 버리기 일쑤였다. 그러한 인간들의 횡포는 시간이 지날수록 심해졌고 급기야 별 하나가 완전히 파괴될 정도로 심각해졌다. 그때 파괴된 별의 잔해가 바로 화성과 목성 사이에서 돌고 있는 소행성들이다.

이런 미숙한 인간들의 횡포를 더 이상 방치할 수 없었던 하나님은 인간을 그 정신이 성숙해질 때까지 일정한 틀 속에 가두어 키워야겠다는 결심하셨다. 그래서 인간은 물질적 존재로 구속되었고, 무거운 육체를 가지고 지구에서 태어나게 되었다.

갑자기 모든 것이 명확해지는 느낌이었다. 그 전까지 가졌던 창조론과 인간의 타락에 대한 의문들이 해결된 것 같은 느낌이었다.

그날의 영향은 생각보다 컸다. 대학교 입학 후, 나는 다니던 교회와 멀어졌고, 유사 기독교(소위 사이비 종교)에 빠져들었다. 급기야 종교인의 삶에 귀의하고자 의대를 포기하고 사병으로 군에 입대까지 한다. 그때 나는 럭비공처럼 한 치 앞을 예상할 수 없는 행보를 하고 있었다.

그러나 다행히도 군대 생활을 하면서 삶에 대한 보편적인 가치관을 많이 접한 덕분인지 제대하고 보니 내가 믿었던 교주의 사욕과 위선이 분명하게 눈에 들어왔다.

그 후 나는 아예 기독교에서 벗어나 다양한 종교와 수도처를 기웃거렸다. 또 다른 탐험이 시작된 것이다. 하지만 인간이란 누구나 미숙한 존재였다. 많은 스승을 만나 보았지만 모두가 육체적 존재로서의 한계와 욕구를 유감없이 드러내고 있었다.

급기야 나는 종교인의 말이라면 더 이상 어떤 말도 믿지 못하게 되었다. 그때부터 나는 남의 말을 믿기 보다는 이 세상이 돌아가는 근본 원리를 스스로 탐구해보고 싶은 마음이 간절하게 되었다.

그 후, 30년 가까운 시간이 흘렀다. 얼마 전 우연히 '유튜브'에서 누군가가 올린, 지구의 정체를 밝히는 어떤 음모론 같은 것을 보게 되었다. 그에 따르면, 지구는 우주에서 흉악한 범죄를 저지른 영혼들의 유배지였다. 하느님은 그들을 우주에 그냥 방치할 수 없어서 지구에 가두어 놓았다는 것이다. 한마디로 지구는 타락한 영혼들의 감옥이었고, 태양계는 그런 흉악한 영혼들이 다른 우주로 도망가지 못하게 하는 일종의 영적 방어막과 같은 작용을 하고 있으며, 달은 그런 인간들을 물리적으로 감시하는 기지였든가 그랬다.

우리가 흉악범이었다니 (…). 이는 40년 전 까까머리 고등학생이 철야 기도회 때 들었던 이야기의 21세기 버전 같다. 나이를 추정해 본다면 업로더가 그때의 구두 수선공이 아닌 것은 확실한데, 그렇다면 이것도 집단 무의식의 발현으로 보아야 할까?

하지만 솔직히, 내 속에서 가끔씩 솟구치는 부적절하고 과도한 적개심을 보면, 내가 절대 흉악범이 아니라고는 말하지 못하겠다. 흉악범과 내가 다르다면, 그 마음을 행동으로 옮겼느냐 아니냐의 차이 밖에 없을 때가 많기 때문이다.

우리의 마음 깊숙한 곳에 자기 징벌에 대한 욕구가 있는 것은 분명하다. 사람들은 마음 한구석에서, 자신이 형기를 채우고 있는 죄인일거라는데 동의하기도 한다. 그래서 인간은 그 죄를 대신할 속죄물(구세주)까지 요청하고 있지 않은가?

기독교는 갓 태어난 아기에게도 원죄가 있으며, 자기 자신을 죄인으로 인정할 때 비로소 구원이 가능해진다고 한다. 자이나교는 육체적 고행을 통해 해탈을 추구하는데 이는 육체를 정화의 대상으로 본 것이다. 불교는 이 세상을 고해라고 했고, 더 이상 지구로 환생하지 않는 것이 최종 목표다. 모두가 육체적 존재성 자체를 죄악시하고 있는 것이다. 우리는 정말 흉악범이 맞는 걸까?

우리가 사는 지구에서는 수많은 테러, 잔인한 학대와 살인, 납치, 집단 폭력의 광기 등 정말 흉악범 수용소에서나 일어날 수 있는 참극들이 매일같이 벌어지고 있다. 인류는 아직까지 단 하루도 전쟁이나 살인이 없는 날을 맞이해 본적이 없다.

프로이트는 이렇게 부수고 파괴하면서 같이 소멸하고자 하는 것을 죽음의 본능Thanatos이라 하였다. 우리 모두에게는 그런 본능이 있다. 그 본능이 의식 속에서 주도적 세력이 되었을 때, 그런 존재의 삶은 그 범위를 제한시킬 수밖에 없을 것이다. 공존할 수 없다면 유배밖에 없지 않을까?

한때 나는 인간이란 소멸되어야 할 무리라는데 적극적으로 동의하고 싶었다. 다행스럽게도 최근에 내 속에 있는 죽음의 본능과 삶의 본능이 합의를 하고 있다.

자주 기차를 타는 편인데, 간혹 어린아이들이 시끄럽게 떠들고 돌아다닌다. 식당에 가도 마찬가지다. 이런 아이들을 우리는 어떻게 보아야 할까?

일단 '어린 것'과 '악한 것'은 구분되어야 한다. 인류가 지구의 역사에 등장한지는 정말 얼마 되지 않았다. 45억 년의 지구 역사를 일 년으로 축소할 때, 인간은 이제 겨우 12월 31일 저녁 무렵에야 태어난 정도라고 한다. 신생아 중에서도 신생아다. 엄마 젖 달라고 밤낮으로 울어대는 신생아를 자기밖에 모르는 악한 놈이라고 해야 할까?

그렇다면 지구는 유배지가 아니라 보육원이 맞겠다. 아니 유배지라도 좋다. 성장과 보호의 목적을 가진 곳이라면 유배지라도 좋다. 유배지의 본질은 교정시설이다. 그것은 우리를 벌하는 곳이 아니라, 안전하게 성장시키려는 곳이 아닐까? 열심히 공부한다면(혹은 교정되었다면), 영광스럽게 졸업을 맞이할 수 있는 곳이다. 역사를 살펴보면 유배지에서도 멋진 역작들과 훌륭한 지도자들이 많이 탄생했다. 모두 그곳을 성장의 기회로 삼은 덕분이다.

'악함'의 정체란 무엇일까? 그것은 자존감의 '약함'에서 기인한다. 악한 행동을 하게 되는 원인은 그 존재의 약함 때문이라는 말이다. 도로에서 대형차의 경적에 더 화가 나는 것은 자신의 차가 상대적으로 작고 약하기 때문이다. 경적만으로도 목숨이 위협받은 것처럼 느끼게 된다. 그 반대였다면 그냥 코웃음 한번 치고 양보했을 일이다. 간혹 들리는 보복 운전이라는 것도 근본적인 원인은 그 사람의 약함에 있다. 사소한 자극을 치명적인 위협과 모멸감으로 느낄 정도로 자존감이 약했기 때문이다. 즉 악함은 결국 약함에서 나온다. 너무 약해서 살려고 필사적으로 발버둥치다 보니 남에게 고통과 피해를 주게 되는 것이다.

그렇다면 우리는 서로의 '악함'을 탓할 것만이 아니라 그 '약함'을 보상해 주는 방법을 찾아야 한다. 그것은 무엇일까? 약한 자를 혼내면 그는 더욱 위기감을 느낀다. 그들은 배고픈 상태다. 그들은 힘을 구한다. 자신의 존재를 지지해 줄 에너지를 구한다. 그 힘은 정죄가 아니라 따뜻한 '격려와 지지'에서 나온다. 우리는 지지받고 사랑받은 만큼 힘이 생기고 그때 비로소 자신을 자발적으로 변화시킬 의욕이 생긴다.

또 '아는 것'이 힘이다. 아는 만큼 강해진다. 꾸준한 계몽과 교육이 필요하다. 지구는 유배지가 아니라 그런 배움의 합숙소로 보아야 할 것이다. 우리가 구제 불능의 종자들은 아니지 않겠는가? 다만 아쉬운 것은 공부할 의지조차 없는 유급생들이다.

졸업장을 따려면 성실한 공부가 필요하다. 그런데 그 공부가 쉽지만은 않다. 특히 혼자 하는 공부는 무척 힘들다. 진도도 잘 안 나가지만 엉뚱한 결론에 도달할 수 있다. 먼저 감사한 마음으로 선배들이 남긴 명저들을 탐독할 필요가 있다. 우선은 기존의 지혜를 계승하는 것이 가장 효율적인 공부법이다. 학생 시절을 돌이켜보면 선배와 동료들의 요약 노트가 없었다면 나는 의사가 될 수 없었다. 부처님도 그리하셨던 것 같다. 팔정도를 설명하면서 이렇게 말했다고 한다.

> 이와 마찬가지로 제자들이여! 나는 과거에 깨달음을 얻은 성자들이 더듬은 옛 길(古道, 古俓)을 발견한 것이다.
>
> _〈아함경 상응부 경전〉

지금 우리는 지식이 부족해서 깨닫지 못하는 것이 아니다. 우리는 2500년 전 부처님보다 훨씬 많은 지식을 가지고 있다. 우리는 백억 광년 이상 떨어진 천체의 빛까지 관찰할 수 있으며 질량조차 없는 무한히 작은 소립자들의 행적까지 추적할 수 있다. 이제 과학은 존재의 근본적인 차원을 넘보고 있다. 또 우리에겐 세월의 무게만큼 값진 역사적 교훈과 철학적 지혜가 누적되어 있다. 그럼에도 불구하고 부처님보다 더 깊은 깨달음을 얻은 사람은 드문 듯하다. 왜 그럴까?

깨달음은 지식의 양보다는 그 개별적 지식을 통합하여 어떤 원리를 찾아내는 '지혜'에 달려있다고 하겠다. 그러한 '지혜'에는 자신만의 이성과 지식이 가진 '한계'를 절감하는 것까지 포함한다. 즉 지식을 추구하되 단편적 지식의 편협함을 극복하기 위해 다양한 관점의 지식을 수용해야 하며 개인적 이성의 독단을 방지하기 위해 다수의 이성이 합의한 통찰을 참조하여야 한다. 그리고 지식 자체보다는 그 지식이 우리의 삶에 미치는 실제적인 의미를 발견해야 한다.

존재와 근원에 대한 순수한 '의문'이 있다면 어떤 공부도 수행 아님이 없을 것이다. 그러한 의문은 모든 학문과 수도의 초발심으로서, 사욕으로 오염되지만 않는다면 결국 만물의 존재 이치를 깨닫게 하는 원동력이 될 것이다.

부처님도 보리수 아래에서 그러한 초심을 회복하여 과거 성자들이 깨달은 지식을 통합할 수 있었다. 고행과 쾌락, 어디로도 치우치지 않은 그 초심은 다양한 지식을 차별하지 않고 수용하는 '중도'의 마음이기도 하다.

이제는 통합의 시대다. 진리의 파편들은 이미 충분히 널려있다. 중도의 통합이 절실하다. 이 책의 내용도 그러한 통합의 재료에 참여할 수 있다면 더할 나위 없이 좋겠다.

이 책은 '근원'이나 '도'같은 형이상학적 주제를 우리의 인식이 좀 더 구체적으로 접근할 수 있는 형이하학적 모델을 통해 고찰해보자는 당돌한 의도를 가지고 있다. 우리의 사유는 유형적 근거를 통해 더 합리적이고 객관적으로 작동한다. 추상적 묘사가 아닌 실재적으로 피부에 와 닿는 근원을 확인하고 싶었다.

　이 책이 출간되기까지는 신인섭 교수님, 이오갑 교수님, 그리고 이명권 박사님의 도움이 있었다. 그 분들이 아니었다면 출간의 용기를 내지 못했을 것이다. 그리고 무엇보다 사랑하는 아내와 두 아들의 존재가 엄청난 도움이 되었음을 힘주어 밝힌다. 유배지에서 만난 소중한 인연들이다. 영원히 함께할 것이다.

제1부

원리론

"보이는 것이 다가 아니다."

1. 중도中道
존재의 원리

 이 책은 자신과 인생의 진정한 모습, 정체正體를 알고 싶은 마음에서 시작되었다. 정체는 사람이나 사물이 원래부터 지니고 있는 본 모습을 말한다. 과연 나의 본 모습은 어떤 것일까? 설마 거울을 볼 때마다 늙어가고 있는 저 모습이 나의 전부일까?

 인생도 궁금하다. 결국엔 늙고 병들어 죽는 것이 인생의 참모습일까? 정말 궁금한 것은 그런 것들이다. 우리는 무엇이며 왜, 어떻게 존재하는 것인가? 이런 문제의 해답을 얻지 못한다면 백년을 산다 해도, 새날을 기대할 줄 모르는 하루살이와 같으리라.

기억의 단절이 우리의 정체를 모호하게 한다

 우리들 대부분은 자신과 인생의 진정한 정체를 모른다. 왜 그럴까? 일단 그것은 '기억의 단절'과 관계가 있는 것 같다. 생각해 보면 '나'라는 존재는 어느 날 갑자기 생겨났다. 어느 순간 '엄마'라고 불리는 존재가 눈앞에 보였고 선택의 여지도 없이 어떤 이름이 나를 지목하고 있었다. 그 전의 기억은 전혀 없다. 인생은 이렇게 갑자기 '난 누구, 여긴 어디?'의 상황에서 출발하고 있다. 그러니 어떻게 이 삶의 정체를 알 수 있겠는가.

마치 영화 상영 중간에 갑자기 극장에 들어간 경우와 같다. 현재 화면의 진정한 의미와 맥락을 알 수 없다. 이처럼 기억의 한계가 나와 인생의 정체를 불분명하게 만들고 있다.

이런 기억의 단절은 일상에서도 종종 일어난다. 사람들은 감당하기 힘든 상처나 충격을 받으면 그것을 기억에서 배제하려는 방어본능을 발동시킨다. 기억하는 것이 자신을 너무 힘들게 만들기 때문이다. 이를 심인성心因性 기억장애라고 하는데 특정한 순간의 기억이 무의식 속으로 잠겨버리기 때문에 의식적 기억의 연속성이 끊긴다. 그로 인해 자신이 처한 상황의 의미나 정체를 모르게 될 때가 있다. 그때는 공포수준의 심한 불안을 경험하게 된다.

1999년, '동인천역' 부근에 있는 호프집에서 큰불이 났다. 나는 그날 병원에서 당직 근무를 하고 있었는데 요란한 사이렌 소리가 끊이지 않아서 밖을 내다보니 동인천역 방향에서 시커먼 연기가 솟아오르고 있었다. 호프집 지하에서 불이 시작되어 호프집에 있던 50여 명이 사망했고 80명 가까이 부상한 참극이었다. 그것도 꽃다운 나이의 청소년들이.

원내에 있는 의사들은 모두 응급실로 내려오라는 방송이 나왔다. 응급실로 가는 복도에는 매캐한 탄내가 가득 차 있었다. 응급실 문을 열고 들어가 보니 바닥에 많은 청소년이 누워있었는데 코밑에 약간의 그을음만 보일 뿐 다른 부위는 놀랄 만큼 깨끗한 상태였다. 하지만 대부분 숨을 쉬지 않고 있었다. 연기에 질식사한 상태였다.

우리는 바삐 움직이며 아직 숨을 쉬고 있는 이들을 찾았다. 그렇게 정신없이 돌아다니고 있었는데 갑자기 죽은 줄 누워있던 학생 하나가 벌떡 일어나 내 옷을 붙잡고 공포에 질린 목소리로 말한다.

아저씨, 여긴 어디에요? 내가 왜 여기 있어요? 이 사람들은 다 뭐예요? 죽었나요? 나 좀 어떻게 해 주세요. 여기 무서워요.

그 학생은 다행히 불길이 커지기 전에 구조되어 큰 외상없이 실려 온 학생이었다. 그런데 그는 호프집에 갔던 일과 불난 일을 전혀 기억하지 못하고 있었다. 나중에 들은 바로는 불길이 올라오는데 술값을 받기 위해 술집에서 출입문을 열지 않았다는 소문도 있었다. 당시의 참상이 짐작되었다. 그 학생은 참혹한 아비규환의 순간을 기억에서 지워버렸다. 그런데 정신을 차려보니 흰 가운을 입은 사람들이 이리저리 뛰어다니고 있었고 자신 주변에는 온통 시체들이 누워있었다. 그의 두려움을 조금은 짐작할 수 있다.

공포에 질린 그 학생의 눈빛을 지금도 잊지 못한다. 만일 그가 여기는 병원 응급실이고 좀 전에 큰 화재가 발생하여 여기로 실려 왔음을 알았다면, 그는 안도의 한숨을 쉬며 치료를 기다리지 않았을까?

기억의 단절로 자신의 정체와 처한 환경의 의미를 이해하지 못하면, 심한 불안을 경험할 수밖에 없다. 훗날 마음이 충분히 안정되면 무서웠던 그날의 기억을 의식의 테이블로 불러와서 다시 자신의 삶으로 통합시킬 수 있다. 그 학생도 나중에 그렇게 되었는지 모르겠다.

인생도 별반 다르지 않다. 우리는 태어나기 전의 기억이 전혀 없다. 그리고 이 삶이 일방적으로 부여하는 의무와 환경 속에서 무조건적으로 살아가고 있다. '삶이란 과연 무엇이고, 나는 누구며 왜 여기 있는가?'

중도中道가 답이 될까?

자신과 인생의 진정한 모습, 정체를 제대로 알 수 있는 방법은 무엇일까? 그런 것이 있기는 할까? 이 질문은 간단하게 답할 수 있는 것은 아니다. 모든 철학의 중심 주제로, 우리 같은 보통 사람들이 알기 쉽지 않다. 그러나 좋은 질문이 좋은 답변으로 인도한다는 믿음으로 시작해 본다.

다행히 우리에겐 삶의 진정한 정체를 깨달으려고 고민했던 많은 선배들이 있다. 그 중에서 나중에 '석가모니'의 칭호까지 얻은 싯다르타의 조언을 들어보자. 그는 인생의 정체를 깨닫기 위한 방법으로 '중도中道'를 제시하였다. 그에게서는 중中이 자신과 삶의 정체를 깨닫게 하는 길道이었다.

> 제자들아, 그대들은 두 극단으로 달려가서는 안 되나니, 그 둘이란 무엇인가? 온갖 욕망에 깊이 집착함은 어리석고 추하다. 범부의 소행이어서 성스럽지 못하며 또 이로움이 없느니라. 또한 스스로 고행을 일삼으면 오직 괴로울 뿐이며, 역시 성스럽지 못하고 이로움이 없느니라. 나는 이 두 가지 극단을 버리고 중도를 깨달았으니, 그것은 눈을 뜨게 하고 지혜를 생기게 하며, 적정과 증지와 등각과 열반을 돕느니라.
>
> _〈잡아함경雜阿含經〉

방법론은 중요하다. 입시생들과 그 엄마들이 궁금해 하는 것은 일류대학에 합격한 사람의 시험점수가 아니라 그들의 공부방법이다. 효과적인 공부방법은 대단히 중요하며 그 방법을 따르면 합격할 가능성이 높아지기도 한다. 그것은 수많은 시행착오 뒤에 자리 잡은 지혜로, 불필요한 수고를 줄여준다. 그래서 어떤 의미에서는 깨달음의 내용보다는 깨달음으로 인도하는 올바른 길道을 모색하는 것이 더 필요해 보인다. 우리 같은 평범한 사람들이 먼저 찾아야 하는 것은 깨달은 자의 후일담이 아닌, 그런 깨달음에 도달하게 해준 길이다. 정상으로 오르는 길을 제대로 찾았다면, 언젠가 우리도 부처님이 목격한 진경을 자연스레 접할 수 있으리라. '깨달은 자'라는 뜻의 '부처'로 등극한 싯다르타는 이런 말도 전한다.

> 나는 쾌락도 고행도 무익하고 열등한 것이기 때문에 모두 버렸다. 이 두 극단을 버림으로써 중도를 깨닫게 되었고, 중도를 깨달음으로써 인간 세상의 일들을 바르게 통찰하고 바르게 인식하는 눈을 뜨게 되었다

중도가 궁금해진다. 비단 부처님만이 아니다. 중도에 대해서는 여러 사람이 그 중요성을 언급했다. 중국 역사상 가장 지혜롭고 어진 왕을 꼽는다면 '요, 순' 임금일 것이다. 요임금은 백성들의 안녕을 위해 전력을 다하는 어진 왕이었지만 백성들이 오히려 왕의 존재감을 잘 모르는 것이 바람직한 태평성대라고 여긴 현자賢者였다. 당시 백성들이 즐겨 불렀다는 노래가사를 보자.

> 해가 뜨면 농사짓고 해가 지면 쉬며, 우물 파서 물 마시고
> 밭을 갈아 밥 먹으니, 임금의 힘이 내게 무슨 소용이랴
> (日出而作 日入而息 鑿井而飲 耕田而食 帝力于我何有哉)
> _〈격양가〉

공치사하기에 혈안이 된 오늘날의 정치가들과 많이 대조된다. 물론 지도자를 뽑는 방식이 달랐으니 이해는 된다. 대중의 수준에 따라서 선거라는 것이 즉흥적인 인기투표가 될 때가 많다. 요순시대는 왕의 전권으로 후임을 결정할 수 있었지만 지금은 선거로 뽑고 있으니 인기를 얻으려면 어쩔 수 없는 일이겠다. 수긍은 되지만 그래도 아쉬움은 많이 남는다.

아무튼 현명한 요임금은 후에 친아들이 아닌 '순'에게 왕위를 물려준다. 그때 '순'에게 왕위를 전하며 한 말이 '윤집기중'*이라고 한다. 그 후 순임금은 '요'의 당부대로 훌륭히 치세를 마치고 '우'왕에게 다시 왕위를 물려주는데 '순' 또한 윤집궐중이라는 교훈을 우에게 하명하였다고 한다. 풀이하자면, '진실로 그 中을 잡아라.' 정도가 되겠다.

한편, 민심을 잡으면 왕이 되지만 中을 잡으면 천하를 얻는다는 말도 있다. 아마도 동양에서의 지혜는 천지자연의 본성을 中으로 보고 있으므로 中을 잡았다는 말은 근원의 본성을 체득했다는 말이 되겠다. 당연히 '중'을 잡고 실현하는 자가 성군聖君이다.

그렇다면 우리는 이러한 中에 대해 좀 더 구체적인 접근과 활용이 필요하다. 중이란 도대체 무엇이라서 선왕들은 태평성대를 이어갈 왕의 덕목으로서 中을 그토록 강조하였을까? 어쩌면 일상 속에서 中의 구현은 자신의 삶을 그대로 보리수 아래의 깨달음으로 인도해 줄지도 모른다. 과연 中이란 어떤 상태를 말하는 것일까?

---

* 이것은 〈상서(尚书)〉 大禹谟에 나오는 말로서, "사람의 마음은 오로지 위험한데 이르게 되고, 도심은 미묘하니, 마음을 오직 정일하게 하여, 실로 그 가운데를 잡아라(人心惟危, 道心惟微, 惟精惟一, 允执厥中)."고 되어있다.

황희는 소신이 없어서 "모두 옳다"고 했을까?

어느 날, 황희의 집 여종들이 손님 맞을 준비를 하면서 벌어진 일이다.

> 집안 청소부터 해야 한다는 여종과 음식 준비부터 해야 한다는 여종이 싸우고 있었다. 한 쪽은 '먼저 집안을 깨끗이 청소한 다음에 손님을 맞이하는 것이 올바른 순서'라고 주장했다. 이에 황희는 "네 말이 옳다"고 했다. 그러자 다른 한 쪽은 '손님이 배가 고플 터이니 청소보다 음식을 먼저 준비하는 것이 올바른 순서'라고 주장했다. 이 말에도 황희는 "네 말이 옳다"고 했다. 그러자 황희의 부인이 한 소리 했다. "이것이 옳으면 저것은 틀려야지 둘 다 옳다 하면 어쩌란 말입니까?" 황희는 그런 부인의 말에도 "부인 말도 옳소"라고 했다.
> _〈삼녀지시비 계시三女之是非皆是〉

무소신과 中의 차이는 무엇일까? 황희를 두고 과연 소신이 없다고 할 수 있을까? 그런 사람이라면 임금을 세 명이나 모시며 정승까지 할 수는 없었을 것이다.

중요한 것은 세 여인을 향한 황희의 '심정心情'이 아닐까? 정신 치료에 있어서도 내담자의 마음을 움직이게 하는 것은 치료자의 말이 아니라 심정이다. 각자의 소신에 절대적으로 공감해 주면서 세 여인을 향해 연신 고개를 끄덕이는 황희의 심정은 달리 말해 그 집안의 '주인'만이 취할 수 있는 공평한 자애로움이 아닐까? 그것은 우유부단함으로 폄하할 수 없는 집 주인만의 품격이다.

나는 이런 황희의 처신을 바로 中의 심정적 발현으로 본다. 즉 왕이 지녀야 할 덕목이자 천지의 본성으로서 中은 바로 백성과 만물에 대한 '공평무사한 사랑'인 것이다.

　中에 대해서는 오해도 많다. 평균이나 중간 값 정도로 생각하는 경우다. 하지만 中은 이것도 저것도 아닌 제3의 회색지대가 아니다. 황희를 보자. 中은 소신이 없다고 느껴질 정도로 '자체 값'이 없다. 중은 스스로 주장하지 않는다. 중이 어떤 값을 가지면 그것은 또 하나의 극단이 되어 버리기 때문이다. 평균도 특정한 값을 가지기에 진정한 중이라고 할 수 없다.

　다시 말해 중은 '있는 그대로'를 인정하는 것이다. 황희는 중재해야 한다는 마음조차 없이 모두를 진심으로 인정해주고 있다. 그것이 공정함이다. 그 덕에 모두가 한 번 웃으며 다음 단계로 넘어갈 수 있다. 그래서 황희의 집은 늘 활발하다. 종들의 긍지가 높고 다양한 자기 의견이 나온다. 참 다채롭다. 그러면서도 평화롭다. 모든 식구의 개성을 진심으로 인정해주는 황희의 중덕中德 덕분이라 하겠다.

　보건소에서 정신병원 진료환경을 평가하기 위해 입원 환자에게 부당한 대우나 불편함은 없는지 물어본다. 한 병원에서는 환자들이 침묵을 지키고 있고 다른 병원에서는 환자들이 병원 측에 온갖 불만을 쏟아낸다. 과연 어느 병원이 환자들에게 잘 대해주고 있는 것일까?

　부부 상담을 해도 마찬가지다. 아내가 남편의 단점을 스스럼없이 말한다. 일견 부부 사이가 삐걱거리는 것 같아 보여도 아내는 활기차다. 실컷 남편 흉을 본 아내는 진료실을 나가면서 남편의 팔짱을 낀다. 그러한 아내의 사기를 볼 때 남편은 평소 아내를 많이 배려하는 사람이다.

고속철도 건설하는데, 서로 자기 지역에 정차역을 설치하려고 지역 간에 힘겨루기가 있다고 하자. 그래서 두 도시의 딱 중간지점에 역을 설치했다고 치자. 과연 이것을 중립적이라 할 수 있을까?

두 지역의 중간지점에 역을 짓는 것은 결과적으로 두 도시 모두를 외면했다고 본다. 두 곳 모두 만족하지 못하기 때문이다. 어중간한 정차역은 두고두고 불만이다. 실제로 내가 자주 이용하는 역이 그렇다. 기차역까지는 자동차로 한참을 가야 한다. 역까지 가는 시간이 기차 타고 목적지에 이르는 시간과 비슷하다. 시간과 경비를 생각해도 올바른 결정이 아니었다. 이것은 중이 아니라 제3의 또 다른 극단이 시설된 것에 불과하다.

황희였다면 어떤 결정을 내렸을까? 그의 성품을 미루어 짐작해 보면, 이에 대한 현실적 해결은 일단 두 도시 모두에 역을 설치할 것이다. 두 역 모두 옳기 때문이다. 다만 열차를 한 번은 이 도시에 서게 하고 다음 번에는 저 도시에 서게 한다. 즉 열차가 두 도시를 '교대'로 정차하면, 두 도시 모두가 자기 역을 가지고 '공평'하게 열차를 이용할 수 있게 된다. 물론 예산과 배차가 문제가 되겠지만, 자애로운 부모의 심정이라면 열차 운행을 몇 번인들 더 못하랴? 황희가 세 여인을 향해 고개를 연신 끄덕이는 것도 그런 심정으로 이해된다.

교대와 순환의 움직임이 있어 中은 中이 된다

中은 이처럼 양극단을 공평하게 인정한다. 그렇다면 中에는 항상 '교대'나 '순환'의 동태動態가 포함되어 있어야 한다. 이것을 기억해 두어야 한다. 중은 음과 양이 교대로 출몰하게 하고 남성과 여성이 공평하게 어우러지게 하는 것으로서 부단히 움직여야 한다. 그러한 '순환'에 의해서만 중의 공평무사함이 이루어진다. 즉 천지자연의 中은 공평한 '순환(교대)'을 전제로 하는 '동적 균형'으로서의 中이다.

제아무리 겨울이 혹독해도 기어이 봄은 찾아온다. 그런 것이 살아있는 천지(중)의 순환 법도法道이다. 일체를 공평하게 수용하는 천지의 순환으로 인해 이 세상에는 다양한 만물이 자신을 마음껏 드러내고 있다. 그런 것이 온갖 꽃들을 싹틔우는 대지의 본성이고 여러 자식의 개성을 온전히 받아주는 천지의 모성애다.

모든 극단을 공평하게 수용하기 위해 중도의 근원은 끊임없이 순환하고 있다. 그로 인해 천지는 한순간도 고정되어 있지 않다. 천지는 사계절을 순환시킴으로써 때를 따라 만물을 공평하게 꽃피우고 있다. 일체가 무상無常한 변역變易의 장소, 역장易場이 되고 있다.

○

이제는 동적 순환으로서의 中의 '물리物理적 실태'를 생각해보겠다. 중을 천지자연의 본성으로 본다면 그것은 우주와 현실 세계를 펼치는 근본 원리이기도 하다. 그렇다면 중의 공평무사함이란 단순히 인성적 덕목에만 머무는 것이 아니고, 현실 세계를 펼치는 물리적인 원리가 되어야 한다. 이 우주는 물리적 실재이기 때문에 그 존재 원리로서의 중 또한 물리적 작용력을 가지고 있어야 한다. 이에 대한 것이 여기서 정작 하고 싶은 이야기다.

中은 '모든 극단極端'을 중재하고 지지한다. 그런데 우리가 생각할 수 있는 모든 극단의 원형原形이 있다. 이보다 더 근본적이고 극단적인 질문은 없을 것이다. 오래전 셰익스피어가 한 말이다.

> 존재하느냐 존재하지 않느냐, 그것이 문제로다.
>
> (To be or not to be, that is the question!)
>
> _햄릿의 독백

참 유명한 구절이다. 이것은 존재성의 최극단을 향한 근본적인 질문이다. 이 구절을 안주 삼아 얼마나 많은 사람이 삶에 대한 애증의 술을 마셨을까? 햄릿을 다 읽지는 못했더라도 우리는 저 구절은 알고 있다. 우리는 대개 '죽느냐 사느냐 그것이 문제로다'라고 읊조렸지만, 위에서는 조금 다르게 해석해 보았다.

두 해석이 서로 크게 다르지 않다. 그런데 햄릿의 독백 중에서 유독 이 말이 가장 많이 회자되는 이유는 무엇일까? 그것은 아마도 '존재의 유무有無'를 묻는 것이 이 세상에 존재하는 모든 질문의 시작이기 때문일 것이다.

'존재하는 것인지 존재하지 않는 것인지'부터 확정되지 않는다면, 그 이하의 어떤 질문도 실제적인 의미는 없게 된다. 자기 집에 황금으로 된 소가 있다고 하는 사람에게 그 소가 먹는 풀은 무엇인지 소똥은 황금인지 아닌지를 물어보는 것은 어리석지 않은가? 무엇보다 황금소가 실제로 존재하는지부터 확인하는 것이 필요하다.

이처럼 존재의 유무는 그보다 더 근원적인 질문이 있을 수 없는 존재 양상의 최극단이다. 자신과 우주는 '존재하는 것인가 존재하지 않는 것인가'에서부터 자신의 삶을 '유지할 것인지 종료할 것인지'에 이르기까지 존재 유무의 문제는 모든 철학의 첫 물음이자 마지막 대답이 될 것이다.

이에 대해서 공정하게 생각한다면, 우주가 굳이 존재해야만 하는 절대적 이유는 없으며 반대로 처음부터 존재하지 말아야 할 이유도 없다고 하겠다. 유무는 둘 다 극단적 전제前提라고 할 수 있다. 그렇다면 어떤 극단에도 치우치지 않아야 하는 中은 이 유무의 극단부터 중재해야 한다. 과연 중은 이에 대해서 어떤 해결책을 내놓을 수 있을까?

앞서 보았듯이, 중은 공평무사함이다. 황희에게는 유도 옳고 무도 옳다. 유무의 中은 당연히 유무 모두를 공평하게 인정하는 것이다. 이는 유무가 죽처럼 어중간하게 얼버무려진 '반유반무'의 상태가 아니다. 유무의 중이란 유무가 확연하면서도 공평하게 실현되고 있는 일유일무의 상태여야 한다.

그러기 위해 요청되는 것이 바로 '순환'이다. 즉 '유무의 중재는 유무의 순환'으로 실현되는 것이다. 그래서 공자는 〈주역〉의 〈계사전〉에서 이러한 순환의 도리道理를 '일음일양지위도'라고 하여 자연(중)이 돌아가는 근본적인 이치로 보았다. (음양을 유무로 대체하면 일음일양은 일무일유가 된다.)

이처럼 천지의 중은 유무의 양극을 교대로 순환시키면서 유무를 공평하게 실현시키고 있다. 그런즉 '유무 순환'이 바로 천지의 동태動態이자 존재의 공평무사함을 이루게 하는 중도의 물리物理라고 할 수 있다.

불교의 핵심 사상도 중도인데 역시 양 극단의 순환으로 중도를 구체화할 수 있다. 열반경에서는 중도에 대해 다음과 같이 말한다.

> 불성은 있는 것도 아니고 없는 것이 아니며
> 또 있기도 하고 없기도 하니

이처럼 유무가 합쳐진 까닭에 중도라고 한다.

(佛性 非有非無 亦有亦無 有無合故 名爲中道)

_〈열반경〉

또한 〈대보적경〉은 말한다. "아我도 한 측면이요, 무아無我도 한 측면이다. 아무아我無我가 중이며, 무색무형, 무명무지가 중도다." 같은 경전 5권에서, "만일 한쪽 측면이 있다고 하면, 중은 없는 것이며, 중이 있다고 하면 한쪽 측면은 없는 것이다. 그러므로 중은 있는 것도 아니고 없는 것도 아니다."*고 했다. 그런가 하면 〈대지도론〉에서는 "항상 그러한 것도 한쪽 부분이요, 끊어짐도 한쪽 부분이다. 양쪽극단의 행위를 떠나는 것이 중도다."**라고 했다.

서양의 햄릿이 유와 무에 대한 양자택일의 고민을 던졌다면 동양의 지혜는 '유무의 순환'을 그 답으로 제시하고 있다.

하지만 이러한 답변에도 불구하고 우리의 마음은 여전히 허전하다. 과학적인 사고방식에 길들여진 우리의 인식체계는 좀 더 실제적인 중도의 모습을 원한다. 우리는 유무의 순환에 대한 좀 더 구체적인 물리物理를 필요로 한다.

존재의 차원과 중도

지금부터 자연의 본성이자 인성人性의 덕목으로 여겨온 중도를 도식화해 보고자 한다. 그것은 보이지 않는 마음의 행로를 기계적으로 제도製圖해보려는 것과 같다. 마음의 움직임을 너무 단순화하는 것은 아닌가라고

---

* "若說有邊則無有中, 若說有中則無有邊, 所言中者, 非有非無", 〈大寶積經〉 卷五.
** "常是一邊, 斷是一邊, 離是兩邊行中道", 〈大智度論〉 卷四十二.

볼 수도 있다. 그러나 中은 도덕적인 권고사항만이 아니라, 천지자연을 만든 물리物理의 근원이기도 하다. 그래서 중의 일면을 인간의 인식구조 속에서 도식화해보는 것도 중에 대한 실체적인 이해에 도움이 되리라 생각하면서 시작해 본다.

'일유일무'를 물리적 시공時空의 차원에 따라 고찰해 보겠다.

먼저 0차원이다. 0차원은 점點의 세계다. 점의 세계에서 유무의 순환은 어떤 모습일까? 다시 말하지만, 중도는 공평무사한 수용이다. 그렇다면 점의 세계에서는 유무가 한 점에서 교대로 반짝이는 수밖에 없다. 유와 무가 차례로 교대되는 식으로 일유일무一有一無로 반짝이는 것이다. 그 외에 0차원에서 유무가 변별되면서도 공존하는 방법은 없다. 즉 0차원에서의 중의 물리적 실상은 '유무의 점멸點滅' 상태가 되겠다.

다음은 1차원, 선線의 세계다. 선은 무수한 점의 연결로, 차원이 올라갈수록 움직임의 축(자유도)이 증가한다. 즉 1차원이란 0차원의 점이 선상으로 움직일 수 있는 자유가 더해진 곳이다. 그래서 1차원에서는 점이 선상으로 움직일 수 있다. 이제 공간의 차원이 점에서 선으로 상승함에 따라 유무의 점멸 상태는 '선상線上 왕복운동'으로 확장된다. 여기서 주의해야 할 점은 선 모양의 반짝임이 아니라 선상을 오가는 일점의 '왕복운동'이라는 점이다.

이제 유무의 중도는 1차원에 이르러 선상을 오가는 '동정動靜의 움직임'으로 나타나게 되었다. 부연하면 유의 경향은 먼저 선상을 움직이는 동動적 기운으로 나타났다가, 무의 경향에 의해 그 움직임을 다시 원점으로 복귀시키는 정靜적 기운으로 이어진다. 동(유)의 작용만큼 다시 정(무)의 작용이 교대로 일어나는 것이다. 즉 '1차원에서 중도의 물리는 선상을 오가는 왕복 순환 운동'이 되겠다.

　2차원은 면의 세계다. 면이란 무수한 선들이 모여 그 진행 축을 횡橫으로까지 넓힌 곳이다. 그로 인해 종횡으로 무한한 선로線路가 가능해진다. 움직일 수 있는 자유가 그만큼 넓어졌다. 그런 것이 x축과 더불어 y축을 가지는 2차원 면의 세계다. 그렇다면 2차원에서의 중도는 하나의 축으로만 (1차원) 날카롭게 움직이던 선상 왕복운동이 그 수직축으로도 함께 움직여야 한다. 모든 움직임의 가능성(극단)을 공평하게 허용하는 것이 중도이니까. 이처럼 종횡을 공평히 만족시키는 움직임이란 어떤 모양일까? 그것은 바로 '원圓운동'이다!

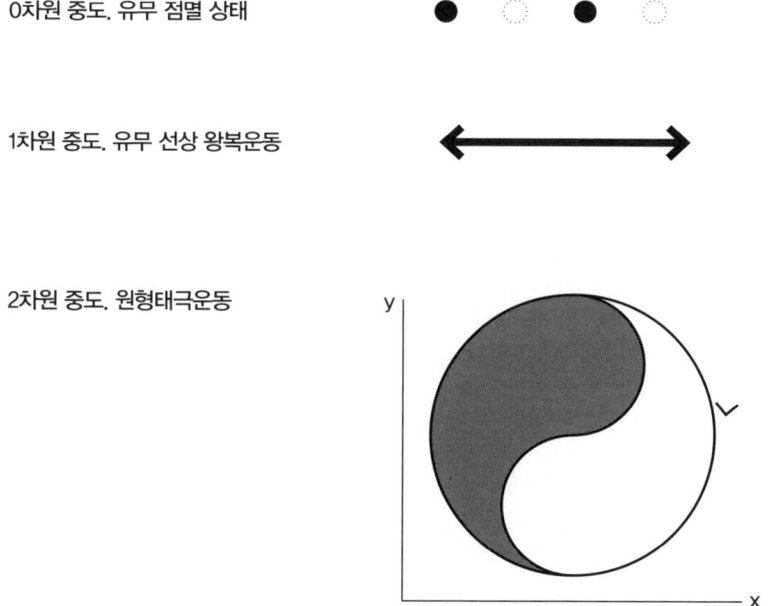

그림 1 - 차원에 따른 중도의 운동 양상

이제 주인공이 등장했다. 원운동은 2차원 평면상의 모든 경향, 즉 가로축 x와 세로축 y를 동시에 만족시키는 움직임이다. 그것은 x축의 왕복 직선운동과 y축 왕복 직선운동이 공평하게 실현되고 있는 상태다. 비유하면 직선을 오가던 진자운동(1차원)이 그 수직축을 가지면서 원운동(2차원)으로 확장되었다고 하겠다. 그것이 원운동이다. 중도의 2차원적 운동 양상은 바로 원운동이다.

단 이때의 원운동은 일점이 원형의 선상을 따라 움직이는 것만을 말하지 않고 그 내면까지 포함하는 개념이다. 즉 일점이 1차원에서 선상 왕복운동으로 확대되고, 그것이 다시 2차원에서 '원형으로 순환하는 면'으로 확대되는 것이다. 이는 다른 말로 어떤 장場, field의 발생이기도 하다. 원형의 내면에 있는 모든 점이 유무 중도의 장력을 받아 함께 출렁이는 것이다. 그러한 내면의 역동力動까지 표현한 것이 태극문양인 것으로 보인다. 음양이 길항拮抗작용으로 서로 동적 균형을 유지하는 것이다.

3차원은 우리가 살고 있는 공간의 차원이다. 이런 3차원에서의 유무 중도는 어떤 운행양상을 보일까? 하지만 안타깝게도 3차원은 우리의 인식체계가 완전히 따라가지 못하는 차원이다. N차원의 존재는 N−1차원의 인식구조를 가지기 때문이다. 우리는 분명히 3차원의 공간에 존재하지만 우리의 인식은 2차원에 머물고 있다는 말이다.

비유를 들어보자. 1차원 선의 세계에서 살고 있는 개미가 길을 나섰는데 반대편에서 기어오는 개미와 마주쳤다. 이때 개미들은 서로를 선이 아니라 점으로 인식한다. 옆면을 볼 수 있는 시점을 가지지 못했기 때문이다.

2차원에서 살고 있는 펭귄들이 얼음 판 위를 걸어가고 있다. 그 펭귄들은 서로의 움직임을 점이나 선으로 인식한다. 하지만 면面으로는 인식하지 못한다. 면을 보려면 2차원의 수직축 즉 3차원의 공중으로 올라가야 하지만 2차원의 펭귄들은 2차원 얼음판을 벗어날 수 없기 때문이다.

3차원에서 살고 있는 인간들은 서로를 면(2차원)으로 인식한다. 3면 중에서 한 면을 볼 수 있지만 동시에 세 면을 보지는 못한다. 각각의 면을 기억하여 그 입체적 모양을 추정할 뿐이다. 그래서 인간은 3차원에 존재하지만 그 인식 수준은 2차원인 것이다.

이처럼 중도를 살펴봄에 0차원의 일점이 1차원에서 선상 왕복운동으로 나타나고 2차원에서는 원운동으로 확장되었지만 3차원 공간에서 어떻게 펼쳐지는지를 완전히 인식하는 것은 어렵다. 굳이 추측하자면 '입체적 태극 운동'이 아닐까 생각해본다. 우리가 흔히 보는 태극문양은 평면적으로 보이지만 실상은 3차원적 깊이와 높이가 숨어있다고 생각된다. 그러한 태극 운동의 행로가 중도의 3차원적 궤적이 아닐까 상상해본다.

하지만 이처럼 3차원적 중도의 실상을 완전히 인식하지는 못하더라도 2차원상의 원운동만으로도 중도의 본질과 이치가 오롯이 드러나고 있기에 우리는 '원운동'을 중도의 물리적 사고思考모델로 삼고 앞으로의 논의를 이어갈 것이다.

어쩌다 보니 햄릿의 고민이 여기까지 왔다. 모든 것이 회전하는 역易의 이치를 알았더라면 햄릿은 어떤 고민을 하였을까? 솔로몬의 지혜, "이 또한 지나가리라."가 답이 되었을까? 솔로몬 역시 무상無常의 이치를 설파하고 있다.

원운동 속에서 모든 극단은 화해하고 있다. 공평무사한 중도는 멈추지 않는 순환으로 모든 극성을 공평하게 아우르고 있다.

끝으로 한 번 더 中을 굳이 도식화하려는 이유를 강조한다. 그것은 근원에 대한 모호하고 추상적인 기술을 지양하고 물리적이고 객관적인 존재 원리로서의 중을 부각시키려는 의도다. 원운동을 中의 기하학적 모델로 삼는다면 원운동의 특성을 근거로 하여 중도 혹은 만물의 존재 이치에 대한 보다 합리적인 추론을 이어갈 수 있지 않을까 하는 것이 나의 생각이다.

우리는 맹목적 믿음이 아니라 합리적 사유의 결론을 원한다. 그것이 수많은 종교와 수도법이 혹세무민하더라도 마음의 중심을 잃지 않는 방법이라고 생각한다. 회전은 중도의 물리物理다. 중도의 작용은 '원운동'으로 물리화 된다. 원圓은 자칫 추상적일 수 있는 중도의 개념을 실체적인 합의에 이르게 해주는 객관적인 근거가 되어주고 중도는 원형圓形이 가진 가치와 기능으로 구체화 된다. 그러한 중이 의식으로 발현되면 만물에 대한 공평무사한 수용심이 되고 물物의 단계에서는 끊임없이 회전하는 만물의 동력이 된다고 하겠다.

원운동은 어디로도 치우치지 않는 중도의 실상이다

중은 천지의 본성으로서 양극단을 공평하게 순환시키면서 자신의 본분을 다한다. 그 이치를 2차원으로 도식화한 것이 원운동이다.

사실 동양의 지혜인 음양오행*론에서는 천지자연의 중도적 순환을 이

---

* 음양오행론은 중국 고대의 우주론인데, 음양이론을 오행사상에 처음으로 결합시킨 인물은 춘추전국시대 말기 추연(鄒衍, BC324-250)이다. 그는 제자백가시대의 음양가를 창시한 자로서, 목, 화, 토, 금, 수로 이어지는 상생의 원리 외에도, 오행이 상극으로 진행하는 순서에 따라 토, 목, 금, 화, 수로 역대왕조의 변천을 설명하였다. 진시황제가 추연의 이론을 받아드리면서 오행사상이 왕조 변천의 이론적 기틀로도 제공되었다. 이후의 음양오행설은 도교의 방사들이나 여러 다양한 학파에서 더 정밀하게 분화되어 나갔다. Cf. 劉學智, 〈中國哲學的歷程〉, 廣西師範大學出版社, 2010.

미 원운동으로 표상하고 있다. '존재하려는 경향(to be)'은 일점一點 수水에서 발발하여 목木을 거쳐 화火까지 성장하는 동적 기운이 되는데 이것을 양기陽氣라고 한다. 그리고 그 양의 절정에서 '존재하지 않으려는 경향(not to be)'이 나타나 양기는 금金으로 응축되면서 다시 원점 수水로 수렴하게 되는데 그 기운을 음기陰氣라고 한다. 즉 원점에서 시작하여 180도 반대편에 있는 대극對極점까지의 반원半圓이 유有가 되기 위한 동적動的 양陽운동이 되고 그 지점에서 다시 원점으로 되돌아오는 반원이 무無로 돌아가려는 정적靜的 음陰운동이 된다. 그렇게 음양이 공평하게 교대하는 순환의 기운에 의해서 천지가 돌아가고 있다.

이를 달리 표현하면 일차원 선상의 동적 움직임이 이차원에서는 양의 반원半圓으로 확장되고 일차원 선상에서의 정적 움직임이 이차원에서는 음의 반원으로 확장된 것이다. 그 결과 '원형의 순환 운동'이 탄생하게 된다.

이처럼 동양의 음양오행론은 우주가 돌아가는 이치를 원형圓形의 순환 기운으로 분석한 것으로, 이는 결국 근원의 중도가 2차원에서는 원운동으로 구현되기 때문이다. 원운동을 원심력과 구심력으로 파악하는 서양 과학과는 조금 다른 관점이다.

특히 음양오행론에서는 오행 중에서도 토土가 순환의 동력을 담당하는 것으로 보는데 이는 토가 '목 화 금 수'라는 이질적인 기운들을 중재하여 하나의 원운동으로 완성되도록 촉매 역할을 해주기 때문이다. 그래서 이러한 토 작용을 한동석(《우주 변화의 원리》 저자)은 만물(다양한 극을 가지는)을 출산시키는 산파産婆 작용에 비유한다.

"구슬이 서 말이라도 꿰어야 보배"다. '목 화 금 수'의 특성과 그 작용이 아무리 의미심장하여도 그들을 하나로 연결해주지 않는다면 각각의 기운들은 태극太極의 요소로 통합되지 못하고 단지 무의미한 일발의 해프닝으로 끝나버릴 것이다. 음양이 원운동을 이루며 조화롭게 돌아가게 하는 힘은 토土의 중재 덕분이다.

그런데 음양의 순환을 완성시키는 요인을 이처럼 토의 중재 작용으로 본다는 것은 '토 작용'이 곧 중도의 실상이라는 말이 된다.

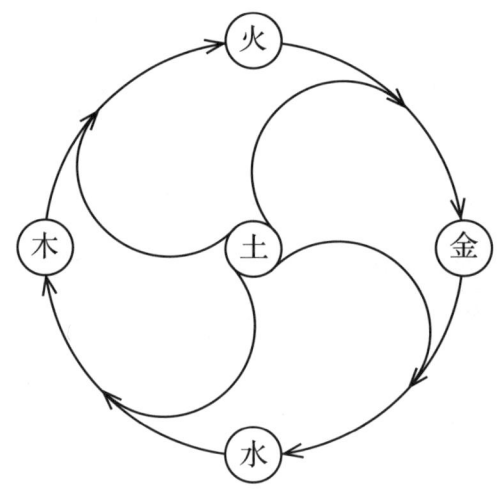

그림 2 - 토의 중재 작용(원운동)

중재와 중도는 다른 말이 아니다. 중도 작용을 토土라고 표현한 것은 결국 중도가 만물을 차별 없이 키워내는 대지의 모성애와도 같기 때문이다. 대지는 화초와 잡초를 차별하지 않는다. 그래서 동양에서는 천지자연의 모성애를 중도의 본질이자 인도人道의 완성으로, 음양의 동정으로 인한 끝없는 원형圓形의 순환을 자연의 근원적인 동력으로 파악했다.

노자 또한 〈도덕경〉에서 "사람은 땅을 본받고, 땅은 하늘을 본받는다

(人法地 地法天)."고 하였다. 이 또한 인도의 완성은 땅이 지닌 모성애를 통해 천도天道를 터득하는 것임을 말하고 있다.

○

원형은 유(양)와 무(음)라는 가장 극단적인 존재의 경향이 공평하게 실현되는 중의 형상이다. 그래서 원형의 보름달을 바라보는 우리의 마음은 그렇게 평화로워지는 것일까? 유무 어디로도 치우치지 않은 원형의 자유는 그야말로 궁극의 평화가 아닐 수 없다.

형태적으로 원은 완전한 균형과 대칭을 이루고 있다. 모자라거나 과한 부분이 없다. 기하학적으로 가장 안정적인 형상이 원이다. 원형에서 느껴지는 기분이 그런 것이다. 부족함도 넘침도 없는 더할 나위 없는 적당함, 그것이 바로 원형이 주는 정감이다. 적당함의 결정체인 우주는 그래서 둥글다. 지구도 태양도 별도 모두 지극히 자연스러운 둥근 형태가 되었다

또한, 원은 지극한 자연스러움의 결과다. 노자는 〈도덕경〉 22장에서 '적당히 굽은즉 완전하게 되며, 굽은즉 바르게 된다(曲卽全 枉卽直).'고 하였다.

> 원은 인간 본성의 고상한 작업 중에서도 신성을 표현하는 가장 고상한 것이다. 원은 공간을 경계 짓고 결정하고 지배하고 명령하며 경도와 위도를 경계 짓고 태양과 달과 행성을 지칭하고 마음에 영원에 대한 생각을 일으키며 이해하는 거리와 우주에 대해 집중하여 상상할 수 있게 한다. 원은 모든 경계를 고치는 신을 알게 해주는

열쇠가 된다.

_존 데이비스, 〈원의 측정〉 (1854), 데이비드 블래트너, 〈파이의 즐거움〉

원형의 가치는 무한하다. 원형에서 '끝'은 다시 '시작'으로 이어지며 끝없이 순환한다. 그래서 원은 '영원성'의 상징이었다. 고대에서부터 원은 우주의 상징이었고 찬미의 대상이었고 깨달음을 이룬 자의 후광이었으며 신성의 표식이었다. 원은 모든 미의 기준이자 완성이었으며 공평한 마음가짐에서 얻어지는 지혜의 원천이므로, 인류는 둥근 태양과 보름달을 보면서 많은 영감을 얻을 수 있었다.

원불교에서 말하는 '일원상一圓相'* 진리체계도 부분적으로는 이와 같은 세계관과도 멀지 않을 것이다.

현대의 과학 문명도 원형에 절대적인 의존을 하고 있다. 주위를 살펴보면 원형이 제공하는 기능이야말로 거의 모든 기계의 근본적인 작동원리가 되고 있음을 알 수 있다. 둥근 바퀴가 없었더라면 오늘날의 기계문명은 불가능했다. 모든 전산 프로그램도 결국 원형의 피드백 회로다. 에너지조차 원형으로 저장되거나 발생하고 있다. 사실상 원형圓形은 모든 형태의 원형原形이다. 이 세상에 존재하는 모든 형상은 크게 보면 원형圓形의 변형이다.

회전은 우주의 본성이다

원운동은 중도의 2차원적 동태다. 원운동에 의해 유무有無가 공평하게

---

* 소태산이 20년 구도 생활을 통해 대각을 이룬 원불교 교리의 핵심으로서, 일원상인 O으로 깨달음의 진리를 상징적으로 표현한 것이다. 그는 원, 즉 O이 우주 만물의 본원이라고 보았다. 이는 생멸을 넘어선 도와 인과응보의 이치가 하나의 바탕으로서 원형의 상을 이룬다는 것을 뜻한다.

실현되고 있으며 원운동을 하면서 그것은 유무 어디로도 흠 잡히지 않는 존재의 중도적 당위성을 보장받는다. 그래서 모든 존재는 '회전(원운동)' 하고 있다. 우리가 볼 수 있는 가장 큰 물체인 천체나 가장 작은 물체인 소립자에서나 공통적으로 보이는 운동 양상이 바로 '회전'이다.

지구는 대략 시속 1600km 정도로 회전한다. 또 태양 주위를 초속 30km 정도의 속도로 공전하고 있다. 태양도 '우리 은하계'를 초속 220km로 공전하고 있다. 그뿐인가? 우리 은하계 또한 더 큰 은하단에 소속되어 회전하고 있다. 실로 모든 천체는 제자리에 가만히 있지 않고 암흑의 공간을 무서운 속도로 돌고 있다. 소립자들 역시 회전하고 있다. 전자는 스스로 자전(스핀)도 하지만 핵(양성자와 중성자)을 중심으로 돌면서 다양한 원자단위를 형성한다. 원자나 분자는 이런 소립자들의 회전체인 셈이다.

흔히 만물은 파동치고 있다고 표현한다. 이때의 파동이란 회전에 의한 진동에 다름 아니다. 세상을 밝히는 빛은 전자기장의 파동인데 그 역시 전자의 가속운동, 즉 회전에 의해 발생하는 것으로 볼 수 있다. 만물은 예외 없이 모두 회전(원운동)하고 있는 것이다.

중도의 근원에서 존재와 회전은 분리되지 않는다. 만물은 회전함으로써 존재의 정당성을 확보하고 있다. 회전으로 인해 시작과 끝이 하나로 이어지며 원래부터 있는 것도 아니고 원래부터 없는 것도 아닌 '어떤 중도적 존재'가 되고 있다.

그래서 만물은 잠시도 가만히 있지 않는다. 모든 것들이 시시각각 무상無常하게 변하고 있다. 멈추지 않는 중도의 회전으로 인해 모든 존재가 한순간도 고정되어 있지 않은 이런 이치를 동양철학에서 '역易'이라 하였고 또한 노자는 〈도덕경〉 40장에서 "되돌아가는 것이 도의 움직임이다(反者, 道之動)."라 하여 규칙적으로 되돌아오는 천지자연의 순환성을 도道라고 하였다. 이렇게 원운동(회전)은 중도의 2차원적 표상이다. 그것은 두 극단의 존재 양상, 존재의 유무, 혹은 동태動態와 정태靜態를 함께 어우러지게 하는 중도의 물리면서 자연과 인간이 따라야 하는 도道의 실상이다.

어떤 원운동도 두 대립되는 점 사이의 왕복운동으로서 나타날 것이지만 그 대립적인 것은 (원)운동 자체 속에서 통일되고 초월된다. (…) 저것은 이것과 대립자임을 그만두는 것이 바로 도의 본령이다. 오직 이 본령만이 말하자면 하나의 축으로서 가없는 변화에 응답하는 원궤의 중심이다.
_카프라, 〈현대 물리학과 동양사상〉

2. 기氣

유무중도체

우주의 물리적 주체
: 기氣와 근원 매질

앞에서 우리는 중도의 물리적 동태動態를 추론해 보았다. 중도는 모든 극성極性을 공평하게 순환시키는 원운동으로 물리화物理化되었다. 그런데 중도의 원운동이 우주의 실체적인 구성원리가 되려면, 그 원운동에는 어떤 물리적 주체(혹은 매질)가 있어야 한다. 우리가 경험하고 있는 이 우주는 분명히 물리적 실재實在이기 때문이다.

물리적 주체가 없는 중도의 원운동은 단지 관념일 뿐, 만물의 실체적인 구성원리가 되지 못한다. 전기 회로를 아무리 잘 구상하여도 전자가 흐르지 않는다면 무용지물인 것과 같다. 도대체 무엇이 원운동을 하고 있을까? 즉 무엇이 최초의 원운동을 하느냐 하는 문제가 이번 장의 주제다.

중도의 원운동을 만물의 구성원리로 구현하는 주체란 다른 말로 '근원 매질'이다. 근원이 바로 중도의 장場이기 때문이다. 또 근원에서 만물이 파생된다면 원운동의 주체와 '만물의 질료'는 같은 말이다. 그 질료의 존재 양상이 원운동(회전)이 된다.

그러나 만물의 질료를 찾고자 하는 이 문제는 고대철학에서부터 현대 물리학에 이르기까지 풀지 못한 화두다. 현대의 미시물리학은 만물을 구성하는 근원적인 질료로서 수많은 소립자를 명명命名하고 있지만, 계속 더 근원적인 입자가 발견되고 있어서 여전히 양파의 껍질만 벗기고 있는 실정이다.

그런데 동양의 성리학性理學은 존재의 이치와 그 실체적 질료를 이理와 기氣라는 개념으로 말한다. '이理는 만물의 존재 원리로서 무형·무위의 특성을 가지며 기氣는 만물의 현상적 요소로서 유형·유위의 특성을 가지는데 이런 이와 기는 서로 떠날 수도 없고 서로 섞이지도 않는다(理氣不相離 理氣不相雜).'는 정도로 정리하고 있다. 우주는 과연 무엇으로 구성되어 있으며 중도의 기운을 매개하는 최초의 질료는 무엇일까?

기氣의 정의

입자 물리학을 통해 그 답을 찾는데는 아직 시간이 많이 필요할 것 같다. 하지만 안타깝게도 우리의 수명은 그리 길지 않다. 우리에게 시급한 것은 우선 '고통'에서 벗어나는 일이다. 소립자의 정체와 특성보다는 삶의 정체와 그 의미를 깨달아 생로병사의 고통과 죽음의 공포에서 벗어나야 한다. 부처님의 독화살 비유가 그런 것을 말한다.

> 비유하면 마치 어떤 사람이 몸에 독화살을 맞은 것과 같다. 그가 독화살로 말미암아 매우 심한 고통을 받을 때에 그 친족들은 그를 가엾게 생각하고 불쌍히 여기며, 그의 이익과 안온을 위해 곧 의사를 청하였다. 그러나 그 사람이 이런 생각을 한다고 하자.
> '아직 화살을 뽑아서는 안 된다. 나는 먼저 화살을 쏜 그 사람이 어

떤 성 어떤 이름 어떤 신분이며, 키는 큰가 작은가, 살결은 거친가 고운가, 얼굴 빛은 검은가 흰가, 혹은 검지도 않고 희지도 않은가, 찰리족인가 혹은 바라문 거사 공사의 종족인가, 동방 서방 북방 어느 쪽에 사는가를 알아보아야 하겠다.

아직 이 화살을 뽑아서는 안 된다. 나는 먼저 그 활이 산뽕나무로 되었는가, 뽕나무로 되었는가, 물푸레나무로 되었는가, 혹은 뿔로 되었는가를 알아보아야 하겠다.

아직 이 화살을 뽑아서는 안 된다. 나는 먼저 그 궁찰弓扎이 소 힘줄로 되었는가, 노루나 사슴 힘줄로 되었는가, 혹은 실로 되었는가를 알아보아야 하겠다.'

(중략)

그러다 보면 그 사람은 결국 그것을 알기도 전에 그 중간에 목숨을 마치고 말 것이다.

_〈중아함경中阿含經〉, 전유경箭喩經

물리적 도구를 통해 근원적인 질료를 분석하고 그 이름과 특성을 밝히는 것도 중요하다. 그러나 우리에게 절실한 것은 그러한 근원적 매질이 존재할 수밖에 없는 '당위성'부터 확보하는 것이라고 생각한다. 우리는 그 질료의 존재적 당위성에 의해 비로소 자신을 포함한 만물의 존재 근거를 확보할 수 있다. 그 후에야 만물의 존재 이치까지 규명할 동기가 생길 것이다. 질료의 당위성부터 확보하지 않고서, 어떻게 그 존재를 논할 수 있겠는가? 그것이 일단 독화살을 뽑아 생로병사의 고통으로부터 우리를 구할 응급조치가 아닐까 생각한다.

만물의 근원적인 질료는 무엇일까? 다행히도 이러한 근원적 매질의 존재에 대해서는 오래전부터 다수의 지성知性이 합의하고 발전시켜온 동양철학의 지혜가 있다. 바로 앞서 잠시 언급한 '기氣'라는 개념이다. 동양철학에서는 그러한 근원적 매질에 일단 기氣라는 이름을 붙여서 그 필요성을 인정했다. 우리도 일단 '기'라는 개념을 인용하여 근원적 매질(최초 원운동의 주체)의 존재적 당위성을 추론해 보겠다.

시대를 달리하면서 발전해온 기의 개념에는 다양한 의미가 담겨 있다. 여기서는 중국의 장입문 교수가 중심이 되어 편찬한 〈기의 철학〉을 참고하여 먼저 그것의 개념을 요약해 보겠다. (나에게 이 책은 아주 의미 있는 책이었다. 30대 초반에 작심하고 공부를 시작하게 된 첫 수업교재이기도 하고, 내 속에 잠재되어 있던 학구열을 이끌어 내주었으며, 방황하던 시절에 큰 위안이 되었다.)

첫째, 기는 자연과 만물의 근원 또는 본체이다. 기는 끊임없이 운동하는 정미精微한 물질로서 천지 만물의 통일적인 기초이며 만물을 생성하는 본원으로서 중국 고대의 우주생성론과 서로 연관되어 있다. 기는 천지만물의 존재가 그렇게 존재할 수 있는 근거이지 구체적인 형태를 띤 물질이 아니어서 형체, 소리, 상태 등을 갖지 않는다.

둘째, 기는 객관적으로 존재하는 질료 또는 원소이다. 기는 일종의 매우 미세한 물질현상으로서 형질을 갖추지 않은 혼돈 상태이며 응결된 후에야 형상이 있는 사물이 된다. 기는 세계만물의 통일적 원리이다.

셋째, 기는 동태動態 기능을 갖춘 객관 실체이다. 기는 부단히 운동 변화하는 가운데 어떤 때에는 승강 굴신하며 어떤 때에는 충돌 마찰하면서 운동 변화하는 것을 자기 존재의 조건이나 형식으로 삼는다. 만약 기가 동태적인 기능을 잃어버리게 되면 자신의 존재와 가치를 상실하게 된다.

넷째, 기는 우주에 가득 찬 물질매개 또는 매체이다. 빛과 소리는 발원처로부터 전파될 수 있는데 그 사이에는 반드시 이곳에서 저곳으로 전달되기 위한 매개 또는 매체가 있어야 한다. 이것이 바로 기다.

다섯째, 기는 인간의 성명性命이다. 장수와 요절, 선과 악, 가난함과 부유함, 존귀함과 비천함은 모두 기와 연관되어 있다.

여섯째, 기는 도덕 경지이다. 기는 의義를 모음으로써 생기는 일종의 도덕 이상理想이다.

서양의 과학자들이 궁극의 소립자를 밝히기 위해 수조 원짜리 입자 가속기를 짓고도 아직 그 이름의 끝을 정하지 못하고 있지만, 동양의 장재張載는 약 천 년 전에 '기氣'*라는 이름으로 궁극의 질료를 상정想定하고 명명했다.

하지만 정작 궁금한 것은 그 이름이 아니다. 그것을 어떤 이름으로 부른들 사실 우리 삶과 뭔 상관이 있겠는가? 중요한 것은 그것이 '왜 있는가?'이다. 기는 왜 존재하는 것일까? 근원적인 질료는 어째서 존재하고 있었던 것일까?

자신의 존재 근거로서 '기'가 있다는 것은 피조물의 입장에서는 아주 다행스럽다. 하지만 기의 존재적 당위성을 이성적으로 따져보지 않고서 그저 기가 있다는 전제만으로 제반 존재 현상을 규명하려는 것은 전설

---

* 중국 사상사에서 '기' 이론을 가장 체계적으로 언급하기 시작한 사람은 장재張載, 1020-1077)다. 그는 북송시대의 오자 가운데 한 사람으로서, 유가를 기반으로 세계관을 펼쳤다. 장재는 태허가 곧 기라고 하면서 이것을 통해 만물의 전개 과정을 설명하고 있다. 그는 '기'가 우주 공간에 무소부재하며, 인간의 생사도 '기의 취산/모임과 흩어짐'으로 설명했다. '취산/모임과 흩어짐'의 작용은 동정의 작용 등과 함께 모순 대립적 통일(兩一)이라는 변증법적 변화를 거친다.

에 등장하는 용의 뼈 구조를 연구하려는 것과 뭐가 다를까? 아무리 정교하게 기에 대한 논리의 탑을 쌓는다 해도, 정작 그 존재에 대한 당위성을 확보하지 못한다면 돌 없이 세워진 돌담이고 물 없이 만들어진 저수지가 될 수 있다. 동양철학에서도 단지 태초에 기가 있었다는 암묵적인 합의 하에 논쟁이 이어지고 있다. 주기主氣론이든 주리主理론이든 기의 존재는 부정되지 않는다. 그렇다면 그러한 기의 존재적 당위성은 어떻게 확보할 수 있을까?

기의 존재까지 의심하는 이런 태도는 어쩌면 보이지도 않는 것을 손으로 잡아보려는 어리석음이고, 진공을 현미경으로 관찰하려는 무모함일 수 있다. 하지만 그저 남의 말만 믿고 따라가는 것은 더 무모한 인생으로 끝날 수 있다. 그런 인생은 남이 강요한 지식과 가치관에 자신을 구겨 넣은 것과 같아서, 자신의 인생을 산 것이라 할 수 없다.

사람마다 삶의 주제와 목표가 다르다. 아무리 훌륭한 지식이라도 자기 삶의 주제와 목적에 맞지 않으면 자기 것이 되지 못한다. 많은 사람이 추앙하는 이념이나 사상도 내 마음에 실제로 와 닿지 않는다면 내 것이 아니다. 남의 집에서 더부살이하지 않으려면, 모든 것을 스스로 확인하는 노력으로 자기만의 집을 지어야 한다. 그러므로 나는 왜 기가 있어야 하는지부터 따져보겠다. (어쩌면 이런 태도는 사이비 종교에 속아 본 경험이 있는 내 개인적 성향일 수 있다.)

기는 중도의 물리적 실체이다

천지의 본성과 만물의 존재 원리는 중도에 있다. 중도란 어떤 극단에도 편중되지 않은 공평함으로써 만물의 바탕이 될 수 있는 당연함이다.

그 중도의 물리적 동태가 원운동(순환)이었다. 그리고 중도가 막연한 관념에 그치지 않고 원운동으로서 물리적인 작용력을 가지려면, 그 운동의 실체가 있어야 한다. 동양철학에서는 그 가상의 실체를 기氣라고 상정한다.

그런데 이러한 기는 천지자연의 운동과 분리되어 따로 존재하지 않는다. 기는 천지의 순환 운동이 가진 물리력의 근거로 가정된 것이다.

> 기는 동태 기능을 갖춘 객관 실체이다. 기는 부단히 운동 변화하는 가운데 어떤 때에는 승강 굴신하며 어떤 때에는 충돌 마찰하면서 운동 변화하는 것을 자기 존재의 조건이나 형식으로 삼는다. 만약 기가 동태적인 기능을 잃어버리게 되면 자신의 존재와 가치를 상실하게 된다.
>
> _장입문, 〈기의 철학〉

이처럼 기는 그 움직임과 분리되지 않는다. 그것은 부단히 운동 변화하는 근원적인 동태 그 자체다. 그렇다면 '무엇이 원운동을 하는가?' 또는 '기는 왜 돌고 있는가?'는 잘못된 질문이다. 기氣가 돌고 있는 것이 아니라 도는 것이 기氣이며 어떤 주체가 원운동을 하는 것이 아니라 '원운동이 그대로 주체'가 되기 때문이다. 즉 원운동과 분리된 주체(기)란 따로 없다.

대신 그 질문은 '원운동은 어떻게 체성體性을 띠게 되는가?'로 대체할 수 있다. 중도의 원운동이 물리적 체성을 가진 상태가 기氣이기 때문이다. 즉 기의 정체는 원운동의 주체가 아니라 '원운동 자체의 체성'으로 이해해야 한다. 말하자면 기의 존재적 당위성은 중도의 당위성과 함께 중도의 본질적인 체성에 부합한다고 하겠다.

참고 : 양자역학에서는 소립자의 위치와 운동량을 동시에 확정하는 것은 불가능하다고 한다. 소립자의 위치를 확정하려 하면 그 운동량의 오차가 커지고, 운동량을 정확히 측정하려 하면 그 위치에 대한 오차가 커지기 때문이다. 즉 위치와 운동량은 동시에 확정되지 않는다. 이것을 불확정성의 원리라고 하는데 이는 입자의 파동성 때문이다. 자연에서 파동성(주기적인 움직임)을 떠난 입자는 없다. 모든 입자는 동태 그 자체다. 기를 동태와 분리하면 그 존재의 의미가 상실된다는 동양철학의 견해와 일맥상통한다. 그렇다면 원운동과 분리된 원운동의 주체(근원적 입자)는 인간의 관념에만 등장하는 신기루라고 볼 수 있겠다. 기는 입자 가속기로는 발견되지 못할 것이다.

기는 있기도 하고 없기도 한 중도의 체성體性
: 유무중도체

이제 기의 당위성을 밝히는 일은 중도(원운동)의 본질적인 특성, 곧 그것의 체성을 규명하는 것에 달려있다. 앞서 말했듯이 원운동 자체에 부가되는 체성이 바로 기의 정체이기 때문이다. 그렇다면 그 체성은 무엇이며 왜 존재하는지를 따져야 한다. 그에 대해서도 다시 익숙한 질문을 해 보자.

원운동의 체성은 있는 것인가 없는 것인가?
원운동의 체성은 왜 존재해야 하는가?
없을 수도 있지 않은가?
(To be or not to be, that is the question!)

이 책은 한마디로 중도에 대한 소고가 되겠다. 중도란 어떤 관점으로부터도 그 정당성을 보장받을 수 있는 존재의 근거다. 그렇다면 근원적인 체성의 존재 여부도 마땅히 중도적으로 해결하여야 한다.

그런데 이 같은 유무의 문제에 대한 중도적 해결법은 앞장에서 이미 합의를 보았다. 그것은 '유무의 교대 혹은 순환'이었다.* 그렇다면 중도의 체성 역시 마땅히 유무를 순환해야 한다. 무슨 말인가 하면, 중도는 그 체성이 '있는 것'이라고만 할 수도 없고 '없는 것'이라고만 할 수도 없다. 그리고 동시에 그 체성은 있기도 하고 없기도 한다. 모든 극을 공평무사하게 인정하는 것이 중도이지 않은가?

그렇다면 바로 이런 '유무의 교대 자체'가 중도의 체성으로 귀착된다. 즉 중도의 체성을 한마디로 표현하자면 '유무순환체' 혹은 '유무중도체'다. 그 체성이 일어났다가 사라지고 사라졌다가 다시 일어나는 끊임없는 순환, 그 자체가 그대로 중도적 체성으로서 기氣가 되는 것이다.

이에 대해 한동석은 그의 책 〈우주 변화의 원리〉에서 기를 '유무 화합체'라고 표현했다. 이때 '화합'이란 결국 중도中道의 작용을 말한다. 중도의 매개체인 기는 유무有無의 극단부터 화해시켜야 하므로 그렇게 표현한 것 같다. 타당하다고 생각한다. 대신 우리는 앞장에서 말한 중도의 맥락을 이어가는 의미에서 '유무중도체'라고 하겠다.

사실 '유무중도체'나 '유무화합체'라는 말은 특별한 것이 아니다. 중도로 만물의 이치를 해명해 보자니 기의 정체도 그렇게 표현된 것이다. 이는 기氣의 체성 역시 유와 무 어디에도 치우치지 않고 공평하게 유와 무

---

* 노자도 〈도덕경〉 2장에서 "유무상생"을 말하고 있는데, 이는 유와 무가 서로에 대해 생성작용을 한다는 뜻이다. 곧 유와 무가 상호 의존적 관계에 있다는 말이 된다.

를 오가야 중도적 질료로서의 당위성을 가지게 된다는 말이다.

말로 하려니 자꾸 난해해지는 면이 있다. 그러나 이는 말이 어려운 것이지 중도가 어려운 것이 아니다. 결국 우주는 중도의 이치가 실체實體로 구현된 것이지 않은가? 기는 그 실체에 대한 언급이다. 그러니 중도적 실체實體로서 그 속성은 당연히 '유무중도체'가 되어야 한다.

기의 본질
: 존재와 비존재의 화합

동양에서는 일찍이 만물의 질료를 '기'로 명명했다. 그렇다면 기는 어떻게 중도의 매질이자 만물의 질료가 될 수 있을까? 그것은 기가 존재와 비존재의 화합이기 때문이다. 유무가 공평하게 어우러진 상태를 무엇으로 트집 잡을 수 있겠는가? 오히려 기는 있어야 하는 가능성과 없어야 하는 가능성 모두를 자신의 존재성으로 삼고 있다. 기는 있는 것만도, 없는 것만도 아니다. 그 유무를 오가는 신묘한 존재 상태가 어디로도 흠 잡히지 않는 근원적 매질(기)의 당연한 존재성이라 하겠다.

다시 말해, 기는 '양동음정'하는 원운동이 그대로 체화體化된 것으로, 유무를 오가는 진폭이 그대로 질료가 된다. 그것은 중도가 아우르는 유무의 차이나 변화만큼 질료로 행사되는 것이다. 기는 태허太虛의 바탕에서 규칙적인 유무의 파동이 주변과 차별되어 최초의 존재 원소로 부각되는 것으로, 중도에 내재內在된 필연적인 체성이자 그 동력인 것이다.

우리는 앞서 햄릿의 고민을 들어보았다. 그 고민은 존재의 유무를 묻는 것이었다. 이때 '존재'는 결국 그 체體에 대한 유무를 묻는 것이기도 하다. '있느냐, 없느냐' 하는 것은 바로 그 실체實體의 존재 여부를 묻는 것이 아니겠는가?

다행히 유무를 향한 양자택일의 고민은 유무의 순환으로 해결되었고, 그 순환은 '유무중도체의 기'로 실체화되면서 물리적 우주를 구성하게 되는 것이다. 중도는 그 이치가 그대로 체體로 발현되고 있다.

모든 존재는 결국 동정動靜의 파동이자 유무의 화합이다. 우리의 의식 깊은 곳에도 유를 향한 삶의 본능과 무를 향한 죽음의 본능이 함께 있다. 만물의 질료인 기의 존재 양상이 이미 그러하기 때문일 것이다.

기의 정체를 중도의 이치에 내재한 필연적 체성으로 본다면, 이理와 기氣는 나누어지지 않는다. 중도의 이理는 그대로 유무를 오가는 기(체)가 된다.

이기理氣의 관계를 이처럼 본다면, 근원적 차원에서 현상의 이치(이)와 질료의 기체(기)는 분리되지 않는다. 궁극의 차원은 곧 모든 것의 귀일歸一 상태이다. 거기서는 현상과 질료가 하나로, 현상은 그대로 자체가 된다. 다시 말해서, 중도의 이치는 스스로 자신의 체를 구현하며 기화氣化된다. 유무의 파동인 기는 근본적인 질서(중도)의 탄생으로서 주변의 카오스와 차별화되고 그 차별성이 '질료'로 행사되면서 중도의 이치를 물리적으로 완성하고 있다.

이와 유사하게 동양철학의 개념에 체體와 용用이 있다. 존재를 체와 용으로 나누어 파악하는 것이다. 체는 말 그대로 존재의 본체 혹은 실체를 말하며, 용은 그 존재의 작용 내지 쓰임을 말한다. 그런 방식으로 근원을 파악해본다면 근원의 체는 기氣가 되며 그 용用은 현상 작용의 원리理가 된다.

그런데 이런 체와 용은 한 존재의 양면으로서 서로 분리되지 않는다. 바람과 공기를 나눌 수 없듯이 체 없이 용만 있을 수 없고, 용 없이 체만 있을 수도 없다. 모든 존재는 반드시 그 작용이 있으며 모든 작용에는 반드시 그 실체가 있다는 말이다. 그런 것이 궁극의 실상이다.

모든 현상(용)에 그 현상을 이루는 질료(체)가 있고, 질료가 있다면 반드시 그 현상이 있다. 그래서 현상과 질료, 체와 용, 이와 기는 분리되지 않는다. 즉 현상과 질료를 분리하려는 것이 오히려 지엽적인 발상이라는 말이다. 정신과 물질을 분리시키고, 현상과 질료가 별개로 추상되는 것은 이원론적 인식체계의 특징이다.

따지고 보면 이理와 기氣도 결국 근원을 이해하기 위한 관념적 도구에 불과하다. 존재의 실상은 이기理氣로 나누어지지 않는다. 다만 기가 물질로 응축된 물질계에서만 보이지 않는 이理가 물질에서 분리된다. 물질적 존재인 우리의 감각 수준에서만 존재의 이치를 담보하는 별개의 물리적 체가 부득불 요구되는 것이다. 이기理氣의 분리는 물질계에서만 나타나는 이원론적 사고의 한계로 보인다.

소경이 코끼리를 만지듯이 물질의 한계에 갇힌 인간의 제한된 감각은 근원을 제각기 다양하게 묘사할 수 있다. 그러나 현상과 분리된 별개의 질료를 찾으려는 시도는 빛과 분리된 그림자를 찾으려는 것과 같다. 궁극에 가서는 현상과 질료는 하나다. 궁극은 현상과 질료가 분리되지 않는 '그 무엇'이다. 이기理氣는 인간의 인식수준을 초월하여 원융圓融하게 합일해 있다고 하겠다. 그래서 물질적 존재가 던지는 '그 현상의 질료는 무엇인가?'라는 질문은 궁극의 입장에서는 '왜 현상과 질료가 분리되어야 하는가?'로 반문된다.

이상, 기의 존재적 당위성에 대해 구차한 설명을 해 보았다. 하지만 말이 실상을 더욱 어렵게 만든 것 같다. 어떻게 인간의 사고로 근원의 실상을 제대로 포착할 수 있을까만, 그래도 언어를 통한 어느 정도의 개념 정리가 있어야 근원에 대한 좀 더 객관적인 추론이 가능할 것 같아서 미숙하지만 가설적 논리를 펴 보았다.

정리하면 중도는 자신의 이치를 만물의 질료로 제공하고 있다. 유무를 오가야 하는 중도의 이치는 그대로 유무를 오가는 기운체氣運體가 된다. 근원은 그러한 기체氣體들이 연합하여 이루어진 거대한 매트릭스라고 하겠다. 그것은 '유와 무' 혹은 '0과 1'의 요동으로 이루어진 이진법의 신호 체계와 같다. 유와 무의 '차별성'이 최초의 질료가 되고 그 질료가 무수히 조직되어 만물의 '체'로 응집되고 있다. 기의 본질에 대해서 논하는 것은 이 정도에서 타협하겠다. 초반부터 내용이 너무 딱딱해지는 것 같다.

원운동은 어디로도 흠잡을 수 없는 존재적 당위성에 대한 완벽한 동태다. 모든 극성을 차별 없이 수용하는 천지의 모성애에 대해 무슨 꼬투리를 잡을 수 있을까? 모두가 옳다고 한 황희의 처신에 누가 원망할 수 있을까? 우유부단하다는 비판은 있을 수 있겠지만, 속내는 혼자만 사랑을 독차지하려는 여인의 시샘일 수 있다.

중도의 이치가 필연적으로 구축하는 자신의 체(기)는 모든 존재를 향한 차별 없는 사랑의 질료다. 그것이 中에 담긴 실존적 의미이다. 원운동은 모든 존재 현상이 일어나는 근원적인 물리物理라고 하겠다. 그것을 무엇이라 부르든 먼저 근원적 매질인 기의 존재적 당위성이 확보된다면, 우리는 일단 자신의 존재성에 대해서 안심하면서 다음 단계로 논의를 이어갈 수 있다. 기체氣體의 존재적 당위성에 의해 허무에 물들게 하는 독화살은 일단 뽑았다고 본다.

3. 기의 회전
　　음양의 탄생

　기의 당위성에 이어 이번에는 기의 운동 양상을 보다 구체적으로 추론해 보겠다. 기는 끊임없이 원형으로 순환하는 동태(원운동)를 취함으로써 유무를 통합했다. 그런데 원운동은 같은 원형의 운동 형태라도, 다른 '회전 방향' — 시계방향과 반시계방향 — 을 가질 수 있다. 즉 원운동에는 기준점에서 왼쪽으로 회전하는 좌선左旋과 오른쪽으로 회전하는 우선右旋의 두 방향이 있다. 기는 원형으로 고정된 선線이 아니라 원형으로 순환하는 기운체임으로, 그 행방에 있어서 좌선과 우선으로 나누어지게 되는 것이다.

　이런 방향 차이는 사소한 듯해도 그 기의 작용에 결정적인 분기점이 된다. 화투놀이에서도 방향이 바뀌면 승패가 바뀌지 않는가? 그렇다고 한다면 기가 회전하는 방향의 차이는 과연 어떤 결과를 초래할까?

　단적으로 말하면 회전 방향의 차이는 '음양'이라는 상반된 기운의 체體를 결정하게 된다. 어느 한 방향으로 회전하는 기를 양陽 기운이라 한다면 그 반대로 회전하는 기는 음陰 기운이 되는 식이다. 즉 우리가 현실적으로 경험하는 음과 양의 근원적인 출처란 그 운동의 형태는 같아도 회전하는 방향은 서로 반대인 기체氣體가 된다.

만물은 왜 음양으로 이루어져 있을까? 인간은 왜 남녀로 분화되어 있을까? 그것은 원운동에 두 가지의 방향성이 있기 때문이다. 회전하는 방향의 차이가 성性의 분기점이 되는 것이다. 만약 그럴일은 없지만, 원운동의 회전 방향이 세 가지라면 만물은 삼성三性으로 분화될 것이다.

성의 분화는 참으로 중요하다. 만약 성이 분화되지 않았다면 만물의 다양성은 나타날 수 없다. 뒤에 설명하겠지만 회전 방향의 차이로 인해 음양의 두 원운동 사이에는 모종의 (물리적이라고 할 수 있는) 협력관계가 형성되고, 결국 그것이 만물의 진화와 다양성을 만들어 나간다.

소립자 물리학에서 말하는 입자와 반反입자의 관계도 그러하다. 그들의 유일한 차이는 회전 방향에서만 정반대다. 진공에서 입자가 만들어질 때는 그 반입자와 함께 쌍으로 생성되고 사라질 때도 쌍으로 소멸하는데 그들의 차이는 오직 회전 방향뿐이다. 이 모두가 음양의 관계다.

> 기는 방향과 구조가 결정된 운동의 표현이다. 기라는 용어에는 언제나 방향의 제시라는 조건이 함축되어 있다. 그래서 기에는 지향성, 특정한 방향으로의 운동이라는 의미가 포함되어 있다."
> _맨프레트 포커트

요약해 보자. 기氣는 회전 방향의 차이로 인해 음양이라는 두 가지 체體로 분화된다. 그것이 바로 음기와 양기로서 우주만물을 이루는 두 종류의 매질이라 하겠다. 이처럼 음양은 형태는 같지만 회전 방향이 다르다. 이로 인해 음양은 원형圓形을 이루려는 목적은 같아도, 추구하는 방향이 다르다고 하겠다.

별자리를 유심히 살펴보면 하늘의 움직임에는 일정한 순환의 질서理가

3. 기의 회전 : 음양의 탄생

있다. 농경시대의 사람들은 그 질서가 이 세상을 규칙적으로 변화시킨다고 생각했다. 별자리의 위치에 따라 계절이 바뀌었고 계절을 따라 온갖 식물들이 꽃을 피우고 열매를 맺었으므로, 하늘의 법이 땅을 주도하고 있다고 여겼을 것이다. 그렇다면 그들의 생각에도 하늘의 법을 땅으로 전달하는 매개체가 있어야 하지 않았을까? 거기서 기 개념이 발생했다고 여겨진다.

은나라 시대 갑골문에 기우气雨라는 말이 나오는데, 이때 기는 '구한다'는 뜻으로 상제에게 비를 오게 해달라고 빈다는 말이었다. 또 〈설문해자〉는 기를 '운기雲氣'로 해석한다. 모두 하늘의 법과 그 변화를 상징하는 비와 구름에 대한 '상형象形적 직각'에서 비롯된 '기' 개념의 시작이다. 기는 하늘에서 내려오는 법의 전달자이자 모든 변화의 시원이고 전조였다.

그런 점에서 나는 기를 아주 작은 낌새, '기미幾微'와 같다고 본다. 모든 일에는 그것이 현실화하기 직전의 '조짐', 기미가 있지 않은가? 그것이 어떤 계기를 만나면 거기에 응해서 구체적 사물로 드러나지만, 아무런 계기를 만나지 못하면 단지 '가능성'으로만 존재하고 있는 상태라고 할 수 있다.

> 기는 눈에 보이지는 않지만 널리 퍼져 있는 물질이며 응축되면 견고한 물체로 바뀔 수 있고 물체의 '본질'과 물체 상호 간의 '관계'를 파동 형태로 실어 나를 수도 있다고 여겨진다는 점에서 볼 때, 기의 개념은 현대물리학의 '양자장量子場' 개념과 매우 흡사하다.
> _존 스펜서

근원은 무한한 가능성, 즉 만물이 펼쳐질 기미로 가득 찬 상태다. 그런

기氣는 만물로 화생化生될 잠재적 질료로, 원운동의 특성상 서로 반대 방향으로 회전하는 음과 양이라는 두 기운체氣運體로 존재하는 것이다.

이러한 기의 존재 양상을 전체적으로 보면, 기는 원운동을 하면서 내부적(잠재형)으로는 음양(유무)의 중도체가 됨과 동시에, 하나의 회전 방향을 선택하면서 외부적(표현형)으로는 음기나 양기로 존재하게 되는 것이다.

다시 말하지만, '회전'은 그 체가 중도를 이룸과 동시에 다시 양성兩性으로 존재하게 되는 근본적인 이유이며 이러한 성의 분화는 만물의 다양성이 창출되는 조건이다.

노자도 〈도덕경〉 42장에서, "도에서 일이 나오고 일에서 이가 나오며 이에서 삼이 나오고 삼에서 만물이 나온다(道生一, 一生二, 二生三, 三生萬物)."고 했다. 이때 도에서 하나가 나오고 하나에서 다시 둘로 이어지는 과정이 음양의 전개 과정이다. 만물과 마찬가지로 남녀의 분화 과정도 이와 같다. 사람도 내부적으로는 남녀 공히 음양의 조화(중도) 체이면서 외부적으로는 남성과 여성 중 하나의 체로 탄생하면서 상호작용의 터전을 마련하고 있다. 모두 회전과 그 방향성으로 인해 일어나는 일이다.

> 음양에도 이러한 운동성이 있습니다. 양의 방향으로 움직이려는 작용과 음의 방향으로 움직이려는 반작용의 법칙이 이것입니다. 양이라는 기운은 항상 시계 반대 방향으로 움직이려 하고 음이라는 기운은 시계 방향으로 움직이려는 성질을 가집니다. (…) 태극에서 시계 방향으로 회전하는 음 태극과 시계반대 방향으로 회전하는 양 태극은 이러한 음양의 기운이 작용하여 생겨나게 된 것입니다.
>
> _ 강진원, 〈알기 쉬운 역의 원리〉

사랑의 조건 : 존재의 국경

이 책은 '근원'이나 '도道' '사랑'과 같은 형이상학적 주제를 우리의 인식이 보다 구체적으로 접근할 수 있는 형이하학적 모델을 통해 고찰해본다는 당찬 의도를 가지고 있다. 여기서 우리는 기氣에 대한 객관적이고 물리적인 이해가 '사랑의 조건'과 같은 추상적인 질문에 어떤 명료한 답을 내놓을 수 있는지 함께 따라가 보기로 한다.

살면서 말도 많고 탈도 많은 것이 남녀 간의 사랑이고 결혼이지 않은가? 그런 사랑이 무엇인지 알기 위해, 여기서는 기의 물리적 운동 양상으로부터 남녀(음양) 간 '사랑'의 방법론을 생각해 보자.

사랑에도 원형圓形의 도리가 제시하는 음양 합일의 모범이 있다.

우리는 음과 양의 상호작용을 성性의 교류, 'Eros(에로스)'라고 부른다. 하지만 그 본질은 결국 좌우로 회전하는 원운동 간의 역학이 되겠다.

음양이 회전하는 방향은 서로 반대다. 즉 음양의 결합은 한마디로 튀어나온 부분과 들어간 부분이 맞물린 채 서로 반대 방향으로 돌고 있는 톱니바퀴 쌍과 같다고 하겠다. 이런 음양의 관계성을 상보적이라고 한다. 서로를 보완해 준다는 뜻이다. 생각해 보자. 맞물린 톱니바퀴들은 반대로 돌기 때문에 서로 상대의 회전을 밀어주지 않는가? 반대로 돈다는 것이 오히려 서로의 존재를 밀어주는 힘이 된다. 그래서 상보적 짝을 찾은 사람들은 힘을 얻는다. 성의 교류가 환희를 주는 이유도 그런 상보성 때문이다.

남녀는 여러 면에서 서로 다르다. 아니 정반대다. 하지만 그런 점이 오히려 매력으로 작용한다. 그 다름 때문에 서로의 부족함을 채워줄 수 있고, 그러한 상보성으로 인한 이끌림이 하나의 가정(중)을 이루게 된다.

이처럼 음양이 상보적으로 존재한다는 것은 음양이 결국 중中의 분화체임을 말해 주는 증거이기도 하다. 하나에서 쪼개졌기에 그 조각을 합치면 다시 하나(완전체)가 된다. 소위 궁합이 맞는 것이다. 흔히 성격이 비슷한 사람끼리 궁합이 맞는 것으로 생각할 수 있는데, 사실은 반대다. 궁합이 맞는다는 것은 나와 반대이기 때문에 가능해진다. 자신이 가장 끌리는 체취의 옷을 찾는 실험이 있었는데 대개 자신의 유전자와 가장 상이한 상대의 옷을 선택하게 되더라는 결과도 있다.

상보적 '짝'이란 나의 반대편에 있는 대극對極인 셈인데 이는 대치가 아니라 합치를 위한 대극이다. 그 대극이 있음으로써 '나'라는 극極도 존재의 당위성을 얻게 되고 다시 중의 환희에 참여할 길이 확보된다. 그래서 남녀는 사랑에 목숨을 걸기도 한다. 상대가 내 존재의 의미가 되기 때문이다.

반면, 짝이 구속감으로 느껴질 때가 있다. 요즘 남녀가 이성 교제를 잘하지 않는 이유는 '남녀의 차이' 때문이라는 뉴스를 보았다. 그것은 남녀(음양)에 대한 올바른 지식이 없기 때문이며 상보성의 가치를 모르기 때문이다. 상보성이란 본질적으로 이질적이다. 그래서 너무 밀접하게 붙어 있으면 그 이질감이 오히려 장애가 된다. 그러다가 그 이질적 짝이 사라지면 뒤늦게 상보성의 가치를 깨닫게 된다.

나이 들어서 겪는 슬픔 중에 가장 큰 것은 배우자와의 사별이라고 한다. 자식은 무조건적인 사랑과 헌신의 대상이지 내 인생의 짝은 아니다. 부모와 자식은 상보적인 관계가 아니다. 하지만 상보적인 배우자(짝)를 잃어버린 사람은 자신의 존재 의미까지 상실하게 된다. 그런 것이 같이 살고 있을 때는 미처 실감하지 못한 배우자의 가치다. 나는 아직도 장모님이 돌아가시고 홀로 남은 장인께서 "어떻게 피 한 방울 안 섞인 사이로 만나서 이렇게 마음을 아프게 할 수가 있는가"라면서 흐느끼시던 모습이 아련하다.

상보적 대상이야말로 나의 구세주다. 그로 인해 내 존재의 정당성과 의미가 완성되고 다시 중의 안정이 계승될 수 있다. 잔소리하는 아내가 있음으로써 남편의 출근길은 더 의미 있게 되고, 무뚝뚝한 남편이 있음으로써 아내의 아기자기한 저녁이 완성된다(혹은 그 반대로도).

그런데 이러한 음양의 상이함이 상보적으로 작용하기 위해서는 몇 가지 중요한 조건이 있다. 그것은 음양의 극성이 중도의 환희로 합일하기 위해 서로가 지켜야 할 법이다. 이는 사랑에 대한 인륜적이고 도덕적인 권고사항이 아니라, 완전한 사랑을 이루기 위한 물리物理, 즉 음양의 실체가 어떻게 상호작용하는지에 대한 '사랑의 물리적 조건'이라 하겠다.

사랑의 도道는 결국 기氣의 운행 방식, 즉 좌선左旋과 우선右旋의 물리적 상호작용에서 그 근거를 찾아야 한다. 그것이 음양의 본체이기 때문이다. 그렇다면 좌선과 우선의 기운은 어떻게 상보적으로 작용하는 것일까?

앞서 잠시 언급했지만 음양은 반대로 회전하고 있는 톱니바퀴와 같다. 그런 바퀴들은 서로 '맞물려야' 한다. 당연한 말이지만 좌회전과 우회전은 서로 '맞물릴 때' 상대방을 도와주는 힘이 된다. 즉 반대로 돌아가는 것은 음양의 본질적 차이로, 그들이 '맞물릴' 때에만 회전 방향의 상이함이 오히려 서로를 돕는 상보성을 가지게 된다는 말이다.

그래서 음양은 맞물리기 위해 서로를 끌어당긴다. 그것이 사랑의 인력이다. 그/그녀와 맞물리면 나의 회전은 더욱 힘을 얻게 된다. 사랑하는 사람은 힘이 솟고 기쁨이 넘치게 된다.

　이때 중요한 것은 맞물림의 법도이다. 맞물리기 위해서는 반드시 상대의 '경계면'에서만 접촉해야 한다. 음양의 톱니바퀴는 오직 서로의 경계면에 접해 있을 때만 서로를 밀어주는 힘으로 작용한다.

　만약 사랑한다는 이유로 그 경계를 넘어가면 어떻게 될까? 역시 톱니바퀴를 생각하면 알 수 있다. 반대로 돌아가는 바퀴가 맞물려 있는 경계를 넘어가 버리면 상대를 밀어주는 것이 아니라 오히려 상대의 회전을 방해하는 힘이 되어버린다. 그때 상대 바퀴는 튕겨 나가거나 부수어져 버린다. 이것은 상보적 맞물림이 아니라 상대를 파괴하는 행위다. 사랑이라는 이름으로 자행되는 폭력이 된다. 이때는 둘 중 하나의 존재는 멈추어 버린다. 인도의 철학자 '라즈니쉬'의 말로 기억하는데 독신자의 괴로움은 기껏해야 외로움 정도라면, 잘못된 결혼은 아예 그 존재를 소멸시켜버린다고 경고하였다.

　왜 남녀 간의 사랑은 동서고금을 막론하고 이런 위험성을 내포하고 있는 것일까? 자칫 잘못하면 상대의 경계를 침범하기 때문이다. 그것은 마음에 드는 장난감을 소유하려는 유아적 욕망과 같다. 그래서 어설픈 사랑은 부담스럽다. 그것은 사랑이 아니라 상대의 전부를 소유하려는 이기적 욕망이다.

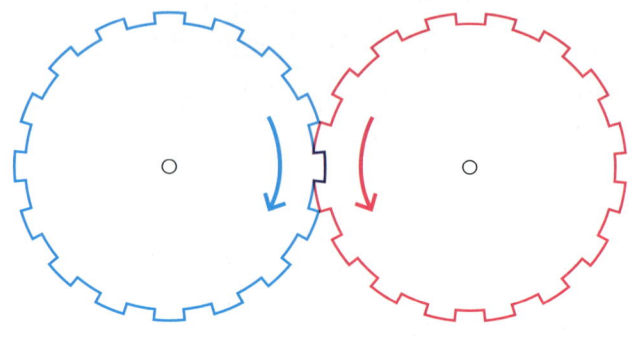

그림 3 - 맞물린 음양의 톱니바퀴

　강조하고 싶은 것은 맞물림을 이루기 위한 '경계'의 존중이다. 이는 부부가 일생을 함께할 수 있는 중요한 비결이기에 미혼 청춘들이 꼭 알아야 할 정보다. 음양(남녀) 간의 사랑은 이런 경계선에서의 절묘한 곡예다. 사랑한다는 이유로 상대의 내면세계까지 내 것으로 하겠다는 것은 이기적이고 무례한 생각이다. 그것은 상보적 결합이 아니라 어느 한쪽이 손상되는 비극으로 끝난다. 사랑하는 대상의 기운을 잠식해 버리는 것을 어떻게 아름다운 사랑이라 할 수 있겠는가. 음양은 서로 반대로 돌기 때문에 반드시 '경계'에서만 접촉해야 한다. 이것을 지키지 못하면 맞물림에서 이탈되어 홀로 남게 된다.

　경계면에 접한다는 것은 어떤 것일까? 그것은 상대의 취향과 가치관과 개성을 존중하는 것이다. 그것이 사랑의 물리적 조건이다. 상대의 운동 방향을 바꾸려 하거나 내면세계까지 완전히 소유하려고 하면 안 된다. 그래서 일찍이 오륜五倫에서도 부부유별을 강조했다. 부부는 서로의 유별함을 유지하면서 그 상이함을 존중해야 한다는 말이다. 서로가 상대의 경계면 이상을 침범해서는 안 된다는 말이다.

남녀는 소유의 관계로 맺어질 수 없다. 사랑은 소유가 아닌, '존재의 국경'에서 이루어지기 때문이다. 상대의 고유함을 훼손하지 않으면서 경계면에서만 접촉할 때 진정한 상보적 에너지를 얻게 된다.

단, 회전수는 맞아야 한다. 아무리 회전 방향이 반대라도 회전수가 맞지 않으면 맞물리지 못한다. 이때의 회전수는 서로의 지적 수준과 가치관 그리고 센스를 말한다고 보면 될 것 같다. 소위 코드가 맞아야 한다는 것인데 이러한 코드를 확인하는 방법이 쉽지는 않다. 경험상 '유머'의 수준이나 유머에 대한 반응도가 비슷하면 대개 코드가 맞는 것 같은데, 각자 중요하게 여기는 것에 따라 다를 수 있겠다.

하지만 현실은 이러한 비결을 머리로는 알지만 마음으로까지 체득하지 못해서 종종 가슴앓이를 하게 된다. 사랑한다는 이유로 상대를 소유하지 못하거나 장악하지 못해 비분강개하는 경우가 있다. 심지어 내 것이 되지 못한다면 차라리 상대가 죽어버렸으면 좋겠다는 사람도 있다. 사랑이 무섭다. 과연 우리가 추구해야 하는 사랑이 그런 것일까? 그런 사랑을 고백 받는다면 얼마나 섬뜩할까? 노자도 이러한 집착에 대해 경고했다.

> 무언가를 억지로 해 보려고 하는 사람은 패하게 되고,
> 무언가를 잡으려 하면 잃게 된다.
> (爲者敗之 執者失之)

사랑은 경계에서 완성된다. 그때 비로소 이성異性은 진정한 기쁨이자 활력으로 다가온다. 우스갯소리로 주말부부가 가장 이상적인 결혼형태라는 말이 있다. 의미심장한 이야기다. 다만 이것은 시공간적 별리別離를 주장하는 것이 아니다. 상대의 고유함을 지켜주면서 오직 경계에서 접촉할 때 식지 않는 오작교의 사랑이 지속할 수 있다는 말이다. 경계를 존중하면 누구라도 견우와 직녀가 될 수 있다.

진료하다 보면 부부간의 갈등을 많이 보게 된다. 갈등의 원인으로서 흔히 서로의 성격 차이를 말하지만, 사실은 성격보다는 남녀의 특성에 대한 몰이해가 파국의 원인일 때가 많다. 아무리 좋은 성격이라도 결혼하고 나면 갈등을 일으킨다. 성격이 아니라 사랑에 대한 지식의 부족이 갈등의 근본 원인이 될 때가 많은 탓이다. 사랑을 '모든 것'의 공유로 여기는 한, 그 커플이 법정을 들락거릴 확률은 높아진다.

이혼하고 돌아서는 아내의 뒷모습이 갑자기 매력적으로 보이더라는 말이 있다. 아내가 소유물에서 벗어나 독립적 존재로 돌아갔을 때, 뒤늦게 깨달아지는 그녀의 진실한 가치다. 소유가 아니라 존재에서 그 가치를 깨닫고, 내면이 아니라 경계에서 속삭여야 하는 사랑의 비결을 알았더라면 그런 후회는 없지 않았을까?

말하는 김에 동성同性끼리의 상호관계도 알아보겠다. 이 경우는 이성異性과 반대다. 동성끼리는 경계면에서 맞물리지 못한다. 같은 방향으로 돌아가는 톱니바퀴를 경계면에서 억지로 맞물리게 하면 서로 튕기어져 나가거나 약한 톱니는 파괴되어 버린다. 같은 극성의 자석이 서로를 밀어내듯이 같은 방향으로 돌아가는 동성끼리는 경계에서 서로 배척하는 힘이 작용한다.

　대신 동성끼리는 '서열 관계'가 이루어진다. 같은 방향으로 돌아가는 두 바퀴는 하나가 아예 다른 바퀴의 영역 안으로 완전히 들어와야 같은 방향으로 회전을 유지할 수 있기 때문이다. 즉 큰 바퀴의 회전 영역 안으로 작은 바퀴들이 완전히 들어와 동심원을 이루어야 한다. 이것이 서열의 형성이다. 그래서 같은 방향으로 돌아가는 동성들은 같은 목표와 가치관, 유사한 행동 방식, 그리고 엄격한 서열을 유지하며 공동의 목표를 향해 나아간다.

　대표적인 것이 사냥과 스포츠다. 사냥할 때 서열을 벗어난 독자적인 행동은 금기다. 축구 경기에서도 개인플레이만 하면 쫓겨난다. 동성들은 서열을 가지고 하나의 축에 소속되어 조직적으로 행동해야 한다. 여자들 사이에서도 서열이 형성되면 '형님'이라 부르지 않는가?

　다만 하나의 조직으로 들어오기 전까지는 경계면에서 경쟁과 알력이 생긴다. 그것이 동성끼리의 서열 싸움이다. 이때 서열은 회전 반경의 크기에 의해 결정된다. 동물들에게서는 완력이겠지만 사람에게서는 완력이 아니다. 누구의 스케일이 더 큰가? 이것은 정신적 능력과 함께 그 마음의 포용력과 관계있다. 진정한 서열은 이러한 배포와 정신력의 크기로 결정된다.

　인간의 본능 중에 소속 본능이 있는데, 이는 동심원들이 서로의 회전을 돕기 때문이다. 그것이 조직의 힘이다. 서열을 인정하면 적절한 자기 자리를 잡게 되어 보다 안정적인 생존이 가능해진다. 그러나 서열을 인정하지 못하면 튕겨 나와 서로 경쟁하는 적이 되기도 한다. 자신의 존재 스케일이 조직의 보스보다 크다면 한 번 도전해 볼만은 하다.

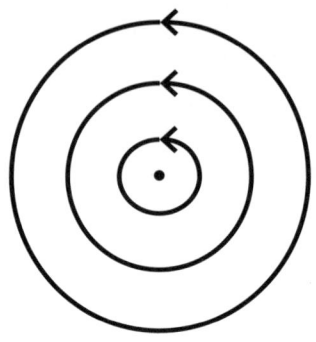

그림 4 - 동성간의 서열형성

이성은 근본적으로 경쟁자가 아니다. 서로 다름에 기뻐하는 관계다. 반대로 회전하는 음양은 오직 경계의 접촉을 통해 위로받을 수 있다. 이성異性은 달밤을 함께 거니는 평등한 동반자이며 동성同性은 햇빛 아래서 명확한 서열을 형성하여 함께 땀 흘리는 동료다.

○

지금까지 만물의 제일 원인, 기의 회전 양상을 통해 이성 간 사랑의 조건을 간략히 추론해 보았다. 번잡한 사상과 관념의 숲에서도 길을 잃지 않기 위한 물리적 나침판 하나 정도 확보하고 싶은 마음이 이 책에서 기의 형이하학적 모델을 상정하는 이유이다.

음양은 기의 회전방향 차이에서 비롯된 상보성을 갖는다. 근원의 기氣는 회전함으로 중도를 실현하고 또 회전하는 방향에 의하여 음양의 체로 분화되며 그 음양의 상호작용으로 인해 다양한 만물이 탄생한다.

인간의 윤리나 도道라는 것도 결국엔 기라는 근원적 질료의 운행 양상에서 그 기준을 잡아야 할 것이다. 서로 교류하지 못한 고대의 다양한 문화권에서도 도덕과 윤리의 공통분모가 발견된다는 것은 그 배후에 있는 기의 물리적 작용력을 시사해 주는 것이 아닐까한다.

덧붙여서, 음양의 근본적인 구분이 회전 방향에서 비롯된다 해서 남녀 신체의 구조도 그러한 것은 아니다. 남자나 여자나 장기의 위치나 혈액이 순환하는 방향 등 물질대사의 방향과 법칙은 동일하다.

위에서 언급한 회전 방향의 차이는 단지 만물이 음양으로 양분되어 존재하게 되는 최초의 기론氣論적 원인을 말하는 것이며 인간의 신체처럼 물질의 차원에서는 물질의 법칙에 맞게 음양의 배치와 그 상호작용이 펼쳐진다. 물질계에서는 화학물질이 그 역할을 주도하고 있지만 궁극적으로 음양의 원형은 좌우로 회전하는 기氣다.

'그(브라만)는 행복하지 않았다. 왜냐면 혼자였기 때문이다. 그는 짝을 원했다. 그래서 그는 서로 포옹하고 있는 한 쌍의 남녀로 그 자신을 변형시켰다. 이렇게 하여 그의 몸은 두 개로 나눠졌다. 이 분리로부터 남자와 여자가 생겨났다.'

_석지현역, 〈브리하드 아라냐까 우파니샤드〉

기가 센 사람, 약한 사람

우리는 사람의 정신력을 평가할 때, 기가 세거나 약하다는 말을 하곤 한다. 그렇다면, 기가 세다는 것은 어떤 상태를 말하는 것일까? 자기주장이 강하거나 물러섬이 없는 상태가 곧 기가 센 것일까?

기의 운행은 원형의 순환이다. 거기에서 힘이 세다거나 약하다고 평가할 수 있는 부분은 '회전력'이다. 즉 회전력이 강하면 기의 운행이 원활한 상태로 그것을 기운氣運이 세다고 할 수 있겠다. 이는 결국 원활한 회전 즉, 중도가 잘 유지되고 있다는 말이다. 이때는 만사를 차별 없이 받아들이며 모든 가능성을 수용하고 있는 상태다. 당연히 자기주장보다는 남의 말을 잘 경청하며 마음은 관대하다. 사고가 유연하고 대인관계도 부드럽다. 황희가 그런 사람이다. 반면에 딱딱한 것은 잘 부러진다. 그것은 융통성이 없으며, 스트레스에도 취약하다. 부드러운 것은 잘 부러지지 않고 환경에 쉽게 적응한다. 태풍에도 살아남는 나무는 대나무가 아니라 버드나무다. 약한 듯 바람에 흔들리는 버드나무가 꼿꼿한 대나무보다 강하다. 이런 강함은 난폭함과는 구분된다. 노자도 "부드럽고 약한 것이 강하고 단단한 것을 이긴다"고 했다.

사고의 원활한 회전은 편협한 주장이나 극단적 감정에 오래 머물지 않게 해서 스트레스를 잘 희석시켜 준다. 그런 사람은 주어진 환경에 유연하게 적응하고 만사에 긍정적이다. 또 원활한 회전을 하는 중도의 마음이 불필요한 집착을 막아주는 까닭에 주어진 상황을 보다 전체적으로 살피게 한다. 그런 상태를 집중력이 높아졌다고 한다. 마음에 중심이 확보되면, 외부 대상을 보다 포괄적이고 객관적으로 평가하게 된다. 그것이 원활한 회전, 즉 집중의 상태다. 흔히 한 가지에만 몰입하는 것을 집중이라고 생각할 수 있는데, 그것은 집중이 아니라 집착에 가깝다. 진정한 집중은 전체적인 맥락 안에서 그 대상의 정확한 의미를 찾아내는 것이다. 수학 문제도 전체적인 맥락을 놓치지 않아야 풀린다. 부분적인 과정에 집착하면, 갈 길을 놓쳐버린다.

집착은 회전력이 약한 상태에서 나타난다. 회전력이 약하면, 지엽적인 장애물에 잘 걸리게 된다. 상황을 폭넓게 받아들이지 못하고 하나의 견해에만 머무르며 자기주장이 강해진다. 그것은 회전력이 약한 상태, 오히려 기가 약한 사람이 되겠다.

회전력이 강하면 그 파동의 주파수도 높아진다. 높은 주파수의 파동은 주변에 파급력이 강하다. 그런 사람은 굳이 스스로 주장하지 않아도 주변 사람들이 자연스럽게 그에게 동조된다. 강한 파동에 동조하면, 그 파동의 힘을 공급받기 때문이다. 그래서 강한 기운의 사람 곁에 가면 자연스럽게 심신이 편안해진다. 희망과 활력을 얻게 된다. 자꾸 가고 싶어진다. 그런 분들의 존재감은 '요순 임금'처럼 가볍다고 할 수 있겠다. 자기를 억지로 주장하지 않으며, 주변에 일체 요구와 부담을 주지 않기 때문이다. 그런 사람이 성인成人이다. 주변에 계신지 한번 살펴보자.

반대로 분명히 어른이고 지식인이긴 한데 끊임없이 자기주장을 하며 좌중을 장악하려는 사람이 있다. 그런 사람 곁에 가면 오히려 피곤하고 힘이 빠진다. 계속 들어주어야 하고 기분을 맞추어주어야 하고 관심을 주어야 한다. 차라리 헤어지면 홀가분하다. 그런 사람은 기가 약한 사람이다. 기가 약한 사람은 그 약함을 보충하기 위해 남의 관심과 에너지를 빼앗으려 한다. 스스로 자립하는 힘이 약해서 남의 기운을 갈구하는 사람이다. 만나는 사람마다 장악하려고 한다. 지나친 갈구渴求는 남에게 피해를 주는 악한 작용을 하게 된다. 그래서 열등감이 많은 사람은 주변을 힘들게 한다. 우스갯소리로 나이 들수록 지갑은 열고 입은 닫으라고 한다. 지갑은 남에게 줄 힘이고 입은 자기주장이 되겠다.

강한 것은 아름답고, 선善하기까지 하다. 무너지지 않으며 자신과 남을 풍요롭게 해 줄 에너지가 있다. 선하고 아름답고 부드럽고 편안한 것, 그것이 강함의 정의다.

원형으로 순환하는 기氣의 동태를 숙고한다면, 기를 모은다는 수련의 개념 역시 특별한 기술이나 비일상적인 의식상태가 아니라 중도의 포용력을 넓힌 마음가짐이라 하겠다. 마음에 원만한 중심을 잡은 사람이 기가 충만한 사람이다.

4. 근원
   물리적 장

　근원은 질료까지 포섭하는 '창조의 원리'다. 그 원리는 하나여야 한다. 만약 원리가 여러 개라면, 아직 줄기 단계에 머물러 있는 것이지 뿌리까지 도달한 것이 아니다. 줄기가 아무리 많아도 뿌리는 하나다. 그리고 중도는 유일한 존재의 뿌리, 곧 원리이다.

　우주는 어떤 관점에서 보아도 지극히 정당해야 한다. 아니 모든 존재가 그렇다. 모두가 어디로도 흠잡을 수 없는 중도의 현현顯現이기 때문이다. 우주와 만물은 중도라는 하나의 통일된 원리와 질서(Cosmos)로 운행되고 있다. 그것의 물리적 실상이 바로 '회전'이다. 우주의 시공時空은 규칙적으로 회전하고 있으며 자연과 만물 역시 부단히 회전하고 있다.

　물론 우주를 절대자 신神의 창조품으로 보는 견해도 있다. 그렇다 해도 우주는 일관성 있는 어떤 원리에 의해 창조되고 움직여야 한다. 만약 아무런 원칙도 없이 절대자가 그저 자신의 기분에 따라 우주를 창조하고 주재主宰한다면, 그때는 우리의 자유의지가 안정적으로 펼쳐질 시공간은 아예 존재할 수 없게 된다. 우리는 아무것도 예측할 수 없게 되고, 삶에 대한 고유한 목표를 설정하지도 못한다. 신의 뜻이 우주를 움직이는 유일한 원칙이라면, 개체적 존재의 존엄성은 사라지고 우리는 단지 신의 기쁨조로 전락하고 만다.

설마 그런 것이 신의 의도였을까? 신을 기쁘게 해주고 그에게 영광을 돌리기 위해 우리가 존재해야 한다는 것이 과연 가장 으뜸 되는 가르침, 즉 종교宗敎라고 할 수 있을까? 신에게 자신의 존재 목적을 헌납하는 것이 자유의지를 지닌 인간이 창조된 이유가 맞을까? 그것이야말로 어쩌면 가장 심각한 신성모독이 아닐까?

진정한 왕은 일관성 있고 타당한 법을 먼저 만들고, 그 법에 따라 왕국을 다스린다. 그러한 법이 있어야 왕의 사욕과 변덕으로부터 나라와 백성들을 안전하게 보호해 줄 수 있다. 그래서 왕도 법 아래에 있어야 한다. 노자의 "왕도 만일 능히 이 도를 지킬 수 있다면, 천하도 장차 스스로 변화해 갈 것이다(侯王若能守之, 天下將自化)"는 것도 같은 맥락이라 생각한다. 우주에 절대자가 있다 해도 그 역시 창조의 법과 원칙을 준수해야 한다. 신의 뜻이라는 것도 그러한 법의 공정성을 말하는 것이 아닐까? 우리가 믿고 의지해야 할 것은 바로 그 '법'*이다.

금나라의 2번째 왕인 태종은 몰래 술을 마시고자 국고에 손을 댔다가 신하들에게 발각되었다. 국고에 손댄 자는 누구라도 벌한다는 선왕인 태조가 맹약한 법에 따라 태종은 신하들에게 곤장 20대를 맞았다. 그 후부터 그는 평생 야채와 두부만 먹고 국정에 전념했다고 한다. 왕에게 곤장

---

* 불교나 힌두교에서 말하는 '법'이란 '다르마(Dharma)'나 '리타(Rita)'에 해당하는데, 리타는 모든 자연율과 도덕률을 포괄하는 우주의 원리이며 다르마는 인도계 종교에서 자연법으로 불리는 것이다.

을 선사한 신하들의 용기도 대단하지만 그 수모를 받아들인 왕도 대인배다. 그 신하에 그 왕이다.

건강한 조직은 합리적이고 안정적인 운영시스템이 존재하는 조직을 말한다. 법체계가 미비하고 안정되지 않아서 지도자의 개인적 성향에 국민의 삶이 흔들리는 나라는 후진국이다. 개인이 함부로 하지 못하는 공정하고 합리적인 법이 굳건히 존재하는 나라가 선진국이다. 그런즉 신이 있다 해도, 그는 공정한 원칙을 통해서 만물을 창조하고 주재해야 한다. 진정한 신탁은 그러한 법의 순리를 궁구하는 것이라 생각한다.

신의 탄생도 결국엔 순수한 심성의 원시 조상들이 창조의 원리에 인격을 부여한 것이 아닐까한다. 신을 개아個我의 궁극적인 귀의처歸依處로 본다면, 그것은 자신을 포함한 만물의 구성 원리에 대한 자기애적 추앙이기도 하다. 절대자가 있다 해도 우리가 이해하려는 근원이라는 개념은 그러한 신까지 만들어지는 원리를 말한다.

종교가 무의식이 만들어낸 원시적 정령精靈들에게 유아적 서열을 부가한 수준이 되어서는 안 된다. 진정한 종교는 신과 교리敎理가 아닌 불변의 존재 원리를 가르쳐야 한다.

어쨌든 여기서는 제일 원인으로서의 인격신은 논외로 하겠다. 우리가 찾고자 하는 것은 절대적 원리로서의 근원이다. 그것은 원운동으로 표상되는 중도였고 그 중도를 이루는 실체적 매질을 동양에서는 기氣라고 하였다.

인생의 완주
: 지나온 시간의 의미를 발견하는 일

태어나서 처음으로 집이 못내 사무치게 그리웠던 때는 군 생활 중이었던 것 같다. 만약 국방부 장관이 당시 이등병이었던 나에게 집까지 기어서 가는 것을 전역의 조건으로 제시했다면, 나는 기꺼이 그 자리에서부터 기어갈 수 있다고 생각하던 시절이었다. 티벳의 사람들은 신들의 땅 '라사'를 향해 오체투지로 수천 킬로를 기어간다는데, 그 정도쯤이야 가능하지 않겠는가? 그만큼 집으로 가고 싶었다.

그 후 나는 이사를 하도 많이 다녀서, 어디를 내 집으로 여겨야 할지 모를 정도다. 하지만 정서적 기준으로는 진정한 집은 언제나 '가족이 있는 곳'이었다. 특히 나이 들수록 아내가 있는 곳이 내 고향이다. 지금 심정으로는 집사람이 있는 곳이라면 아무리 멀어도 걸어서는 갈 것 같다. 기어서는? 그건 좀 생각해봐야겠다.

내가 정작 하고 싶은 말은, 아무리 멀어도 집으로 가는 길을 포기할 수는 없다는 것이다. 인생에서 많은 길을 다니지만 집(고향)으로 가는 길만큼 아름다운 길이 어디 있던가? 그래서 죽음을 불사하고 자신이 태어난 강 상류로 헤엄쳐가는 연어의 본능은 처절하도록 아름답다.

사람은 누구나 자신의 삶이 의미 있게 마무리되기를 바란다. 그렇다면 어떻게 해야 내 삶이 유종의 미를 거둘 수 있을까?

그것은 무엇보다 '완주完走'에 달려 있다고 생각한다. 완주의 뜻이 바로 완전한 마무리다. 영화도 마지막 '엔딩'이 올라와야 그 영화의 메시지나 의미가 드러난다. 끝까지 가야 무언가를 발견하게 된다. 마찬가지로 삶을 완주한 자만이 지나온 삶의 진정한 의미를 발견하게 된다. 많은 문화권에서 자살을 금기시하는 이유도 완주의 보람과 가치를 놓치는 것이 안타까워서일 것이다.

그런데 완주를 또 무엇이라 정의할 수 있을까? 인생의 완주를 그저 수명만 채우는 것이라고 할 수 있을까?

톨스토이의 소설 〈사람에게는 얼마만큼의 땅이 필요한가?〉를 보면, 땅 욕심이 지나친 주인공이 땅을 많이 차지하려고 너무 멀리 나간 나머지 돌아오자마자 지쳐서 이내 죽어버린다. 그것은 완주하지 못한 것이다. 아무리 많은 땅을 자기 것으로 표시했다 하더라도, 완전하게 제자리로 돌아오지 못했다면 아무런 소득도 없는 삶이 된다.

어떤 여행도 출발점으로 되돌아오지 못한다면 방황이나 실종이 된다. 그것은 행로가 마무리되지 않은 것이다. 진정한 완주는 나간 만큼 반드시 다시 돌아와야 한다.

왜 처음으로 돌아와야만 할까? 그것은 자신이 처음 출발했던 곳으로 되돌아와야만 원형圓形의 중도가 완성되기 때문이다. 중도야말로 모든 존재 운동의 완성이 아니었던가? 그래서 자연은 항상 그 출발점으로 되돌아온다. 매일 태양은 뜨고 해마다 봄이 찾아온다. 자연은 언제나 완주하기 때문이다. 즉 처음으로 돌아오는 것, 그것이 바로 완주의 개념이다. 그런 점에서 중도는 알파요 오메가다.

흔히 인생을 마라톤에 비유한다. 주자들은 처음 출발점으로 다시 되돌아온다. 그 힘든 코스를 끝까지 달린 선수들의 장한 모습이 출발할 때의 모습과 대조되면서 마라톤의 진정한 감동이 일어난다. 출발점으로 다시 돌아온 주자들은 모두가 승리자다. 그래서 우리는 꼴찌에게도 박수를 보낸다. 포기하지 않고 끝까지 달린 그 의지에 경의를 표한다. 긴 인고忍苦의 시간을 견뎌내서 원래의 자리로 돌아온 것만으로도 그는 당당한 승리자다.

　이처럼 인생의 완주는 한때 부귀영화를 쫓아 멀리 나갔더라도, 결국엔 내면의 자기에게로 되돌아와야 이루어지는 것이다. 남과 순위를 비교할 것이 아니다.

　사람들은 나이가 들수록 고향을 그리워한다. 그런데 실상 우리의 그리움은 고향의 지리地理에 있는 것이 아니다. 우리가 고향에서 보고 싶은 것은 깎이어 나간 산천도 아니고 빈 골목도 아니다. 고향에서 정작 다시 찾고 싶은 것은 나의 출발점이며, 그때의 내 마음(동심)이다. (산천을 보고 싶은 마음도 결국엔 그 산천의 풍경을 통해 당시의 동심을 되찾고 싶은 것이다)
　현재의 직업과 재산 같은 것은 진정한 내가 아니다. 내 시작에 그런 것은 없었다. 고향이 그 진실을 가르쳐 준다. 나의 진정한 시작은 온 세상을 경이로움과 환희로 바라보던 당시의 동심童心에 있었다. 그 초심 속에서는 어떤 걱정도 스트레스도 없었고, 네 것과 내 것의 구분도 없었다. 우리는 모두 동근同根의 심정이었고 그 심정으로 그때의 시공간을 온전히 받아들이고 있었다. 고향에서 찾고 싶은 것은 그러한 그때의 마음가짐이다.
　고향에서 회복한 그 마음은 내 인생의 시작이자 인식의 기준점이다. 그러한 초심을 회복해야 그 위에 부가된 삶의 궤적을 객관적으로 읽을 수 있게 된다. 자신이 시작된 처음의 자리로 돌아와야 지나온 인생의 행로가 하나로 연결되고 통합된다. 그때 자신의 삶을 초연히 되돌아보고 그 삶의 의미를 깨닫는 시점이 열린다. 그 시각이 나의 본심이었고 모든 가치관의 출발이었다. 우리는 지상의 삶을 처음 명령받은 그 마음자리로 되돌아와야 이번 생의 의미를 깨닫게 된다.
　그런 것이 인생의 완주이며 고향을 찾는 이유라고 생각한다. 인간은 지나온 시간의 의미를 발견해야 비로소 그 과정을 통합할 수 있다. 처음으로 돌아와 의식의 행로가 중도를 이룰 때, 그 의식은 자신의 삶이 지닌 교훈을 알아차리게 된다. 기어서라도 고향으로 갈 수밖에 없다.

구도심求道心

이제 고향 자리에 '근원'을 놓으면서 고향에 대한 의미를 조금 확대해 보겠다. 그러면 고향을 그리는 향수는 근원을 찾으려는 구도심求道心이 되겠다. 구도심은 나를 포함해서 만물이 어디서 어떻게 시작되었는지를 알고 싶은 마음이다. 이른바 성서에서 말하는 "영원을 사모하는 마음(전도서 3장11절)"과도 같다.

그런데 구도심이라 하면 무언가 대단한 결단을 요구하는 것 같다. 하지만 그 속내는 그렇게 거창하지 않다. 생로병사의 횡포에 일방적으로 당하고 있는 우리네 삶이 억울하고 나날이 노쇠해져 가는 자신이 안타깝기 때문이다. 삶의 본질이 과연 눈에 보이는 현상, 이것밖에 안 되는 것일까?

이것이 궁금하지 않다면 굳이 구도의 길에 오를 필요가 없다. 이 길은 친절한 안내원도 없을뿐더러 생계를 지원하지도 않는다. 그러나 이 문제를 해결하지 않고서는 무엇을 가져도 행복하지 않다면, 그는 삶의 근원을 향한 구도의 길을 가야만 하는 사람이다. 그런 분들이 이 책의 진정한 독자다. 구도의 길을 함께 떠나보지 않겠는가?

근원을 발견하는 것은 고향에 도달하는 일이다. 고향에서 내 삶의 의미가 객관적으로 드러나듯이 근원에 대한 올바른 이해에서 '나'라는 존재의 진정한 정체성이 밝혀질 것이다.

"나는 누구이며 왜 여기에 있는가? 이 모든 것의 시작은 무엇이며 왜 존재하는가? 수많은 사람이 행복을 원했지만 결국엔 전부 흙으로 사라져 버리는 것이 인생이 아니던가? 그렇다면 나는 무엇을 위해 존재하는가? 이 삶에서 잠시 웃을 수는 있지만, 그것이 과연 진정한 기쁨의 웃음인가?"

이런 의문의 답을 찾기 위해 자신의 뿌리에 대한 이해가 있어야 한다. 고향에 도달하지 못하면 그 인생은 방황하다 끝맺는다. 근원에 대한 이해에 도달하지 못하면 그 사람은 헛된 시간만 보낸 것이다.

이 덧없는 세상에서 저 불멸의 빛을 느꼈다면 여기 그 누가 수명장수를, 이 거짓 아름다움을 갈망하겠나이까? 염라대왕이여, 말해 주십시오. 제가 원하는 것은 오직 한 가지, 죽음에 대해서 명확한 해답을 얻는 것입니다.

_석지현 역주, 〈까타 우파니샤드〉

무한한 가능성 : 근원 場

근원은 '무한한 가능성의 장'이다. 우주에는 실로 무한하게 다양한 존재들이 펼쳐져 있다. 근원은 이러한 만물을 탄생시킨 궁극의 원리이자 배경이기에 '무한한 가능성의 장'이라 할 수 있다. 또 근원이라는 '장'은 관념으로만 존재하는 것이 아니라, 실제로 만물을 창조해 낸 물리적 장이다. 그렇기에 어마어마한 질량의 별들이 지금도 불타고 있다.

일반적으로 장場은 어떤 (질서를 가진) 힘이 지속적인 영향을 미치고 있는 범위를 말한다. 그런데 힘에는 그것을 매개하는 매질이 필요하다. 근원이 물리적 장이라면, 근원의 움직임을 매개하는 매질이 있어야 한다는 말이다. 무한한 가능성의 장을 형성하는 그 매질이 바로 만물을 구성하는 근본적인 질료이기도 하다.

앞서 언급했듯이 동양에서는 그것을 기氣로 상정한다. 하지만 현대 과학은 아직 그 입자를 물리적으로 발견하지 못하고 있다. 그러한 신神의 입자는 어쩌면 앞으로도 영원히 발견되지 못할 수 있다. 근원의 실상은 물질 이전의 상태까지 포함하는 것인데 물리적 방법(눈으로 확인 가능해야 인정되는 조건)으로 과연 궁극의 질료가 밝혀질 수 있을까? 인간의 감각 범위 안에서만 유효한 방법으로 인간의 감각을 벗어나는 근원의 매질을 규명하는 것에는 분명 한계가 있을 것이다.

그래서 동양에서는 부득불 이理와 기氣라는 개념으로 근원을 이원화해서 이해하고자 했지만, 그조차도 인간의 관념이 만들어낸 궁여지책일 수 있다. 궁극의 실상은 피조물들의 관념을 훨씬 초월해 있다. 어쨌든 기는 천지 만물이 존재할 수 있는 근거이고, 구체적인 형태를 띤 물질이 아니어서 형체 소리 상태 등을 가지지 않는다는 전제하에 체體의 증명보다는 그 운행運行양상에서 도道의 원형을 찾고자 하였다.

이러한 동양철학, 특히 '음양오행'론은 근원의 개념을 신화적 서술에서 벗어나게 해준다. 중도의 원운동을 오행(목화토금수)의 순환으로 세분해서 부호화했으며, 그 주체를 기氣로 명명하여 근원을 그나마 논리적으로 이해하기 위한 근거를 확보하였다. 그렇게 동양의 현자들은 천지자연의 성품과 인간 도덕의 원형을 도출할 수 있었다. 이 책이 나아가고자 하는 방향이기도 하다.

목적지에 제대로 도착하기 위해서는 객관적인 이정표가 필요하다. 마찬가지로 근원을 실체적으로 이해하기 위해서는 근원에 대한 보다 객관적인 사고思考 모델이 필요하다. 우리는 그것을 '회전하는 기'로 잡았다. 근원은 나와 만물을 실존케 하는 중도의 장이며 기氣는 그 장의 매질로서 끊임없이 회전하고 있다. 좀 더 정확하게는, 최초의 중도 회전이 기가 되어 '있음'과 '없음'으로부터 자유로운 근원의 매질로 행사되고 있다고 하겠다. 그것이 신화적 묘사에서 벗어난 근원의 일면이다.

이 책에서 우리는 인문학적 주제의 '근원'을 물리학적 주제로 바꾸는 시도를 하고 있다. 형이상학적 근원을 추상적으로 묘사하는 것은 문학적 가치는 있을지 몰라도, 구체적 이정표로서의 의미는 크게 없다. 믿을 수 있는 이정표는 만인이 공감하는 객관적인 '법'이 되어야 한다. 그 법이 바로 '회전하는 기'다. 근원은 일단 회전하는 기의 역장力場인 것이다. 그런즉 기 개념은 고향에 이르게 해주는 구체적인 이정표 중의 하나가 되어 줄 것이다.

부처님이 임종을 맞이했을 때, 부처님의 설법에만 의지했던 제자들은 난감했다. 이때 부처님은 '자등명自燈明 법등명法燈明'이라는 유훈을 남긴다. 남의 말에 의존하지 말고 오직 '자신'과 진리의 '법'을 등불로 삼아 공부하라는 뜻일 것이다. 2500년 전의 부처님 말씀에 따라, 이 책에서는 우리의 '이성'을 '자自'로 삼고 '중도' 혹은 '기의 존재 양상'을 '법'으로 삼아 존재의 고향으로 가고자 한다.

그런데 내가 고향을 향해 제대로 가고 있다는 것은 어떻게 알 수 있을까? 잘못하면 엉뚱한 길을 고향 가는 길로 착각할 수도 있지 않겠는가?

근원에 대한 올바른 이해는 '가로 세로 글자 맞추기'처럼 어떤 측면에서 보아도 그 의미가 막힘없이 연결되어야 한다. 과학적으로나 종교적으로, 그 뜻이 모순되지 않아야 한다는 말이다. 어떤 종교적, 철학적 성찰의 결론이 과학 법칙에 정면으로 대치된다면, 아직 고향을 향해 가는 길 위에서 성급하게 멍석을 깐 것은 아닌지 돌아보아야 한다.

개인적 경험에 의하면 고향으로 다가갈수록 마음이 편안해진다. 이는 참으로 중요한 심증이다. 뇌의식에 앞서 마음(영혼)이 먼저 반응하는 것 같았다. 즉 고향을 향해 바르게 가고 있음을 알리는 신호 중의 하나는 안심安心이라 하겠다. 노자도 근원, 곧 뿌리로 돌아가는 것을 일러 고요함(歸根曰靜)이라 하지 않았던가?

올바른 이해는 그 마음을 평화롭게 만든다. 그래서 '안심이 바로 도道'라고까지 한다. 고향의 본질이 만물에 대한 차별 없는 '사랑'이기 때문에 우리는 고향에 가까워질수록 모성이 베푸는 천부적인 사랑을 감지하게 된다. 고향은 내가 어떤 모습이든지 간에 그 모습 그대로 나를 온전하게 받아준다. 그런 것이 근원의 중도다. 갈수록 안심을 느낄 수밖에 없다. 만약 어떤 공부의 결론이 나를 더욱 불안하게 만든다면 그것은 여전히 길 위에서 방황하는 것으로, 아직 고향에 도달하지 못했다고 봐야 한다. 방향을 바로 잡고 더 가야 한다. 진정한 근원은 안심이자 환희*다. 그래서 구도의 길은 행복하다.

> 이 모든 행위와 소망과 향기와 맛은 그것으로부터 비롯되었나니 그는 이 우주 전체를, 이 모든 것을 감싸고 있다. 그는 언어를 초월해 있으며 환희, 그 자체다.
>
> _석지현 역주, 〈챤도가 우파니샤드〉

---

* 인도인들이 말하는, 인간이 도달하는 마지막 실재로서 브라만의 궁극적인 단계도 "순수존재(Sat), 순수의식(Cit), 순수환희(Ananda)"로 설명되고 있다.

5. 분화와 얽힘
음양의 상호작용

'중中'의 환희

기氣는 필연적으로 발생한다. 아니 발생한다기보다는 처음부터 그렇게 존재한다고 하는 편이 맞겠다. 그 정체는 시작과 끝이 하나로 융합된 유무의 파동이다. 있다고만 할 수도 없고 없다고만 할 수도 없다. 기는 유무를 오고 가는 멈추지 않는 '중도'의 출렁임이며 유무가 연합하여 만들어낸 최초의 질료다. 또 이러한 기는 원운동의 속성상 서로 반대 방향으로 회전하는 좌우 회전체로 분화되면서 음양의 본체로 작용하게 된다.

이처럼 근원의 매질인 기가 좌우 두 종류의 회전체가 됨으로써 만물은 처음부터 음양으로 존재하게 되는데, 이러한 음양은 하나의 본질인 중이 분화되어 나타난 결과물이기에 서로 상보적이다. 서로 합일하면 그 합으로서의 중성*을 다시 회복할 수 있게 된다. 음양의 상이함은 서로의 존재성을 보장해 주며, 서로 반反함은 합일해서 중에 이르게 한다. 그래서 음양은 중을 향한 본능적인 인력을 받는다. 만나는 순간 '느낌'이 오는 것이다.

---

* 이는 북송시대의 위대한 철학자 '주돈이'가 말한 "무극(無極)이 태극이다"라는 명제처럼 중(무극)은 음양(태극)으로 작동한다고 말할 수 있겠다.

그 인력의 중심에는 '환희'가 있다. 환희는 中이 주는 더 없는 평화다. 중은 어디로도 흠잡을 수 없기에 영원한 존재성을 보장한다. 그래서 중은 모든 평화와 환희의 출처가 되고, 무미건조해지지 않는다. 중도의 순환은 더할 나위 없는 환희의 율동, 모든 극단極端이 화합한 동적 균형의 기쁨이다. 그 출렁임 속에서 타자他者는 끊임없이 나를 자극하고 새롭게 소통시키고 있다.

자기애의 완성

모든 존재는 자신의 가치가 온전히 실현될 때 진정한 행복을 느낀다. 그런데 음양의 구조로 짜인 우주에서는 모든 존재가 그 짝과 함께 발생한다. 그렇다면 내 가치의 실현은 내 짝과 분리되지 못한다. 상대와 함께 내 존재의 의미가 완성되는 것이다. 그것이 중도의 균형이다. 음만으로 존재할 수도 없고 양만으로 채워질 수 없는 중도의 균형이다.

이러한 음양의 구조 안에서, 존재의 정의는 무엇보다도 그 짝과의 '상호작용'에 달려있게 된다. 단적으로 말하면, 상호작용이 없다면 존재한다고도 할 수 없다. 짝과의 상호작용을 통해서 비로소 서로의 존재 근거가 확보되는 것이다. 그런 것이 음양간 상호작용의 일차적인 가치다.

무인도에 홀로 남은 사람은 자연과 교감하는 생물체로서의 가치는 있겠지만 사회적 인간으로서의 가치는 없다. 인간은 인간을 통해서만 자신의 존재가치를 실현할 수 있다.

그중에서 특히 자신의 상보적 짝을 통한 中의 실현이 바로 '에로스'의 본질이라고 생각한다. 에로스는 상보적 음양이 결합하여 다시 중의 환희로 돌아가고자 하는 강력한 본능이다. 그래서 우리는 에로스를 통해 잠시나마 개체적 극성을 초월하는 무아의 환희를 경험할 수 있다.

그런데 이런 에로스는 극성을 띤 개체들만이 누릴 수 있는 호사好事라고 할 수 있다. 근원에게는 에로스가 없다. 근원은 그 자체가 어떤 극성에도 치우치지 않은 '궁극의 중'이기에 더 이상 외부에 상보적 짝을 가질 필요가 없다. 근원은 언제나 중으로 존재한다. 만약 어떤 존재가 외부에 자신의 짝을 가진다면, 그런 존재 상태를 근원이라 할 수는 없다. 그때는 자신과 그 짝을 포함하는 더 궁극의 배경을 다시 설정해야 한다.

모든 짝(음양)을 허용하는 바탕의 중도, 그것이 전체로서의 근원이다. 그래서 에로스는 단지 피조물들(음양)만 누리는 합일의 환희인 것이다.

그렇다면 중의 근원이 음양으로 분화되고 그 음양이 다시 결합하는 과정을 통해 근원이 얻는 이득은 무엇일까?

물론 음양이란 회전의 방향성에 따른 필연적인 결과물이지만 음양으로의 회전을 가능하게 하는 중도에는 만물(모든 극성)에 대한 절대적인 수용과 사랑의 의지가 담겨있다. 근원의 매질인 기의 움직임에는 물리적 질료의 의미만 있는 것이 아니라 만물을 발생시키려는 어떤 절대적 의지의 측면도 있다. 모든 생명체와 그 의지의 출처도 그곳이기 때문이다.

그렇게 보면 회전하는 기는 절대자의 맥박이고 영원한 창조의 의지이기도 하다. 우리가 기를 물리적으로만 궁구하다 보면 그 속에 담긴 살아있는 근원의 창조적 의지를 간과할 수 있기에 여기서는 잠시 근원을 절대자(의지체)로 가정해서 생각해보겠다.

절대자(브라만)는 왜 굳이 음양으로 분화되고 음양으로 분화된 절대자(아트만)는 왜 다시 결합하려는 것일까? 이른바 인도의 범아일여梵我一如 사상은 어떻게 전개되는 것일까?

그것은 분화와 결합의 결과물을 보면 알 수 있다. 근원이 개체들의 에로스를 통해 얻고자 하는 것은 바로 '다양성'의 창출이다. 진화의 측면에서 말하면 보다 '복합적인 구조構造체의 출현'이라 하겠다. 즉 음양이 결합해서 다시 중으로 회귀한다 해도, 근원은 분화 전의 단일함으로 환원되는 것이 아니라 분화된 음양이 각각 고유하게 살아있으면서 서로가 경계면에서 결합된 복합체로 거듭나게 되는 것이다.

그런데 이런 과정이 한 번으로 끝나지 않는다. 에로스로 창출된 음양 결합체는 또 하나의 독립적인 존재 단위Unit가 되고, 그 단위는 또다시 회전하게 된다. 중도회전로 존재해야 하는 근원의 장場안에서 자신의 존재적 정당성을 확보하기 위해서다. 이때 그 복합체 Unit는 회전 방향에 의해서 다시 음이나 양의 체體를 부여받게 된다.

이 과정은 계속 반복된다. 음과 양은 항시 결합의 인력을 받기 때문이다. 그 음양 결합체들은 같은 위상의 또 다른 짝과 다시 결합한다. 그뿐이겠는가, 그 결합체는 회전하고 또 음양으로 나누어지고 (...) 이런 과정을 반복하면서 태초의 중은 엄청나게 다양한 유기적 조직체를 만들어가게 된다. 말하자면 절대자는 피조물들의 에로스를 미끼로 하여 삼라만상의 다양성을 창출하고자 하는 것이다. 이러한 과정은 노자가 "도는 하나를 낳고, 하나는 둘을 낳고 둘은 셋을 낳고, 셋은 만물을 낳는다."고 했던 원리와 상통한다.

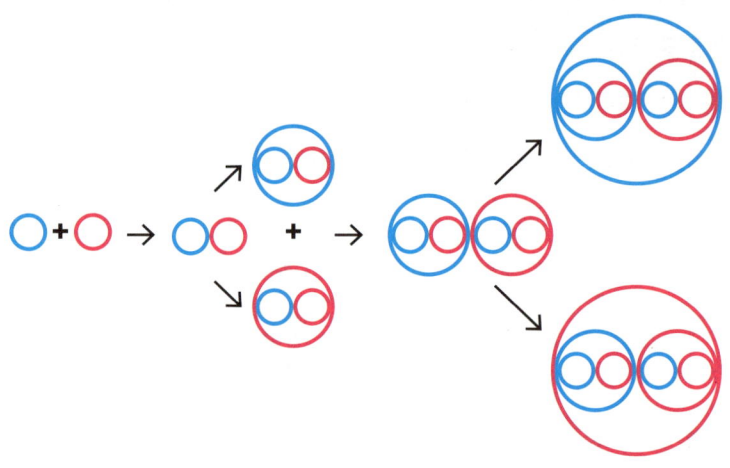

그림 5 – 끊임없는 음양의 결합과 분화

이는 수정란이 자체적인 난할卵割을 거듭하면서 다양한 태아 조직을 형성해 나가는 과정과 비슷하다. 하나의 알場이라 할 수 있는 근원도 분화와 합일을 반복하면서 다양한 피조물들을 발생시켜나가는 것이다. 즉 이러한 만물(다양한 구조체)의 발생이야말로 에로스의 최종적인 목적이라고 하겠다.

다시 강조하지만, 음양으로의 분화와 그들의 재결합은 다양한 피조물들이 발생하는 창조의 기전mechanism이다. 오늘날 지구상에 이렇게 다양한 생물 종들이 등장할 수 있었던 것은 암수의 분화와 그들의 다양한 결합을 통한 '유전자의 섞임' 때문이다. 남녀의 성性 분화, 에로스도 결국엔 유전자의 다양성을 목표로 한다. 그 다양성이 바로 근원이 추구하는 바다.

이런 관점에서 보면 근원은 에로스가 없는 대신 '절대적 자기애'가 있다고 하겠다. 근원은 스스로만이 자기의 대상이 될 수 있다. 외부에 자신의 짝을 가지는 피조물은 서로 사랑하여 자식을 출산하지만 더 이상 짝이 없는 근원은 오직 스스로를 삼라만상으로 분화시켜 만물을 창조할 수밖에 없다. 자기가 자기 사랑의 대상이 되는 것이다. 그래서 궁극이 아니겠는가?

음양의 분화와 결합은 다름 아닌 근원의 자기애가 스스로를 대상화하는 과정이다. 중도의 분화체인 무수한 피조물들은 근원이 펼친 또 다른 자신이 된다. 이러한 근원의 자기애는 피조물들의 자기애와는 차원이 다르다. 근원의 자기애란 우리가 보기엔 상대적 차별이 없는 '절대자의 사랑'이다. 근원의 입장에서는 자기 아닌 것이 어디 있겠는가, 모두 절대자이다.

관계의 신비 : 음양의 얽힘

이처럼 음양의 분화와 결합은 만물을 발생시키고 다양성을 창출하는 중요한 기전이다. 그런데 음양의 상호작용, 특히 '짝지음'에는 그런 구조화 작용 외에 중요한 상호작용이 더 있는 것 같다.

부부는 세월이 흐를수록 서로 닮아간다는 말이 있다. 물론 반평생 이상을 함께 살아가면서 상대의 모습과 행동에 대한 무의식적 각인이나 동일시의 결과일 수도 있겠지만 음양의 합일에는 단순히 톱니바퀴의 결합만으로 설명되지 않는 심오한 기능이 있는 것으로 보인다.

흔히 부부 사이에는 '촉(직감)'이라는 것이 있다고 한다. 상대의 내면에서 일어나는 미세한 변화를 직감적으로 알아차리는 것이다. 심지어 예지몽까지 꾸는 경우도 있다. 음양이 짝지어지면 과연 어떤 일이 일어나기에 둘 사이가 이토록 예민해지는 것일까? 단순히 자신의 유전자를 안정적으로 보존시키기 위한 경계심의 발로일 뿐일까?

잠시 소립자의 세계를 들여다보자. 기의 존재 양상에 근접하는 소립자의 세계에서는 우리가 일반적으로 경험하는 물질세계의 법칙으로는 도저히 설명하지 못하는 불가사의들이 많이 발생한다. 그중에 하나가 '양자얽힘 상태(quantum entanglement)'이다.

> 한 번 짝을 이룬 두 입자들은 아무리 서로 떨어져 있다 하더라도, 어느 한쪽이 변동하면 그에 따라 '즉각' 다른 한쪽이 반응을 보이는 불가사의한 특성을 가지는데, 양자 이론에서는 이 두 입자가 서로 '얽혀 있다'고 하며 이를 일컬어 '양자얽힘'이라고 한다.
> _〈다음 백과〉

일단 양자量子역학에 대한 약간의 이해가 있어야 하겠다. 물질과 에너지의 기본 단위로 추정되고 있는 소립자(양자)들의 존재 양상은 우리가 일상에서 목격하는 물질과는 아주 다르게 행동한다. 그중 하나가 소립자들은 파동과 입자의 양면성을 보인다는 점이다.

일반적으로 파동과 입자는 호환되지 못하는 물리 개념이다. 파동은 어떤 매질을 통한 에너지의 흐름으로서, 그 특성은 매질의 진동형태나 분포(일종의 정보)에 달려있다. 또한 입자는 하나하나 셀 수 있는 '낱알'과 같아서 그 흐름에는 매질이 필요 없고, 그 특성은 입자의 양量과 상관관계가 있다고 할 수 있다. 말하자면 입자는 투수가 던진 야구공의 개수로 표현되고 파동은 그 공들의 조합 즉 스트라이크가 몇 개인지 볼이 몇 개인지를 나타내는 정보의 전달이라 할 수 있다. 당연히 이 둘은 전혀 다른 차원의 기술 방식이다. 투수가 던진 공의 개수가 그대로 스트라이크 비율인 것은 아니다. 그래서 파동과 입자는 호환되지 못한다는 것이 우리가 살고 있는 거시巨視세계에서의 상식이다.

하지만 소립자가 주인공이 되는 미시세계에서는 그 두 가지 존재 양상이 공존하고 있다. 즉 소립자는 파동으로 진행하다가도 어느 순간 입자로 돌변하여 낱알로 헤아려지다가 상황에 따라 다시 파동이 되어 버리는 식이다. 이것은 물리학자들이 펄쩍 뛸 일이었다. 예를 들면, 공기를 통해 전파되는 소리는 그것에 동조하는 누구든지 들을 수 있는 '파동'이다. 그런데 그 소리가 파동으로 진행하다가 어느 순간 갑자기 '입자'로 변하여 한 사람의 고막만 때리게 된다는 말과 같다. 그러다가 다시 모든 이가 들을 수 있는 공기의 파동으로 돌아가기도 한다는 것이다. 더욱 놀라운 점은 이런 소립자의 세계에서, 파동인지 입자인지 그 존재 양상을 결정하는 요인에는 소립자를 관찰하는 행위, 즉 관찰자의 '의식'이 관여한다는 사실이다. 말하자면, 파동을 관찰하려는 사람이 있을 때, 그 파동은 '입자'가 된다는 이야기다. 이는 궁극의 존재 양상(근원)을 추정하는데 매우 유용한 정보이기에 조금 더 상세하게 알아보겠다.

빛을 이중 슬릿slit에 통과시키면 뒤편 스크린에는 '간섭무늬'가 나타난다. 간섭무늬란 하나의 광원에서 출발한 빛의 파동이 슬릿에 의해 두 개의 파동으로 나누어진 뒤 다시 만나면서 서로 간섭하여 파동의 마루와 마루가 만나는 부분은 중첩되어 밝게 나타나고 마루와 골이 만나는 부분은 상쇄되어 어둡게 나타나는 것이다. 이런 상태가 최종적으로 스크린에 맺힌 것이 간섭무늬다. 그러니까 빛이 이중 슬릿을 통해 간섭무늬로 나타났다는 것은 그것이 파동이었음을 말해 주는 증거다. 이 실험에 의하면 빛은 분명히 파동이다.

그런데 빛은 입자의 성질을 보이기도 한다. 그것이 아인슈타인이 그 원리를 해석하여 노벨상까지 받게 된 '광전효과'다. 이때 빛은 광자라는 입자로 작용하여 금속 안의 전자를 하나씩 때려낸다. 이는 빛이 입자임을 말하는 것이다.

그렇다면 여기서 심각한 문제가 발생한다. 앞서 말했듯이 파동과 입자는 양립할 수 없는 물리 개념이다. 거시적 물질세계에서 파동이면 파동이고 입자면 입자지 그 둘의 상태가 호환되지는 못한다. 하지만 빛은 신기하게도 두 가지 성질을 모두 가지고 있음이 실험을 통해서 드러난 것이다. 우리가 광전효과 실험을 하느냐, 이중 슬릿 실험을 하느냐에 따라 빛은 입자가 되기도 하고 파동이 되기도 한다.

그러면 양자의 하나인 전자電子의 경우는 어떨까? 전자는 일반적으로 일정한 전하를 가지고 입자처럼 움직이는 것으로 알려져 있다. 그래서 전자는 셀 수 있다. 원자의 종류는 그 핵 주위를 돌고 있는 전자의 수에 의해서 결정된다. 수소는 1개의 전자를 가지고 있고 산소는 8개의 전자를 가진다. 이처럼 전자는 입자처럼 헤아려질 수 있다. 그래서 전자는 소립자素粒子다. 분명히 입자粒子라는 이름을 가진다.

심지어 전자총이라는 것도 있다. 그것을 이용하면 전자를 하나씩 발사할 수 있다. 그 전자총으로 전자를 한 번에 하나씩 이중 슬릿과 유사한 장치를 통해 계속 발사해 보았다. 그 뒤의 스크린에는 어떤 모양이 나타났을까?

전자를 총알처럼 쏘았다는 것은 그것을 입자로 날려 보냈다는 말이다. 그러면 전자는 두 슬릿중 하나를 무작위로 통과하여 그 슬릿 바로 뒤편의 스크린에 부딪힐 것이다. 그런 식이라면 전자를 아무리 기관총처럼 발사한다 해도 전자는 총알처럼 날아가 둘 중 하나의 슬릿을 통과한 다음 그 바로 뒤편 스크린에 도달할 것이다. 이때 두 슬릿 간의 차이는 없으므로 슬릿 뒤의 스크린에는 두 개의 공평한 전자 무덤이 생겨야 한다. 입자처럼 날아갔으니 당연히 간섭무늬하고는 전혀 상관없는 모양이 되어야 한다.

그런데 실험을 해 보니 이상한 현상이 나타났다. 초기에는 두 슬릿 중 하나를 입자처럼 통과하여 스크린에는 위에서 말한 두 개의 돌무더기 같은 흔적이 나타났다. 하지만 일정 수준 이상 계속 발사해 보니 기이하게도 스크린에 점차 간섭무늬가 나타나기 시작한 것이었다.

간섭무늬의 의미는 무엇이었나? 그것은 전자가 파동일 때만 보일 수 있는 모양이다. 전자는 분명 총알처럼 하나씩 쏘았는데, 그것이 어느 순간에 간섭무늬로 나타났다면, 전자가 파동처럼 두 슬릿을 동시에 통과했다는 말이지 않은가? 두 슬릿을 동시에 통과할 수 있는 파동만이 간섭무늬를 형성하니까 말이다. 그렇다면 입자처럼 하나씩 쏘아진 전자가 어떻게 두 구멍을 파동처럼 동시에 통과했다는 것인가?

비유하자면 투수가 구멍이 두 개 뚫린 널빤지를 포수와의 사이에 두고 하나씩 공을 던졌는데 처음에는 둘 중에 어느 한 구멍만을 통과하여 포수에게 날아갔다. 그런데 그렇게 계속 연속해서 던지다 보니 나중에는 공이 두 개의 구멍을 동시에 통과하여 포수가 공의 궤적을 종잡을 수 없게 된다는 말과 같다. 받아들이기 힘들지만 이런 것이 광자나 전자 같은 소립자들의 기묘한 존재 양상이다. 소립자들은 파동과 입자 두 가지 성질을 모두 보이는 것이다.

알다시피 소립자는 물질을 이루는 근본 입자다. 그런데 근원적 차원으로 갈수록 파동성과 입자성이 명확히 구분되지 않는다. 그래서 거시적 물질세계를 살아가는 우리의 입장에서 양자역학에 대한 해석이란 곤혹스러워질 수밖에 없다. 어떨 때는 파동이다가 어떨 때는 입자가 된다는 것은 물질의 속성을 벗어난 초超과학의 범주가 아니겠는가?

그러면 언제 입자가 되고, 또 파동이 되는 것일까? 이것과 관련하여 더욱 기묘한 실험이 등장한다. 과학자들은 전자가 파동처럼 두 슬릿을 동시에 통과한다는 것이 믿기지 않았다. 그래서 전자가 과연 어떤 방식으로 두 슬릿을 통과하는지 알기 위해 각 슬릿에 전자 검출기를 설치해서 전자가 두 슬릿 중 어느 하나를 통과할 때마다 해당 검출기에 표시가 나도록 하였다.

그런데 그 결과는 소립자의 가장 기묘한 특성을 보여주는 것으로서 물질과 의식의 경계를 묘연하게 만들어 버린다. 더구나 아직까지도 그 현상에 대한 완전한 해석은 없는 실정이다. 결과인즉, 관측 전에는 파동처럼 두 슬릿을 동시에 통과하던 전자가 자신을 측정하려는 검출기가 있으면 그곳을 하나의 알갱이처럼 통과하면서 해당 검출기의 빛을 번쩍이게 하더라는 것이다. 이때는 전자가 입자로 행동하였기에 당연히 스크린에는 간섭무늬가 나타나지 않는다. 그런데 그 상태에서 검출기를 치워버리면 신기하게도 다시 간섭무늬가 나타나는 것이었다. 즉 다시 파동이 된 것이다. 도대체 이것을 어떻게 이해해야 할까?

다시 공에 비유하면, 투수가 공을 던졌는데 관중들이 있으면 그 공은 널빤지의 두 구멍 중 하나를 통과하여 포수에게 도달하는 낱알로 관찰되는데 관중이 없으면 공은 널빤지 두 구멍을 마술처럼 동시에 통과하는 파동의 궤적을 보이며 포수에게 날아간 것이다. 이것은 공이 관중의 존재를 이미 눈치 채고 있다는 말이지 않은가?

이처럼 전자의 이중 슬릿 통과 실험을 보면 전자가 자신을 관찰하려는 장치의 존재를 알고 있었다는 해석이 가능해진다. 마치 전자가 무슨 생각이 있어서 실험자와 게임을 하는 것 같다. 전자는 자신을 입자로 발견하려는 장치나 행위가 있으면 그 기대치에 응해 입자가 되었고 그것을 제거하면 다시 파동으로 돌아갔다. 전자의 존재 상태는 그것을 측정하려는 실험자의 '의도'에 의해 결정되었던 것이다.

이런 상황은 거시적 일상 세계에서는 있을 수 없는 일이다. 하지만 위의 실험은 누가 해도 똑같은 결과로 재현된다. 이러한 실험결과를 가장 받아들이기 힘든 사람들은 오히려 그 실험을 한 과학자들이었다. 파동과 입자가 명확히 구분되어야 하는 과학자의 입장에서는 그 결과를 해석할 수 없었다. 그래서 나중에는 철학자까지 가세하여 수많은 가설이 나오게 된다.
'측정'이 '상태'를 결정한다는 해석도 있고 좀 더 비약해서 관찰자의 '의식'이 존재 상태를 결정한다고까지 해석하고 있다. 전문적인 용어로 말하면 관찰하기 전에는 단지 존재의 확률파로 있다가 관찰하는 순간 그 확률파가 붕괴하면서 하나의 입자 상태로 수렴된다고 한다.

일반인의 입장에서, 그 실험의 상세한 과정과 전문적인 내용은 몰라도 되겠지만 그래도 놓쳐서는 안 되는 결론은 전자 같은 양자의 세계에서는

'관측 행위'가 양자의 존재 상태를 결정하더라는 것이다. 비록 아직도 관측의 정확한 의미에 대해서는 논란 중이지만 그러한 관측의 배후에는 관찰행위를 할 것인지 말 것인지를 결정하는 '의식'이 분명히 자리하고 있다. (관측 행위 자체가 전자의 진행에 영향을 줄 수도 있었기에 당연히 과학자들은 그런 간섭이 일어나지 않는 방법으로 실험을 하였다.)

그렇다면 비약해서 '의식'이 물리적 실재를 결정한다는 추론도 가능한 이야기다. 이는 물리적 실재에 관찰자의 의식이 참여하고 있다는 말이다. 물리적 실체는 의식의 개입 이전에는 없다. 다만 그때는 그 위치에서 존재할 확률만 있다고 보겠다.

이런 양자역학의 해석은 지금까지 상식이자 진실로 여겨온 존재와 실재에 대한 사고방식에 근본적인 변혁을 요구하고 있다. 관찰(의식)하기 전에는 존재할 확률만 있었다니!

이러한 양자역학에 대한 해석이 얼마나 기이하였던지 아인슈타인조차도 그와 같은 해석을 반대하였다. 아인슈타인에게서 양자역학은 평생의 화두였다. 자신의 상대성이론보다 양자역학에 대해서 백배는 더 생각하였다고 할 정도였다. 결국, 그는 "신은 주사위 놀이를 하지 않는다"고 하면서 끝까지 양자의 확률파 해석을 받아들이지 않았으며, 실상 지금까지도 과학자들 사이에서 완전한 합의는 없는 실정이다.

그러나 양자역학이 예측하는 결과는 정확하게 맞아떨어지고 있으며 현대 문명 기기들의 중요한 작동원리가 되고 있다. 레이저나 의료기기인 MRI만 해도 이러한 양자의 불가사의한 성질을 기술적 기반으로 삼고 있다.

어쩔 수 없이 과학자들은 이러한 양자의 기묘한 현상에 대한 해석보다는 그런 현상을 수식數式화하는데 더 관심을 쏟고 있는 듯하다. 그래서 양자에 이르면 대개 과학자들은 과묵해질 수밖에 없다. 대신 그들은 해석보다는 그 활용을 더 매력적으로 보고 '닥치고 계산해'라고 하면서 묵묵히 자신들의 본분을 다하고 있다. 이제 그 해석은 우리 모두의 몫으로 넘어와 있다.

관찰이나 측정에 의해서 그 존재 상태가 결정된다는 소립자들의 이러한 특성은 물리적 실재實在에 대해 근본적인 의문을 가지게 한다. 일부 물리학파에서는 "관찰하는 행위에 의해서 물리적 대상이 만들어진다"고 결론짓고 있기도 하다(이 학파가 철학자들이 아님이 중요하다). 우리의 의식행위가 단지 관찰로만 끝나는 것이 아니라 관찰하고자 하는 대상의 존재 상태를 결정한다는 양자실험의 결과를 보노라면 근원적인 세계에서는 의식과 대상을 분리한다는 것이 아예 무의미한 것이 아닌가 생각될 정도다.

기氣도 마찬가지다. 유무의 상변화 내지 유무의 차별성이 '기'라는 질료가 될 수 있는 것은 그 차이를 인식할 수 있는 의식의 세계에서만 통용되는 사건으로 볼 수 있다. 의식의 존재가 없다면 유무의 차별성도 질료로 인식되지 못한다는 말이다. 그렇다면 기는 의식의 세계에서만 존재하는 인식의 최초 좌표인 셈이다. 나아가 그러한 기(유무의 파동)로 이루어진 이 우주 일체一切가 이진법의 신호를 분별할 수 있는 의식의 세계에서만 존재하는 의식의 전변轉變일 수 있는 것이다. 그래서 일찍이 동양에서는 일체유심조라고 했던 것 같다.

이상 양자 세계(근원적 차원에 가까운)의 신비함을 대략 살펴보았는데 이제는 다시 앞에서 언급한 '양자얽힘'에 대해서 알아보겠다. 지금 말하려고 하는 '양자얽힘 상태'도 무척 이해하기 힘든 현상이다.

얽힘은 음양의 관계로 짝지어진 사이를 말한다. 기로 말하자면 좌선과 우선의 기가 되겠고 입자의 세계에서는 진공에서 쌍으로 생성되는 입자와 반反입자가 되겠고 사람으로 말하자면 연인이나 부부가 되겠다. 굳이 발생할 때부터 짝이 아니었더라도 후에 어떤 식으로든 짝의 관계(대상관계)를 가진 사이에서는 마찬가지로 얽힘이 형성된다고 한다.

'얽힘 상태는 이런 짝의 관계를 맺은 소립자들 사이에서 일어나는 불가사의한 정보교환을 말하는데 그 내용은 '짝의 관계에 있는 두 입자는 서로가 아무리 멀리 떨어져 있어도 한쪽의 상태 변화가 즉각 그 짝에게 상보相補적 상태 변화를 야기한다'는 것이다. 중요한 것은 그 얽힘은 거리와 아무런 관계가 없다는 점이다. 심지어 서로가 수백 광년 떨어져 있어도 한쪽의 상태 변화는 즉각 그 짝에게 영향을 미친다.

이것은 정보의 순간 이동과 같은데 그 속도가 빛을 초월하는 것이어서 많은 논란이 있었다. 아인슈타인의 상대성이론에 따르면 이 우주에서 빛보다 빠른 것은 없다. 그래서 아인슈타인은 당연히 이러한 양자얽힘과 순간적 정보전달에 대한 개념을 받아들이지 않았다.

그러나 현대 물리학은 엄격한 실험과 개념 정리를 통해서 이러한 양자얽힘에 대한 명확한 결론에 이르게 되었는데, 그것은 아인슈타인의 반박이 틀렸음을 증명하는 것이었다. 즉 얽힘 상태에 있는 양자들은 아무리 떨어져 있어도 거리에 상관없이 즉각적인 영향력을 미치고 있었다.

2015년 10월 〈네이처〉지에 발표된 논문을 통해 '양자얽힘'이 실재한다는 강력한 증거를 보여주는 실험결과가 알려졌다. 이 실험은 네덜란드 델프트 공과대학 카블리, 나노과학 연구소의 물리학자 로 날드 핸슨Ronald Hanson의 연구팀이 주도했고 스페인과 영국의 과학자들이 참여했다. 연구팀은 델프트 대학 캠퍼스 내부 1.3km 떨어진 거리에 두 개의 다이아몬드를 배치하고 각각의 다이아몬드 전자에 자기적 속성인 '스핀'을 갖도록 했다. 실험결과는 한 전자가 업 스핀(예를 들어 반시계 방향으로의 회전)일 경우, 다른 전자는 반드시 다운 스핀(시계 방향의 회전)이 된다는 것을 보임으로써 완벽한 상관관계를 입증했다. 물리학자들은 이 실험을 통해 양자역학 실험이 실제로 가능함을 증명했다는 점에 찬사를 보냈고, 과학저널 〈사이언스〉지는 이 실험을 2015년 최고의 과학적 성과 중의 하나로 선정했다.

_〈다음 백과〉

육체적 인간은 주로 몸을 통해 대상과 상호작용을 하는 까닭에 이러한 양자 수준의 변화를 민감하게 느끼지 못한다. 하지만 우리의 의식은 간혹 부지불식간에 의미심장한 우연의 일치를 포착할 때가 있다. 마치 예지몽처럼 말이다.

의식의 질료는 양자보다 훨씬 근본적인 차원이다. 그렇다면 짝의 관계처럼 서로 긴밀히 연결된 의식은 양자얽힘처럼 상호 간에 분명한 영향을 미치게 된다. 우리는 흔히 기막힌 우연의 일치라든가 설명할 수 없는 직감의 정확함을 경험할 때가 있다. 의식 역시 양자의 근원인 기氣의 소산이 아니던가?

아내: 그날 저녁을 준비하고 있었어요. 도마질을 하고 있었는데 그

동안 원인 없이 고통을 겪고 있었던 혀의 통증이 갑자기 심해진 거예요. 그 순간 '욱'하면서, 지금까지도 불행하게 살아왔는데 앞으로도 이렇게 살아가야 한다면 차라리 죽어버리는 것이 낫겠다는 생각이 들어서 저녁 준비를 내팽개치고 동네 슈퍼에 가서 번개탄을 샀어요. 동네 사람들이 알아차릴까 봐 돼지고기도 샀지요. 번개탄으로 불 피워서 구워 먹으려는 것이라고 속였습니다. 돌아오는 길에 마른 낙엽까지 주워서 안방 화장실로 들어와 문틈을 테이프로 막고 불을 붙였습니다. 번개탄이 정말 잘 탔어요. 연기가 가득해지고 정신이 혼미해지는데 마음은 이상하게 편안해졌습니다. 태어나서 그렇게 편안한 적이 없었습니다. 황홀할 정도였습니다. 그때 눈앞에서 흰 저고리와 검정 치마를 입은 7살짜리 소녀가 신이 나서 나비춤을 추면서 길을 가고 있더군요. 그러다가 정신을 차려보니 중환자실이었어요.

남편: 그날, 회사에서 일을 하고 있었는데 갑자기 기분이 이상해졌습니다. 아내가 우울병을 오래 앓고 있었지만 출근할 때까지는 괜찮았습니다. 그런데 저녁 무렵에 갑자기 이상한 기분이 들어서 일이 손에 안 잡히더군요. 아들에게 전화해서 빨리 엄마에게 가보라고 했습니다.

아들이 급히 집에 와 보니 안방 화장실에서 연기가 새어 나오고 있었다. 문을 부수고 어머니를 구했다. 몇 초만 늦었더라도 그 소녀는 나비춤을 추면서 어두운 터널을 통과했을 것이다. 다행히 아직도 외래 치료를 받으러 오시는데 그날 이후로 혀의 통증은 덜해졌고 최근까지 죽음에 대한 생각은 하지 않는다고 하였다.

물론 이 사례를 양자얽힘으로만 설명하는 것은 무리가 있다. 하지만 도저히 설명이 안 되는 영감靈感이나 우연의 일치에는 이러한 얽힘의 역학이 작용하고 있을 것으로 생각한다.

어쨌든 여기서 중요한 것은 '양자얽힘 상태'가 보여주는 비국소적이고 무시간적 정보전달에 대한 개념이다. 이것은 나중에 고찰하겠지만 육체와 영혼이 상호작용을 하는 중대한 기전mechanism으로 보인다. 육체와 영혼도 음양의 관계로 서로 얽혀 있다.

양자量子 간의 정보 이동에서 보이는 이러한 비국소성(모든 공간이 하나로 연결되어 동시적으로 움직이는)은 기氣나 소립자 같은 근본적이고 미시적인 차원이 보여주는 특징 중의 하나다.

반대로 국소성은 물질계에서만 의미가 있는 개념이다. 육체적 존재로서의 우리는 국소적으로 서로 분리되어 있다. 하지만 의식의 세계에서는 거리와 관계없이 서로가 연결되어 있다. 아내가 이 세상을 떠나려고 번개탄을 피웠을 때, 그 의식상태의 변화가 비국소적으로 연결된 남편의 의식을 즉각 변화시켰다고 본다. 물리적 톱니바퀴는 경계면에서만 맞물려 돌아가지만 의식의 톱니바퀴는 거리와 관계없이 비국소적으로 맞물려 돌아가고 있다고 하겠다.

그런데 사람들이 배우자하고만 얽혀 있겠는가? 우리는 삶을 통해 무수한 타자他者들과 상호작용을 하고 있다. 우리의 의식은 그들 모두와 복합적으로 얽혀 있다. 그래서 남에게 일체의 영향을 주지 않는 행위는 존재하지 않는다.

우주에서 독존獨存하는 것은 없다. "이것이 일어나면 저것이 일어나고 이것이 사라지면 저것도 사라진다."는 붓다의 연기론처럼, 양자얽힘 상태의 대상을 기氣로까지 확대한다면 그것은 모든 것이 연관되어 함께 일어난다는 연기緣起의 법칙에 대한 물리적 근거가 될 수 있다.

궁극의 존재 상태에서는 모든 것이 서로 연결되어 있다고 본다. 무엇으로? 바로 유일한 질료, 기氣다. 기의 상호 연결망이 모든 것이 한꺼번에 일어나게 하는 연기緣起의 바다를 형성한다. 그래서 독립적으로 일어나는 일은 결코 없다.

마찬가지로 실험에 영향을 주지 않는 독립적인 관찰자는 존재할 수 없다. 우리의 의식은 충분히 소립자의 존재 상태에 모종의 영향력을 발휘한다고 볼 수 있다. 하나를 움직이면 나머지 전 존재가 함께 일어나 재배열한다. 기로 이어진 궁극의 실상이 그러한 듯하다.

근원의 분화체인 만물은 근원의 장場안에서 상호 연결되어 있으며 특히 음양의 짝을 이룬 관계에서는 한쪽의 상태 변화는 즉각 그 짝의 체體까지 변형시킬 정도의 상보적 영향력을 발휘한다는 것이 양자얽힘 현상을 통해 깨달아야 할 소중한 정보다.

6. 회전
근원(우주)의 존재 방식

우주는 회전한다

지구는 돌고 있다. 지금까지 잠시도 멈춘 적이 없다. 구약성서의 여호수아서에 보면 해가 중천에서 종일토록 멈추었다는 기록이 있다. 이를 두고 물리적으로 지구의 자전이 멈추었다고 직해하는 사람들도 있긴 하지만, 이는 성서의 설화로서 역시 논외로 삼는다.

지구는 스스로 자전도 하지만 태양을 중심으로 공전도 한다. 지구가 태양을 한 바퀴 도는 데 걸리는 시간이 '일 년'이다. 지구는 태양 주위를 부단히 돌면서 우리에게 매년 나이를 강제로 먹이고 있다. 그런 지구가 속한 태양계도 고정되어 있지는 않다. 태양계는 지름 10만 광년의 우리 은하계 변방에 위치하며 우리 은하계는 대략 2억 년 주기로 돌고 있다. 그러니까 태양이 그 수하의 위성들을 데리고 은하계를 돌아 다시 원래 자리로 되돌아오기까지 대략 2억 년이 걸린다. 지금 태양은 2억 년 전의 그 자리에 돌아와 있는데 그때는 인류가 지구상에 존재하지도 않았다. 인류는 없었어도, 대략 2억 5천만 년 전 당시의 지구에서는 왕성한 화산 활동과 그로 인한 온난화는 엄청나게 많은 생물을 멸종시켰다는 연구 보고가 있다. 그리고 2억년이 지난 지금, 우리도 역시 지구 온난화로 인류의 미래를 걱정하고 있다. 역사는 돌고 도는 것인가? 앞으로 2억 년 뒤의 지구는 어떤 모습일지 궁금하다. 인간은 어떤 모습으로 진화되어 있을까? 아니 생명체가 존재하기는 할까?

회전은 거기서도 끝이 아니다. 우리 은하계도 한 자리에만 머물러 있는 것이 아니라 더 큰 은하단에 소속되어 역시 그 중심을 향해 돌고 있다. 은하단으로도 끝이 아니다. 은하단 위에 초은하단이 있을 것이다. 그렇다면 은하단 역시 그 중심을 향해 돌고 있을 것이다. 또 초은하단 위에는 초초은하단이 있을 것이고 (…) 대략 이쯤에서 그만하겠다. 실로 모든 것이 돌고 있음이 충분히 짐작된다.

군 시절 선임하사님에게, 우주에는 태양 같은 별이 수천억 개 이상 있다고 하니, 초등학교만 나온 자기한테 "공갈"이나 치고 있다면서 버럭 화를 내셨다. 그분에게는 태양 한 개와 지구, 그리고 기타 몇몇 위성들이 우주의 전부였다. 만약 은하단까지 이야기했다면 아마도 완전군장에 연병장 구보가 이어졌을 지도 모르겠것 같다. 한편으론 푸른 군복 속에서 천진난만하던 그 시절이 그립다.

그렇다면 우주 전체는 어떨까? 우주도 돌고 있을까? 더 나아가 우주의 존재 원리로서 근원이라는 장場은 어떨까? 우주도 여러 개가 있을 수 있다고 하니 그 모든 우주의 생성 바탕으로서 근원은 고정된 장일까 아니면 그 장도 회전하고 있는 것일까?

이 문제는 우주 물리학의 주요 관심사인 우주의 운명에 대한 의문과 맥락을 같이 한다. 우주의 바탕인 근원 자체가 회전하고 있다면 그걸 미루어 우주의 운명도 유추할 수 있을 것이다.

앞서 우리는 근원이 어떤 당위성으로 존재하는지를 추론해보았다. 근원은 유有만도, 무無만도 아닌 유무의 순환으로써 자신의 존재성을 삼았다. 근원은 어디로도 흠잡을 수 없는 중도의 장場이었다. 그렇다면 근원이라는 장도 당연히 회전하고 있어야 하지 않을까? 회전해야 중도가 이루어지기 때문이다.

근원은 중도의 원리로 순환하는 물리적인 장場이라 하겠다. 이처럼 근원의 물리物理가 회전이라면 근원의 유형有形적 전개라고 할 수 있는 우주도 전체적으로는 돌고 있어야 한다.

> 혹성들은 태양 둘레를 돌고 있다. 마찬가지로 은하계들도 회전하고 있다. 하지만 우주 전체가 회전하고 있는가에 대한 증거는 아직 없다. 분명한 것은 은하계들은 지금 그 자리에 영원히 매달려 있기만 할 수는 없다. 따라서 우주는 언제나 현재의 배열 상태를 즐기고 있을 수 만은 없는 것이다.
>
> _폴 데이비스, 〈현대물리학이 발견한 창조주〉

근원은 지금의 물질 우주를 발생시키는 원리이고, 그 원리는 엄연히 물리적 장場으로 작용한다. 이때 장이란 어떤 질서를 가진 힘이 영향력을 미치고 있는 범위다. 즉 장에는 이미 그 매질에 의한 일정한 움직임이 있다는 말이다. 자기장도 자기력이 N극에서 나와 S극으로 흐르는 일정한 움직임이 있다.

마찬가지로 중도의 근원도 하나의 장인 이상 일정한 움직임이 있어야 하고, 그 움직임은 당연히 '회전'이다. 근원도 스스로 회전하면서 물리적 장으로 존재하는 것이다. 그 장력을 따라 우주도 돌고 있다고 하겠다.

다만 근원이 회전한다는 것은 우리가 흔히 인식하는 수준의 원운동이 아니다. 원운동은 중도의 순환을 2차원적으로 표현한 것이고, 그것의 3차원적 실상은 공간의 확장과 수축을 일으키는 훨씬 심오한 운동 양상일 것이다. 그런 상태는 우리의 인식 수준이 직접 알아차리기 힘들다. 궁극의 존재 양상을 물질적 의식으로 완전히 파악하려는 것은 거의 불가능하다.

그렇다고 또다시 추상적인 표현으로 근원에 대한 탐색을 얼버무릴 수는 없다. 대신 우리는 눈에 보이는 우주의 총체적인 모습을 살펴봄으로써 근원이라는 장의 존재 양상을 대략이나마 유추해 보고자 한다. 우주는 근원의 물질 버전으로 볼 수 있다. 그래서 물질 우주의 존재 양상과 그 질서는 근원의 실상을 어느 정도 반영한다 하겠다. 우선은 과학자들이 밝힌 우주론을 통해서 근원이라는 장을 좀 더 구체적으로 추론해 보자.

우주는 유한하다

현재의 상대론적 물리학은 우주를 '유한 무경계有限 無境界'로 보고 있다. 여기서 약간의 어휘 정리를 하면 우주는 만물의 바탕으로서 근원이라는 말과 거의 같다고 본다. 하지만 엄밀히 말해서, 근원은 눈에 보이지 않는 우주 내지 다른 우주(있다면)까지를 포함해서 그 모든 것을 발현시키는 원리와 질료(기)의 의미로 볼 수 있다. 그런 뜻에서 근원은 기로 이루어진 궁극의 장이다. 그 장력이 물질화된 것을 지금 우리의 우주라고 하겠다.

아인슈타인은 비유를 통해 우주에도 한계가 있다는 의미를 전한다.

만약 우주의 끝을 볼 수 있는 망원경이 있다면 자신의 뒤통수가 보일 것이다.

빛은 직진한다. 망원경을 통한 시선도 직진한다. 그런데 그 시선이 자신의 뒤통수로 돌아온다는 말은 무슨 뜻일까? 아인슈타인은 이런 비유를 통해 우주가 어떤 한계 안에 닫혀 있을 것이라고 주장한 것이다. 유한한 우주이기 때문에 빛이 아무리 직진한다 해도 결국엔 처음의 자리로 되돌아오게 된다는 말이다. 반대로 우주가 무한히 열려있다면, 빛은 돌아오지 않는다.

그런데 빛이 우주를 돌아서 다시 나에게로 온다고 해서, 우주가 단순히 우리 눈에 둥글다는 말은 아니다. 빛은 우리 눈에 분명히 직진한다. 직진이란 직선으로 나아가는 것이다.

그렇다면 직선은 무엇인가? 그것은 '두 점을 잇는 가장 짧은 선'으로 정의된다. 하지만 직선에도 차원이 있는 듯하다. 예로서 지구상에서 두 도시를 잇는 가장 짧은 선이란 지표면의 곡률 위에 그려지는 선이다. 만약 비행기가 지표면의 곡률과 평행하게 나아가지 않는다면 비행거리는 오히려 늘어나게 된다. 그것은 직진이 아니다. 비행기가 지표면의 곡률을 무시하고 빛처럼 직진해 나아간다면 지구를 벗어나 어떤 공항에도 착륙하지 못하게 된다. 즉 지구 차원에서 직선이란 지표면의 곡률을 따라가는 것이다. 그래서 지구상에서 직진하다 보면 처음의 자리로 돌아오게 된다. 지구는 닫혀 있기 때문이다.

이번에는 지구 차원을 벗어난 빛을 생각해 보자. 빛은 우주적 차원이다. 빛은 둥근 지표면을 벗어나 우주 공간을 직진한다. 그런데 이때 빛의 직진이라는 것도 실상은 우주 내에서 곧게 나아가는 것이다. 지구에서는 비행기가 지표면의 곡률을 따라가는 것이 직진이듯이 우주에서는 우주의 곡률을 따라 나아가는 것이 직진이 된다.

그렇게 우주를 직진으로 항해한 빛이 처음의 자리로 되돌아온다는 말은, 결국 우주가 유한하게 닫혀 있다는 말이 된다. 즉 우주의 지평선은 둥글다. 물론 우주 내에 속해 있는 우리 눈에는 둥글지 않은 직선이다. 그런데도 만나게 되어 있다.

이런 이치는 비유로 이해하는 것이 편하다. 개미가 사과 위를 직선으로 기어가면 다시 처음의 자리로 돌아오게 된다. 둥근 사과 표면에 끝은 없다. 하지만 아무리 기어가도 사과를 벗어나지는 못한다. 사과는 유한한 것이다. 그 유한함으로 인해 직진만 하는 개미는 처음 자리로 돌아오게 된다. 물론 3차원적 존재인 우리는 사과를 한 손에 잡음으로써 그 유한함을 직접 체감할 수 있지만 개미 입장에서는 처음의 자리로 돌아오게 됨으로써 그 사과가 유한한 것임을 간접적으로 알아차릴 수 있다.

이처럼 직진하는 빛이 다시 되돌아와 자신의 뒤통수를 본다는 말은 우주가 유한하다는 뜻이다. 그러나 오해하지는 말자. 이런 유한함은 우주가 어떤 크기로 한정되어 있다는 말이 아니다. 이때의 유한함은 처음과 끝이 이어져 있다는 의미로만 보아야 한다.

피조물들은 유한하면서 상대적 크기가 있지만, 우주에는 반경의 개념이 없다. 상대적 크기로 한정된다면, 그 크기 이상의 또 무엇이 있어야 한다. 그래서 근원적 차원의 우주는 크기의 개념에 종속되지 않는다. 우주는 단지 닫혀 있을 뿐이다. 그래서 하나의 장으로 성립될 수 있다.

우주가 아무리 확장된다고 해도 어쨌거나 유한한 것임에는 변함이 없다. 크기와 상관없이 빛은 결국 자신의 뒤통수로 돌아올 것이다. 신출귀몰한 손오공이 아무리 날아다녀도 부처님의 손바닥 안에 있다고 표현되는 이치다.

물론 우주의 끝을 볼 수 있는 망원경은 없고 자신의 뒤통수가 보인다는 것도 추론일 뿐이지만, 그것은 대다수 과학자의 합리적 사고의 결론이다. 이러한 유한성이란 결국 처음으로 돌아오는 회전 혹은 중도의 속성 때문으로 볼 수 있다.

사실 모든 존재는 유한해야 한다. 존재는 결국 체體로 규정되는 것이다. 이때 체는 이미 주변과 구분되는 유한성 자체를 말하는 것이 아니겠는가? 무한을 어떻게 체로 규정할 수 있겠는가? 체가 확립되지 않으면 존재하는 것이 아니다. 그래서 존재성은 곧 유한성이다. 존재는 유한함으로 닫혀 있어야 한다. 그래야 주변과 구분되고, 비로소 '어떤 존재'가 될 수 있다.

우리는 근원의 존재 안에서 존재하고 있다. 그렇다면 다양한 우주를 포함한 근원도 유한해야 한다. 수식으로 증명할 수는 없었어도 아인슈타인은 그 이치를 뒤통수를 보는 망원경에 비유했던 것 같다.

우주는 유한하지만 경계가 없다

사과는 유한해서 우리 손에 잡힌다. 그러나 그 표면을 기어가는 개미의 입장에서의 사과는 자신의 행진을 가로막을 장벽도 끝도 보이지 않는 것, 거기서 개미는 언제까지나 나아갈 수 있다. 그리고 개미가 서 있는 어느 곳이나 다른 곳과 차별되지 않는다. 구球의 표면에는 중심과 변방이 따로 있지 않기 때문이다. 무경계란 바로 이런 것이다. 구의 표면에는 경계가 없다. 어떤 지점도 다른 지점에 비해 특별나지 않다.

과학자들은 우주(근원)를 유한하고 경계가 없을 것으로 생각한다. 그러니까 빛이 아무리 달려가도 어떤 벽에 부딪히지 않는다. 만약 우주에 벽이 있다면 그 밖이 존재한다는 것이고 그러면 그 밖을 포함하는 또 다른 우주를 상정해야 한다. 만물의 진정한 바탕으로서 우주 혹은 근원인 만큼, 그 정의를 깨는 '벽'이라는 것은 존재할 수 없다. 빛은 막힘없이 직진한다. 이처럼 벽이 없음으로써 우주 내의 어떤 장소도 그 가치와 의미가 동일하다는 것이 '무경계성'이다.

우주는 사과 표면의 3차원적 확대와 같다. 사과 표면이 무경계성이라면, 우주도 무경계성이다. 우주의 3차원적 공간 안의 어떤 지점도 다른 지점과 차별되지 않는다는 말이다. 다양한 물리 법칙이 모든 공간에서 대칭이 되는 이유다. 우주엔 수도권과 지방이 따로 없는 것이다. 이는 우주의 '모든 지점이 곧 우주의 중심'이라는 말과 같다. 이것이 무경계성이 가진 가장 중요한 의미다.

이러한 우주의 무경계성은 이미 과학적으로 증명되고 있다. 가장 뚜렷한 증거가 지구를 중심으로 한 우주 공간의 팽창이다. 우주는 현재 확장하고 있다. 그러한 우주의 확장을 망원경으로 관찰하면 마치 지구가 우주의 중심인 듯이 보인다. 지구를 중심으로 모든 공간이 확장하고 있기 때문이다. 더욱이 지구에서 멀어질수록 공간의 확장 속도가 빨라진다. 이런 사실을 보면 지구는 분명히 우주의 중심이다. 하지만 이런 현상은 목성에서 보아도 마찬가지다. 아니 목성 정도가 아니라 수십억 광년 떨어진 별에서 보아도 그 별을 중심으로 우주는 확장하는 것으로 보인다. 공간은 실로 우주의 모든 곳을 중심으로 확장하고 있는 것이다.

어떻게 이런 일이 일어날 수 있을까? 알다시피 우주가 공간의 모든 점을 중심으로 확장하고 있기 때문이다. 우주는 공간의 모든 지점을 자신의 중심으로 삼고 있다. 우주는 경계가 없다.

하지만 사과에서와 달리 3차원 공간의 유한 무경계성을 우리가 직접 이해하는 것은 어렵다. 그것은 우리 의식이 작동하는 차원을 넘어선다. 사과 표면을 끝없이 기어가는 개미가 그 사과 표면의 유한 무경계성을 직접 인식하지 못하듯이, 우리도 끝없이 이어지는 3차원 우주 공간의 '유한 무경계성'을 직접 인식하지 못한다. 4차원적 존재는 한 번에 그것을 직접 포착하겠지만.

우주선은 끝없이 우주를 항해할 수 있다. 그러나 아무리 가도 우주를 벗어날 수는 없다. 다시 제자리로 돌아온다. 하지만 어디를 가나 내가 서 있는 그곳이 우주의 중심이다. 이런 것이 바로 부처님 손바닥의 신비, 우주의 유한 무경계성有限 無境界性이다.

이러함을 미루어 짐작한다면 궁극(氣界)의 실상(근원)도 '무경계의 유한함'으로 규정될 수 있을 것이다. 우리는 유한한 지구의 영역 안에서 안전하게 거하면서 막힘없이 행진할 수 있다. 또 유한한 우주의 장場안에서 안전하게 존재하면서 영원히 우주를 항해할 수 있다. 그리고 존재하는 모든 곳이 우주의 중심이다. 우리는 항상 우주의 중심에 있다. 모든 존재는 각자 우주의 중심에서 근원과 동심원을 이루어 회전하고 있다.

우주(근원)의 회전 방향

이제 본론이다. 만물은 짝(좌우선의 음양으로)을 이루어 회전하고 있다. 그리고 그 바탕(근원)도 회전하고 있다. 유한 무경계의 근원 역시 멈추지 않는 중도의 순환으로 그 장을 펼치고 있다. 그것이 살아 존재하는 근원이다.

실로 회전을 떠나서는 어떤 실존도 논할 수 없다. 중도의 모성애를 가진 근원은 그 장 안에서 좌우(음양)로 회전하는 피조물들을 공평하게 발생시키면서 또 그 자체도 회전하고 있다고 하겠다.

그런데 여기서 중요한 문제가 대두된다. 이 부분이 이번 장의 주제다. 회전에는 좌회전과 우회전 두 가지 방향이 있다고 했다. 하나는 음의 회전이 되고 하나는 양의 회전이 되겠다. 음양은 회전 방향에서 차이가 날 뿐, 그 외의 질적인 차이는 없다. 서로 상보적 작용을 해 주고 있는 고마운 상이함이다. 근원의 자기애는 이 두 방향성을 차별하지 않기에 자신의 장 안에서 좌선과 우선을 공평하게 발생시키고 있다고 보았다.

그렇다면 근원 자체는 과연 어느 방향으로 회전하고 있는 것일까? 공평한 근원은 좌선이나 우선 중 어느 한 쪽을 선호해서는 안 된다. 그러면 근원이라는 장은 어느 방향으로 돌고 있는 것일까? 근원도 회전한다면 어쨌거나 한 가지 방향을 선택해야 하지 않겠는가?

소립자는 진공에서 출현할 때, 서로 반대로 회전하는 쌍으로 생성된다. 사라질 때도 쌍으로 소멸한다. 그러면 근원도 그런 이치를 따라 좌선과 우선의 쌍으로 존재하는 것일까? 그렇다면 근원은 두 개가 된다. 하나는 좌우로 돌고 있고, 또 다른 하나는 우로 도는 근원이 쌍을 이루어 존재하는 것이다. 그런 것일까? 글쎄, 확인할 방법은 없다.

우주는 좌우교대로 회전한다

줄기는 여러 개이지만 뿌리는 결국 하나다. 만약 뿌리라고 생각한 것이 여러 개라면 진짜 뿌리까지 내려온 것은 아니다. 더 내려가야 한다.

이를 두고 불교를 포함한 동양철학에서는 '만법귀일'을 말하고 있다. 노자도 〈도덕경〉 16장에서 만물은 "그 뿌리로 돌아간다."고 했다. 만물의 운동을 순환이라고 보는 노자의 예지야말로 중도라는 순환원리에 어울린다.

우리는 '상대자'다. 우리는 근원의 분화체이기 때문에 자신의 외부에 상대가 존재하고 있다. 그래서 우리는 상대자들이다. 그러나 근원은 정의상 절대자다. 더 이상의 외부 대상이 없다. 만약 그에게 외부 대상이 있다면 그것을 궁극의 근원이라 할 수는 없다. 절대로서의 근원은 말 그대로 자신 외의 상대를 가질 수 없다. 그것은 마치 브라만이 자기충족적인 원리인 것과 같다. 그래서 스스로 분화할 수밖에 없는 것이다. 근원의 정의가 이러하다면 근원은 어떻게 회전해야 할까?

분명한 것은 근원이라 해도 그 회전 방향은 좌선이나 우선, 둘 중 하나여야 한다. 동시에 좌우로 회전할 수는 없기에 어쨌든 어느 한 방향으로 회전해야 한다. 근원은 어느 방향을 선호하는 것일까?

근원의 본성은 중中이다. 근원이 만약 어느 한 방향으로만 계속 돌고 있다면, 그것은 온전한 중을 이룬 상태로 보기 어렵다. 당연히 근원은 좌선과 우선에 있어서도 중도를 취해야 한다.

중도는 '순환'이었다. 그렇다면 근원은 좌선과 우선을 교대로 할 수밖에 없다. 한 번은 좌선의 장場이 되고 다음 번에서는 우선의 장이 되는 식이다. 공자가 〈주역, 계사전〉에서 말한 일음일양의 도道가 근원의 물리학에서는 일좌일우의 순환으로 대체된다. 이런 것이 절대자의 율동, 혹은 호흡이라 하겠다.

근원에 이러한 운동 주기가 있다면, 우주 또한 그 질서를 따라가야 한다. 즉 중도의 우주론에서는 우주 역시 좌선과 우선의 우주가 교대로 창조된다고 생각된다.

우주의 운명 : 뫼비우스의 띠

이런 운동 양상, 즉 한 번은 좌선으로 돌았다가 그 다음은 우선으로 돈다는 것은 다름 아닌 무한대(∞) 운동을 의미한다. 근원은 8자로 이어지는 뫼비우스의 띠처럼 좌와 우의 회전을 교대로 하는 것으로 생각된다. 비유하면 상대적 존재인 피조물들은 음양 이체異體로 볼 수 있지만 절대적 존재인 근원은 스스로 음과 양으로 변신하는 음양 동체同體인 셈이다.

우리의 호흡이 흡기吸氣와 호기呼氣로 이루어지듯이 근원의 호흡은 좌선左旋과 우선右旋으로 이루어진다. 그렇게 좌우를 오가는 근원의 호흡이 우주의 탄생과 소멸이라는 대주기를 발생시키는 것으로 생각된다. 즉 공간의 확장과 소멸이 반복되면서 이 우주에도 흥망성쇠가 있게 된다.

그렇다면 현재 확장하고 있는 이 우주가 언제까지 확장하느냐는 근원의 호흡 주기에 달려있다고 하겠다. 좌선으로서의 우주가 이편에 발생하여 가늠하기 힘든 시간 동안 확장된다. 이후 다시 원점으로 수축 귀일하는 원운동이 완료되고, 그다음에는 우선으로서의 우주가 저편에 발생하여 같은 과정을 반복하게 되는 것이다. 그러한 우주의 대주기가 어느 정도의 시간이 될지는 상상하기 힘들다. 이런 경우에는 불교에서 말하는 '겁劫'의 개념이 그 시간을 가늠하기에 편리한 것 같다.

> 그때 어떤 비구가 자리에서 일어나 옷을 가다듬고 오른쪽 어깨를 드러내어 붓다에게 예를 올린 뒤에 오른쪽 무릎을 땅에 대고 합장하고 여쭈었다.

"세존이시여, 1겁의 길이는 얼마나 됩니까?"

붓다께서 말씀하셨다. "내가 너에게 말해줄 수는 있지만, 너는 이해하기 어려울 것이다."

"비유를 들어 말씀해주실 수 있겠습니까?"

붓다께서 말씀하셨다. "그렇게 하겠다. 비구야, 쇠로 된 성이 있는데, 가로·세로·높이가 각각 1유순由旬(약 8킬로미터)이다. 그 성 안에 겨자씨를 가득 채워놓고, 어떤 사람이 그 씨를 100년에 한 알씩 집어내어 그 씨가 다 없어져도 1겁은 끝나지 않는다. 비구야, 겁이란 이와 같이 길고 길다."

_〈잡아함경〉 제34권, 제9경

"세존이시여, 1겁의 길이는 얼마나 됩니까?"

붓다께서 비구에게 말씀하셨다. "내가 너에게 말해줄 수는 있지만, 너는 이해하기 어려울 것이다."

"비유를 들어 말씀해주실 수 있겠습니까?"

붓다께서 말씀하셨다. "그렇게 하겠다. 비구야, 깨어지지도 않고 허물어지지도 않는 큰 돌산이 있는데, 가로·세로·높이가 각각 1유순이다. 어떤 사내가 가시국에서 나는 솜털로 100년에 한 번씩 쓸어 그 돌산이 닳아 다 없어져도 1겁은 끝나지 않는다. 비구야, 이와 같이 길고 긴 게 겁이다."

_〈잡아함경〉 제34권, 제10경

참으로 겁나게 긴 시간이 '겁'이다. 부처님은 그 비유의 스케일도 엄청나다. 저 정도의 스케일을 구사한다는 것 자체가 이미 범인의 차원을 초월해 있다. 겁이 과연 유한한 것인지도 아리송하다.

어쨌든 근원이 회전하고 있다면 원점회귀하는 회전의 속성상 우주엔 탄생과 소멸의 주기가 발생한다. 그것이 몇 겁이나 될지는 모르지만 아무리 길어도 우주 역시 생장 소멸한다는 것이 요지다. 지금 확장세에 있는 우리의 우주는 근원의 중도 회전을 따라 언젠가는 다시 수축으로 이어질 것이며 그 후에는 반대로 회전하는 저편 우주가 팽창 발생하게 될 것이다.

우주 물리학에서는 지금 팽창하고 있는 우주의 운명을 여러 가지로 예측한다. 무한히 확장할 수도 있고 어느 지점에서 정지될 수도 있고 다시 수축할 수도 있다고 한다. 구체적으로는 암흑물질과 암흑에너지의 존재량에 그 운명이 달려있다고 한다. 암흑물질이 충분하다면 그 중력에 의해 우주는 다시 수축할 것이고 암흑에너지가 충분하다면, 그 척력에 의해 우주는 계속 확장할 것이다.

하지만 여기서는 확장과 수축이 무한히 반복되는 것을 우주의 운명으로 보며 그것은 음양의 회전이 교대로 나타나는 근원의 8자 운동에 의한 필연적 전개라고 추론한다. 순환하지 않는 것이 어디 있던가? 좌우로의 공평한 회전에 의해 중이 유지되지 않는다면 아무리 근원이라 해도 어떻게 영존할 수 있겠는가?

근원의 좌우 무한대 운동은 영존의 춤, 곧 인도사상에서 말하는 우주의 유희, 즉 릴라^{lila}다. 좌로 한번, 우로 한번 공평하게 회전하면서 중심을 잃지 않고 있다. 양손에는 각기 반대 방향으로 돌아가는 접시를 하나씩 들고서 그 자신도 좌우 교대로 돌고 있는 창조신의 춤사위를 연상해 본다. 멈추지 않는 중도의 회전이 온 우주를 가득 채우고 있다.

 그러한 근원의 춤으로 인해 지금 우리가 존재하는 실수實數의 우주는 반대편 허수虛數의 우주와 짝을 이루어 확장과 수축을 교대로 하리라고 여겨진다. 지금 우리 우주에서 인플레이션을 일으킨 에너지는 저편 허수 우주의 수축력인 것이다. 다만 한 호흡이 끝나도 이내 새로운 호흡으로 이어지듯이 우주의 주기적 변화는 끝이 없다는 것이 중도가 전하는 우주론의 전말이다.

 근원은 변하지 않는 원리이자 질서(Cosmos)이다. 만물은 그 질서의 장 안에서 탄생하고 존재한다. 근원이 요구하는 그 질서는 규제가 아니라 모든 존재가 영존할 수 있는 모성의 발동이다. 우리를 안전하게 지켜주는 공공의 질서와 마찬가지 맥락이다.

 근원이 부여하는 그 질서는 딱 한 가지, 바로 중도다. 무엇으로 보나 어디에서 보나 흠잡을 곳이 없어야 영존할 수 있다. 그래서 중도만이 영존을 담보한다.

 그것이 기氣의 회전운동으로 실현되고 있다. 그 운동의 규칙적인 반복성, 달리 말해 원점으로 돌아오게 하는 회전운동의 비결이 근원이 가지는 유한성의 본질이며 그 질서가 누구에게나 공평무사하게 미치고 있음이 무경계의 중심에서 확인되고 있다.

 결국, 근원의 유한성과 무경계성 역시 중도적 원운동의 필연적 소산이다. 중도는 근원에게 유한성을 제공하여 그 장 안에서 만물을 품을 수 있게 하였고 중심과 변방을 분리하지 않음으로 모든 피조물이 공평하게 우주적 중심으로서의 자기실현을 누릴 수 있게 하였다.

이상을 정리하면 유한한 근원은 좌선과 우선을 번갈아 8자로 이어지는 뫼비우스의 행로를 오갈 것이라 여겨진다. 근원은 그러한 무한대운동을 통해 (우리 입장에서) 실수와 허수의 우주를 교대로 창조하며 상대성을 스스로 조달하는 것으로 보인다.

영존하는 것만이 실재實在가 될 수 있다. 중은 영존의 자격이고, 그 중이 원운동으로 실현된다. 그래서 실재는 모두 중도의 산물로서 영원한 회전운동을 할 수밖에 없다. 근원도 마찬가지로 가장 진실한 실재로서 근원 역시 좌우로 교대 회전한다.

7. 역행매질
물질의 탄생과 죽음

근원은 좌선과 우선의 기氣를 공평하게 발생시킨다. 다시 말해 원운동은 좌우 두 가지 회전 방향으로 공평하게 발생한다. 그것이 존재의 보증수표, 중도다. 그러면서 그 바탕인 근원도 스스로 좌우 교대로 회전하며 무한대 영존의 행로를 이어가고 있다.

물론 현재 근원이 좌나 우 어느 방향으로 돌고 있는지를 특정할 수는 없어도, 아직도 우주 공간을 무서운 속도로 팽창시키고 있는 것을 보면 어쨌든 자신의 호흡 주기를 따라 일정한 방향으로 움직이고 있음은 분명하다.

그런데 근원 자체가 회전함으로 인해 그 장 안에서 공평하게 발생하던 좌선과 우선의 기는 서로 극명하게 다른 운명을 맞이하게 된다. 즉 둘 중의 하나는 그 바탕 장(근원의 회전)과 같은 방향으로 회전하게 되지만, 다른 하나는 반대 방향으로 회전하게 된다. 만약 현재의 근원이 좌로 돌고 있다면 좌선의 기氣는 근원과 순행順行하는 매질이 되고 우선의 기는 근원에 역행逆行하는 매질이 된다. 근원이 우로 돌고 있다면 순행과 역행의 입장은 그 반대이다.

이것은 큰 사건이다. 근원이 회전함으로 인해 좌우의 기氣는 각각 순역

順逆의 행로를 맞이하게 되는 것이다. 순행하는 기氣는 현재 근원의 운행을 매개하는 근원 자체의 매질이 되지만, 역행하는 기는 근원과 반대로 돌게 되면서 자신의 운행에 그야말로 근원적인 장애가 발생하게 되는 것이다. 이는 심각한 문제다. 근원이 나를 막고 있다니 이보다 더한 난관이 어디 있겠는가? 더이상 하소연할 곳도 없다.

강조하지만, 회전은 중도의 2차원적 표현일 뿐이다. 3차원적 실상은 우리의 인식이 완전히 미치지 못한다. 부득이 2차원적 표현으로 그 순환의 방향성을 '좌우'라 하지만 실제로 좌우라는 기준으로 근원을 한정할 수는 없다. 중요한 것은 장 전체와 그 구성 매질의 움직임에 순역이 발생한다는 사실이다.

삶이 순탄하기를 바라지만
: 역행의 문제

좌나 우의 방향성에는 아무런 질적 차이가 없다. 음과 양에 우열은 없다. 좌나 우로 회전하는 기(매질)란 둘 다 중도의 필연적 소산물이다. 하지만 중도의 이치를 따라 바탕(근원) 자체가 회전함으로 인해 어쩔 수 없이 순행과 역행의 매질로 나누어지게 되는 것이다.

이때 순행의 기는 근원의 흐름과 일체가 되어 사실상 저절로 돌아가는 상태이며 역행의 기는 근원의 흐름에 맞서 사력을 다해 자신의 회전을 강행强行하고 있는 상태다. 순행은 강물의 흐름과 함께 편안히 바다로 흘러가는 상태라면, 역행은 매 순간을 힘들게 노 저으며 강물을 거슬러 올라가고 있는 형국이라고 비유할 수 있겠다.

문제는 역행이다. 역행은 힘이 든다. 근원을 거슬러 회전해야 하는 역행매질은 그 바탕으로부터 저항을 받아 매 순간 에너지를 소비하면서 회전해야 한다. 그렇다면 결국 역행매질은 어떻게 되는 것일까?

역행의 기는 점차 에너지를 잃고 종국에는 그 운행을 멈추게 될 것이다. 즉 역행은 저항을 이겨낼 힘이 있을 때까지만 회전한다. 자신이 타고난 에너지(회전력)가 소진되면 더 이상 근원의 흐름을 거슬러 회전할 수가 없다. 말하자면 역행은 '수명壽命'을 가지게 되는 것이다.

그것이 아무리 중도의 운동이라 해도 그 운행에 저항이 발생한다면 멈출 수밖에 없지 않겠는가? 그래서 역행매질은 태생부터 '수명'이라는 존재의 한계를 가지게 된다.

수명이 있다는 것은 참으로 안타까운 일이다. 근원과 순행하면 근원과 함께 그 불멸성不滅性이 보장되지만 근원에 역행하면 언젠가는 그 흐름이 멈추는 필멸성必滅性을 지니게 된다. 역행의 입장에서는 수명을 가진다는 사실이 안타깝고 자신을 막아서는 근원(숙명)이 서운할 수 있다. 서운함 뿐이겠는가? 역행으로 존재하는 자체가 고통이고 움직이는 것이 그대로 고행이 된다.

하지만 수명은 역행의 필연이다. 회전하는 근원의 장에서는 순행과 더불어 역행이 발생하지 않을 수는 없으니 수명을 가지는 매질의 발생은 중도의 숙명이라 하겠다. 이러한 이치에 잘못된 것은 무엇 하나 없다. 그렇다면 인생은 무엇일까? 순조로운 순행의 길일까? 아니면 고난의 역행 길일까?

내가 좋아하는 찬송가가 있다. '내 평생에 가는 길 순탄하여 늘 잔잔한

강 같든지 (…).' 이 찬송가를 부르면서 나는 항상 내 인생이 그렇게 편안하기만을 바랬다. 내 인생은 순풍을 타고 편안히 흘러가는 순행順行의 길이기를 바랬다.

하지만 지금까지 살아 본 결과, 인생은 결코 순행의 길이 아니었다. 인생에 공짜는 없었다. 내가 원하는 것을 얻기 위해서는 사력을 다해야 일부라도 얻을 수 있었고 무슨 일을 하건 항상 경쟁과 저항을 이겨내야 했다. 때로 병이 찾아오면 가만히 누워있는 것도 힘들다. 건강하다 해도 몸을 움직인다는 것은 항상 에너지가 소모되는 일이다.

육체의 삶이 이렇게 힘이 드는 과정이라면, 그것은 무언가에 역행하고 있다는 말이 아니겠는가? 그러다가 결국엔 죽는다. 우리는 예외 없이 수명을 가지고 있다. 그렇다면 인생은 근원에 역행하고 있는 것이 확실하다. 안타깝다. 왜 우리의 인생은 역행의 길이 되어야 할까? 가만히 있어도 저절로 흘러가는 순행의 길이라면 얼마나 좋을까?

o

인생의 생로병사는 분명히 역행의 고난이다. 우리는 매일 늙어가고 있다. 하지만 모든 일에는 반드시 나름의 의미와 가치가 있다. 역행을 탓하기보다 왜 삶은 역행이 될 수밖에 없는지 그리고 역행은 과연 고난만을 의미할 뿐인지를 성찰하는 것이 진실한 구도자의 자세일 것이다. 힘들지만 역행의 과정을 통해 우리가 얻는 것이 분명히 있다. 그것을 찾지 못한다면 인생은 그야말로 고생만 하다가 끝난 것이 된다.

중도의 근원에는 불멸의 순행매질과 필멸의 역행매질이 공존하고 있다. 그러나 그 무엇도 의미가 없거나 소중하지 않은 것은 없다. 하나의 작용이 있으면, 반드시 그 반작용이 있듯이, 근원도 역행매질의 반동反動을 허락하여야 순행매질의 동행도 확보할 수 있다.

비록 역행매질의 입장에서는 근원이 부가한 수명이 야속할 수도 있겠다. 그러나 근원의 입장에서 보면, 역행과 순행은 둘 다 소중한 자식이다. 나중에 고찰하겠지만 역행 자식은 오히려 부모를 위해 온갖 고생을 자처하는 효자가 되어 한 집안을 일으키게 된다. 노자도 "화 속에 복이 있고, 복 중에도 화가 있다."고 했다. 역행이 고난만은 아닌 것이다.

물질의 시작은 역행의 저항감이다

이 세상과 우리의 몸은 '물질'로 이루어져 있다. 물질이란 '자연계를 구성하는 요소의 하나로, 공간의 일부를 차지하고 질량을 가지는 것'이라고 사전에서 정의하고 있다.

여기서 공간의 일부를 차지한다는 말은 어떤 공간을 독점적으로 소유한다는 말이다. 차지한다는 말의 뜻이 그렇다. 물질은 공간을 독점적으로 소유하기에 외부에서 다른 물질이 그 공간 안으로 들어가려고 하면 엄청난 저항을 받는다. 물질들의 부딪힘이 일어나는 것도 저항 때문이며 물질이 파괴되는 것은 그 저항이 무너진 것이다.

공간에 대한 배타적 점유, 그것이 우리의 감각에 자극을 일으킨다. 물질은 외력의 침입에 저항하면서 자기만의 영역을 단단히 지키려고 한다. 키보드가 딱딱하게 만져지는 것도 우리 손가락의 침투를 막으려는 플라스틱 분자들의 저항 때문이다.

물질은 결국 이런 '저항감'에서 시작되고 있다. 저항감이 뭉쳐서 한 공간을 차지하고 있는 것이 물질이다. 즉 물질의 본질은 저항체라고 할 수 있다.

그렇다면 눈에 보이지도 않는 근원의 매질인 기氣가 어떻게 이처럼 딱딱한 저항감을 일으키게 되는 것일까? 물론 물질의 딱딱함이란 구체적으로는 전자의 반발력으로 볼 수 있겠다. 그러나 여기서 말하는 저항감은 그러한 전자를 포함한 근본적인 소립자들이 가지는 공간에 대한 배타성을 말한다. 그 배타성은 근원적으로 어디에서 시작되는 것일까?

우리가 바람의 존재를 느낀다는 것은 그 바람의 딱딱함을 감지하는 것이다. 그것은 바람의 방향에 저항할 때다. 바람과 내가 같은 방향으로 움직인다면, 저항이 생기지 않아서 그 바람을 느낄 수 없다. 내가 걸어가는 속도가 바람보다 느려서 내 등 뒤에서 바람을 느낄 때도 있는데 이때 둘의 속도 차이란 것도 결국엔 방향의 차이로 볼 수 있다. 그 속도 차이만큼 내가 바람과 반대로 나아가는 것이다. 즉 저항이란 근본적으로는 '운동 방향의 차이'에서 발생하는 것이다. 서로의 운동 방향이 어긋날 때 저항이 발생한다.

그렇다면 그러한 운동 방향 차이는 어디에서 최초로 시작되는가? 앞서 말했듯이 근원의 장에서 그런 방향 차이를 보이는 것은 역행매질뿐이다. 즉, 바로 '역행매질'이 최초의 저항인 것이다.

저항의 개념을 좀 더 살펴보자. 근원의 매질은 순행과 역행 두 종류다. 순행매질이란 항상 근원과 동정動靜을 함께 하는 기氣로서 근원 자체의 매질로 보면 된다. 반면에 역행매질은 그러한 근원(순행매질)의 흐름에 대해서 반대로 회전한다. 그래서 역행매질은 근원에 대해 일종의 저항체로 작용한다.

근원의 입장에서, 역행의 기운은 자연스러운 흐름을 거부하고 자기만의 공간을 고집하는 단단한 저항감으로 느껴질 것이다. 즉 물질의 본질을 저항감이라고 한다면, '역행 기氣'가 바로 물질의 시작인 것이다.

> "물物은 어떻게 이루어지는 것인가? 이것을 한마디로 대답한다고 하면 物이란 것은 음양의 산합散合운동에서 일어나는 부산물이라고 할 것이다 (…). 物이란 것은 오운五運과 육기六氣가 자화自化작용과 대화對化작용을 하면서 화생化生하는 것 (…)"
>
> _한동석, 〈우주변화의 원리〉

물질의 발생은 예기치 못한 돌발사태가 아니다. 영혼을 묶어두기 위해 갑자기 만든 것도 아니다. 물질은 지극히 당연한 중도의 부산물이다. 물질은 중도의 이치에 이미 내재 되어 있다. 물론 역행이 없다면 저항도 없고 물질도 없다. 그런데 중도의 근원이 순행만 허용할 수는 없지 않겠는가? 중도로 회전하는 우주에서 '물질'은 필연적으로 발생할 수밖에 없는 것이다.

질량은 이동의 저항감이다

물질의 특성 중에는 '질량'이라는 것이 있다. 질량의 정의는 '물체를 움직이기 힘든 정도'라고 할 수 있다. 이러한 질량 역시 역행의 저항으로 인해 발생하는 것으로 설명할 수 있다.

우주에는 어마어마한 공간이 있다. 그런데 그 공간이 곧 근원의 실체인 것은 아니다. 우리가 감지할 수 있는 공간 혹은 허공은 근원의 유형적 측면이다. 진정한 근원의 개념은 유무有無형을 관통하는 어떤 법이나 원리(불교로 말하자면, 법法으로서의 다르마dharma, 혹은 인도 사상의 리타rita에 해당할 수 있을 것이다.)를 말한다.

우리가 허공을 감지할 수 있다는 점에서 허공은 단지 물질의 부재不在 상태로, 그것은 우리의 감각 범위에서만 유효한 허공일 수 있다. 허공을 근원의 실체로 오해하지 말자는 말이다.

모든 정의가 그러하듯이 '물질'의 정의도 결국 인간의 감각에 기준하고 있다. 우리가 물질이 아니라고 말하는 것은 실은 우리가 감각하지 못하는 것들이다. 우리의 감각을 보조하는 도구가 나온다면 물질의 범위는 더 넓어질 것이다. 지금도 계속 발견되고 있는 소립자들이 그런 경우다.

대신 우주의 허공은 역행매질(氣)이 가득 찬 곳으로 추측된다. 역행매질은 저항체이며 그로 인해 자기만의 영역을 차지한다. 그 영역들이 무수하게 연결된 것을 '허공' 내지 '공간'으로 보는 것이다. 즉 역행매질의 장은 이미 그 자체가 '공간의 구성'을 말한다. 배타적 역행매질로 촘촘하게 짜진 그물망이 물질의 매트릭스로서 허공 혹은 우주 공간이라고 생각한다. 단지 우리의 육안이 그러한 매트릭스를 직접 감각하지 못해서 우리 눈에는 아무 것도 없는 것으로 보일 뿐이다.

이런 역행매질들은 각자가 자신만의 공간적 배타성을 주장하면서 서로가 움직이기 힘들게 만든다. 바탕 질을 겔gel처럼 빽빽하게 만들어 버리는 것이다. 그런즉, 그 사이를 비집고 움직인다는 것은 힘이 든다. 그 힘든 정도가 바로 '질량'의 발생이다.

물리학에서 말하는 '힉스장'이 비슷한 개념인 듯하다. 물질 입자는 힉스장의 저항에 의해서 질량을 부여받는다고 하는데 힉스장이 물질 입자의 이동에 일종의 장애로 작용하여 그 이동의 힘든 정도가 질량으로 나타난다는 것이다. 그렇다면 그 힉스장의 매질이 바로 지금 말하는 '역행하는 기氣'라고 볼 수 있겠다. 아무튼, 그것을 무엇이라 명명하던지 역행의 저항감이 '물질'이 되어 우리의 감각에 인식된다는 것이 중요하다.

> 우리가 물질이라 부르는 외견상 단단해 보이는 엄청나게 다양한 실체들을 구성하는 정상파들도 존재한다 (…). 진공에 나타나는 솔리톤solitan(孤立波)들은 관찰 가능한 우주의 물질 및 힘 입자들이다 (…). 물질처럼 보이는 것들은 양자 진공 속의 복잡한 파동들이다.
> _에르반 라슬로, 〈과학, 우주에 마법을 걸다〉

역행의 가치

역행이 없다면 물질도 없다. 물질이 발생하지 않았다면 지금의 우리도 없다. 물질로 된 지구와 우리는 역행의 덕분으로 존재하고 있다. 힘이 소모되고 수명을 가지는 역행이지만 그로 인해 물질 우주가 창조될 수 있었다. 참 다행스럽고 고맙다. 그런데 역행의 가치는 이뿐만이 아니다.

앞서 인생은 역행의 길이라고 했다. 돌이켜 보면 우리가 큰 힘을 들이지 않고 존재할 수 있었던 시간은 아주 어릴 때뿐이다. 어떤 가혹한 운명은 제대로 된 엄마조차 지정받지 못해서 그 잠시의 행복도 보장받지 못하는 경우가 있다.

인생은 시작부터 고난과 저항의 연속이다. 인생은 모두가 울면서 시작했고 커가면서 인생에 공짜가 없음을 확실히 배우게 된다. 노력하지 않고는 그 무엇도 가질 수 없고 가만히 있다가는 아무것도 이루어지지 않는다. 일하지 않으면 생존할 수 없다. 그러다가 결국엔 모두가 노쇠해지고 사라져 버린다. 인생은 역행인 것이 확실하다.

부처님도 일체개고라고 인생의 정체를 밝힌 바 있지 않은가? 한편으론 아쉽다. 인생이 순행이라면 만사가 편안히 흐르면서 죽지도 않고 존재할 수 있는데 말이다. (반면에 모두가 죽지 않는다고 가정해도 지구는 발 디딜 틈이 없는 공간이 될 테니 그 또한 상상만 해도 끔찍한 일이다.)

그런데 불교에서 말한 '고苦'의 시작은 어디에 있었는가? 부처님이 목격한 바, 인생이 고통인 것은 결국 생로병사 때문이었다. 그런데 생로병사가 무엇인가? 그것은 물질의 운행이 근원의 저항을 받아 점차 소진되는 과정이다. 그렇다면 우리의 인생이 고통이 되는 근본 원인은 결국 어디에 있는가?

그것은 '물질' 때문이다. 다시 말해 우리의 육체가 물질이기 때문에 생로병사가 발생하는 것이다. 만약 우리가 물질적 존재가 아니라면 저항도 충돌도 소멸도 없다. 그때는 생로병사도 없다. 즉 인생의 고苦란 '존재의 본질'이 아니라 '물질(육체)의 숙명'인 것이다.

인간은 육체를 떠나서 존재할 수 없다. 우리의 체體가 역행하는 기운이기에 그 물질적 요구에 비위를 맞추어 줄 수밖에 없는 인생의 행로 역시 역행이 되고 있다.

역행은 저항을 불러오고 그 저항감을 우리는 물질이라 부른다. 저항감으로 뭉친 물질은 서로 부딪히고 상호 배타적으로 작용한다. 마찰과 마모가 발생한다. 그것이 고苦의 본질이다.

ㅇ

하지만 역행의 의미가 단지 고통뿐인 것은 아니다. 모든 일에는 그 대가가 있다. 인생에서는 고통으로 인해서만 만들어지는 그 무엇이 있다.

해마다 꽃샘추위가 있다. 봄이 되어 따뜻해지다가도 갑자기 추위가 닥치고 얼음이 얼어버린다. 꽃피는 것을 시샘이라도 하는 듯 어린 나무에게는 야속하기 그지없는 고통스러운 시간이다. 그러나 꽃샘추위를 제대로 겪은 나무가 가을 태풍에도 잘 쓰러지지 않는다. 뿌리 사이의 수분이 얼었다 녹았다 하는 과정을 반복하면서 뿌리 주변에 틈이 만들어지고 그 틈으로 흙들이 메워져 뿌리가 단단하게 자리 잡게 된다. 당장은 야속한 추위지만 바로 그 추위 덕분에 가을에 태풍이 불어도 뿌리가 뽑히지 않게 되는 것이다. 그때 꽃샘추위는 오히려 환영받아 마땅하다.

나는 내 자식의 인생이 편안하기를 바란다. 모든 부모의 마음일 것이다. 하지만 그 편안함의 대가로 내 자식이 나약한 인간으로 축소되는 것은 바라지 않는다. 차라리 편안함을 포기하더라도 자생력을 갖추게 하는 것이 참된 부모의 도리일 것이다. 비 온 뒤의 땅이 굳어진다는 사실, 역행을 두려워하지 말아야 할 이유 중의 하나다.

역행을 피하고자 하는 것은 삶의 진정한 도리가 아니다. 역행의 발생은 필연이다. 음양(역행과 순행)의 짝은 근원의 필연적인 짜임새다. 이런 구도에서 역행을 피하고자만 한다면, 그것은 순행의 존재마저 부정하는 것이 된다.

중도는 각자의 가치를 인정하는 것이다. 역행이 고통을 안겨 주지만 그 고통이야말로 성장의 자양분이다. 또한 고통과 저항이 없다면 인내력의 기반이 확립되지 않아서, 인간의 일관된 의지와 정신력이 싹틀 자리가 없어진다.

인간의 가치: 의식의 매질

　이쯤에서 짚고 넘어가야 할 것이 있다. 육체는 물질이다. 물질은 역행의 저항감이다. 우리는 자신의 몸과 주변의 사물들에서 저항을 느끼고 그것을 단단한 물질로 인식한다. 그렇다면 주변과 육체를 딱딱하게 감지하는 의식의 정체는 무엇일까? 눈앞의 사물을 물질로 인식하는 의식의 매질은 어떤 것일까?

　곰곰이 생각해 보면 역행매질을 저항체로 받아들이는 것은 근원의 입장이다. 근원의 입장에서 자신과 반대로 도는 것이 역행이기 때문이다. 반면에 물질의 입장에서는 오히려 근원이 역행하는 것이 된다. 그때는 근원이 저항체로 인식될 것이다. 그런데 우리의 의식은 눈에 보이는 자신의 몸과 사물들을 저항체로 인식하고 있다. 육체와 사물들은 언젠가 소멸하는 것이기에 모두 역행매질들이었다. 이것은 무슨 뜻일까? 이는 우리의 의식이 결국 근원의 관점과 같다는 말이 아닐까?

　오감을 통해 뇌로 모아진 외부 정보는 최종적인 의식센터로 넘어간다. 과학은 아직 그 궁극의 의식센터가 어디에 있는지 발견하지 못하고 있지만 어쨌든 뇌로 모아진 전기신호를 최종적으로 해석하고 판단하는 (의식의) 주체는 자신의 몸과 주변 사물들은 저항체로 인식한다. 그렇다면 이는 의식의 정체를 밝혀주는 중요한 단서가 될 수 있다. 의식은 근원의 입장, 즉 순행매질에서 발생하고 있다는 것이다.

　육체는 필멸必滅이라서 역행매질임이 분명하다. 무수한 장례행렬이 그것을 증명하고 있다. 그런데 의식은 육체를 분명히 물질(저항감)로 감지하고 있다. 이처럼 자신의 육체를 저항체로 느끼고 있다는 것은 그 느낌의 주체가 물질(역행매질)의 반대편인 순행매질에 소속되어 있다는 말이지 않은가? 즉 죽음을 슬퍼하는 우리의 의식은 순행매질에서 발생하고 있기에 자신의 육체를 딱딱한 물질로 인식하고 그 소멸을 안타까워할 수 있는 것이다.

동양철학적 표현으로, 역행하는 기氣는 물질을 형성하는 '땅의 기운'이고 순행하는 기는 의식을 구성하는 '하늘의 기운'이라 하겠다. 그래서 인간은 그 두 기운이 잠시 짝을 이룬 천지간天地間의 인간人間이 된다. 그렇다면 인간의 진정한 가치는 어디에 있을까? 당연히 필멸의 육체가 아니라 '불멸의 의식'에 있을 것이다.

근원은 물질을 잉태할 수밖에 없다. 근원*의 매질은 음양으로 분화되는데 각자 회전하는 방향에 따라 '물질'이 되기도 하고 '비물질'이 되기도 하니 물질은 중도의 운행에서 발생하는 필연적 부산물이다. 중은 어떤 측면으로도 흠잡을 수 없는 지당한 존재의 원리이자 공평무사한 바탕이었고 그 공정한 중덕中德에 의해 필연적으로 의식(비물질)과 육체(물질)가 함께 출현하고 있다.

모든 육체는 예외 없이 소멸한다. 노력 여하에 따라 에너지 소모를 줄여서 수명을 조금 연장할 수는 있겠지만 결국에는 기어이 소멸하고야 만다. 만약 누군가가 육체를 지닌 채 영존할 수 있다고 하면 그것은 중도의 이치를 모르는 무지한 자의 착각이거나 기만이다.

그렇다고 육체의 소멸이 곧 역행매질의 소멸은 아니다. 육체의 소멸은

---

* 여기서 근원은 〈주역〉 계사전에서 "태극이 음양을 낳는다(太極是生兩儀)"고 할 때의 태극과도 같은 의미로 이해할 수 있다.

육체를 이루던 물질의 구조가 무너지는 것이다. 하지만 수명이 있다는 점에서는 육체나 역행매질이나 같다. 엄청난 시간의 차이는 있겠지만 역행매질도 결국엔 그 운행이 멈추는 때가 올 것이다. 예를 들면 원자의 수명이 10의 35제곱 년 정도라고 추정하기도 하는데 아무리 길어도 수명이 있다는 점에서는 육체의 운명과 마찬가지다. 역행하는 기氣의 수명은 아예 추정하기 불가능할 정도로 긴 겁의 시간이겠지만 영원히 근원을 이길 수는 없을 것이다. (그러나 소립자처럼 탄생과 소멸이 계속 이어진다는 점에서 역행 기氣가 존재하지 않는 순간은 없다고 하겠다.)

영생의 비법은 호흡의 기술이나 기氣를 모으는데 달려 있지 않다. 그래 보았자 오십보백보다. 영존은 순행매질만 가능하다.

부처님은 깨달음 후에 불사不死를 성취했다고 선언했다. 죽음의 대상이 무엇인지 생로병사의 고뇌를 느끼는 그 의식의 정체가 어디에 있는지를 말한 것으로 보인다.

의식은 물질의 반대편에 있기에 물질의 필멸을 감지할 수 있다. 그렇다면 의식(순행매질)은 불멸이며 불사의 주체다. 의식이 물질로부터 자신을 '탈동일시'하여 다시 순행의 기氣로 돌아가는 것이 영존의 길이다. 그것을 우리는 죽음이라 부르지만, 의식까지 사라지는 그런 죽음은 아니라고不死 부처님이 이미 가르쳐 주셨다.

(물론 무아설無我說을 어떻게 이해할 것인가에 대해서는 학자마다 설이 분분하다. 아집我執에 사로잡힌 '나我'가 아니라, 아집을 벗어난 참된 진아眞我는 있는 것인가 없는 것인가? 이러한 문제가 다양한 해석을 낳지만, 대승불교에서 말하는 '상락아정常樂我淨'의 입장에서는 불멸의 '아我'를 생각할 수 있다.)

물질은 왜 이동하는가?

물질의 발생과 더불어 한 가지 더 고찰해 봐야 할 것이 있다. 우리는 왜 '이동'해야 하는가 하는 문제다. 다시 말하면 물질이 '이동'이라는 과정을 겪어야만 하는 이유다. 사람이 움직인다는 사실은 너무 당연하여 그것에 의문을 품는 것이 도리어 이상할 수 있지만, 때론 그 당연함 때문에 중요한 진실을 간과하고 있을 때가 있다.

서울에서는 약속 장소로 가기 위해서 지하철을 몇 번이나 갈아타야 하고 또 지상으로 나와서도 한참을 걸어가야 한다. 만나기 전에 이미 시간과 체력이 많이 소모되어 버린다. 그리고 잠시의 만남 후에는 다시 역순으로 집으로 돌아와야 한다. 참 번거로운 일이지 않은가? 때로 한 시간 가량 만나기 위해서 오고 가는 시간이 그 이상인 경우가 허다하다. 하지만 이런 번거로운 과정에도 불구하고 우리는 움직이지 않을 수 없다.

그래서 이러한 이동의 수고를 줄이려는 것이 현대 과학 기술이 추구하는 것 중의 하나다. 대표적으로 Social Network Service가 그런 의도다. 감동은 덜하지만 힘들게 움직이지 않고도 한 자리에서 다양한 사람들과 실시간 교류가 가능해진 것은 사실이다. 또 굳이 은행에 가지 않아도 대부분의 은행 업무가 집에서 가능해지고 있다. 그뿐이랴. 사람들이 성능 좋은 자동차에 열광하고 자율주행 장치가 나날이 발전하는 것도 결국 수월한 이동을 위함이 아닌가? 결국, 이러한 기술의 발전은 달리 보면 힘들게 이동 해야만 대상을 만날 수 있다는 사실이 오히려 극복해야 할 장애임을 말하고 있다고 하겠다.

우리는 왜 '이동'해야 할까? 흔히 우리는 어딘가로 이동하면 새로운 공간으로 진입하는 것으로 생각한다. 하지만 이동의 의미에 공간의 변화는 없다. '이동'의 진정한 의미는 이동함으로 무엇이 바뀌었는지를 보면 알 수 있다. 그것을 위해 이동하는 것이니 바로 그것을 이동의 목적으로 보면 된다. 그렇다면 우리가 움직임으로 바뀌는 것은 무엇일까?

움직임으로 공간이 바뀌는 것일까? 아니다. 공간은 바뀌지 않는다. 공간에 절대 좌표는 없다는 것이 상대론적 물리학의 입장이다. 무경계의 비국소적 우주에서는 모든 곳이 우주의 중심이었다. 그러니 아무리 움직여도 공간의 가치는 바뀌지 않는다. 공간은 이동에 대해 정확히 '대칭'이다. 아무리 이동해도 공간 자체는 바뀌지 않는다.

대신 인간이 만든 인위적 좌표(특정한 물체에 의해 결정되는)는 바뀐다. 바로 그 점이다. 우리가 이동해도 절대적 공간의 변화는 없고 단지 물체만 바뀌게 된다. 즉 물질이 이동하는 근본적인 이유는 새로운 공간을 만나자는 것이 아니라 오직 '새로운 대상'을 만나기 위해서라는 말이다.

우리가 힘들게 이동하여 변화시킨 것은 공간이 아니라 상호작용해야 할 '대상'들이다. 이동해야 비로소 새로운 사람과 만날 수 있다. 그 새로운 대상이 바로 이동의 목적이자 대가다. 사람이든 사물이든 경치든 '무언가를 만나기 위해' 우리는 부지런히 움직이고 있다고 하겠다.

다시 말하지만 모든 곳이 중심인 무경계의 우주에서 이동 자체가 가지는 의미는 없다. 이동은 단지 새로운 대상과의 관계설정이 목적이다. 이동이라 표현하지만 실은 상호작용의 대상이 바뀌는 것이다. 한 걸음 한 걸음 내디딜 때마다 바뀌는 것은 나의 절대적 위치가 아니라 내가 상호작용하는 대상이다.

반면에 파동의 세계에서 이동한다는 것이 상당히 의아한 과정이다. 그곳에서는 움직이지 않고도 대상을 만날 수 있기 때문이다. 물질이 아닌 파동의 세계에서는 아예 이동의 개념이 없다. 예를 들면 SNS 같은 사이버 세계에서는 대상을 만나기 위해 '이동'할 필요가 없다. 실시간 접속이 있을 뿐이다. 서로의 주파수만 맞추면 된다. 그런 상태에서는 오히려 '왜 대상을 만나려면 굳이 이동해야 하는가?'라며 의아해할 것이다. '이동'은 물질계에서만 유효한 개념이라는 말이다.

 물질들은 역행 저항체로서 각자 공간적 배타성을 가지고 자기만의 영역을 고집하고 있다. 그러한 배타적 역장力場에서는 원하는 대상과 만나서 교류하려면 다른 물질들의 영역 사이를 비집고 들어가 직접 접촉하는 수밖에 없다. 그것이 '이동'이라는 과정이다. 그 과정에 힘이 들고 에너지가 소모된다. 하지만 아무리 힘이 들어도 가만히 있을 수는 없다. 가만히 있다면 고착된 대상과의 상호작용만 있을 뿐이며, 그것은 새로운 정보의 유입이 없는 고립된 상태를 말한다. 그런 상태는 존재의 의미가 없다. 새로운 대상과의 다양한 상호작용이야말로 존재의 의미이자 목적이니까.
 그렇기에 아무리 힘이 들어도 물질은 이동하면서 다양한 상호작용을 추구해야 한다. 우리가 매일 출근 전쟁을 치루는 이유도 그런 것이다. 다양한 상호작용을 통해 내 존재의 안정(생계)과 의미를 찾고자 하는 것이다.
 '이동'이라는 수고로운 과정이 개입되어야 하는 근본적인 이유는 물질의 속성 때문이다. 움직이면 살고 멈추면 죽는다. 움직여야만 새로운 경험과 정보를 얻을 수 있다. 그것이 삶의 목적이다. 호의호식은 동물 수준의 목표다. 인간 삶의 의미는 다른 데 있다.

 마무리하자면, 물질의 시작은 역행 기氣의 저항감이며 그 배타적 기운들의 촘촘한 연결망이 물리적 공간을 형성하는 것으로 보인다. 그리고 물질이 그 공간을 이동하는 데 많은 힘이 들어도 상호작용을 포기하지

7. 역행매질 : 물질의 탄생과 죽음　　　　　　　　　　　　　　　　149

않은 결과, 이 우주에는 엄청나게 다양한 물질들이 나타날 수 있었다. 지구가 지금의 모습이 되기까지 그 시간이 대략 46억 년이다.

　이런 사실을 보면 세상에 공짜가 없다는 말은 진실인 것 같다. 지금 우리가 만지고 있는 물질들은 최소 46억 년 동안의 상호작용이 만들어낸 결과물이다. 어떤 원소들은 지구가 있기 훨씬 전부터 우주 공간을 떠돌고 있었다. 우주에는 실로 공짜도 없고 비약도 없다. 역행의 저항이 물질의 씨앗이 되어 장구한 시간을 보낸 결과 지금의 삼라만상이 펼쳐져 있다. 7일 만에(성서에서 7일의 상징적 숫자를 감안하더라도) 천지를 뚝딱 창조했다는 말보다 더욱 저력이 돋보인다.

○

　역행매질이 만든 이런 특성을 생각한다면 반대로 순행매질의 세계는 어떤 곳인지 조금은 추측이 된다. 순행매질의 세계는 역행의 저항이 없는 곳이다. 그래서 공간의 배타성도 없고 이동이라는 번거로운 과정도 필요 없다. 원하는 대상과의 접속을 가로막을 공간적 장애가 없는 것이다. 이러한 경우에는 사실상 '공간'이라는 개념 자체가 무의미하다. 앞서 말한 파동의 세계가 그렇다. 굳이 표현하자면 모든 존재가 모든 공간에 편재되어 각자 파동치고 있는 상태라고나 할까? 뒤에 언급될 영혼의 세계가 그런 상태가 아닐까 생각된다.

8. 화해와 수용
   형상形象의 탄생

아침에 일어날 때, 육체가 아주 무겁다는 사실을 절실하게 느낀다. 가위눌렸을 때도 그렇다. 손가락 하나 움직이려고 해도 그렇게 힘들 수가 없다. 이런 것이 질량의 위력이며 역행의 저항감이다. 어떻게 보면 우리가 이처럼 무거운 신체를 가지고 존재한다는 것이 엄청 부자연스럽기까지 하다. 질량 0의 마음이 질량 60kg의 몸을 뒤집어쓰고 있는 자체가 아주 비효율적이다. 그래서 마음이 원하는 바를 몸이 따라가지 못한다. 우리는 어떤 행위를 할 때마다 이런 육체의 무거움과 더불어 주변 사물의 저항을 물리쳐야 한다. 우리는 왜 이렇게 무거운 신체를 가져야 할까?

어린애 같은 투정을 좀 더 해 보겠다. 근원은 만물을 공평하게 대하는 자애로움을 지녔다고 했는데, 우리는 왜 이런 형틀 같은 육체를 짊어지고 매일 남들과 투쟁하며 살아가야 할까? 게다가 다가오는 죽음을 두려워해야 할까? 기억에도 없는 원죄 때문일까?

앞장에서 그 이유를 살펴보았지만 모든 사건이나 현상엔 그 나름의 합당한 이유가 있다. 우리가 겪는 갈등과 생로병사는 외부에서 주어진 형벌이 아니라 필연적으로 발생하는 물질의 숙명이었다. 그 본질이 저항감인 물질은 각자 공간을 독점하기에 서로 움직이기가 힘들 수(질량)밖에 없고, 또 상호작용을 하면서 부딪치고 마모되어 점차 쇠약해질 수밖에 없다. 그 과정이 고난이고 생로병사다. 죄의 유무를 떠나 물질을 신체로 삼은 존재는 누구라도 그러한 운명을 감수해야 한다.

이러한 생로병사의 고뇌는 부처님이 출가한 이유이기도 하다. 다행히 오랜 수행 끝에 부처님은 생로병사의 해결책을 찾았고 마침내 불사不死를 성취했다고 선언했다. 하지만 그렇게 선언하신 부처님도 결국엔 돌아가셨다. 죽음을 이기지 못한 것이다. 제자들은 부처님 다비식의 황망한 연기 속에서 그가 말씀하신 불사의 진정한 뜻을 황급히 찾아야 했을 것이다.

무엇이 불사일까? 부처님의 죽음에 대해서는 많은 해석이 있겠지만 우리 같은 중생은 좀 더 직설적인 답을 원한다. 해결하지 못한 죽음은 임박한 위험이다. 어쨌거나 우리는 죽음의 문제를 해결해야만 한다.

죽음은 어둠이다. 거기에 무엇이 있는지 알 수 없기 때문이다. 하지만 누군가의 말처럼 어둠은 빛의 부재不在일 뿐이다. 어둠의 실체가 따로 있지 않다. 어둠을 해결하는 위해서는 그 어둠에 지혜의 빛을 조명하면 된다. 죽음의 문제를 풀기 위한 해법은 죽음을 연구하는 것이 아니라 반대로 삶의 정체를 깨닫는 지혜에 있는 것이다. 즉 역행(삶)의 의미를 깊이 살펴보는 것이 바로 죽음을 밝히는 일이 된다.

앞서 역행이 인격의 성숙에 기여하는 바를 잠시 언급했지만, 여기서는 역행 물질 간의 상호작용을 보다 물리적으로 탐구함으로써 역행의 또 다른 가치를 알아보고자 한다. 삶의 의미에 관한 이성적 탐구의 결론은 임종에서 그 사람의 인격이나 감정 상태와 관계없이 평화로운 죽음을 안겨다 줄 것이다.

대립과 갈등의 가치
: 형상화

물질은 질량을 가지고 자기만의 영역을 독점하기에 하나의 공간을 두고 서로 부딪히게 된다. 이때 물질들이 세게 부딪히면 파괴된다. 하지만 물질들의 만남이 항상 파괴로 끝나는 것은 아니다. 세상만사가 그렇듯이 적당한 부딪힘은 오히려 건설적 합의를 도모하는 계기가 된다.

속담에 모난 돌이 정을 맞는다고 하지 않던가? 그렇게 정 맞은 돌은 그전보다 형태가 원만해지면서 오히려 적절한 쓰임새를 얻게 된다. 그때 석공의 망치질은 적당한 형상을 만들어주는 고마운 충격이다. 대장간의 담금질도 마찬가지다. 물질들은 서로 부딪히면서 다듬어지거나 더욱 견고하게 만들어지기도 한다. 자연이 만든 천하절경도 사실은 대립과 충돌의 결과물이다. 거대한 땅덩어리들이 서로 부딪히면서 웅장한 산맥이 만들어지고 명산이 탄생한다.

세포의 구성성분 중에는 한때 외부에 존재하던 박테리아로 추정되는 것도 있다. 충돌과 대립을 겪은 후, 그들은 마침내 합병해서, 좀 더 진화된 생물체의 세포로 구성될 수 있었다. 인간이 현재 누리고 있는 기계 문명들은 사실상 자연과의 투쟁에서 시작하였으며 우리가 지켜야 하는 법과 윤리는 무수한 갈등과 전쟁을 거치면서 하나씩 확립될 수 있었다.

즉 충돌과 대립이 항상 불행한 사태만은 아니라는 말이다. 동성同性 간의 알력이 서열로 해결되듯이 충돌하는 물질들은 어쩔 수 없이 자기 영역을 조금씩 양보하면서 서로가 공존할 수 있는 '자리 배치'를 하게 된다.

이러한 과정을 물질의 '조직화' 내지 '구조화'라고 한다. 물질들은 충돌하면서 오히려 상호 공존을 향한 합목적적 재배치를 하게 되는 것이다. 이것은 다른 말로 '형상화'라고도 할 수 있다. 물질들의 알력이 공존의

'형상(조직화)'으로 해소되는 것이다. 이런 의미에서 물질들이 조직한 '형상'이란 공존의 지혜가 함축된 일종의 '정보'다.

그렇다면 충돌과 갈등을 무조건 피하거나 두려워할 필요는 없다. 오히려 발전의 전기轉機가 된다. 싸우지 않는다면 평화를 향한 지혜도 생기지 않는다. 갈등과 충돌의 와중에서 카오스는 새로운 코스모스를 창출해 낸다.

이처럼 역행매질들은 충돌과 통합의 상호작용을 반복하면서 어쩔 수 없이 특정한 형상으로 점차 구조화되어 갈 수밖에 없다. 그 결과, 어느 시점에서 소립자가 만들어진다. 그리고 그 소립자들은 또다시 충돌하여 핵으로 뭉쳐진다. 핵은 다시 전자와 연합하여 원자가 되고, 원자는 다른 원자와 결합하여 분자가 된다. 그 분자들도 자기들끼리 대립과 화해의 상호작용을 통해 다양한 물질로 재조직되고, 그 물질들은 더욱 유기적으로 구조화되어 자율적 의지와 자기 보존성을 갖춘 생명체로까지 진화하게 된다.

이처럼 역행의 세계가 발전하는 과정은 한마디로 '구조화'다. 만약 역행매질들이 각자의 영역을 온전히 보장받아 서로 충돌하지 않는다면 구조화는 발생하지 않았을 것이다. 땅이 충분하다면 아파트 같은 공동 주거 구조가 나타날 필요가 없지 않겠는가? 우리가 쳐다보는 복잡한 구조의 고층 빌딩들은 좁은 땅에서라도 자기의 영역을 차지하기 위한 대립의 결과물들이다. 바로 이 점이 중요하다. '구조화' 내지 '조직화'란 서로 저항하고 충돌하는 역행의 물질계에서만 나타나는 현상인 것이다.

어떤 철학자들은 역사가 발전하는 과정을 정반합正反合으로 파악한다. 물질도 마찬가지다. 물질 상호 간의 반反이 없다면, 상호 공존의 합合인

조직화도 없다. 물질의 진화는 끊임없는 정반합의 과정으로 볼 수 있다. 그 과정에서 반목의 갈등이 있었지만 그것을 수용하고 화해한 대가는 공존의 지혜를 간직한 '형상(조직)'의 탄생이었다.

그렇다면 충돌과 갈등의 가치는 분명하다. 오늘날, 지구상의 생명체가 고도로 조직화된 물질 구조체를 자신의 신체로 삼고 있는 것을 보면 역행매질의 충돌과 갈등이 얼마나 고마운 조건이었는지 모르겠다. 수십 조 개의 세포가 협업하고 있는 공존의 형상체, 그것이 바로 인간의 존재 근거이니 그것만으로도 충분한 보상이 아닐까?

우리는 매일 타인과 부딪히며 살아간다. 충돌과 대립이 없는 날이 하루도 없다. 하지만 그렇게 치열하게 다투면서도, 결국은 파국을 막고 새로운 질서를 만들어가는 것이 인류의 역사였다. 반목을 통해 새로운 상위의 질서를 찾아가는 변증법적 발전이라고 하겠다.

특히 동양 철학에서는 이처럼 역행하는 기운들이 서로 충돌하고 대립하는 곳을 상극의 세계라고 하는데 서로를 극剋하면서 살아가는 곳이라는 뜻이다. 물질적 존재로 살아가야 하는 우리의 삶이 그렇다. 항상 남과 충돌하면서 살아가고 있다.

하지만 비 온 뒤에 땅이 견고해지듯이 고난 뒤에 우리는 더욱 강해진다. 상극은 일어나지 말았어야 할 비극이 아니라 우리를 더욱 견고한 존재로 성장하게 해 주는 필요악인 것이다. 그러니 아무리 힘들어도 상극의 작용을 피하면서 살아갈 수는 없다.

상극의 아픔이야말로, 나의 형상을 탄생시키고 다듬어주는 일등 공신이다. 젊어서 고생은 사서도 해야 한다는 말이 괜히 나온 것이 아니다. 고난과 저항으로 인해 우리는 더욱 밀도 있는 존재가 되어 간다.

수도修道에 있어서도 충돌과 갈등은 중요하다. 진정한 깨달음은 아집我執과 집착이 깨어져야 도달하는 지혜의 확장이다. 나를 둘러싼 에고Ego의 알이 깨어져야 비로소 나비가 되어 훨훨 날아갈 수 있다. 그 알을 외부에서 쪼아주는 것이 바로 충돌과 갈등이다. 그런 과정이 없다면 깨달음도 없다고 하겠다. 참 고마운 갈등이며 원수는 나의 진실한 스승이 된다. 조용한 산사山寺보다 치열한 시장바닥에서 더 훌륭한 인격이 나올 수 있다.

인간의 품격: 삶은 성공의 서사가 아니라 성장의 서사다.
_데이비드 브룩스

형상은 공존의 정보를 간직하고 있다

근원의 운동 방향에 역행하는 물질은 수명이 있고, 언젠가는 그 운행을 멈춘다. 하지만 그들은 대립만 하다 무의미하게 사라지는 것이 아니다. 물질은 '형상'을 조직한다. 그 형상은 충돌과 갈등을 해결하는 지혜의 '정보'다. 바코드나 QR코드에 많은 정보가 담겨있듯이 형상은 그대로 정보로서 기능한다. 호랑이가 가죽을 남기듯이 역행 물질은 공존의 정보를 남기는 것이다.

더욱 다행스러운 것은 한번 만들어진 이러한 형상정보는 그 구성물질의 수명을 초월해서 존속할 수 있다는 점이다. 인체를 예로 들어보자. 인체의 세포들은 수명이 다하면 분해되어 몸 밖으로 배설된다. 피부세포의 수명은 한 달 정도이며 위장 내벽 세포는 수 시간에서 수일밖에 안 된다. 간장 세포의 수명도 2-3주 정도다. 그럼에도 불구하고 피부와 위장과 간은 계속 같은 형상으로 남아 있다. 관리가 사라져도 관료체계는 계속 이어지듯이 조직의 구성 세포는 바뀌어도 한번 만들어진 조직의 형상은 허물어지지 않는 것이다.

이처럼 조직은 구성물질의 수명을 넘어선다. 왜 그럴까? '조직화'는 물질의 개념이 아니라, '정보'이기 때문이다. 정보는 물질의 속성에 구애되지 않는다. 물질은 사라져도 정보는 얼마든지 계승될 수 있다. 바흐의 음악이 오늘날까지 연주될 수 있는 이유는 오선지의 형상정보 때문이며 인류가 지금처럼 발전할 수 있었던 이유 중의 하나는 문자를 통한 정보의 계승 때문이다.

그런 것이 정보의 능력이다. 형상은 정보로서, 그 구성 매질에 상관없이 얼마든지 이어질 수 있는 것이다. 물질의 소멸이 곧 정보의 소실은 아니라는 말이다. 물질은 영원하지 않지만 물질이 만든 형상정보는 적절한 매체만 제공된다면 영원히 전승될 수 있다.

정보만 살아있다면 물질은 그 정보를 따라 기존의 기능을 신속하게 재구축할 수 있다. 인체가 열 달 만에 태중에서 정교하게 발생하는 것도 그런 이유다. 인체가 수명을 다해서 그 시스템이 와해瓦解되어도 그것을 조직했던 정보는 어딘가에 저장되었다가 다시 태아에게 제공되는 것으로 보인다. (인체의 정보를 간직하는 저장매체에 대해서는 뒤에 고찰할 것이다.)

물질의 상호작용(충돌과 대립)이 조직한 '형상'은 이질적인 요소들이 함께 공존할 수 있는 고귀한 '정보'다. 상극의 투쟁은 그 공존의 정보를 성취함으로써 의미 있게 마무리된다. 그래서 삶은 성공이 아니라 성장의 이야기가 되겠다.

형태에서 기능이 나온다

　정보로서 형상의 가치는 너무나 중요하기에 좀 더 부언하겠다. 이 세상의 물질들은 제각기 다양한 특성과 기능을 가진다. 그런데 물질들의 특성과 기능은 결국 어디에서 비롯되는 것일까? 만물의 질적 차이는 어디에서 발생하는가 하는 문제다.

　결론적으로 말하면 '기능'은 결국 '형태'에서 나온다. 흙이 도공陶工의 손을 거쳐 오목한 형상을 부여받으면 거기에 무엇을 담을 수 있는 기능이 생긴다. 이것이 그릇의 탄생이다. 또 목수가 나무를 뾰족하게 깎으면 창檜이 되고 둥근 판자처럼 깎으면 방패가 된다. 이때 창과 방패의 특성은 오직 형태의 차이에 의해서 결정된다.

　화학적 성질이라는 것도 마찬가지다. 물질들은 제각기 다른 화학적 특성을 가진다. 마치 물질에 근본적인 질적 차이가 있는 듯이 보이지만 이러한 질적 차이는 따지고 보면 그 물질을 구성하는 분자들의 특성에서 결정된다. 그러면 분자들의 특성은 어디서 비롯되는가? 그것은 그 분자를 구성하는 원자들의 특성에서 나타난다. 계속 따져보겠다. 원자들의 특성이나 구분은 또 어디에서 기인하는가? 그것은 핵과 전자가 결합한 '형태'의 차이에서 나온다. 핵과 전자가 조직화되는 '형태'의 차이에 의해서 이 세상을 구성하는 100여 가지 원자가 나타나는 것이다. 결국 '형태'가 '기능'을 결정한다. 심지어 같은 원자들이라도 산소와 오존처럼 그들이 결합한 형태의 차이에 의해서 완전히 다른 분자가 되기도 한다.

　모든 물리 화학적 반응은 궁극적으로는 형태의 변화다. 물질이 불타든지 용해되든지 간에 바뀌는 것은 형태다. 소립자의 세계로 들어가면 더욱 극명해진다. 통일장 이론의 후보로 거론되는 끈 이론에서는 끈의 진동 '형태'에 따라 근원적인 소립자들이 나타난다고 한다.

즉 모든 기능은 형태에서 비롯되며, 특정한 형태는 특정한 기능을 발휘하게 한다. 특정한 '형상'은 특정한 '기능'이 담긴 '정보'인 것이다.

효과적인 진법陣法으로 수백 척이나 되는 왜군을 격파한 이순신 장군께서도 형상이 가진 정보를 잘 활용하신 것이리라. 특정한 형상의 위력은 왜군의 어떤 무기보다 강력했다.

형상은 존재의 시작이다

'존재'의 물리적 근거는 '상호작용의 유무'다. 주변과 아무런 상호작용이 없다면 '존재'한다고 할 수 없다. 특정한 상호작용이 있어야 특정한 존재로서 기능과 의미가 발생한다. 이때 상호작용은 말 그대로 서로의 작용을 주고받는 것을 말한다. 그래서 어떤 존재는 항상 어떤 작용(기능)에 대한 언급이 된다. 즉 존재의 탄생은 특정한 작용의 탄생이며, 모든 존재는 특정한 기능으로서의 존재인 것이다.

실로 자연에서 아무런 용도 없이 존재하는 것은 하나도 없다. 아무리 사소한 존재도 그 쓰임새가 있다. 존재의 완성은 그러한 용도의 완전한 실현에 달려 있다.

동양 철학의 체體와 용用의 개념도 마찬가지다.* 모든 체는 용을 가지며 모든 용은 체에서 비롯된다. 그렇게 둘은 떨어지지 않는다. 체가 곧 용이고 용이 곧 체다. 용이 없으면 체도 없다. 상호작용(用)이 없다면 존재(體)도 없다.

---

* "체"와 "용"은 중국 고대사상의 중요한 범주다. 체와 용은 본체와 작용을 가리키는데, "체"는 토대적이고 내재적이며 본질적인 것을 말하며 "용"은 "체"의 외재적 표현이자 표상이 된다. 일반적으로 "체"는 근본적인 제일성질이고 "용"은 체에서 생겨나는 제이성질이다. '본과 '용에 대해서는 〈논어〉에서 "예의 근본"과 "예의 용"이라는 논의에서 나오고, 〈주역〉 계사하전에서는 "음양합덕은 강과 유를 체로 한다(阴阳合德. 而剛柔有体)"고 했다. 여기서 '체'는 실제적 존재를 지시한다. 이것은 중국 사상사에서 체용관계의 초기 표현이다.

'형상'은 이러한 상호작용, 다시 말해 특정한 기능의 존재를 발생시키는 최초의 결정인자다. 그래서 형상은 곧 '존재'의 탄생이라 할 수 있는 것이다.

따지고 보면 만물은 형상의 차이 말고는 다른 차이가 있을 수 없다. 기氣라는 단일한 질료에 의해서 이런 천차만별의 세상이 꾸려질 수 있는 것은 기들이 응집하는 형상 차이 외에 무엇이 있겠는가?

근원은 무엇으로도 응집될 수 있는 '가능성'으로 가득 차 있다. 그러한 근원이 가능성만으로 끝나지 않고 만물로 실체화되기 위해 필요한 것이 바로 '형상'이다. 형상이 창출되어야 '기능'이 나타나고 그 기능으로 상호작용을 하는 존재로서의 실체적 의미가 완성되는 것이다. 만약 형상이 나타나지 않았다면, 근원은 그저 적막무짐한 비존재의 바다로 끝나고 말았을 것이다.

그래서 아리스토텔레스는 '가능태'는 형상을 얻어야 '현실태'가 된다고 했다. 형상이 없으면 그저 가능성만 있을 뿐 어떤 존재로서의 기능이 없는 상태다. 근원은 기氣라는 단일한 질료로 이루어져 있지만, 형상이 나타남으로써 비로소 만상萬象으로 분화될 수 있었다.

> 그는 그들에게 소의 형상을 줬다. 그러자 그들은 말했다.
> "이것으로 부족합니다."
> 그는 그들에게 말의 형상을 줬다. 그러자 그들은 말했다.
> "이것만으론 부족합니다."
> 그는 그들에게 사람의 형상을 줬다. 그러자 그들은 말했다.
> "우리가 원하던 것은 바로 이것입니다. 인간의 모습이 우리에게 적합합니다."

그는 그들에게 말했다.

"자, 인간의 형상 속으로 들어가 그대들의 살 곳을 마련하라."

_석지현 역주, 〈아이따레야 우파니샤드〉

당나라 때 관리 선발의 기준이었다던 신언서판의 첫 번째 신身의 의미는 몸의 형태다. 형태가 그만큼 중요하다는 말이다. 관상학도 결국 형태에서 기능이 나온다는 진실에서 출발한다. 건강한 신체에 건강한 정신이 깃든다는 말도 형태의 중요성을 말해준다.

형상은 충돌과 마찰을 극복하려는 물질들의 합목적적 재배열이다

이렇듯 현실계의 창조에 결정적인 역할을 하는 것이 '형상'이다. 그런데 형상의 중요성과 더불어 간과해서는 안 되는 사실이 있다. 그것은 오로지 역행의 물질계에서만 이런 소중한 형상이 만들어진다는 점이다.

'조직화(구조화)'는 충돌과 마찰을 극복하려는 물질들의 합목적적 재배열이었다. 그것은 먼저 충돌이 있어야 가능해진다. 문제가 없는데 어떻게 답이 나오겠는가?

형상은 물질 간의 상극이 없다면, 도출되지 못하는 공존의 지혜다. 그런데 물질계에서만 서로 충돌하는 상극의 아픔이 있었고, 그 고통의 해결책으로서 조직적 형상이 만들어졌다. 그리고 그 형상에서 기능이 발생하면서 특정한 존재의 탄생으로 이어질 수 있었다. 그러므로 창조는 오로지 물질계에서만 맺어지는 인고의 결실이라 하겠다.

비록 언젠가는 소멸하고야 마는 역행의 기운이었지만, 그 역행의 대가로 천금 같은 형상을 창출할 수 있었고, 그로 인해 만물이 탄생하게 되었으니 이 얼마나 고마운 존재의 무거움인가!

인간의 신체는 수십억 년의 중력으로 다져진 행성의 파편들이 수십억 년 동안의 지혜로 조직화 되어 나타난 정보의 결정체인 것이다.

'음양오행론'은 상생相生의 도와 상극相剋의 도道를 말하고 있다. 하늘은 상생의 도로 돌아가고 땅은 상극의 도에 의해 돌아간다. 이때 하늘은 근원과 함께하는 순행의 기운을 말하며, 땅은 물질을 이루는 역행의 기운을 말한다. 순행의 매질은 상생의 도에 의해 저항 없이 편안하게 흐르고 있지만, 땅(물질)에서의 삶은 상극의 도에 의해 경쟁과 좌절, 그리고 고통과 인내의 연속이 되고 있다.

그러나 그러한 '극함'으로 인해 소중한 형상이 만들어진다. 금金이 목木을 쳐주지 않으면 목의 형形이 이루어지지 않으며 수水가 화火를 억제해 주지 않는다면 화는 그 형을 갖추기도 전에 산화散華해 버릴 것이다. 즉 견제와 대립의 기운이 그 존재의 체(형상)가 형성되는 기반이 된다.

그런즉 상극의 도道가 지닌 진정한 가치는 '형상'의 창조에 있다. 그래서 상극은 상대를 파괴하는 것이 아니라, 오히려 상대의 형形을 온전하게 만들어주는 고마운 '가지치기'인 것이다. 그런 것이 원수가 나의 은인이 되는 상극의 가치다.

정리하면, 형상(조직)은 역행하는 근원의 매질이 특정한 쓰임새로 구조화된 것이다. 그러한 형상이 만들어지기 위해 물질 간의 저항과 충돌은 필수적인 조건이었다.

대장장이의 망치질이 없다면 멋진 도구가 탄생할 수 없다. 마찬가지로 끊임없이 경쟁하고 부딪히는 이런 상극의 세계에서만이 양보와 타협의

예禮를 배워서 서로가 공존하는 길을 찾게 된다. 그 화합의 정보가 바로 물질계에서만 나타나는 조직화, 즉 형상의 창출이 되겠다.

그렇다면 그 형상의 정보는 어떻게 될까? 형상의 소멸과 함께 사라지는 것일까?

진정한 창조(형상)는 역행의 저항에서 시작된다고 본다. 하지만 역행하는 물질은 수명이 있어서 언젠가는 소멸한다. 그렇다면 물질계의 역작이라 할 수 있는 이 소중한 형상도 그 순간에 함께 해체되고 말 것이다. 즉 죽음으로 그 구성물질들이 분해되면 애써 만들어진 형상도 함께 무너져 버릴 것이다. 우주는 과연 이를 방조만 하고 있을까?

단언컨대 그렇지 않다. 근원은 결코 만물을 일회용으로 만들지 않는다. 근원은 그렇게 충동적이지 않다. 만든 시간만 수십억 년인데 어찌 한 번 쓰고 버리겠는가?

물질은 역행의 저항으로 인해 에너지가 소실되어 결국 그 운행이 중지되지만, 그들이 이루었던 화합의 지혜(형상 정보)는 어딘가에 이월되어 저장되는 것 같다. 정보의 속성이 그렇다. 저장매체가 손상되더라도 그 전에 어딘가에 백업해 놓으면 정보는 얼마든지 계승된다. 저장매체는 바뀌어도 그 정보의 가치는 여전하다. 종이책을 전자책으로 옮긴다고 내용이 바뀌는 것은 아닌 것처럼.

역행이 만든 형상도 저장매체만 적절하다면 사라지지 않는다. 다만 수십억 년 동안 만들어진 형상정보들이 일회성으로 소멸하지 않기 위해서는 그 정보를 저장하는 매체도 물질 같은 한시적인 것이 아니어야 할 것이다.

진화의 과정을 곰곰이 살펴보면 물질(육체)의 수명을 초월하여 그 형상

정보를 전승시키는 무엇인가(저장매체)가 있어야 한다. 아무리 척박한 환경일지라도 거기에 점차 적응해나가는 생명체들의 생존 전략을 보면 멘델의 유전법칙만으로는 도저히 설명할 수 없는 진화의 비결이 있어야 한다. 그 숨어 있는 진화의 기전은 무엇일까?

하지만 지금까지 과학이 밝힌 결론은 '후천형질'은 유전되지 않는다는 사실이다. 태어난 이후 겪는 인생의 다양한 경험과 지혜는 자신이 타고난 유전자를 바꾸지 못한다.

그렇다면 상극의 세상을 살면서 인고의 대가로 성취한 삶의 지혜(공존의 정보)는 아무런 의미 없는 일회성 해프닝일 뿐일까? 오랜 방황 끝에 고향에 돌아와 깨닫는 인생의 진실한 의미와 석양으로 물든 저녁 길을 함께 거니는 노부부의 사랑은 곧 사라지는 잔인한 평화였을 뿐일까?

근원은 그렇게 비효율적이지 않다. 동사무소에 불이 나도 호적은 사라지지 않는다. 물질계도 그렇게 발달하는데 근원의 섭리는 오죽할까? 보이지 않는다고 없는 것이 아니다.* 알지 못한다고 해서 없다고 할 수도 없다. 보이는 것만으로 설명이 되지 않을 때는 보이지 않는 그 무엇이 있다고 생각하는 것이 바람직한 학생의 자세일 것이다. 그것을 찾아내는 것은 만물의 영장이라 자처하는 인간이 마땅히 추구해야 할 책무다.

---

* 노자도 〈도덕경〉 14장에서 보이지 않는 도의 세계를 말하고 있다. "보아도 볼 수 없으니 '이'라 하고, 들으려고 해도 들을 수 없으니 '희'라 하고, 잡으려 해도 잡지 못하니 '미'라고 한다(視之不見名曰夷, 聽之不聞名曰希, 搏之不得名曰微)."

9. 순행매질
   불멸의 질료

앞장에서는 역행매질의 의미와 가치를 살펴보았다. 역행매질은 소중한 형상을 이루어 존재의 형체를 마련해 주었다. 대단한 작업이자 놀라운 결실이었다. 온갖 저항과 갈등을 이겨내고 당당히 존재의 틀을 구축하였다. 부모에 반항만 하던 자식이 도리어 가계를 이어갈 후손을 낳은 것이다.

순행매질은 무엇일까?

이번에는 순행매질에 대해 알아보자. 언제나 근원에 순종하는 순행매질은 '정반합正反合'의 천도天道 여정에서 어떤 역할을 맡고 있을까? 설마 무위도식은 아닐 것이다.

'순행매질'은 말 그대로 근원과 같은 방향으로 회전하는 기로서, 이는 매질의 입장에서 근원과 순행하는 것이고 근원의 입장에서는 자신의 움직임을 실체적으로 구현하는 근원 자체의 매질이라고 하겠다. 강물과 함께 흘러가는 물방울이 곧 강물 자체가 아니겠는가.

순행이란 그 바탕과 함께 흐르는 것이다. 그런 흐름을 타면 아무런 힘을 들이지 않고도 존재할 수 있다. 뗏목을 타고 강물을 유유자적하게 흘러가는 것이며 자전거를 타고 내리막길을 편안히 달리는 것이다. 가만히 있어도 저절로 간다.

이처럼 그 움직임에 아무런 힘이 들지 않는다는 것은 결국 순행매질은 공간을 점유하지 않는다는 말이다. 공간을 배타적으로 점유하지 않으니 이동하는데 일체 장애가 없고(사실상 순행매질의 장에서는 공간이나 이동이라는 개념이 성립하지도 않는다) 당연히 질량도 발생하지 않는다.

그런데 이처럼 공간을 차지하지 않는 상태는 쉽게 말해 물질이 아닌 상태, 즉 '비물질적 상태'라고 할 수 있다. 물질은 공간을 점유하는 것으로 정의된다. 그러니까 공간을 점유하지 않는다면, 그것은 '비물질'인 것이다. 하지만 '비물질'이라 해서 존재하지 않는 것이 아니다. 그것은 물질이 아닌 상태(공간을 차지하지 않는 상태)로 존재하는 것이다. 순행매질은 분명히 존재하는데 다만 공간을 차지하지 않고 물질처럼 딱딱하게 감지되지 않을 뿐이다. 즉 물질의 속성에 구애되지 않고 근원과 운명을 함께 하며 그 운행이 영구적이라는 것이 순행의 혜택이다.

순행매질은 파동이다

비물질적 존재 양상, 즉 공간에 한정되지 않고 존재한다는 것을 우리는 어떻게 이해해야 할까? 물질 공간에 적응한 우리들의 인식체계는 이런 존재 상태를 상상하기 힘들다. 그나마 이런 상태에 근접한 예는 '파동의 세계'다. 딱딱한 알갱이처럼 행동하는 물질의 특성을 '입자적'이라고 한다면 공간에 한정되지 않는 순행매질의 비국소적 존재 양상은 '파동적'이라 할 수 있다.

앞서 말했듯이 파동과 입자는 전혀 다른 존재 양상이다. 입자는 자신만의 공간을 독점하지만 파동은 자신의 고유한 파동(정보)을 상실하지 않으면서도 한 공간에서 다른 파동들과 혼재할 수 있다. 파동은 공간의 이동이 아니라 정보의 이동이기 때문이다. 정보가 이동하는데 무슨 공간이 필요하겠는가?

물론 파동도 서로 만나면 보강과 상쇄 같은 간섭작용을 한다. 그러나 그것이 파동의 훼손을 말하는 것은 아니다. 간섭은 일어나도 각자의 파동은 유지되고 고유한 정보는 살아 있다. 그 일례가 방송파다. 수많은 방송파가 특정한 공간에 혼재해 있더라도 주파수만 맞추면 듣고 싶은 음악이나 정보가 재생된다. 즉 파동들은 공간에 대해 배타성이 없다. 부딪혀도 각자의 고유한 특성들이 소멸하지 않고 유지된다. 이런 현상은 입자의 세계에서는 불가능한 일이다.

물질은 입자처럼 행동하고 비물질은 파동처럼 작용한다. 물질이 아닌 순행 기는 파동처럼, 한 곳에서 만나도 충돌하지 않고 얼마든지 공존할 수 있다. 이런 것이 순행매질의 세계다.

순행매질은 공유의 세계다

공간을 점유하지 않는 순행매질은 공유共有의 세계를 형성하고 공간을 점유하는 역행매질은 소유所有의 세계를 형성한다고 할 수 있다. 파동(순행매질의 특징)은 소유되는 것이 아니라 공유된다. 내가 특정 방송을 듣는다고 해서 다른 사람이 그 방송을 못 듣는 것이 아니다. 물론 파동의 매질이 무엇인지에 따라 전파의 범위나 수신 감도가 영향을 받겠지만, 그 매질이 비물질 특히 근원적인 기氣라면 파동은 얼마든지 공유될 수 있다.

공유는 참 멋진 개념이다. 이는 무소유의 미덕을 능가한다. 무소유는 끊임없는 양보와 자기희생을 요구하지만, 공유는 다 같이 풍요로워짐을 추구한다.

말이 나온 김에 무소유에 대해서 잠시 생각해 보겠다. 아무것도 가지지 않았다는 것이 과연 미덕일까? 점심시간에 각자 싸 온 반찬을 내놓고 함께 먹으려는데 무소유를 실천한다는 친구가 옆에 그저 앉아만 있다면(내게 그런 친구가 있었다.), 그거 민폐 아닐까? (물론 쌀이 없어서 그냥 온 학생의 경우는 예외다.) 또 반찬은 싸 왔지만 자기는 안 먹고 남에게 다 주고만 있다면 친구들의 즐거운 식사시간을 오히려 머쓱하게 만드는 것이 아닐까?

> 어떤 법을 괴로움이라 하느냐, 이른바 빈궁이요. 어떤 괴로움이 가장 중하냐. 이른바 빈궁의 괴로움이다. 죽는 괴로움과 가난한 괴로움 두 가지가 모두 다름이 없으나 차라리 죽는 괴로움 받을지언정 빈궁하게 살지 않으리.
>
> _〈금색왕경金色王經〉 중에서

부처님은 제자들에게 좀 더 구체적인 재무계획까지 가르친다.

> 수입의 1/4은 생계비로, 1/4은 생산비로, 1/4은 자신 또는 타인의 빈궁에 대비하여 저축하고, 1/4은 농부나 상인에게 빌려주어 이자를 받도록 하라."
>
> _〈잡아함경 사분법〉

부처님의 말씀치고는 상당히 파격적이다. 이자까지 언급하신다. 시중금리를 상회하지는 않겠지만 어쨌든 부처님은 중생의 무소유보다는 그들의 풍요로움을 소원하였다. 다만 그 무엇을 혼자만 소유하겠다고 하면 추한 욕망이겠으나, 타인과 공유하겠다면 권장해야 할 훌륭한 미덕이 된다.

그래서 무소유를 권장하기보다 차라리 소유를 권장해서 언젠가 그것이 공유로 이어지기를 기대하는 것이 낫다고 생각한다. 무소유는 공덕功德이 없으나 소유는 모두를 풍요롭게 해주는 공덕이 될 가능성이 높다.

즉, 답은 '무소유'가 아니라 '공유'에 있다. 입자는 소유되고, 파동은 공유된다. 소유에는 한계가 있어도 파동은 제로섬zerosum이 아니다. 아름다운 음악은 듣는 누구에게나 감동을 주며 아무리 많은 이가 들어도 소모되거나 퇴색하지 않는다. 음악은 듣는 사람 모두의 의식 안으로 소유된다. 즉 파동은 완전히 공유되는 것이다.

이처럼 순행의 세계(파동의 세계)에서 나의 이득은 남의 이득을 침탈하지 않는다. 오히려 나의 이득은 남도 공유할 수 있는 고마운 자원이 된다. 나의 행복이 남의 행복과 동치同値되는 이런 곳을 상생의 세계라고 한다. 이상적으로 꿈꾸던 곳이다.

물리적 용어로 말하자면 비물질의 순행세계에서 파동은 동조하는 누구에게나 실재로 수렴된다. 소립자의 세계(양자역학 실험)가 이미 그러했다. 파동을 인식하는 순간 실재로 수렴되었다. 파동은 쟁취의 대상이 아니라 동조의 대상인 것이다.

하지만 물질 세계는 완전한 공유가 불가능하다. 물질 입자는 나누어지지 못하며 또 시간이 지남에 따라 마모된다. 그래서 너의 불행은 나의 행복이라는 말까지 나온다. 공유되지 못하는 물질은 상극의 세계를 펼치기 때문이다. 물질의 세계에서 소유욕은 언제나 충족되지 않는 목마름이며 상대적 빈곤을 초래하는 원인이다. 완전한 공유는 오직 비물질로 존재하는 순행의 세계에서만 가능하다. 우리의 의식이 서로에게 공유될 수 있는 것도 의식이 순행매질에 의한 정보의 파동이기 때문이다.

순행매질은 상생의 세계다

의식의 질료는 비물질 상태로 존재하는 순행매질이어서 상호 간에 배타성이 없다. 생각과 생각이 직접 부딪치지는 않는다. 그래서 물질계에서는 모순된 상황일지라도 의식의 세계에서는 아무런 문제없이 공존할 수 있다. 의식은 과거와 미래라는 시간에 구애되지 않으며 금기가 없고 인과율에도 걸리지 않는다. 마음먹기에 따라서는 어떤 생각도 수용 가능하다. 우리의 마음 깊숙이 모순덩어리처럼 보이는 '비의식Unconsciousness'이라는 영역이 태연히 자리 잡을 수 있는 것도 일체 충돌이 없는 비물질적 매질의 특성 때문이라고 보면 되겠다.

비물질 파동인 의식은 주위로 전파되며 누구에게도 공유된다. 그러나 누구에게도 독점되지 않는다. 의식의 이 같은 특성에서 알 수 있듯이, 순행매질로 이루어진 것은 모두에게 공평하게 제공되며 시간이 지나도 소멸하지 않는다. 그래서 의식은 상생의 세계다. 서로가 서로를 돕는 세계다. 범인도 철인의 깨달음을 소유할 수 있다. 궁극의 세계에서는 그 파동에 동조만 하면 그것은 실재로 수렴된다. 라디오 전파만 하더라도 동조만 하면 생생한 음악이 나온다. 그것이 실재가 아니고 무엇인가? 파동의 세계에서 '실재성'이란 단지 수신자의 취향과 수준에 달려있을 뿐이다.

또한, 비물질인 의식의 세계에서는 분배의 차별도 없고 소유의 경쟁도 없다. 이처럼 상생의 순행세계는 일체의 갈등이 없고 모두가 공존할 수 있는 평화로운 곳으로 보인다. 우리가 상상하는 천국의 모습이다. 그곳에서 모든 존재는 유유자적하다. 말 그대로 열반적정의 상태라고 하겠다. 그런 상태에서는 네 것과 내 것의 구분조차 무의미하다. 서로가 공감하는 순간, 너의 것은 내 것이 되고 내 것은 너의 것이 된다. 흐르는 강물에 배 한 척 띄워 놓고 모두가 하나의 여흥 속에 그윽하게 취해 있는데 무슨 구분이 필요할까?

그곳은 모든 영역이 공유되고 모두가 중심을 차지하고 어떤 차별도 없다. 이런 곳이 순행의 세계다. 아니 공간을 차지하지 않으니까 어떤 '곳'이라 할 수도 없다. 그저 빨리 가고 싶을 정도다.

그러나 순행세계에도 문제가 있다

그러나 세상사 이치가 그렇듯이 모든 일에는 장단점이 함께 있다. 장점만 있거나 단점만 있는 것은 없다. 천국 같은 이런 순행세계에도 단점(우리 입장에서)이 있다.

송나라 유의경의 세설신어에서는 '인생 삼불행三不幸'을 말하고 있다. 첫째가 젊은 나이에 급제하여 관직에 오르는 것이고, 둘째가 부모 형제의 권력에 기대어 사는 것이며, 셋째는 너무 뛰어난 재주와 문장력을 타고 난 것이라고 한다. 일견 부럽기만 한데 이게 왜 불행이 될까?

위에서 말한 3가지 경우의 공통점은 '장애'가 없다는 점이다. 그런 삶에는 저항과 아픔이 없다. 과연 어떤 인격이 나타날까?

어려움을 겪어보지 못한 사람은 어려운 입장에 있는 사람들을 이해하지 못한다. 배려심이 탑재될 기회를 부여받지 못한 것이다. 그래서 성숙과는 거리를 둔 삶을 살게 된다. 계속 왕궁 속의 미숙아 상태다. 먼저 굶어 본 사람이 많은 사람을 먹여 살리는 큰 손이 될 수 있고, 졸병의 설움을 겪어본 사람이 인자한 장군으로 존경받게 된다. 그런 것이 고난 뒤의 성숙이다.

그렇다면 진정한 성숙은 어떤 것일까? 성숙은 일종의 기능 변화다. 기계의 발전도 그 기능의 강화를 말하고, 인간의 성숙도 상호작용(기능)의 원활함을 말한다. 말만이 아니라 실제적인 기능(행동)이 바뀌어야 성숙했다고 할 수 있다. 그런데 앞서 살펴보았듯이 모든 기능은 형태에서 나왔다. 즉 형태가 바뀌어야 비로소 기능도 바뀌게 된다. 진정한 기능 변화로서의 성숙은 그 본체의 '물리적인 변형'이 동반되어야 하는 것이다.

의식 본체의 형태가 바뀌지 않았더라도 잠시 성숙을 연기할 수는 있다. 그러나 그 순간이 지나면 이내 원래의 상태로 되돌아가 버린다. 그 체體가 변형되지 않았기 때문이다. 우리는 그런 경우를 흔히 경험한다. 머리로는 알아도 몸이 말을 듣지 않는다고 한다.

즉 체의 변형이 동반되지 않는다면 진정한 성숙이 아니다. 보다 포괄적이고 원만한 형상으로 체가 변형되어야 거기에서 항구적인 성숙함이 자연스럽게 나오게 된다. 성숙은 그러한 변형의 산물이다.

하지만 이러한 변형은 상극相剋의 외압이 없다면 기대할 수 없다. 도공의 손길이 없다면 도자기가 만들어지지 못한다. 석공의 망치질이 없다면 훌륭한 석조가 탄생하지 못한다. 장애가 없는 것이 불행한 이유는 바로 그것이다. 우리는 누구나 공주나 왕자로 태어나지만 역행의 인생은 언제까지나 그 지위를 보장해 주지 않는다. 공짜 점심은 없다. 사춘기는 그러한 현실을 서서히 깨달아가는 시기다. 계속 어린애로 남아 있을 수 없다. 자기밖에 모르던 어린애도 모진 세파를 겪으면서 자연스럽게 변형되고 어른이 되는 것이다. 이런 것이 고난이 주는 선물이다.

정신 분석학에서는 우리의 마음 깊숙한 곳에 아직 성숙하지 못한 어린애가 들어 있다(child-within)고 표현한다. 그 마음속의 어린애가 울고 떼쓰는 것이 신경증이 되고 정신증이 된다. 이는 성장의 아픔을 감당하지 못한 결과다.

하지만 고난과 아픔이 두려워 미숙한 상태로 계속 남아 있을 수는 없다. 인생 자체가 역행인데 고통을 피할 곳이 어디 있겠는가? 상극의 세계에 노출된 어린이는 고난과 저항을 용감하게 받아들여야 한다. 그래서 남도 자기와 같이 존중받아야 하는 존재임을 깨닫고 양보의 미덕을 체득하게 될 때 비로소 어린애에서 벗어나게 된다. 모진 현실과 역경이 그 본체를 강하게 두들겨주어야 대장간의 강철처럼 변형되고 성숙되어 자신이 머슴도 될 수 있고 엑스트라도 될 수 있음을 편안하게 받아들이게 된다. 그것이 진정한 성숙이며 정신치료의 목표다. 외압(갈등과 마찰)이 얼마나 중요한가!

모든 발명은 불편이나 결핍에서 시작되었다. 성공의 이면에는 수많은 실패가 숨어 있으며 발전은 그러한 시행착오의 교훈에서 이루어진다. 모든 것이 편안하고 만족스러웠다면 인류가 지금처럼 발달할 수 있었을까?

문제가 없다면 답도 없다. 진화는 정반합正反合의 도출이다. 인격의 성숙은 인생을 살면서 겪는 많은 반목反에 대한 화합合으로 볼 수 있다. 그래서 상극의 인생길에서 우리가 추구해야 할 것은 부귀영화가 아니라 변형과 성숙이다. 상극의 세계에서 물질적 부귀영화는 원천적으로 불가능한 목표임을 알아야 한다. 인생은 성공이 아니라 성장의 이야기이다.

○

아무런 저항과 갈등이 없는 상생의 세계에서는 변화와 통합의 동인動因이 나타나지 않는다. 상생의 세계에서는 갈등 자체가 없어서 굳이 화합해야 할 이유도, 공존의 길을 모색해야 할 필요도 없다. 아무리 시간이 흘러도 그대로다. 그래서 이러한 순행세계의 가장 큰 문제는 '형상'이 만들어지지 않는다는 점이다.

우리는 형상을 상호 간의 충돌을 해결하는 보다 포괄적인 지혜의 도출이라고 했다. 그런데 충돌 자체가 없는 상생의 세계에서는 굳이 유기적 형상으로 서로가 조직될 이유가 없다.

이것이 요점이다. 순행은 불멸이며 편안하나 스스로 형상을 만들지는 못한다. 순행의 매질로 이루어진 세상에는 지극한 평화와 영원한 안식이 있다. 하지만 자체적으로 조직되는 '형상'은 보이지 않는다. 형상이 없다면, 이 우주는 아무런 기능도 상호작용도 없는 적막한 죽음의 바다일 뿐이다. 사실 그것은 평화도 아니고 열반도 아니고 적막함도 아니다. 그렇게 여길 의식조차 발생하지 못하기 때문이다.

형상이 나타나야만 우주는 비로소 숱한 생명체들로 넘치고 그 활기를 환희로 자각하는 의식체도 발생하게 된다. 이러한 '형상'은 오직 갈등과 마찰의 물질계에서만 나타나는 인고의 열매인 것이다.

순행매질은 아무런 어려움 없이 존재할 수 있는 상생의 하늘 세계를 만들었고, 역행매질은 땀 흘려 노력하지 않으면 살아갈 수 없는 힘난한 땅의 세계를 만들었다.

비록 땅의 세계가 물질의 한계로 인해 끊임없는 충돌과 고통이 동반되기는 해도 그 척박한 환경을 통해야만 비로소 극기의 형상이 탄생하고, 그 형상이 발전을 거듭해서 마침내 명료한 의식 현상의 체體까지 이룰 수 있었다. 그러므로 우리가 땅에 뿌린 땀과 눈물은 결코 헛되지 않았다고 하겠다.

젊어 고생은 사서도 한다는 말은 고생을 해 봐야 변형이 되고 철이 든다는 뜻을 전하고 있다. 그런즉 고생이야말로 가장 확실하고 고귀한 투자다. 고생을 피해서는 아무런 성과가 없다. 그런 까닭에 우리는 용감하게 울음 한번 토하고 고난의 지상으로 다시 내려오는 것이리라.

상극의 인생에서 진정한 행복은 없다. 고생 자체가 오히려 인생의 목적같이 보인다. 하지만 인간이라는 과정을 거치지 않고서는 천상의 열락을 누릴 의식이 만들어지지 않으니 사서라도 거친 인간의 경험을 해야 하나 보다. 그래서 하느님은 아담과 이브를 금단의 열매로 유혹하여 에덴동산에서 내쫓으신 것 같다.

우리는 흔히 아무런 어려움 없이 영원히 존재하는 곳을 천국이라 생각한다. 그런데 그런 곳은 반대로 가장 무서운 형벌의 장소가 될 수 있다.

니체는 영원회귀 사상에 접어들면서 말할 수 없을 정도의 공포감을 느꼈다고 한다. 일종의 폐쇄공포로 인한 공황발작을 겪었던 모양이다. 영원이라는 감옥에 갇힌 공포를 상상할 수 있을까? 더구나 어떤 어려움도 없이 영원히 존재해야 한다면? 그런 상황이라면 나는 원수라도 나타나

주길 간절히 바라게 될 것 같다. 잘못하면 '안락한 영원'은 내 존재의 의미를 매장시키는 지옥이 된다.

　모든 존재는 상호작용을 원한다. 그 작용의 선악 여부는 사실 큰 문제가 되지 않는다. 나를 화나게 하고 성가시게 하고 어려움에 처하게 해주는 존재는 한편으론 나의 구세주다. 그는 내 영혼을 두드리며 '영원'이 숨 막히는 지옥으로 변질되지 않게 해주는 구원자다.

　그렇다면 진정한 천국이란 어떤 곳일까? 자신이 원하는 것을 성취하기 위해서는 최선의 노력을 다해야 하는 곳, 조금이라도 방심한다면 그것을 놓쳐버리게 되는 스릴과 긴장까지 함께 주어지는 곳이 진정한 천국이 아닐까? 그런 긴장감 속에서 내 존재의 동기는 명확해진다. 멈추지 않는 목마름으로 나는 영원히 나태해지지 않을 것이다.

　그러한 어려움과 스릴이 있는 곳이 진정한 천국이다. 그런 환경을 역행의 세계가 제공하고 있고 순행의 매질이 그 스릴을 자각하는 의식을 만들어준다. 그렇다면 낮과 밤, 빛과 그림자 모두를 갖춘 '지금 바로 여기'가 천국은 아닐까?

10. 형상의 전사轉寫
   영혼의 본질

　스스로 형상을 만들지 못하는 순행매질은 그저 만물의 가능성만 머금고 있는 상태다. 이러한 상태를 표현한 말이 공空이다.
　'공空'은 아무 것도 '없다'라는 뜻으로만 받아들이기 쉽다. 그렇게 공을 '없다'는 의미로만 받아들이면 모든 것이 부질없는 허무주의에 빠지게 된다. 원래 공은 아무것도 없는 것이면서 모든 것으로 가득 찬 것, 다시 말해서 '비어있는 충만함'으로 설명된다. 그것은 공이 아무 것도 없는 것 같은데, 무엇이든 될 수 있는 가능성으로 가득 차 있는 상태이기 때문이다. 양자론에서 말하듯이 단지 존재할 확률만이 파동치고 있다고나 할까? 이는 마치 백 미터 달리기 출발선에서 미동도 없이 서 있는 일촉즉발의 고요함과도 같다. 누군가가 출발신호만 울려준다면 존재를 향한 맹렬한 질주가 시작될 것이다. 그 출발신호가 바로 '형상'의 출현이다.

　형상은 기氣로 이루어진 만물의 설계도와 같다. 존재를 향한 유일한 계기다. 단일한 근원의 매질氣에 무슨 질적 차이가 있겠는가? 차이가 있다면 기가 순환하고 있는 형태의 차이 말고는 없다. 같은 물이라도 결합 형태에 의해 얼음도 되고 수증기도 되듯이 기氣도 그 회로의 형상 차이에 의해서 다양한 체體로 분별된다. 하나의 매질로 이루어진 궁극의 장場에서 형상은 바로 존재의 경계다.

창조의 여정에서 이처럼 중요한 역할을 하는 '형상'의 창출은 아이러니하게도 단멸斷滅하는 역행매질이 이룬 쾌거다. 상극의 갈등이 형상을 구축하는 동인動因이 된 역행의 기氣는 다양한 형상으로 응집될 수 있었다.

다만 역행매질은 언젠가 운행이 멈춘다. 사람도 사후에는 몸이 분해되어 분자나 원자로 환원된다. 이는 분명 형상의 소실이다. 그렇다면 형상은 일회성으로 끝나고 마는 것일까? 어렵게 성취한 화합의 지혜도 죽음과 함께 이슬처럼 사라져 버리는 것일까?

그렇지 않다. 부모는 모든 자식이 영존하기를 바란다. 그런 것이 부모의 마음이다. 근원의 심정도 마찬가지일 것이다. 천도天道는 낭비도 없고 시행착오도 없다. 그야말로 노자가 〈도덕경〉 6장에서 말한 그대로 "면면히 끊어질 듯 이어지면서, 쓰고 또 써도 다함이 없다(綿綿若存 用之不勤)."* 스스로 대상을 만들어 그 상호작용 속에서 자기애의 환희를 누리고자 하는 것이 근원의 본능일진데 애써 만들어진 형상을 그냥 사라지도록 보고만 있겠는가?

형상정보는 근원이 보존하고 전한다

근원은 순환하고 있는 자기애의 장場이다. 원점으로 돌아오는 중도의 회전은 항상 자신의 발견을 목표로 하고 있다. 중도는 결국 '자기'를 창조하고 '자기'를 실현하기 위한 장이라는 말이 아니겠는가? 그래서 중도로

---

* 하상공은 "쓰임의 기운은 마땅히 널리 편안히 퍼지는 것이지, 급히 질환에 걸릴 만큼 무리한 노력이 아니다."라고 하면서 '쓰임의 기운(用氣)'를 독특하게 적고 있다. 도의 쓰임새는 이처럼 다함이 없는 불멸의 기운이 되는 것이다.

서의 근원은 자기애의 장이다. 자기애로 충만한 근원이라면 자기의 분신이자 자기애의 대상인 만물(형상)의 소실을 절대 방조하지 않을 것이다.

근원이 만든 작품이 이내 사라져 버리는 것이라면, 그것은 근원의 창조력에 심대한 결함이 있다고 하겠다. 45억 년 진화의 결과물인 인간의 형상이 고작 100년도 안 되어 완전히 사라져 버린다면, 그것을 어떻게 창조라고 말할 수 있겠는가? 결과적으로 보면 개체적 형상으로서의 인간이 죽음으로 사라지더라도 그 형상정보는 사라지지 않았기에 지금까지 인간이 같은 모습으로 존속하는 것이 아니겠는가?

한 번 이루어진 형상정보는 보존되어야 한다. 그것이 진정한 창조다. 그러한 영원성에서 실재實在가 탄생하고 있다. '영구적 형상'이야말로 명실상부한 근원의 분화이자 천도天道가 향하는 궁극의 열매라고 할 수 있다.

인도철학에 비유하면 형상은 인격의 원리인 '아트만Atman(아我)'의 탄생과 같다. 그것은 근원의 원리인 '브라만Brahman(범梵)'이 구체적 형상으로 개체화된 것이다. 얼음도 물이 응결된 것이듯이 아트만은 브라만의 응집이다. 그런 의미에서 아트만은 브라만의 보신報身과 같으며 결단코 사라지지 않는다.

그렇다면 부처님께서 말씀하신 아나트만Anātman(무아無我)은 아트만 자체를 부정한 것이 아니라 오히려 아트만의 실성(본성)을 지적한 것으로 보인다. 아트만의 실성은 당시 사람들이 생각하는 육체적 자아가 아님을 말한다. 아트만은 어떤 신분과 계급에도 구속되거나 차별되지 않는 절대적 가치와 불멸성을 지니고 있다. 그것을 무아라고 표현하였다. 그러니까 무아는 '지금 현재의 내가 진실한 아트만이 아님'을 뜻한다고 생각한다. 진리자체인 법신法身과 수행으로 공덕이 갖추어진 몸인 보신報身이 다르지 않듯이, 아트만은 '브라만'의 원리가 특정한 형상으로 체화體化된 것으로 서로 다르지 않다.

그렇다면 물질이 만든 형상은 어떻게 영구적으로 보존될까? 상극을 극복한 화합의 지혜는 어떻게 대대로 이어질까? 영존이 막연한 소망으로만 끝나지 않으려면 형상의 보존에 대한 좀 더 구체적인 근거가 필요하다. 그런 근거들이 우리를 진정한 고향에 이르게 해 주는 실체적인 이정표가 될 것이다.

형상정보는 순행매질로 이월되어
영구한 기능체가 된다

앞서 잠시 언급했듯이, 물질이 만든 형상이 영구적으로 보존되는 구체적인 근거는 양자 역학에서 찾을 수 있다. 이 역시 음양의 협업이다.

형상은 곧 정보(특정한 기능)다. 특정한 형상은 특정한 기능으로 주변과 상호작용한다. 형상에는 고유한 정보가 담겨 있고, 기능이라는 것도 결국엔 형상의 쓰임새다. 똑같은 철로 삽도 만들고 도끼도 만드는데 그 형태에 따라 쓰임새는 전혀 달라진다. 형상 속에 고유한 쓰임새가 담겨 있기 때문이다.

이때 정보(기능)의 특성은 저장 매체와 상관이 없다. 특정한 기능은 형상 자체에서 나오는 것이지 그 형상이 저장된 매체의 특성에서 나오는 것이 아니다. 돌에 새겨진 글이나 종이에 쓴 글이나 정보로서의 가치는 다르지 않다.

그렇다면 물질로 이루어진 형상이라도 물질이 해체되기 전에 그 형상을 다른 매체로 옮길 수 있다면, 그 형상이 가진 정보와 기능은 계속 존속하게 된다. 종이에 기록된 글자를 전자문서로 옮기면 종이가 닳아 없어지더라도 그 글이 가진 정보가 계속 이어지는 것과 같다. 일상에서 금방 사라지는 순간적인 모습이라도 카메라처럼 적절한 저장 매체에 담을 수 있다면, 시간을 초월해 보존되는 것과 같다. 즉 저장 매체가 영구적인 매질이라면 거기에 옮겨진 정보도 영구적인 기능 체가 될 수 있는 것이다. 이제 남은 것은 소중한 형상을 영구적으로 저장할 불멸의 매체를 찾는 일이다. 그것은 무엇일까?

짐작하는 대로, 영원한 것은 순행매질밖에 없다. 잠시 조직된 역행의 형상(정보)일지라도 순행매질로 이월될 수 있다면, 그것은 그 모양 그대로 불멸의 기능 체가 되는 것이다.

다행히도 주도면밀한 천도天道는 이런 과정을 음양(역행과 순행)의 상호작용을 통해 완수하고 있다. 영구적이지만 스스로는 형상을 만들지 못하는 순행매질과 유한하나 구체적 형상을 만드는 역행매질 사이에 모종의 정보교환이 일어나는 것이다.

두 매질은 음양의 관계다. 이들이 짝지어 만든 교통交通의 다리를 통해 역행의 형상정보는 순행의 매질로 이월된다고 생각한다. 인간 수준에서 논한다면 육체가 이룬 역행 기의 형상(물질의 구조 정보와 삶의 경험 모두)은 그대로 순행매질로 전사轉寫되어 영구적인 기능체로 거듭나게 된다. 그것을 우리는 영체靈體 혹은 영혼이라고 부르고 있다.

연기緣起, 양자얽힘, 원격작용

이런 형상의 전사轉寫에 대한 물리적 근거는 앞서 말한 '양자얽힘 상태'에서 찾을 수 있다. '얽힘entanglement'은 짝의 관계로 서로가 긴밀히 연결된 상태를 말한다. 얽혀 있는 양자들은 서로 상보적 관계를 유지하며 정보를 교환한다 (4장 참조).

즉 짝의 관계로 얽혀진 입자들은 서로가 아무리 멀리 떨어져 있어도 (심지어 서로 다른 은하계에 있어도) 한쪽의 상태 변화는 즉시 그 상대에게 상보적 상태 변화를 초래하였다. 예를 들어 쌍 입자 중의 하나는 지구에 있고, 또 다른 하나는 안드로메다은하에 있다 해도 하나의 입자에 어떤 조작을 하면 그 결과가 다른 입자에 즉각적으로 전달된다는 것이다.

여기서 '즉각적'이라는 말은 정보 전달속도가 거리와 관계없이 우주에서 가장 빠른 속도인 빛의 속도를 초월한다는 말이다. (빛은 지구에서 안드로메다까지 가는데 90만 광년이 걸린다) 그런데 그 거리를 즉각 오간다는 것은 과학자들도 인정하기 힘든 가설이었다. 그래서 아인슈타인은 '양자얽힘'의 개념을 '유령 같은 원격작용'이라고 비웃으며 부정했다.

하지만 최근의 실험에서 이 얽힘의 관계는 사실로 증명되었다. 말하자면 우주는 물리적 거리를 완전히 무시하는 비국소성의 유령물질로 함께 묶여 있어서 한번 짝을 이룬 양자들은 아무리 멀리 떨어져 있어도 자신의 상태 변화를 즉각 상대에게 전달하는 것이었다.

우리는 살아가면서 많은 대상과 다양한 인연을 맺는다. 정도의 차이와 호불호의 차이는 있겠지만 그것도 서로 얽히는 것이다. 우주의 모든 존재는 사실상 이런 얽힘의 관계에 있다고 본다. 어떤 한 존재의 변화가 다른 모든 존재에게 동시적으로 그 영향을 미치고 있는 것이다. 그것이 바로 부처님이 말씀하신 연기緣起의 세계다.

모든 것은 서로 의존하여 같이 일어나고 있다. 부처는 연기라고 말했고 과학은 얽힘이라 말했지만, 모든 존재가 긴밀히 연결되어 있다는 점에서는 같은 말이다. 절대적으로 독립적인 존재는 없다.

그 무수한 관계성 가운데 특히 상보적으로 얽혀 있는 것이 '짝'의 관계다. 상보적이란 그 둘이 합해서 정확히 0, 즉 中이 된다는 말이다. 소립자의 생성과 소멸이 그러하고 남녀가 그러하고 육체(역행)와 영혼(순행)의 관계가 그러하다. 이런 관계성을 동양에서는 음양이라 했고 양자 역학에서는 '얽힘'이라고 말하고 있다.

역행과 순행의 얽힘

중도의 근원은 역행과 순행의 두 매질을 공평하게 허용한다. 하나는 물질로 된 육체를 만들고 다른 하나는 비물질의 의식체를 구성한다. 그들은 반대로 회전하는 음양이며 짝의 관계로 서로 결합한다. 그것이 이원二元적 존재로서의 인간(육체와 정신) 정체다.

그렇게 얽혀진 이상 역행매질이 구축한 '형상'은 순행매질에 즉각 상보적인 영향을 미치게 된다. 말하자면 역행매질이 특정한 형상의 양각陽刻을 만들면 '얽힘 관계'에 있는 순행의 매질에 그것의 음각陰刻이 동시에 만들어진다고 하겠다. 육체가 겪는 유무형의 모든 경험은 짝으로 얽힌 영체에 똑같이 상보적 변형을 초래한다는 말이다.

이것이 얽힘의 효과이며 정보의 전달이다. 양자 수준으로만 내려가도 그런 불가사의한 상호작용이 물리적으로 증명되고 있다. 이에 대한 실험 결과를 5장에서도 말했지만 너무나 중요한지라 다시 한 번 언급한다.

'2015년 10월 네이처지에 발표된 논문을 통해 '양자얽힘'이 실재한다는 강력한 증거를 보여주는 실험결과가 알려졌다. 이 실험은 네덜란드 델프트 공과대학 카블리 나노 과학연구소의 물리학자 로날드 핸슨Ronald Hanson의 연구팀이 주도했고 스페인과 영국의 과학자들이 참여했다. 연구팀은 델프트 대학 캠퍼스 내부 1.3km 떨어진 거리에 두 개의 다이아몬드를 배치하고 각각의 다이아몬드 전자에 자기적 속성인 '스핀'을 갖도록 했다. 실험결과는 한 전자가 업 스핀(예를 들어 반시계 방향으로의 회전)일 경우, 다른 전자는 반드시 다운 스핀(시계 방향의 회전)이 된다는 것을 보임으로써 완벽한 상관관계를 입증했다. 물리학자들은 이 실험을 통해 양자역학 실험이 실제로 가능함을 증명했다는 점에 찬사를 보냈고, 과학저널 사이언스지는 이 실험을 2015년 최고의 과학적 성과 중의 하나로 선정했다.
__〈다음 백과〉

'양자얽힘'이 진실이라면 역행매질이 만든 형상은 당연히 그 짝인 순행매질로 즉각 전사轉寫될 것이다. 그때 매질의 회전 방향은 다르다 해도 그 형상은 동일하다. 형상이 동일하니 거기에서 나오는 기능도 동일하다. 단지 그 기능의 본체가 필멸의 물질에서 불멸의 기체氣體로 전환되었을 뿐이다. 즉 고난의 역행 세계가 성취한 형상정보는 순행 세계로 이월되어 영원한 기능체로 재탄생하게 되는 것이다. 물질(역행 기)은 장렬히 전사戰死하지만 그 경험 정보는 하나도 소실되지 않고 영체(순행 기)로 전사轉寫된다고 하겠다.

영혼의 모태는 육체이다

인간이 겪는 모든 경험은 뇌에서 전자기 파형뇌파으로 전환된다. 물질이 이룬 조직화의 정보와 삶의 경험이 모두 전자기 파형으로 변환되고 최종적으로는 역행 기(전자기파의 매질로 추정)의 형상으로 구축된다. 그리고 그 형상 정보는 짝으로 얽혀 있는 순행의 기장氣場에 그대로 전사 이월되는 것으로 보인다.

양자얽힘에서 일어나는 정보의 전달과 같다. 아니 양자 정보이동을 훨씬 능가하는 기氣의 정보이동이 되겠다. 아직 우리 과학의 수준에서는 불가사의다. 그렇게 이월된 불멸의 정보체가 바로 영혼의 정체라고 생각한다. 영혼(의식)이 형성되는 모태母胎가 바로 인간의 삶이 되겠다.

형상이 전사되기 전까지 순행매질은 단지 가능성의 파동으로만 출렁이고 있었다. 불멸의 생명력은 지녔어도 그것을 자각할 주체는 아직 없는 상태다. 거기에 어떤 형상이 전사되면 그 형상으로 기능하는 존재가 탄생하게 된다. 마치 강물만 적막하게 흐르다가 어느 순간 그 강물과 함께 흘러가는 배 한 척이 나타난 것이라고 할까? 거기에 무한한 시간의 공덕이 더해져 그 형상이 더욱 유기적으로 조직되면 급기야 강물의 풍류를 노래하는 뱃사공의 정신까지 출현하게 된다. 이제 적막하던 강은 존재들의 환희로 가득 차게 된다.

신비주의자들은 우주의 모든 사건과 정보가 저장되는 '아카식 레코드 akashic record'가 있다고 한다. '아카식'은 하늘을 가리키는 산스크리트어 'Aakaasham'에서 유래하였는데 이때의 '하늘'은 바로 순행의 기장氣場을 말하는 것이 아니겠는가? 즉 물질의 짝, 순행의 기장은 정보의 무한한 저장 매체라고 하겠다.

아무리 미세한 물질파일지라도 그 흔적은 진공에 고스란히 각인되는 것으로 보인다. 그것은 진공의 매질이 어떤 미세한 물질의 떨림에도 반응하는 '극미極微'의 기氣이기 때문이다. 그 진공의 매질(역행 기)은 결국 짝으로 얽혀 있는 순행의 매질에 자신의 떨림을 전달할 것이다. 그렇게 순행의 매질로 이월된 형상은 영원한 하늘에 저장된 지혜이자 구체적인 기운체氣運體다. 그것을 일찍이 중국철학에서는 '상象'*이라고 했다.

이러한 정보의 이월과정을 인간의 삶에 적용한다면, 육체는 결국 죽음으로 사라지지만 그 육체의 경험과 지혜는 특정한 형상정보로 인코딩encoding되어 짝으로 얽혀 있던 순행의 매질로 옮겨가 불멸의 의식체로 기능하게 되는 것이다. 그것이 바로 우리 영혼의 정체가 되겠다.

우주는 결코 일회성이 아니다. 그러기에는 너무 방대하고 치밀하다. 사라지는 것은 아무것도 없다. 모든 것은 연결되어 있으며 영원히 보존된다. 상극세계에서의 모든 경험이 영혼의 영원한 지혜로 실시간 업데이트되고 있다. 모든 존재는 음양의 끊임없는 상호작용 속에서 그렇게 자신의 흔적을 영원히 이어가고 있다.

죽으면 모든 것이 사라지는가? 영구적 매질에 실시간 백업된 정보(기능)는 결코 사라지지 않는다. 컴퓨터 전원이 꺼져도 그 정보는 계속 살아있다.

---

* 상이 한자로 처음 나타난 것은 상나라 갑골문과 금문에서 코끼리를 형상한 때이다. 이후 점차 모방의 의미와 사물의 외형을 지칭하게 된다. 한 걸음 더 들어가 통상적 구체적 형상에서 추상으로 발전하면서 개체성이 공성으로 발전한다. 이 밖에도 역경(易·系辭上)에서는 더 철학적으로 발전하여, "하늘에 상이 있고, 땅에는 형태가 있다"고 하였다. 이처럼 "象"자의 뜻은 "大象"에서 "形象"으로 의미가 확대된 것이다.

참고. 진공은 어디에 속할지 생각해보자

일단, 진공이 그대로 순행의 기장은 아니라고 생각한다. 현대 과학은 진공을 허공으로 보지 않는다. 아무것도 없는 것 같은 진공에도 사실은 엄청난 에너지의 요동이 있고, 그로 인해 무수한 소립자(물질)가 출몰하고 있다. 이런 사실을 미루어 볼 때 진공(공간)은 우리가 파악하지 못하는 '물질'의 영역으로 보아야 할 듯하다.

진공은 공간의 일면이다. 그런데 공간이라는 것은 물질의 배타적 척력이 만든 장이다. 그 사이를 힘들게 움직여야 하는 것이 물질의 질량이고 이동의 과정이었다. 그런즉 공간은 물질의 시원인 역행매질의 매트릭스로 보인다.

앞에서 순행의 기는 공간의 개념을 가지지 않는다고 했다. 서로 밀어낼 척력이 없기 때문이다. 그런 차원에서는 모든 존재는 고유하게 파동 치면서도 함께 공유되어 있는 상태라고 할 수 있다. 소위 '일즉다 다즉일 -即多 多即-'의 세계다.

공간의 거미줄을 흔드는 모든 물질의 떨림은 공간의 제약을 초월해서 그렇게 비국소적으로 편재된 순행의 장에 고스란히 기록되고 통합되는 것이다. 이에 대한 좀 더 구체적인 상상은 뒤에서 펼쳐보겠다.

11. 정보와 진화
　　영원한 저장매체

　멘델의 유전법칙에 의하면 후천형질은 유전되지 않는다. 자신이 태어난 이후 습득한 부분은 유전자에 거꾸로 각인되지 않는다는 말이다. 왜소한 체격의 사람이 운동을 열심히 해서 근육질이 되어도 그 자식들은 여전히 왜소하게 태어난다. 멘델의 법칙은 운동이나 성형수술로 가려지지 않으니 안타깝다.

　그런데 우리는 생물들의 진화에서 단순히 돌연변이나 자연선택설만으로는 설명할 수 없는 현상들을 너무나도 많이 본다. 과연 기린의 목이 그렇게 긴 이유가 처음부터 목이 긴 녀석들만 생존하였기 때문이라고 볼 수 있을까? 그러기에 기린의 목은 너무 길다. 단순한 체형 차이라고 치부하기에는 무리다. 어떤 의도가 개입되지 않고서는 불가능한 편차로 보인다.

　해저 깊은 곳에 열수분출공이 있다. 마그마에 의해 데워진 뜨거운 바닷물이 해저의 틈 사이에서 솟아 나오는데 그 물의 온도는 400도 가까이 되고 그곳의 수압은 200~300기압이나 된다고 한다. 물론 햇빛도 전혀 들어오지 않는 곳이다. 그런데 그런 척박한 환경에서도 많은 생물이 살고 있다고 한다. 도대체 그들은 무엇을 먹고사는 것일까?

지상의 생태계는 광합성을 하는 식물이 절대적인 에너지원이 되고 있다. 식물이 만든 탄수화물이 지구 생태계의 기본적인 영양원인 것이다. 그런데 빛이 없는 심해의 '열수분출 공' 주변에서는 광합성을 할 수 없다. 대신 그곳에서는 황화수소를 산화시켜 나오는 화학에너지를 이용해 탄수화물을 만드는 박테리아가 살고 있다고 한다. 그렇게 만들어진 탄수화물이 그곳 생태계를 부양하고 있다. 그곳은 지상과 전혀 다른 생태계다.

멘델의 유전법칙은 이 같은 사실을 어떻게 이해할까? 현재의 다윈 진화론에 의하면 환경에 가장 적합한 변이를 갖는 개체가 생존해서 후손을 남김으로써 점차 진화가 이루어지는 것으로 알려져 있다. 이것이 소위 '자연선택' 설이다.

그런 관점에서 보면, '열수분출 공' 주변에는 빛을 이용하는 박테리아와 황화수소를 이용하는 박테리아가 존재하고 있었는데, 마침 빛은 없고 황화수소가 많다 보니 빛을 이용한 박테리아는 자연 도태되고 황화수소를 이용하는 박테리아가 선택받은 것으로 봐야 할까?

하지만 박테리아보다 해저 지형이 먼저 있었다. 생물체는 분명히 지구 환경의 소산이다. 지상에 산소가 풍부해지니 산소를 이용하는 생물체가 출현한 것이 올바른 순서다. 만약 지구가 산소는 없고 수소만 존재하는 별이었다면 지금의 생명체는 수소를 에너지원으로 활용하고 있을 것이다.

그렇다면 어떤 박테리아의 원형原形이 열수분출공의 환경에 서서히 적응한 결과 황화수소를 이용할 수 있게 되었다는 것이 좀 더 합리적인 해석이 아닐까? 물론 이런 해석은 멘델의 법칙에 위배된다. 환경에 적응하는 기술은 후천형질이며 그것은 유전되지 않는다는 것이 멘델의 법칙이었다. 그러나 단지 멘델의 법칙에 위배 된다고 해서 다른 개연성은 전부 부정되어야 할까? 과연 멘델의 법칙에서 우리가 간과하고 있는 숨은 인자는 없는 것일까?

과학문명이 계속 발달하면서 앞으로 인류의 체형은 점차 머리가 커지고 팔 다리는 가늘어 질 것이라고 한다. 머리를 많이 쓰고 근육은 덜 쓰게 되기 때문이다. 실제로 과학자들은 지구보다 문명이 발달한 외계인들의 체형을 그렇게 추측하고 있다. 그것을 두고 현재 인간 중에서 머리가 크고 팔다리가 가는 사람들이 생존에 유리했기 때문이라고 설명해야 하는가?

물질로 이루어진 유전자만으로 진화의 전 과정을 설명하려는 시도는 무리라고 생각한다. 유전자가 진화를 이어가는 유일한 도구라면 자식을 낳은 후에 얻은 삶의 지혜는 진화에 아무런 영향을 미치지 못하게 된다.

진화는 수십억 년의 변화과정이다. 단지 멘델의 수년간 실험에서 드러나지 않았으니, 숨은 비결이 없다고 할 수는 없다. 눈에 보이는 유전자만으로 진화의 전 과정을 설명하려는 것은, 숨어 있는 퍼즐 조각은 찾지 않고 전체 그림을 짜 맞추려는 것과 같다. 그때는 무리한 시나리오가 개입될 수밖에 없다. 과연 장롱 밑에 숨어 있는 조각은 없는 것일까? 아직 드러나지는 않았지만 어딘가에는 진화의 숨은 조각이 분명히 있을 것이다.

환경에 적응해 나가는 개체의 노력은 어떻게 해서든지 유전자를 개량시켜 나갔기에 황화수소를 이용하는 박테리아가 출현한 것으로 보아야 한다. 보다 높은 곳의 열매를 따려는 개체의 장구한 노력은 그들의 유전자를 변화시켰고 결국 기린이라는 종을 만들어낸 것으로 보아야 할 것이다. 아직 무시되고 있는 용불용설의 이면에는 미처 발견하지 못한 진화의 비결이 분명히 있다고 생각된다. 그 비결은 무엇일까?

앞장에서 언급했듯이 진화의 숨은 인자는 역행과 순행의 '얽힘'에 의한 정보의 이월移越이다. 유전자와 관계없이 삶의 모든 흔적(정보)은 순행의 매질에 각인된다. 그것이 바로 진화의 주체다.

아무것도 사라지지지 않는다
: 의식과 정보의 이월

역행과 순행 기장氣場간에 일어나는 정보의 이월은 어려운 과정이 아니다. 우리가 무엇을 의식하거나 각성한다는 사실 자체가 순행매질의 활동 결과다. 앞서 추론했듯이 의식 활동은 순행매질에서 발현되고 있다. 그것이 의식의 매질이었다. 즉 우리가 주변의 무언가를 감각하고 의식한다는 것은 역행의 정보들이 순행의 장으로 이미 초청되었기 때문에 가능해진 것이다.

의식현상이란 삶에서 접한 다양한 경험 정보가 순행매질에 등록된 결과물이다. 그렇다면 단지 무언가를 감각하고 집중하고 그 의미를 깨닫는 '의식 행위'만으로도 우리는 짧은 순간의 역행 경험을 영원한 순행의 정보로 전환시킨 신기神技를 펼친 셈이다. 물론 그 과정은 작위적이 아니라 '얽힘'으로 인한 기氣의 본질적 상호작용 때문이다.

일회성으로 끝날 우리의 삶이 의식의 내용이 됨으로써 영구적으로 재생가능한 정보로 저장된다. 의식은 그렇게 순간을 영원으로 저장하고 있다. 그래서 우리는 어쩌면 '의식'하기 위해 존재하는지도 모르겠다. 그것이 삶의 목적이라고도 볼 수 있다. 한순간의 누락도 없는 각성, 현재에 활짝 깨어난 의식으로 존재하는 것 말이다.

그런 의미에서 보면 남방불교 수행의 한 방법인 '위빠싸나' 명상의 가치가 돋보인다. 그 명상에서는 '현재'를 놓치지 않고 온전히 '의식'하는 것이 목표다. '현재'를 완전히 감각하는 의식의 명료함은 그대로 존재의 목적이자 불멸의 열매가 된다. 존재의 양과 질은 얼마나 명료한 의식으로 그 순간에 존재했느냐에 달려 있다고 하겠다. 의식이 깨어난 만큼 내 삶의 지평이 넓어진 것이다.

술을 많이 마신 다음 날에는 전날을 잘 기억하지 못하는 경우가 있다. 이를 치매로 생각하고 당황해하는 경우가 있는데, 대개 치매 증상은 아니다. 치매는 뇌세포의 퇴행으로 인한 회상능력의 장애다. 하지만 술 마신 후 일어난 일을 잘 기억하지 못하는 경우는 술 취한 상태에서 당시의 정보가 제대로 입력되지 못했기 때문이다. 술이 기억의 등록을 방해한 것이다. 그런 상태는 회상할 자료가 아예 부족한 상태다.

이처럼 술에 취해 의식이 혼미한 상태는 온전히 존재한 상태로 볼 수 없다. 분명히 그 자리에 있었지만 그 순간에는 존재하지 않은 상태와 같다. 나이 들어서나마 술을 끊은 어떤 분은 자신의 인생을 돌이켜 볼 때 술 마시면서 살았던 날은 자기 인생에서 아예 존재하지 않았던 시간으로 느껴진다고 했다.

술뿐이랴? 욕심에 취해서, 분노에 취해서 현재를 놓쳐버렸다면 그만큼 단명한 셈이다. 늙을수록 시간이 빨리 흐른다는 느낌이 드는 것도 의식의 집중력이나 명료함과 상관이 있다. 흐려진 의식은 시간을 제대로 흡수하지 못한다.

존재의 양은 의식의 명료함에 달려있는 것 같다. 순행매질의 작용인 의식현상은 이미 영구적인 매질로 이행된 정보라는 점에서 진화의 주체가 되기에 잠시 명료한 의식의 가치를 짚어보았다.

다시 진화의 비결로 돌아가겠다. 역행매질이 만든 형상은 순행매질로 전송된다. 그로 인해 일회성 삶일지라도 그 흔적은 영원히 저장되고 우리의 모든 경험과 노력은 소실되지 않는다. 그리고 무엇보다 중요한 것은, '환생' 혹은 '윤회'를 통해 그 정보가 다시 짝으로 얽힌 역행매질(새로운 육체)로 재전송되면서 진화의 한 사이클이 완성되는 것이다.

무상하게 변해가는 환경에 적응하기 위한 개체의 필사적인 노력과 그 지혜가 사후 영혼에 저장되어 있다가 환생하면서 다시 후대의 유전자 형성에 영향을 주어 서서히 그 환경에 적합한 신체를 발생시킬 수 있었다고 본다. 이것이 용불용설의 숨은 기전이라 생각한다. 역행의 파동이 순행의 기장에 등록되는 것처럼 역으로 순행의 정보도 역행의 물질체 형성에 영향을 미치는 것이다.

그렇다면 진화의 과정에는 '윤회'가 필수적으로 요청된다. 단적으로 말하면 윤회는 진화를 위함이다. 윤회라는 되먹임 과정이 있기에 무상無常하던 이 세상에서의 모든 경험들이 불멸의 가치로 재활용될 수 있고, 애석하게 겪었던 좌절과 실패도 성공을 위한 소중한 정보로 재입력될 수 있다. 실로 윤회라는 재기의 찬스가 주어지기에 이 세상의 모든 불공평함은 해소되고 어떤 패자도 만회의 희망을 품을 수 있게 된다. 미신이라 하더라도 이렇게 아름다운 의미를 지닌 미신이 어디 있겠는가?

무의미하게 사라지는 것은 아무것도 없다. 외부적으로 보기에 단멸하는 물질적 삶이라도 역행과 순행의 기가 주고받는 정보의 교류에 의해 존재의 궤적은 끊이지 않는다. 마치 핑퐁게임처럼 서로 정보를 주고받음으로써 시간이 지날수록 정보는 눈덩이처럼 누적된다. 그것이 진화다. 수십억 년에 걸친 음양의 단절 없는 교호작용의 결실이다.

영혼은 의식의 본체이다

역행매질이 특정한 형상으로 조직되면, 우리에게 감각되는 '물체'가 된다. 반면에 순행매질이 특정한 형상으로 조직되면, 영체靈體'가 된다. 사라지지 않는 신령한 재질(순행 기)의 조직체라는 뜻이다.

이런 영체는 특정한 형체로 조직화된 기체氣體다. 특정한 형태의 기체는 그러한 형상으로 돌아가는 기(에너지)의 흐름인데, 이는 그 형상이 가진 정보와 기능으로서 '의식'이라고 할 수 있다. 의식의 정의가 크게 보면 정보와 그 처리과정이 아니던가? 영체는 그 자체로 신령한 의식인 것이다.

인간은 정신과 육체를 분리해서 이해해야 하지만, 영혼은 체와 의식이 분리되지 않는다. 영혼에게는 그 정신과 분리된 별개의 신체가 따로 있지 않다. 영체가 곧 의식 현상의 본체로서 영혼이다. 정신현상이 그대로 신체(영체)가 된다.

진화는 물질의 경험을 통해 이러한 영체가 만들어지는 실로 엄청난 시간의 공덕功德이다. 역행하는 기는 소립자가 되고 소립자는 물질이 된다. 그 물질은 또한 장구한 시간 동안 상극으로 인한 구조화 작용을 겪으면서 화합의 형상을 조직해 나간다. 그 형상(정보)이 순행매질에 거듭 축적되면서 결국엔 '자각성'을 가지는 의식이 출현하게 된다. 그것이 바로 우리 의식의 본원인 '영혼'이다. 말은 쉽게 했지만, 그 시간이 대략 45억 년이다. 영혼은 무수한 죽음과 환생의 스토리가 만든 우주의 걸작인 것이다. 엄마 뱃속에서 불과 열 달 만에 만들어져 나온 내 자식이라도 그 영혼이 지닌 세월의 무게를 생각한다면 절대 무시할 수 없다.

나의 첫째 아들이 19개월 정도 된 어느 저녁이었다. 목마木馬를 타던 그 녀석이 갑자기 목마를 심하게 흔드는 바람에 마루가 쿵쾅거렸다. 나는 아래 집에 소음이 될까 깜짝 놀라 하던 일을 멈추고 황급하게 목마로 달려가 아들을 제지하였다. 그때 허둥지둥하던 아빠의 모습이 무척이나 우스웠던 모양이었다. 당황해하는 내 모습을 보고 말 위에 걸터앉은 19개월짜리가 갑자기 넘어갈듯이 몸을 출렁이며 폭소를 터뜨리는데 그 소리가 어찌나 크고 그 표정 또한 얼마나 통쾌해하던지 내가 깜짝 놀랄 지경이었다. 어떻게 이 세상을 경험한지 2년도 안 된 어린아이가 아빠의 허둥대는 몸짓에 저렇게 웃을 수 있는 것일까? 아들은 계속 아빠가 당황해 주기를 바라면서 나보고 다시 처음 하던 일을 계속하라고 손짓으로 지시한 다음 의미심장한 표정을 지으면서 갑자기 말을 또 심하게 흔들었다. 그리고 아빠의 (충분히 준비된) 놀라는 모습에 다시 깔깔 웃어댔다. 이 과정을 대여섯 차례 반복해 주었던 것 같다. 그때 내가 보고 있는 그 녀석은 분명히 19개월짜리가 아니었다. 아빠를 놀릴 줄 아는 훨씬 성숙한 개구쟁이였다. 그런 재미를 만들어가는 의식이 과연 19개월 만에 만들어진 것일까? 분명히 그 녀석의 머릿속에는 자신의 행위에 의한 인과관계의 맥락을 부자관계에 파격을 가하는 재미로까지 연결하는 선험적 지혜가 이미 담겨 있었다고 생각한다. 자식을 키우다 보면 몸은 나에게서 내려갔으나 그 영혼은 별개라는 느낌이 들 때가 많다. 특히 사춘기를 지난 자식을 보면 확연해진다. 내 자식이지만 영혼(아트만)에 대한 예의를 갖추고 대해야 한다고 생각한다.

순행하는 기(氣)는 아무런 저항을 겪지 않고 중도의 운행을 지속할 수 있어서 결코 그 회전을 멈추지 않는다. 그러나 역행하는 기는 근원의 장으로부터 저항을 받아서 언젠가는 자신의 운행을 멈추게 된다. 하지만 육체(역행)와 의식(순행)은 짝으로 '얽혀'있다. 상극의 삶에서 구축된 역행기의 형상은 그 짝인 순행의 기장氣場에 똑같은 형상으로 전사된다. 짝으로 얽힌 양자量子들 간의 불가사의한 정보 전달 현상만 봐도 알 수 있다.

육체의 경험(정확히는 뇌파로 집약된)은 의식(영체)으로 빠짐없이 전송된다. 육체적 삶의 흔적은 그대로 영체로 전사되어 불멸의 지혜로 저장된다. 소실되는 것은 아무것도 없다. 그로 인해 역행이 수명을 다하고 멈추게 되더라도 순행의 장으로 이월된 정보는 불멸의 기능체로 존속하게 된다. 그 기능체는 물질의 한계에서 벗어났다는 의미에서 순수의식 혹은 신령한 혼(영혼)이라고 할 수 있다. 지금 우리가 느끼고 있는 이 삶에 대한 정감과 센스는 단백질 덩어리가 아니라 영혼에서 나오고 있다.

죽음에 관하여

그렇다면 우리는 죽음의 과정을 어떻게 받아들여야 할까? 그것은 단지 회전력이 다한 물질이 그 운행을 멈추는 것이다. 그때 육체(물질)와 맞물려 있던 영혼(의식의 본체)은 '얽힘 상태'에서 풀려난다. 톱니바퀴 하나가 멈추면 맞물려 있던 다른 톱니바퀴가 튕겨 나가는 이치처럼 영혼은 육체에서 이탈하게 되는 것이다. 이것이 역행 순환의 중지, 즉 물질대사가 멈추는 죽음의 기계적 의미다.

물질의 입장에서 본다면, 죽음은 자신의 소멸이다. 자신을 물질적 존재로 믿고 있던 입장에서는 비극이며 두려움이다. 하지만 영혼의 입장에서는 해방이다. 그것은 무겁고 딱딱한 물질의 구속에서 벗어나는 진정한 해탈의 순간이다. 육체는 영혼이 잠시 걸치는 옷과 같고, 죽음은 그 옷을 다시 벗는 과정이다. 그 옷에는 자신의 소멸을 슬퍼할 자의식이 없다. 껍데기에서 벗어난 애벌레가 나비가 되어 훨훨 날아가듯이 물질에서 벗어난 영혼은 오히려 무한히 자유로워질 것이다.

  죽음의 공포는 의식이 물질의 한계를 자신의 숙명으로 착각한 결과일 뿐이다. 죽음은 단지 의식이 물질의 조건에서 벗어나는 순간이다. 물질대사의 중지로 그 육체는 해체된다. 그러나 육체로 존재하던 모든 순간의 경험을 흡수한 의식은 더욱 진화된 영체가 되어 순행의 세계로 진입하게 될 것이다. 그 극적인 순간에 의식은 망각하고 있었던 과거의 기억을 되찾고 자신의 진정한 정체가 무엇인지를 깨닫게 된다고 근사체험자들은 전하고 있다.

  물질과 비물질 중에 어느 쪽이 더 자연스럽고 안정적인 존재 상태일까? 관점에 따라 다르겠지만 아무래도 에너지가 소모되지 않고 영구적인 것을 궁극의 존재 상태로 보아야 하지 않을까? 그런 상태로 돌아가는 것을 소멸이라 할 수는 없다.

  영원한 것이 실재實在다. 아무리 오래 존재해도 언젠가 사라지는 것이라면, 그것은 궁극의 존재라 할 수 없다. 그렇다면 영구적인 매질로 이월된 형상이 실재實在이며 언젠가는 허물어지는 이 세상보다는 멈추지 않는 순행의 매질로 만들어진 저 세상(의식의 세계)이 더 궁극의 세상이라 하겠다. 그래서 많은 종교에서는 그곳을 본향으로 표현한다.

  그런데 삶에서 죽음으로 넘어가는 길이 아직 평탄하지만은 않다. 중환자실에서는 기관지로 굵은 관을 삽입하여 강제로 숨을 쉬게 하면서 산소를 공급하고 코에 긴 호스를 삽입하여 위장까지 내려 보낸다. 그리고 그 속으로 죽으로 된 영양분을 주입한다. 사래만 걸려도 발작적으로 기침을 하게 되는데, 굵은 플라스틱 관이 삽입되어 있으니 편할 리 만무하다. 고통을 덜 느끼게 하려고 진정제를 준다. 약 기운으로 환자는 비몽사몽이다. 시간이 어떻게 흐르는지 알 수 없다. 간호사가 바뀌는 것을 보면서 시간이 흘렀음을 알아차린다. 대소변은 당연히 기저귀나 요도 관으로 받아낸다. 냄새가 나면 간병사가 들춰보고 기저귀를 갈아준다. 때론 외국에서 온 생소한 억양을 사용하는 간병사에게 남은 생의 품격이 맡겨지기도 한다.

그렇게 인체의 구멍은 거의 다 막혀있다. 돌발 행동을 방지하기 위해 손발마저 묶여 있다. 무언가를 해 볼 자유는 아무것도 없다. 고통만 지속되고 인간의 품위는 아예 사라진다. 흰 가운을 입은 젊은 의사들은 그 고통스럽고 참담한 상태를 하루라도 더 연장하기 위해 아예 퇴근도 하지 않는다.

고통이 오래되면 누구나 그 고통에서 벗어나고 싶어 한다. 그렇지만 우리는 그런 권리와 자유가 없다. 살아도 품위와 자유를 가지고 사는 것이 제대로 사는 것인데, 오늘날의 의학과 보호자들의 요청은 그렇게 현명하지 못하다. 침상에 묶여 천년을 산다는 것은 추태가 아닐까?

삶이 한 번뿐이라고 믿는다면 그럴 수밖에 없다. 아무리 고통스러워도 이승에 존재하는 것이 낫다고 생각한다. 하지만 그것은 무지한 자들의 이기주의다. 자기 눈에 살아만 있다면 아무리 상대가 고통스러워도 좋다는 말인가?

노인 병원 중환자실에 가면 그런 분들이 많이 누워계신다. 평생을 고생하며 자식을 키웠는데 마지막 순간에는 바로 그 자식들의 요청으로 평생의 그 어떤 고통보다 더한 고통으로 매일을 보내야 한다. 어떤 면에서는 부처님이 목격한 길거리 병사病死보다 더 참혹하지 않은가?

동물들은 죽음이 임박하면 무리를 벗어나 조용한 곳으로 가 혼자 임종을 맞이한다고 한다. 그런 것이 자연이다. 이제 자신의 운명을 마무리하고 깊고 깊은 잠에 들려고 하는데 주위에서 마구 깨운다. 고통스럽고 비참하더라도 100세를 살 것인가? 고통 없이 보람되게 좀 덜 살 것인가? 선택은 자유다.

다만 죽음이 임박하면서 어쩔 수 없이 겪는 고통과 품위 손상만이라도 줄일 수 있으면 좋겠다. 좋은 약들이 얼마나 많은가? 죽음이 두려운 것이 아니라 솔직히 그에 동반되는 고통은 두렵다. 삶이 역행과 순행의 무수한 순환 과정이라는 것을 안다면, 어떤 책의 부제목 — 평화로운 죽음, 기쁜 환생 — 도 가능해 질 것 같다. 고통 없는 죽음 내지 '존엄사'를 적극적으로 생각해 보아야 할 때다.

눈에 보이는 형形과 보이지 않는 상象

'재천성상 재지성형 변화현의在天成象 在地成形 變化見矣', 하늘은 상을 이루고 땅은 형을 이루어 변화가 일어난다고 하는 이 말은 〈주역 계사전〉에 나온다.

동양에서는 지상의 물형物形이 성사되기 전에 그 계기로서 먼저 일어나는 천기天氣의 형성을 상象이라 하였다. 어떤 물건을 만들기 전에 우리의 마음에서 먼저 일어나는 심상心象같은 것으로 이해하면 되겠다. 마음에 먼저 어떤 아이디어나 그림을 떠올린 다음에야 그에 따른 사물이 만들어지지 않는가? 그런 것이 상이다. 물질이 아니기에 육안肉眼으로는 당연히 보이지 않는다.

이러한 천기天氣의 실체는 순행매질(기)이다. 특정한 상은 순행매질로 이루어진 특정한 형상의 기운氣運이다. 이는 일종의 에너지체로서 그 형상을 따라 고유한 기의 파동이 내뿜어지고 있다. 이에 대해 한동석은 그의 저서 〈우주변화의 원리〉에서 이렇게 적고 있다.

> 형形과 상象의 개념은 서로 반대되는 개념이다. 만일 형을 인간의 감각에 쉽게 느껴질 수 있는 것이라고 한다면 상은 일반적인 인간, 즉 명明을 잃은 인간이나 또는 자연법칙을 관찰할 줄 모르는 사람에게 인식되기 어려운 무형을 말하는 것이다. 그렇다면 상은 사실상 무형인가하면 반드시 그런 것은 아니다. 다만 세속적인 사회생활과 거기에서 오는 사욕 때문에 어두워진 근시안적인 사람의 이목에만 무형으로 나타나는 것뿐이다. (…) 그러므로 오행의 목화토금수라는 것도 그의 본질은 다섯 가지의 상인데, 다만 그것이 응결하여 형체를 이루게 되면 물체가 되고, 분열하여 기화하게 되면 그것을 상이라고 한다. 그런즉 형과 상이란 것은 현실적으로는 이질적인 음성과 양성의 두 가지로 나누는 것이나 그 본질을 따져보며 일본체一本體의 양면성에 불과하다. 형과 상은 이와 같은 관계에 있는데도 불구하고 인간은 형은 볼 수 있지만 상은 관찰하지는 못하는 것이다.

진화는 형과 상이 서로 주고 받는 과정 속에 있다

이런 것이 동양철학에서 말하는 상象의 개념이다. 물질이 만든 형상形象이 순행매질로 이월되면서 눈에 보이던 형形은 사라지고 눈에 보이지 않는 기의 형상, 즉 상象으로 남은 것이다.

그런데 이런 상象이 단지 상으로만 그쳤다면 이 우주에 지금 같은 다양한 만물이 나타날 수는 없었을 것이다. 다행히도 상은 하늘의 기운으로만 머물지 않고 다시 땅으로 내려와 물형物形을 유도하게 되는데 그것이 바로 '환생'이라는 과정이다. 그때 순행매질의 파동으로 존재하던 상은 다시 특정한 역행매질 체와 얽히면서 그 체의 형성에 영향을 주게 된다. 맞물려 돌아가는 톱니바퀴의 이빨은 상대에게 흔적을 남기는 법이다. 형은 상으로 전송되고 상은 다시 형을 유도한다.

이런 역행과 순행매질 간의 교호交互작용을 동양학에서는 '천수상 물수형天垂象 物受形'이라고 하였다. 하늘은 상을 드리우고 물질은 그 상을 따라 형태를 받는다는 말이다. 인간 차원에서 부연하면 '천수상'은 죽음을 통해 지상에서의 경험이 영체(순행 기체)에 통합되는 것이고, '물수형'은 반대로 그 하늘의 상(영체)이 지상으로 내려와 자신의 파동에 맞는 물질적 신체를 유도하는 환생의 과정이라 하겠다.

영혼은 세상의 인연을 기다려 환생의 목적에 가장 적합한 육체를 찾아 다시 얽힌다. 이 과정에서 영혼에 저장된 상(정보)이 신체의 발생과 특정한 재능의 형성에 선험적인 정보로 작용하여 부모의 유전자를 초월하는 능력과 개성으로 나타나기도 한다. 영혼에 새겨진 정보(상)는 신체 조직화의 설계도로 작용하는 것이다.

이런 '천수상 물수형'의 총체적 과정이 진화의 전모다. 후천형질이라도 그 정보가 다음 세대로 계승되는 진화의 숨어 있는 통로가 되겠다. 영혼의 정보(상)는 유전자의 발생까지 포함하여 육체의 형성에 결정적인 역할을 한다. (이런 의미에서 본다면 유전자의 변형으로 인한 선천적인 질병도 어쩌면 진화의 노상에서 일어나는 연기緣起의 숙과熟果일 수도 있겠다.)

육체(形)는 정밀한 설계도象를 따라 만들어지는 완전한 재활용품이다

인간의 육체는 무작위하게 발생하는 것이 아니라 어떤 법칙(정보)을 따라 발생한다. 그러니 지구에 태어나는 모든 인간의 신체 구조와 그 생리 법칙이 동일하지 않겠는가?

상에 내재된 선험적인 정보의 존재로 인해 물질은 이미 겪었던 불필요한 시행착오를 건너뛰고 환경에 가장 적합한 형태와 기능을 효율적으로 취할 수 있었다. 순행매질(영체)에 저장되었던 정보가 바로 그 역할을 한다.

단세포 생명체가 단지 우연의 연속(돌연변이를 포함한)만으로 현재의 인류로 진화했다는 것은 무언가 궁색하게 들린다. 그보다는 장롱 아래 숨어 있을지도 모르는 진실의 조각 하나라도 더 찾으려고 노력하는 것이 좀 더 이성적인 태도가 아닐까 생각한다. 전생의 경험이 내재적 정보로 작용하지 않고 단지 우연한 변이만으로 지금과 같은 정교한 인체 조직이 창조되었다고 주장하는 것은 갑작스러운 돌풍에 고물상의 고철들이 우연히 제트기로 조립되는 확률과 비슷하다고 과학자들은 말한다. 불가능하다는 말이다.

수정란이 분할을 거듭하여 태아로 성장하는 과정은 아직 유전자만으로는 설명할 수 없는 신비다. 발생학을 공부하다 보면 수정란의 각 부분은 이미 특정한 기관으로 발달하기로 서로 합의가 된 것처럼 느껴진다. 한 번에 여러 기관으로 정확하게 분화 발전하는 수정란이 전체적인 설계도를 갖고 있지 않았다면, 어떻게 그 세부 영역 간의 총괄적인 조절이 가능했을까?

이런 후성설後成說, epigenesis은 수정란 밖에서 정밀한 유도작용이 있음을 강력하게 시사한다. 그런 역할을 하는 것이 수정란과 짝으로 얽혀진 영혼의 '정보'가 되겠다. 그 정보의 파동이 수정란의 발생을 선도한다.

이처럼 후천 형질은 혈육으로 상속되지는 않아도 상象을 통해 다음 세대로 전달되는 것으로 보인다. 상에 저장된 전생前生의 지혜는 금생今生의 신체적 조건과 정신 수준의 출발점이 된다. 보이지는 않지만 순행매질의 형상 정보는 새로운 물질 조직체를 구성하는데 결정적인 역할을 하면서 일체 소실 없이 계승되고 있는 것이다.

그것을 두고 〈주역 계사전〉에서 '재천성상 재지성형 변화현의'라고 했다. 풀이하면, '하늘에서는 일월성신의 추상적인 현상이 이루어지고, 땅에서는 산천초목의 구체적인 형태가 이루어져서 변화가 나타난다'는 내용이다.

> 참고. 육체가 생성될 때마다 그 구성 물질들이 역행 기에서 다시 만들어지는 것은 아니다. 이미 지구에 산재해 있던 물질들이 재조합되면서 새로운 신체가 만들어진다. 지구의 물질 원소들(정확히는 엄마의 혈중에 있던)은 영체가 제공하는 형상 정보를 따라 열 달 만에 믿을 수 없을 만큼 정교하게 재배치되면서 인간의 신체를 구성한다. 20억 년 전에 단세포 원핵생물이 탄생하여 영장류까지 진화한 것으로 본다면 인간의 임신 기간 1개월은 대략 2억 년의 진화 과정이 축약해서 펼쳐지고 있는 과정으로 볼 수 있다.

인체를 움직이는 생리生理는 상상을 초월할 정도로 정밀해서 외부의 자극에 크게 흔들리지 않는 항상성恒常性, Homeostasis을 가지고 있다. 자율적 의식을 갖추지 못한 원소들이 재조합되는 것만으로 어느 순간 이러한 합목적적 활동과 자기 보존력을 지니는 것, 그리고 그러한 물질의 조합이 급기야 자신과 같은 조직체를 재생산하기까지 한다. 정말 신비하지 않은가?

 인체를 공부하면서 가장 신비로웠던 부분은 생식기관(자궁)이었다. 내 신체의 모태인 그곳은 어쩌면 경건한 숭배의 대상이기도 하다. 우리가 신체의 내부에 그런 창조적 기관을 가지고 있다는 것은 얼마나 경이로운 사실인가? 과연 외부 정보의 개입 없이 물질 자체에서 그런 자율성과 창조성이 나올 수 있을까?

 흔히 인체의 설계도로 유전자(DNA)를 떠올린다. 하지만 유전자가 인체의 설계도는 아니다. 유전자의 주 역할은 단백질 합성을 지시하는 것이다. 유전자에 의해 만들어진 특정 단백질이 인체 내에서의 특정 작용을 함으로써 신체적 특징이나 기질 같은 유전 효과가 나타나는 부분은 분명히 있다. 하지만 특정 단백질을 구체적인 장소로 보내 고유한 역할을 하도록 지시하는 기능은 유전자만으로는 규명되지 않고 있는 영역이다. 유전자는 단지 단백질 생성의 정보를 제공할 뿐이다. 그것을 인체 전체의 구성 설계도라고 말할 수는 없다. 벽돌성분에 대한 정보를 가진 벽돌공장이 다양한 벽돌을 만들 수는 있다. 그렇다고 그 정보를 건물의 설계도라고 할 수는 없지 않을까? 벽돌을 적재적소에 쌓아 하나의 건축물로 완성 시키려면 전체적인 설계도와 현장 소장의 선험적 지식이 있어야 한다. 레고 조각이 많아도 로봇으로 조립되기 위해서는 아이의 심상心象이 있어야만 하듯이 말이다.

 인체는 살아있는 동안 자유의지를 가지고 많은 선택과 경험을 한다. 그리고 언젠가는 전원이 빠진 기계처럼 더 이상 움직이지 못하는 때가 오게 되고, 구성 물질들은 다시 자연의 원소로 환원된다. 그렇게 환원된 물질들은 다음에 또 누군가의 육체를 만드는 것에 재활용된다. 이런 과정이 끊임없이 이어지는 것이 과연 우연의 소산일까?

육체는 정밀한 설계도를 따라 만들어지는 완전한 재활용품이다. 아무런 의도 없이 지구의 원소들이 우연히 이런 항상성을 가지도록 조립될 확률은 거의 0이다. 창조론이 다시 조명되고 있는 이유도 그 때문이다. 창조적 의지의 개입 없이 이렇게 정밀한 신체가 만들어지는 것은 불가능하다. 다만 그 창조의 주체를 하느님으로 보느냐 영혼에 내재 된 정보로 보느냐의 차이만 있다.

게임 중에는 전원을 끄면 처음부터 다시 시작해야 하는 게임이 있다. 그런 방식보다는 한 번 통과한 단계는 저장되는 게임방식이 효율적이다. 만약 게임 완수를 저지하는 것이 개발자의 목적이라면 항상 처음부터 게임이 다시 시작되게 하여 시간을 지연시키려고 할 것이다. 하지만 게임 개발자가 원하는 것이 게임의 통과에 있다면 자동 저장 기능은 필수다.

진화도 마찬가지다. 힘들게 성취한 형상은 역행과 순행을 오가는 진화의 여정을 거치면서 계승되고 누적 발전되어야 한다. 그런 정보의 계승으로 인해 인간은 열 달 만에 만물의 영장이 될 수 있는 것이다.

그러한 진화의 여정에서 소실되는 정보는 없다. 전생前生의 경험은 모두 저장되었다가 다음 생의 출발점이 된다. 똑같은 환경에서 양육 받은 일란성 쌍둥이도 성격과 운명은 천차만별이다. 영혼의 정보가 다르기 때문이다.

형상의 성숙

이쯤에서 원론적인 질문을 하나 해 보자. 상象은 왜 다시 형形을 유도하며 짝으로 얽히려는 것일까? 이미 불멸인 영혼은 왜 굳이 새로운 육체를 찾아서 험난한 이 세상으로 다시 오려는 것일까?

그것은 영혼에 간직된 정보가 아직 부족하기 때문이고, 영체가 아직 불완전한 형상이기 때문이다. 영혼의 체란 결국 상극의 물질계가 만들어낸 형상이다. 그런데 진화의 길 위에 있는 물질 조직체는 국소적 환경에서 아직 부분적이고 편협한 경험을 하는 상태이기 때문에 그들이 이룬 형상은 여전히 미완의 형상일 수밖에 없다. 경험 부족으로 아직 지혜가 모자라는 것이다. 그렇다면 일체의 마찰이 없다는 순행의 세계에서 불완전한 형상은 무엇이 문제가 되는 것일까?

순행의 세계는 파동의 세계다. 하나의 파동이 다른 모든 타자(他者)에게 공유되는 곳이다. 그런 곳에서 미완의 형상 파동은 전체성에 조화되지 못하고 불협화음을 내게 된다. 오케스트라가 멋진 곡을 연주하고 있는데 어떤 악기가 음정도 안 맞고 박자도 안 맞는 소리를 내고 있다면 어떻게 될까? 사려 깊은 지휘자는 따뜻한 격려와 함께 그 연주자를 개인 연습실로 조용히 내려보낼 것이다. 아니 그보다는 연주자 스스로 미안하고 부끄러워서 개인 연습실을 찾게 된다. 그것이 환생이다. 공유의 세계에서 미완의 영혼은 자신의 형태를 보다 원만하게 변형시켜야 하는 진화의 압력을 받는 것이다.

모든 존재는 전체성의 환희에 동참하고자 하는 진화(형상의 변화)의 본능을 가진다. 하지만 상극이 없는 순행의 세계에서는 형상의 변형을 기대할 수 없다. 변형은 탄성한계를 넘어서는 외압을 감수해야만 비로소 이루어지는 결실이기 때문이다. 그렇다면 그 길이 아무리 힘들어도 영혼은 다시금 육체와 얽혀서 상극의 행로를 가야 한다. 공짜 점심은 없다. 진화의 변형은 오직 저항과 마찰을 받아들이는 고통에 대한 보상으로 주어진다.

미완의 영혼은 그렇게 깨달음의 퍼즐을 하나씩 추가하면서 점차 원만한 형태로 성장해 간다. 그 형상의 완전함을 불교에서는 대원大圓경지라고 한다. 역시 완전한 원圓으로 표상되고 있다. 그때까지 과한 부분은 깎이고 모난 부분은 다듬어지고 모자란 부분은 채워진다. 어린아이가 어른이 되는 과정과 다를 바 없다.

○

상象은 하늘(순행매질)에 새겨진 단순한 기호가 아니다. 상은 특정한 형상으로 순환하고 있는 에너지(순행 氣)의 파동이다. 그 순환으로 인해 상은 매 순간 외부로 근원적인 기의 파동을 발산하고 있다. 그렇게 상은 그 자체가 특정한 기운을 발산하며 만물과 상호작용하는 살아있는 의식이라 하겠다.

우리의 의식은 결국 그러한 상象들의 거대한 조직체다. 수많은 구슬이 연결되어 하나의 목걸이가 되듯이 무수한 심상들이 유기적으로 조직되어 우리의 의식이 되고 있다. 그런 의미에서 의식의 연상聯想작용은 바로 연상聯象이기도 하다. 의식은 다양한 상을 선택하고 연결하고 추상抽象하는 과정이라 할 수 있겠다.

물질적 삶에서 겪은 다양한 경험과 지혜들이 특정한 상이 되어 하나도 소실되지 않고 우주에서 파동치고 있다. 우주는 그러한 무한한 상들의 바다다. 허공은 끊임없이 몰아치는 심상의 파도들로 가득 차 있다. 우리의 의식은 그러한 상들이 연합하여 고유한 자의식을 갖추어서 지상으로 내려온 것이다. 그래서 우리는 밤하늘의 별빛에서 무한한 영감과 근원적인 향수를 느낀다.

12. 의식 현상
　　　중도의 회로

　우주는 무수한 상象으로 가득 차 있다. 밤하늘에는 눈에 보이는 별들만 있는 것이 아니라 눈에 보이지 않는 상들도 파동치고 있다. 이런 상들은 비물질의 순행 기氣로 이루어져 있어서 우리의 육안으로는 보이지 않는다.
　특정한 형상으로 조직된 다양한 상들은 제각기 고유한 파동을 발산하며 우리의 의식에 원초적인 심상心象을 불러일으키고 있다. 상이 그렇게 우리의 의식에 영향을 미칠 수 있는 것은 의식과 상이 같은 매질로 이루어져 있기 때문이다. 결국 의식은 이런 상들의 유기적有機的 조직체라고 하겠다.
　비록 육안으로 볼 수는 없지만, 동양의 현자들은 자연 현상에서 특정한 상의 작용을 직감하고 앞날을 예견하기도 했다. 그분들은 냉철한 지혜와 더불어 개체적 편견을 버리고 자연과 직접 교감할 수 있는 마음의 채널이 투명하게 열린 분들이 아닌가 싶다. 상을 깨친다는 것은 '있는 그대로' 수용하는 중도의 마음과 물질적 욕망이 배제된 영적 직관이 함께 작용하여야 가능한 일이기 때문이다. 이를 두고 노자는 〈도덕경〉 35장에서 "큰 상을 잡으라. 그리하면 천하가 다 그리로 갈 것이다(執大象 天下

往).”라고 표현한다.

그러나 우리 같은 보통 사람들은 저녁노을이 붉으면 내일 날씨가 맑을 것이라는 예상 정도가 가능하겠다. 이에 대한 과학적 해석도 있으나 여기서는 중도적 균형, 즉 붉음이 짙을수록 푸름도 짙어진다면서 잠시 도인 흉내를 내 본다.

이런 상의 개념이 동양철학에만 있는 것은 아니다. 서양의 정신의학자, 융이 말한 '의미심장한 우연의 일치(동시성, synchronicity)' 또한 특정한 상의 전개로 볼 수 있다. 특정한 상의 작용력을 받아 의미심장한 사건들이 동시적으로 펼쳐지는 것이다.

또 '타로 카드'도 주역과 크게 다르지 않은 것으로 그 원리의 중심에는 '동시성', 즉 특정한 상象의 작용력이 특정한 그림으로 표상表象되고 있는 것으로 생각된다.

분석심리학자 카를 융이 이러한 '동시성'을 발견하게 된 계기가 있다. 그가 지나치게 합리적인 성격으로 무장한 여성 내담자를 상담하고 있을 때였다. 매사에 합리적인 사람들은 일견 치료가 잘 진행되는가 싶어도 결정적인 순간에 자기 합리의 틀을 깨지 못하는 경우가 있다. 콤플렉스(신경증)는 오히려 무의식에서 올라오는 비합리적 욕구를 그대로 수용할 때 해소되는 면이 있다. 하지만 합리적인 사람들은 그러한 비합리성이 자신의 내면에서 부각되는 것을 견디지 못한다. 그래서 그 여성분도 치료에 저항을 보였고 치료는 진척을 보이지 않고 있었다.

그러던 어느 날 그녀는 황금 풍뎅이 모양의 보석을 선물로 받는 꿈 이야기를 했다. 내담자가 꿈 이야기를 하는 것은 무의식의 정보를 알려주는 반가운 신호다. 그런데 바로 그 순간에 그녀의 뒤편 창문에 실제로

'풍뎅이 류'에 속하는 곤충이 날아와 살며시 앉았다. 풍뎅이 꿈을 이야기하는 그 순간에 정말로 풍뎅이가 나타난 것이다. 융은 슬며시 일어나 그 곤충을 잡아서 그녀에게 보여주면서 "당신의 황금색 풍뎅이가 여기에 있습니다."라고 했다고 한다. 이 사건에 충격을 받은 여성은 비로소 자신의 합리적 방어의 벽을 내려놓고 치료에 호전을 보이게 되었다는 이야기다.

논리적으로 설명할 수는 없었어도 융은 이러한 '우연의 일치'에 우리가 미처 모르는 어떤 역장力場이 작용한다는 것을 느꼈고 그런 현상을 '동시성'이라고 했던 것 같다. 아마 우리도 비슷한 경험이 많으리라 생각한다. 인생에서 겪었던 소름 돋는 우연의 일치를 말해보라면 흥미진진한 하룻밤이 쉽게 지나갈 것이다.

이러한 동시성은 상象과 형形의 비국소적 어울림이라고 할 수 있다. 어떤 심상이 시공간의 제약을 초월해서 구체적인 형상으로 드러나는 것이다. (앞서 밝힌 양자얽힘으로 동시성을 해석할 수도 있다.) 그러한 기가 막힌 우연의 일치를 본다면 동시성은 우연으로 가장된 천도天道의 노출이라 하겠다. 다시 말하지만 모든 것은 얽혀있다. 홀로 독립적으로 일어나는 것은 없다.

의식은 자극이 아니라 주체에 종속된다. 그래서 자율적이고 유동적이며 독립적이다

본론으로 들어가서 '의식'에 대해 알아보자. 장구한 세월에 걸친 '물질'의 진화는 결국 '의식'의 발생을 목표로 한다고 하겠다.

그런데 의식 현상을 이해하는 데에는 결정적인 어려움이 하나 있다. 의식에 대해서 궁금해 하는 주체 역시 '의식'이라는 점이다. 그래서 의식을 이해하려고 하면 할수록 그 이해의 주체에 대한 궁금함이 계속 따라 나올 수밖에 없다. 의식을 이해하는 것도 여전히 의식이기 때문이다. 이는 질문의 답이 다시 질문으로 이어지는 것과 같아서 그 끝을 잡을 수 없게 된다.

> **경상도 아이**: '무시기'가 뭣꼬?
> **함경도 아이**: '뭣꼬'가 무시기?

하지만 상황이 이렇다고 의식 현상에 대한 규명을 포기할 수는 없다. 의식이야말로 우리의 진정한 정체이며 그 본질을 안다는 것은 깨달음의 핵심 목표이기 때문이다. 특히 요즘 같은 인공지능의 시대에는 그 개념 정리가 더욱 절실하다.

o

교차로 앞에서 신호 대기 중인 두 대의 차가 있다. 한 대는 사람이 운전하고 다른 한 대는 자율주행 장치로 가는 무인 자동차다. 파란 불이 켜졌다. 둘 다 그 빛을 인식하고 출발한다. 이 광경을 누군가가 멀리서 지켜본다면 어떤 차에 사람이 타고 있는지 맞추기 힘들 것이다.

그런데 파란 불을 인식하고 차를 출발시키는 이런 실험을 100번 정도 반복하면 어떻게 될까? 인공지능을 탑재한 자율주행 자동차는 한결같은 반응속도를 보일 것이다. 파란 불이 켜지자마자 한 번의 실수도 없이 정확하게 출발한다. 그러나 사람이 모는 차는 다르다. 가끔은 더디게 출발하거나 신호를 놓칠 때도 분명히 있다. 어떨 때는 신호가 떨어지기 전에 출발하기도 한다. 실제 도로상에서 우리는 딴생각을 하고 있다가 뒤통수에 경적 세례를 받는 경우가 많이 있다.

왜 그럴까? 그것은 '사람이기 때문'이다. 의식을 가진 인간은 무인 자동차처럼 기계적인 반응을 하지 않는다. 똑같은 자극에도 인간은 그 반응이 다양해질 수 있다. '사람이기 때문에.'

나는 이 점이 의식의 본질을 규명하는 하나의 힌트가 될 수 있다고 생각한다. 사람이 때로 교차로에서 신호를 놓치는 것을 실수라고 말하지만, 사실은 실수만으로 폄하할 수 없는 면이 있다. 오히려 그것은 어떤 기계도 보일 수 없는 의식만의 특징이 될 수 있다.

프로그램화된 기계는 주어진 자극을 거부할 권한도, 능력도 없다. 그러나 사람의 의식은 아예 반응을 거부할 수도, 똑같은 자극에 대해 전과 다른 반응을 할 수도 있는 선택권이 있다. 100번 정도 반복된 실험에서는 누가 보더라도 어느 차에 사람이 타고 있는지를 쉽게 알 수 있을 것이다.

의식이 보이는 이런 반응의 다양성 내지 예측 불허함은 의식이 자극에 일방적으로 종속되지 않는다는 뜻이다. 의식은 기계처럼 정보를 단순히 인식하는 데 그치지 않고 정보를 인식함에 더하여 그 정보에 주관적 의미를 부여하고 그 의미에 따라서 반응을 결정하는 과정이 한 단계 더 있는 것이다. 즉 의식에는 외부 자극에 어떤 의미를 부여하는 인식의 '주체'가 따로 존재하는 것이다. 그 주체의 판단과 결정이 있어야만 비로소 그에 따른 반응이 나오게 된다.

기계에는 반응 회로만 있을 뿐 주체가 없다. 무언가를 인식하고 신속히 반응하는 것만으로 의식적인 존재라고 할 수는 없다. 반면 의식에는 어떤 반응을 결정하는 주체가 있고 더욱이 그 주체는 자신의 결정 과정을 자각하기까지 한다.

이처럼 어떤 '주체'의 존재와 그것에 대한 '자각성'이야말로 의식이 가지는 가장 근본적인 특징이라 하겠다. 의식은 그래서 자율적이고 유동적이고 독립적이다. 예측불허에 까칠하기까지 한다. 의식에는 기계와 달리 주체에 대한 자각 즉 '자아'가 존재하기 때문이다.

물론 신호등에 대한 인식의 정확도만 따진다면 인공지능을 단 자율주행 자동차가 훨씬 우수하다. 비가 오는 밤처럼 악천후일 때 그 성능은 더욱 빛난다. 하지만 누가 더 의식적인 존재인가 할 때는 그 반대다. 비 오는 날 밤, 의식은 신호등 불빛에 일방적으로 종속되지 않고 신호등에 얽힌 아련한 추억을 떠올리며 신호 따위는 아예 잊을 수도 있다.

의식은 자극에 다양한 의미를 부여하는
주체에 대한 반응이다

기계적 반응과 달리 '의식'은 주체를 가지며 그것을 자신self으로 여긴다. 그래서 의식은 항상 '자의식'으로서의 인식체계다. 의식은 신호등 불빛에 대한 반응이 아니라 그 불빛에 다양한 의미를 부여하는 주체(자신)에 대한 반응인 것이다. 그렇다면 의식은 어떻게 해서 이처럼 주체를 가지며 스스로를 자각하게 되는 것 있을까?

이 책의 의도 중 하나가 형이상학적 고찰에 대한 형이하학적 근거를 찾아보자는 것이다. 그 근거가 과학적 증명까지는 다다르지 못해도 서로가 공감할 수 있는 최소한의 논리적 토대만이라도 되어준다면, 형이상학적 주제라도 좀 더 합리적인 공론에 도달할 수 있을 것이다. 고향을 찾아가는 사람이 그 방향만이라도 알 수 있다면 얼마나 다행인가? 방향만 정확하다면, 시간은 걸리겠지만 결국엔 고향에 도달하게 된다. 상象과 형形

이 동시성으로 얽혀지듯이 유형의 지문을 추적하다 보면 무형의 행적도 드러나는 법이다. 궁극적으로 보면 무형無形이라는 말도 형이 없다는 뜻이 아니라 드러나지 않는 형상形象이라는 말이 아니겠는가?

그래서 지금까지 근원적 원리에 대한 유형의 모델을 기氣의 원형圓形 순환으로 보고 나름의 추론을 이어오고 있다. 의식에 대한 고찰도 당연히 그러한 기의 운행양상에서 그 근거를 찾을 수 있을 것이다.

의식 현상을 이해하는 데에는 다양한 표현과 방식이 있을 수 있다. 나름 옳다. 하지만 가리키는 손가락은 많아도 달月은 하나다. 아직 여러 개로 보인다면 그것은 손가락일 뿐, 달은 아니다. 근원은 정의상 단 하나의 원리로 귀착되어야 한다. 우주는 단 하나의 질서로 돌아간다. 그렇기에 만물은 전체성의 화음으로 규합될 수 있다. 가장 단순한 것이 가장 심오한 것이다.

의식 현상에 대한 고찰도 유형적 논거를 통해야 객관적인 이해에 도달하기 수월해진다. 존재의 근본적인 이치는 중도였고, 중도의 유형적 물리는 '회전'이었다. 의식이 발현되는 원리도 회전의 속성에서 찾아보겠다.

근원은 중도의 장이다. 회전하는 기氣는 중도의 장을 이루는 실체로서 만물의 질료가 되고 있다. 그런데 회전(원운동)은 '끝'이 다시 '시작'으로 이어지는 운동이다. 우리가 원형圓形을 따라 걸으면 항상 그 출발점으로 되돌아오게 된다. 원운동은 부단히 원점原點으로 돌아오게 하는 흐름인 것이다. 그래서 원의 모든 점은 각각 끝점이자 동시에 시작점이 된다. 그런 것이 원圓의 특성이다. '원'이라는 형상에는 항상 그 시작점으로 돌아가게 하는 기능(정보)이 있다고 하겠다.

만약 그렇게 원점회귀하는 기氣에 어떤 '각성覺性'이 있다면, 마치 아인슈타인의 망원경이 자신의 뒤통수를 보게 되듯이, 기는 한 바퀴 돌아 자신의 출발점을 다시 목격하게 될 것이다. 즉 원형으로 돌아가는 각성은 자신의 출발점을 또 하나의 대상으로 볼 수 있는 시점을 맞이하게 된다. 무언가를 각성하고 있는 자신을 또 하나의 대상으로 다시 각성하는 시점, 그것은 바로 자의식이 아니겠는가?

이처럼 일단 근원적 매질인 氣에 근원적으로 내재적 각성이 있다고 전제한다면 사실상 원형으로 순환하는 기의 조직체는 전부 자의식을 가지게 된다고 하겠다.

부연하면, 순행매질의 장에 '형상 A'가 구축되면 기는 그 형상을 순환하면서 A라는 경험을 하게 된다. 그리고 그 기가 다시 본연의 원형 순환을 이어가면 한 바퀴 돌아 '경험 A'를 다시 객관적으로 맞이하는 시점이 발생한다. 바로 그 순간이 '경험A'에 대한 자의식의 출현이다. 즉 특정한 형상을 경험한 기는 원점회귀하여 그 특정한 형상의 경험을 객관적인 대상객체로 관조함과 동시에 그러한 관점의 존재를 주체로 반추하게 되는 것이다.

○

인식 현상은 객체에 대한 주체의 반응, 즉 주객의 상호작용이다. 이때 객체는 주체에 대해서 이질적이다. 기존에 없던 새로운 것이다. 그래서 그것에 대한 반응으로서 상호작용이 비로소 일어날 수 있다. 그런 객체가 등장하지 않는다면 상호작용이랄 것이 없으니 인식 현상도 성립되지 않는다. 그런 상태는 그야말로 무아의 의식으로만 존재한다고 하겠다.

기에 아무리 천부적인 각성이 있다 해도 각성의 대상형상이 없다면 기는 단지 인식의 잠재력만 형성했을 뿐, 구체적인 인식작용은 없는 상태인 것이다.

오직 어떤 '형상'이 발생하여야 회전하는 기는 그 형상을 하나의 대상으로 알아차릴 수 있다. 그때 기의 각성은 그 이질성을 객체로 인식하는 주체 의식으로 거듭날 수 있다. 이런 것이 기가 스스로 주체와 객체로 분화되는 과정이라고 생각한다.

무엇보다, 이러한 자의식이 창출되는 비결은 기가 부단히 원점회귀하기 때문이다. 의식은 신의 은총으로 유지되는 작위의 결과물이 아니다. 의식 현상 또한 중도의 회전이 만든 필연의 결과물이다. 어떤 우주에서도 '의식'은 필연적으로 발생한다.

모든 존재는 정도의 차이는 있지만, 이러한 자의식의 형성으로 인해 자신에 대한 보다 합리적이고 객관적인 반응을 도출할 수 있게 된다.

그렇게 기는 끊임없이 순환하면서 어떤 인식의 과정을 찰나(기가 한 바퀴 회전하는)의 시간 차이로 끊임없이 재인식하면서 자의식을 형성해 나가고 있는 것으로 생각된다. 대상의 존재로 인해 '찰나생 찰나멸'하는 이러한 의식의 특징을 본다면 의식(자아)도 연기緣起의 결과물인 셈이다.

**자의식은 그 시작을 다시 인식하는 원형(중도)의
순환에 의해서 이루어진다**

원점회귀하는 원형의 행로가 자의식이 창출되는 비결이라면 회전하는 기에는 처음부터 원초적 인식력(의식)이 있다고 보아야 한다. 당연하지 않을까? 만물의 질료인 기에 그러한 의식의 씨앗이 있었기에 이 우주에는 무수한 의식 체들이 나타날 수 있는 것이 아니겠는가? 생명체를 포함한 만물의 질료인 기를 무의식이라고 할 수는 없을 것이다.

그렇다면 소립자들도 당연히 나름의 의식이 있다고 하겠다. 양자역학의 기묘함도 어쩌면 그러한 의식 간의 상호작용으로 볼 수 있다. 원자도 분자도 물질도 일종의 의식체이다. 굳이 말하자면 원자와 분자의 화학적 성질이 그 수준의 의식이다. 식물과 동물을 의식체로 여기면서 그 구성 물질에는 의식이 없다고 하는 것은 오히려 더 이상하다. 사과나무에서 사과가 나오고 배나무에서 배가 나오듯이 생명을 출산한 나무라면 당연히 생명체일 수밖에 없다.

그래서 기氣*는 물질의 근원이자 모든 생명력의 원소다. 인간의 수준처럼 다차원적이고 복합적이지는 않아도 그 나름의 의식을 지니고 있다. 기로 이루어진 우리의 의식이 바로 그 증거다.

요즘에는 반려동물들이 많다. 당연히 그들도 자의식을 가지지만 과연 어느 정도일지 궁금해 하는 분들이 많다. 무언가를 무서워하거나 좋아한다는 것은 그것이 자신에게 고통이나 쾌감을 주기 때문이다. 자신이라는 주체가 성립되어야 가능한 반응이 아니겠는가? 하지만 '나는 누구인가?'라든지 '견생犬生이란 무엇인가?'라는 생각은 하지 못한다. 자의식의 수준이 그 정도로 발달해 있지는 않기 때문이다. 인간의 자의식은 무수한 정보가 유기적으로 조직되고 고도로 분화되어 나오는 복합적 알아차림이다. 결국 기의 유기적 구조화 정도가 자의식의 수준을 결정한다.

---

* 기는 갑골문에서 운기를 뜻했다. 〈설문해자〉에 의하면, 쌀과 운기의 소리가 합쳐진 형성문자다. 이러한 "기"자는 구름층을 형상화한 것으로서, 그 본 뜻은 '운기'로서의 기체다. 그 후 점차 "气"의 좌측에 "食"의 뜻을 가미한 "기"자와 연관 되면서 기의 생산적 의미가 강화 되었다. 후에 "气"는 일체의 기체를 의미하게 되었는데 예를 들면 "공기, 무기, 양기, 수증기" 등이다.

특히 인간에 이르러 자의식이 그처럼 뚜렷하게 확립되는 것은 언어의 발달과 밀접한 관련이 있는 듯하다. 인간은 대개 두 살 무렵부터 자아가 확립되는 것으로 여겨지는데,

이는 반복적으로 자신의 이름을 불러주는 양육자들의 영향이 크다고 하겠다. 주변에서 자신을 특정한 이름으로 반복적으로 불러줄 때 그 호칭에 의해서 자신을 객체화할 수 있는 시점이 다져지는 것 같다. 아이들이 엄마 아빠를 지칭하듯이 자신을 3인칭 이름으로 부르게 되는 그 순간이 바로 자신이 객체화되는 순간이다. 그래서 인간 수준의 자의식은 언어가 발달한 뒤에야 가능해진다. 아주 어린 시절, 불행하게도 인간사회에서 분리되어 동물들과 함께 자란 아이들의 경우에는 나중에 인간의 언어를 가르쳐도 정상적인 자의식을 확립하지 못하고 인간답게 살아가지 못한다고 한다. 아마도 그들은 결정적인 시기에 객관적 이름으로 불러지지 못했기 때문인 것 같다. 물론 반대로 동물을 데려다 아무리 이름을 불러주어도 인간 수준의 자의식을 확보하지는 못한다. 때와 조건이 맞아야 한다. 영체의 수준과 그것을 싹틔울 환경이 적절하게 만나야 한다. 씨가 아무리 좋아도 비와 햇빛이 없으면 싹이 트지 못하며 햇빛과 비가 풍부해도 씨가 부실하면 열매를 맺지 못한다.

나의 두 아들이 어릴 때 영어 유치원 같은 곳을 잠시 다녔다. 형은 '윌리', 동생은 '앤디'로 불렸다. 어느 날 앤디가 한 친구에게 괴롭힘을 좀 받았나 보았다. 형이 그 이야기를 듣더니 "왜 윌리를 부르지 않았어? 윌리를 (…)" 하면서 자신을 3인칭 호칭으로 부르며 우쭐해 하던 기억이 난다. 그때 윌리의 나이가 대략 4-5살 정도였을까? 세 살짜리 동생의 보디가드를 자처하던 네 살짜리 형이었다. 옆에 함께 있던 윌리 이모가 엄청 웃

었다. 인간은 자신을 불러주는 언어에 의해서 자의식의 기반이 확고히 다져지는 것으로 보인다.

  10살가량의 우리 집 반려견 '장비'도 자신의 이름에 반응을 한다. 하지만 그것은 명료한 자의식이 아니라 일종의 조건 반사다. 장비라는 말 뒤에 따라오던 보상에 관심을 보이는 것이다. 물론 그것도 자의식의 일부이기는 하다. (이 말에 아내는 동의하지 않을 것이다. 장비를 사람과 동격으로 보니까.)

  파란 불에 기계적으로 출발하는 인공지능과 달리 자의식을 가진 존재는 파란 불에 다양한 반응을 보인다. 지겨워지거나 둔감해지거나 심지어 화를 낼 수도 있다. 인간은 파란 불만 인식하는 것이 아니라, 그 불빛에 반응하는 자기 자신까지 인식의 대상으로 삼기에 각자에 내재된 경험 정보에 의해 그 반응이 다양해지는 것이다. 명료한 주체 의식을 가지는 인간은 자신이 다시 객관적인 인식의 대상이 되어 자신의 정신 과정에 대한 통제와 조절력을 가지게 된다. 그래서 주어진 상황에 최적의 '인간적인' 반응을 유도할 수 있게 된다.

  비 오는 날 밤, 자율주행 자동차는 시야를 민감하게 식별하겠지만 그 거리에서 우수를 느끼지는 못한다. 우수를 느낄 주체가 없기 때문이다. 주어진 목적지까지 쉬지 않고 갈 뿐이다. 반면에 의식은 밤길을 달리는 자신을 객관적으로 알아차리고 그의 시점(자신의 고유한 경험 정보에서 유추된)에서 비 오는 밤길의 주관적 의미를 창출해낸다. 잠시 갓길에 차를 세우고 자신의 삶을 돌아보는 기회를 가질 수 있다. "나는 왜 이 길을 달리고 있는가?"

  그래서 의식에서는 예측불허의 카오스가 펼쳐진다. 로봇 강아지보다 실제 강아지가 훨씬 매력적이고 사랑스러운 이유다.

자의식은 판도라의 상자 같다
: 고苦의 원인

모든 의식은 사실상 자의식이다. 의식의 회로가 결국 원형이기 때문이다. 생물 종에 따라서 자의식의 수준 차이는 있지만 모든 의식은 기본적으로 자의식의 발현이다. 자의식이 없다면 그것은 무의미한 '반응'에 불과하지 '의식을 가진 존재'라 할 수 없다.

자의식이 없는 상태가 어떤지를 상상한 일례가 '좀비'다. 영화에서 그들에게 총질을 마구 할 수 있는 이유는 그들은 공격성만 남은 생리적 반응체일 뿐, 총질 당하는 자신을 애도할 구체적 '자의식'이 없음을 전제로 하기 때문이다. 그런 상태는 세포로 만들어진 생화학적 기계와 같다. 그런 상태를 의식적 존재라 하지는 않는다. 물론 좀비는 상상의 존재다.

좀비가 진화되어 약간의 감정을 가지는 영화도 있는데, 그런 좀비는 죽여서는 안 된다. 미약하지만 자의식이 있기 때문이다. 물론 자의식이 없다고 다 죽여도 되는 것은 아니다. 대신 자의식이 없는 것은 하나의 물체와 유사해서 죽인다는 개념이 아니라 해체했다는 말이 더 적합하겠다.

그렇다면 좀비와 유사하다고 할 수 있는 원시 생명체는 어떻게 봐야 할까? 단순하더라도 외부 자극에 자율적이고 독립적인 반응을 한다면 자의식이 있다고 보아야 할 것이다. 그런 미물도 외부 자극에 대해서 자기 보존적 반응을 한다. 즉 '자기'라는 반응의 중심이 확립되어 있다는 말이다. 인간과 비할 바 아니게 미미하지만 그것도 자의식이다. 동물들의 학습효과도 자신에 대한 자각성이 어느 정도는 있어야 가능하다.

그런데 이런 자의식은 어떤 의미에서는 판도라의 상자다. 뒤에서 좀 더 살펴보겠지만 자의식으로 인해서 아상我相이 생기는데 아상은 아시다시피 모든 고苦의 원인이다. 그래서 불교에서는 아상을 소멸시키는 것을 수행의 목표로 삼기도 한다. 아상이 소멸되어야 해탈의 환희가 나타난다고 한다. 그렇지만 그러한 멸제滅諦의 환희 또한 자의식이 느끼는 것이 아니겠는가?

자의식으로 인한 아상이 존재의 고통을 초래했지만, 그 자의식이 존속되어야 아상의 소멸을 환희로 자각할 수 있게 된다. 즉 자의식이 없다면 멸제도 불가능하다는 이야기다. 그래서 아상의 소멸이 곧 자의식의 소멸을 말하는 것은 아니다. 의식은 사라지지 않는다.

자의식이 천국과 지옥을 창조하며 행복과 불행을 만든다. 자의식이 미약한 개들은 헐벗은 자신을 크게 애통해하지도 않고, 따뜻한 집에서 배고픔을 모르고 지내는 것이 천국인 줄도 모른다. 동물 수준에서는 자의식이 미약해서 고와 낙이 명확하게 분화되지 못하는 것이다. 적어도 인간의 자의식 수준에 이르러야 고苦의 상태가 자각되고 그 후에야 그것을 극복하기 위한 고집멸도의 사제四諦가 가능해진다. 전부 자의식의 명료함 덕분이다. 실로 고집멸도苦集滅道가 모두 명료한 자의식을 가진 존재들이 겪는 그들만의 리그다.

이처럼 자의식의 수준에 따라 존재의 진폭은 커지고 그만큼 파동 에너지가 높아진다고 하겠다. 조직화의 정도가 그 파동의 에너지를 결정하는 것이다. 진화란 그렇게 자의식이 명료화해지는 과정이기도 하다.

내가 알아차리는 것일까?

알아차림이 나를 만드는 것일까?

지금까지 자의식이 발생하는 원리를 원점으로 돌아오는 중도의 원운동에서 추론했는데, 그것만으로 의식 현상이 전부 규명된 것은 아니다. 전기 회로가 완성되었다고 전구에 불이 들어오는 현상이 완전히 규명되는 것은 아니지 않은가? 그 회로를 통해 돌고 있는 전자 자체에 대한 이해가 있어야 한다.

의식 현상도 마찬가지다. 앞서 잠시 언급했지만 기에 어떤 천부적인 각성이나 인식력이 없었다면, 그 운행이 아무리 '원점회귀'하여도 자의식이 발현되지는 못한다. 그런즉 의식 현상의 완전한 이해를 위해서는 기가 각성을 띠는 원인에 대한 고찰까지 있어야 할 것이다.

기가 원점회귀하여 자신에게 새겨진 형상을 다시 본다 해도, 기는 어떻게 그 형상을 각성할 수 있는 것일까? 기는 왜 그 형상의 이질성을 알아차리는 것일까? 기에는 왜 그런 능력이 처음부터 있는 것이며 그 '알아차림'은 도대체 무엇이며 어디서 비롯되는 것일까?

하지만 안타깝게도 그러한 '알아차림' 자체에 대한 궁극적인 규명은 어려울 것 같다. 알아차림의 기원에 대해 궁금해 할 수는 있어도 그 답은 없을 듯하다. 알아차림을 규명하는 주체도 역시 알아차림이기 때문이다. 이는 알아차림이 알아차림을 또다시 알아차리려는 것과 같다. 알아차림에 대한 어떤 규명이나 결론이든지 그것은 또 다른 '알아차림'으로 대체될 뿐이다. 알아차림이 무엇인지 알아차리려면 그 알아차림은 또 무엇인지를 다시 알아차려야 한다. 질문의 답이 다시 질문이 되어 끝없이 순환하게 된다. 알아차림을 알려고 할수록 알아차림은 그만큼 멀어지게 되는 것이다.

그래서 우리는 알아차림을 더 이상 파고 들어갈 수가 없다. 거울이 자신까지 비출 수 있을까? 불가능하다. 그렇다면 알아차림은 더 이상의 규명이 불가능한 위치에 있다고 하겠다. 아예 질문을 허용하지 않는 영역에 있는 것이다.

온갖 영상을 맺히게 하는 스크린도 그 자신까지는 반조返照하지 못한다. 마찬가지로 우리도 이미 알아차림이라는 궁극적인 조건 위에서 존재하기 때문에, 그 알아차림을 역으로 바라볼 시점은 더 이상 존재하지 않는다. 알아차림은 불가지不可知의 영역 혹은 '원래 그런 것이다'라고 궁색하게 변명할 수밖에 없다.

중학교 물상 선생님이 하신 말씀이 생각난다. 아무리 뛰어난 과학자에게도 "그것은 왜 그런가?"라는 질문을 계속하면 결국엔 몇 번 못가서 그 과학자는 "그것은 원래 그런 것이다"라고 얼버무린다는 것이다. 어떤 의미에서 과학은 존재의 본질에 대한 규명보다 주어진 현상에 대한 활용에 더 가치를 두는 것 같다.

더 이상 답할 수 없는 이러한 질문에 대해 동양의 스승들은 이렇게 답한다: "밥은 드셨는가?" 이는 질문 자체가 무의미하다는 말이다. 동양의 현자들은 그런 것을 올바른 질문으로 보지 않는다. 자연을 규명해야 할 대상이 아니라 순응해야 할 법法으로 보기 때문에 그런 질문은 무익하다고 보는 것 같다.

그래서 의식 현상의 발현은 기에 근원적인 '각성' 혹은 '알아차림'이 내재되어 있음을 전제로 할 수밖에 없다. 의식이 형성되는 회로의 형태를 알았다 해도, 더 중요한 것은 그 회로를 돌고 있는 근본적인 각성의 출처다. 하지만 그것은 규명할 수 없는 영역에 있다.

그렇다면 여기서 우리는 근본적인 반전反轉을 생각해야 한다. 알아차림이 더 이상 분석이 되지 않는다는 것은 그것이 궁극窮極이라는 말이 아닌가? 더 이상의 규명이 불가능하다는 것, 그것은 바로 최후의 배경일 수밖에 없다.

요컨대 '알아차림'은 모든 존재의 배경이 되는 궁극의 본성이라 하겠다. 그렇기에 더 이상의 규명을 불허하는 것이다. 알아차림은 그대로 근원의 본질이며 기의 본성이 된다.

이 말은 무엇을 뜻할까? 그것은 근원 자체가 어떤 각성의 장이라는 말이다. 즉 살아있는 생명의 장이라는 말이다. 근원은 우주에 존재하는 모든 생명체의 출처이기에 한편으론 당연하다고 하겠다. 만물의 솟구치는 생명력을 볼 때, 근원의 매질인 기는 살아있는 그 무엇일 수밖에 없다. 말하자면 기는 만물의 생명소生命素인 것이다. 이러한 기가 유기적 형상으로 조직될 때(형상의 출현), 의식 현상이 발생하고, 또 그 의식의 틀이 장구한 시간 동안 진화를 거듭해서 마침내 '자신'을 또렷하게 인식하는 고차원의 주체의식이 된다.

다시 말하지만 '알아차림'은 기의 본성이며 근원의 본질이다. 알아차림은 더 이상의 접근을 거부한다. 알아차림은 궁극이기에 그것을 다시 규명할 더 근원적인 관점은 없다. 그러한 기가 원형 순환을 할 때 '주체'가 출현하고 자아가 발생한다. 단순히 물질이 원형 순환을 한다고 의식이 발생하지는 않는다. 기에 내재된 '불멸의 각성'이 중도의 원형 순환을 통해 자신을 객체화할 때 비로소 주체적 자의식이 함께 창출되는 것이다.

그렇다면, '나'는 무엇인가?

이 질문은 대개 사춘기가 되면서 본격적으로 시작되지만 주어진 의무에 쫓겨 그 답을 찾지 못하다가 언젠가 부터는 아예 질문 자체를 잊고 살게 된다. 그러다가 삶의 후반부에 이르러 다시 그 질문이 고개를 드는데, 그것은 아마도 평생을 의지해 왔던 육체가 그 답이 될 수 없음을 깨달았기 때문일 것이다.

육체는 쇠약해지고 결국 소멸한다. 그런 허망한 것을 진실한 '나'라고 여길 수는 없지 않겠는가? 그래서 의식이 흐려지기 전에 나의 진정한 정체를 알아야 한다. 그것이 본향으로 가는 여권 속의 실물 사진이다. 나의 진정한 정체는 무엇일까?

'나는 무엇인가?'라고 고민하기 전에 먼저 생각해 보아야 할 문제가 있다. 흔히 우리는 '나는 살아있다' 혹은 '나는 존재한다'라고 말한다. 이 말은 '나'라는 것이 있고, 그것이 살아있거나 존재한다고 여기고 있음을 언표하고 있다. 하지만 이 말에는 모순이 있다. 주어가 술어를 떠나 완전히 독립적으로 존재할 수는 없기 때문이다. 주체와 객체가 서로 분리되지 않는 이치와 같다.

예를 들면 "바람이 분다."라고 했을 때 이 말은 바람이 먼저 있고 그것이 불고 있는 것으로 이해할 수 있다. 과연 그런 말일까? 그렇지 않다. 불고 있기에 바람이 된다. 불지 않으면 바람이라 할 수 없다. 붐으로써 바람이 되고, 바람이기에 불고 있다. 이때 술어와 주어는 서로 다르지 않다. 바람과 붐은 같은 말이다. 그런즉 바람이 분다고 표현하는 것은 부는 것이 불고 있다가 되어 결국 동어반복이 된다. (용수의 중관 논리 참조.)

이처럼 이미 불고 있는 것을 다시 불고 있다고 표현할 수밖에 없는 것, 그것이 주어와 술어로 이루어지는 언어체계의 한계다. 본래부터 주객이 분리되지 않는 의식 현상을 언어로 나열하려다 보니 그런 것 같다. 내가 웃는다고 할 때 그 순간의 나는 웃음을 떠나 따로 있지 않다. 웃음이 나를 실존케 한다.

마찬가지로 '내가 알아차리고 있다.'는 말은 내가 알아차림과 분리되어 존재한다는 오해를 일으킬 수 있다. 알아차림의 출처가 나이며, 알아차림을 나의 이차적인 작용으로 여기게 하는 것이다. 이는 알아차림보다 내가 앞서 존재하는 것으로 착각하게 만든다. 이때는 알아차림에 앞서 내가 있게 되니까 '그러한 나는 무엇인가'라는 질문을 또다시 할 수밖에 없다.

하지만 앞서 살펴보았듯이 알아차림은 궁극의 배경으로서 더 이상의 출처가 없다. 근원에 내재된 본성이다. 상황이 이러하니 '무언가를 알아차리고 있는 나는 무엇인가'라는 질문에 대한 답을 내리기가 더욱 어려워진다. '나'는 궁극의 본성인 알아차림의 출처가 되어버렸고, 그러한 나를 무엇으로 규명(알아차림)하려는 것은 아예 불가능하게 되는 것이다.

그런데 진실은 그 반대다. 앞서 살펴보았듯이 궁극의 알아차림이 있고 그것의 원형 순환이 '나'라는 주체를 설정하였다. 그래서 나란 무엇인가라는 질문은 본말이 전도되었다. 내가 알아차리는 것이 아니라 '알아차림'이 나(주체)를 만들고 있으며, 내가 질문하는 것이 아니라 질문이 나를 만들고 있기 때문이다. 즉 '나'는 알아차림의 자기설정, 근원의 '자기발견'에 다름이 아니다. 그 알아차림이 '나란 무엇인가'라는 질문을 하고 있는 것이다.

이 반전은 충격적이다. 내가 알아차리는 것이 아니라 '알아차림'이 나를 창조하고 있다는 것이다. 지금 우리는 근원에 대해서 고민하고 있고 그 존재 원리를 고찰하고 있다. 그런데 사실은 내가 근원을 고찰하고 있는 것이 아니라, 근원이 그러한 '나'를 경험하고 있다는 말이다. 다시 말하면 '나란 무엇인가'하는 그 의문의 주체는 바로 근원이다. '나'란 자기 스스로를 확증하는 근원의 의식인 것이다.

이보다 더 큰 복음福音이 어디 있겠는가? 이 의식이 바로 근원의 알아차림이고, 내가 바로 '그것'이라니!

> 그것은 마음에 의해 사유되지 않나니 마음이 오히려 그것에 의해서 사유된다. 그것이야말로 진정한 의미에서의 브라만이니 사람들이 브라만이라 섬기는 모든 것은 브라만이 아니다.
> _석지현 역주, 〈께나 우파니샤드〉

결국, 만물은 근원의 자기 인식이다. 근원의 인식력이 특정한 형상으로 조직되어 그것을 '나'로 투사하고 있다. 그것이 아트만이며 그 정체는 브라만의 개체의식이라 하겠다.

아무런 형상 정보가 실리지 않은 순행의 기氣는 단지 의식의 잠재력만을 지닌 체 깊은 무아無我의 잠속에 있었다. 어느 날, 이 흑암의 바다 위에 한 줄기 빛이 나타났으니 그 빛은 바로 상극의 바다 속 깊은 곳에서 떠오른 '형상'이었다. 그 형상 속에는 온갖 경험과 지혜의 정보가 간직되어 있었다. 근원의 기가 그 형상을 따라 순환하기 시작하면서 불멸의 각성은 다양한 자아로 거듭나게 되었다. 만물의 의식이 창조되기 시작한 것이다.

　　브라만은 이 모든 존재들을 창조한 다음 그 자신의 불가사의한 분화력을 통해서 그 자신 스스로를 무수히 분화시켜 다시 그 피조물들 하나하나 속으로 들어가 그 피조물들의 영혼(아트만)이 된 것이다.

○

　　형상이 참으로 중요하다. 창조는 결국 형상의 획득이다. 근원의 알아차림이 어떤 형상으로 구조화될 때 그러한 기능 체로서의 주체 의식(아트만)이 발생하는 것이다.

　　형상이 실리지 않은 순행의 기는 단지 각성의 원판으로만 돌고 있다고 하겠다. 각성은 있으나 그 각성이 지각할 구체적 정보(형상)가 없기에 특정한 주체 의식으로 구현되지 못하는 것이다. 아무런 음악이 실리지 않은 채 돌아가는 빈 레코드와 같고 빈 필름으로만 돌아가는 영사기와 같다. 거기에는 주체의 근거인 객체가 없다. 그저 무아의 생명력으로만 적막하게 돌고 있다. 주객 미분화의 '원시의식'이라 하겠다.

　　이런 각성의 원판에 물질계에서 겪은 다양한 경험 정보들이 특정한 형상으로 구축될 때 원점회귀하는 근원의 각성은 그 형상 정보를 '일인칭 주인공 시점'으로 경험하게 된다. 그 일인칭 시점에 대한 자각, 그것이 바로 '주체'의 탄생이다. 주체(자아)는 다른 말로 근원의 알아차림이 감상하고 있는 독립영화의 일인칭 주인공 시점이라 하겠다.

　　그렇게 주체가 설정됨으로써 주객 미분화의 원시의식은 마침내 주객이 분화된 명료한 자의식으로 작용한다. 그런즉 역행의 산물인 형상이야말로 이 흑암의 우주에 부여된 창조의 빛이며 '아트만'의 탄생이다. 형상으로 인해 모든 개체적 존재와 그 의식이 시작된다.

지상의 모든 테크놀로지가 추구하는 궁극의 엔터테인먼트는 결국 '일인칭 주인공 시점'의 완전한 구현이다. 먼 미래에는 오감五感을 모두 충족하는 궁극의 게임이 나타날 것이다. 그것이 과학기술이 추구하는 엔터테인먼트의 최종 목표다.

수도의 목표는 여기서 한발 더 나아가 그 '일인칭 주인공 시점'이 '전지적 작가 시점'으로 확장되는 것이라 하겠다. 게임의 주인공에 완벽히 몰입하면서도 언제든지 거기에서 벗어날 수 있는 초월의 지혜와 자유를 갖추는 것이다. 초월과 내재의 자유자재, 신령한 지혜와 능력을 지닌 영혼의 본질이 그런 것이 아니겠는가?

의식의 본질이 그러하다면 '지금의 나'가 그대로 궁극(참나, 眞我)인가?

한편으로는 맞고 한편으로는 맞지 않다. 많은 수행처에서는 자신의 궁극적인 본성을 깨달으라는 의미에서 '참나'(같은 말로 주인공 혹은 대아大我가 있다)를 찾으라고 한다. 그리고 그 '참나'를 체득하는 것을 수행의 목표로 삼기도 한다.

'참나'는 과연 무엇이며 '지금의 나'와는 어떻게 다른 것일까? '참나'의 개념을 제대로 잡지 않는다면 수행이 엉뚱한 것만 추구하다가 끝날 수 있다.

우선 '지금의 나'부터 곰곰이 생각해 보자. 따져보면 '지금의 나'는 현 육체의 경험과 그 기억에 의한 나이다. 그것을 떠나서 지금의 나를 특정할 수 있는 것은 없다. 경험과 기억을 떠나 '지금의 나'라고 할 수 있는 것은 있는지 한 번 생각해 보자. 아마 없을 것이다.

현재의 나는 과거의 경험과 그 기억에 의해 규정되고 있다. 언제 어디서 태어나 무엇을 했으며 지금 또 무엇을 하고 있는지에 의해 지금의 내가 결정되고 있는 것이다. 그런 것들을 빼버리면 나라고 할 것이 없다. 지금의 나는 그런 기억의 연합에 불과해 보인다.

그런데 경험과 기억은 절대적이지 않다. 그것은 환경조건과 선택에 따라 얼마든지 바뀔 수 있었다. 어떤 경험과 기억으로서 내가 결정되고 있지만 그 경험과 기억이 가변적이라는 점에서 '지금의 나' 또한 가변적이며 절대적이지 않은 것이다. 그런 상태는 궁극적인 존재 상태라고 할 수 없다.

그렇다면 변하지 않는 절대적인 것은 무엇이 있는가? 그것은 근원뿐이다. 그 이하 모든 것은 상대적인 피조물일 뿐이다. 온갖 경험(형상)은 상대자들이지만 그 모든 것을 공평하게 수용하는 순행매질(근원)만이 절대자다. 그 절대적 각성의 장에 상대적 형상이 나타날 때 절대자는 그러한 상대자로서 깨어난다. 그 절대적 각성이 다른 말로 브라만이다. 불교식으로는 비로자나불이라 할 수 있겠다.

하지만 절대적인 각성 그 자체는 상대자들에게 직접 인식되지 않는다. 말하자면 무아의 각성이다. 거기에 형상이 각인될 때 무수한 상대자가 발현되고 있다. 즉 '지금의 나'란 특정한 상대자 중의 하나로서, 근원의 각성이 특정한 경험(형상) 속에 몰입해 있는 상태다. '지금의 나'는 궁극의 각성이 현 육체를 잠시 '자신'으로 삼고 있는 것에 불과하다.

육체는 물질계를 경험하는 브라만의 임시 의지처다. 근원의 각성이 물질의 조건 속에 축소되어 기능하고 있다고 할 수 있다. 근원의 알아차림이 물질로 분장한 '나'라는 배역에 잠시 몰입된 상태라고나 할까?

그러한 배역은 당연히 궁극이 아니다. 배역은 배우의 희망에 따라 얼마든지 바뀔 수 있다. 배우는 한 명이라도 시나리오에 따라 주인공의 개성은 얼마든지 다르게 펼쳐진다. 기의 존재와 그 각성은 영원하나 특정한 조건으로서의 '지금의 나'는 얼마든지 바뀔 수 있다는 말이다. '지금의 나'는 중도가 창출한 일인칭 주인공 시점에 다양한 물질계에서의 경험이 부가되어 나타난 임시적이고 가변적인 정체성인 것이다. 그 가변성은 말 그대로 고정 불변하는 실체가 아니므로, '나'란 이 세상에서만 나타나는 신기루와 같다.

반면에 '참나'는 무수한 물질적 조건의 나를 모두 수용하는 근원의 주체 의식을 말한다. 많은 영화에서 다양한 주인공 역할을 맡는 민낯의 배우 자신이며 수많은 자아를 설정하는 근원으로서의 자각성이다. 그것은 '지금 나'의 삶을 초월해서 전生 전생前生의 기억과 지혜로 확장된 존재라고 할 수 있다. 현재의 일인칭 시점으로 축소되지 않은 전지적 작가 시점의 의식이라고나 할까? 그러한 근원적 정체성의 주체 의식(궁극의 의식, 참나)이 진화의 여정을 따라 다양한 물질적 조건에 몰입하여 수많은 자아로 이 세상에 출현하고 있다.

이처럼 지금의 나와 '참나'는 엄연히 구분된다. 하지만 중요한 것은 이러한 '참나'를 '지금의 나'와 별개로 존재하는 의식체로 오해해서는 안 된다는 것이다. 마치 지금의 내가 사라지면 비로소 나타나는 숨어있던 신령神靈 정도로 오해할 수 있다. 그래서 어떤 사람은 눈 감고 자기 욕망과 생각을 완전히 잠재우고 그 '참나'를 만나보려고 한다. '참나'란 과연 그런 것일까?

배역은 배우와 별체別體가 아니다. 배우는 배역과 떨어지지 않는다. 둘은 항상 함께 다닌다. '현재 나'라는 배역은 '참나'의 열연이다. 굳이 그 둘을 차별하자면 정체성에서 차이가 날 뿐이다.

'지금의 나'는 현재의 육체와 그 경험만을 기억하고 있다. 그것이 지금의 나라는 배역이 되고 있다. '나'라는 것은 의식의 본체가 특정한 조건과 개성에 몰입하여 특정한 역할을 하고 있는 상태로서 참나가 이번 생에서 맡은 배역인 것이다. 하지만 그 역시 '참나'의 연기演技이며 의식이다.

강물이 특정한 지형에서 회오리치다가 다시 본류로 돌아가듯이 '참나'는 특정한 정체성의 지류 속을 잠시 흐르고 있다. 그 회오리가 '지금의 나'다. 여전히 하나의 강물이지만 경계만 잠시 축소되어 있을 뿐이다. (그 축소된 정체성에는 자신이 언젠가는 죽음으로 사라질 것이라는 착각을 포함한다.)

지금의 내 의식은 협소한 육체 속에서 특정한 역할(형상의 경험)을 담당하고 있지만 궁극적인 정체는 근원의 주체화이자 '참나'의 전변轉變이라는 점에서 근원과 동격의 위상을 가진다고 하겠다.

대략, 이 정도로 나와 '참나'를 억지 구분해 보았다. '참나'는 눈 감아야 찾아지는 대상이 아니다. 오히려 눈 감으려는 의도를 초연하게 알아차리는 현재 의식 그 자체다.

> 저 하나인 바람이 크고 작은 구멍 속을 지나가면 마치 많은 종류의 바람이 있는 것처럼 여러 가지 다른 소리가 난다. 저 하나인 아트만이 각기 다른 존재의 육체 속에 들어가면 그 각기 다른 육체적 특성에 따라 각기 다른 아트만이 있는 것처럼 보인다. 그는 모든 존재의

> 내부에 머물면서 동시에 그는 모든 존재의 외부에 충만해 있다.
>
> _석지현 역주, 〈까타 우파니샤드〉

그래서 '참나'를 찾는 제자의 질문에 동양의 스승은 꿀밤을 한 대 먹인다. "아야" 하면서 의아해하는 제자에게 스승은 일갈한다. "아야 하는 바로 그놈이다!"

참 역동적인 가르침의 현장이다. '참나'는 바로 그런 것이다. 그것은 '지금의 나'를 연속적으로 알아차리는 '일인칭 주인공 시점'에 언제나 함께하고 있다. 내가 아무리 바뀌어도 그렇게 바뀐 나를 또다시 자신으로 경험하는 그 시점은 바뀌지 않는다. 그렇지 않은가?

'지금의 나'는 오십 년 전의 나와 엄청나게 바뀌었어도 그때부터 지금까지 그 모든 과정을 연속적으로 알아차리는 그 일인칭 시점은 단절되지 않고 있다.

'참나'는 '아야'하는 바로 그 순간을 경험하고 있다. 지금의 나는 매일 늙어가더라도 의식으로서의 '참나'는 나이를 먹지 않는다. 초등학교 입학식 때의 나를 경험하던 그 의식은 지금 이 글을 쓰는 순간에도 함께 하고 있다. 둘은 한 번도 떨어져 본 적이 없다. 이쯤에서 다시 묻겠다.

지금의 나'는 무엇인가? / 경험의 부산물이다.
누가 경험하고 있는가? / 근원이다.

그렇다면 '참나'는 무엇인가? 이제 이 질문의 답은 그 질문 속에서 찾아야 한다. 이는 근원이 질문하고 있는 것이며, 질문하는 자가 바로 그 답이기 때문이다. '참나'란 무엇인가 하는 질문은 그렇게 질문하고 있는 주체에 대한 각성의 촉구이며 근원이 스스로 그렇게 묻고 있는 것이다.

이런 질문에 대해 꿀밤을 먹이거나 밥은 먹었는가 하면서 반문하는 동양의 스승들은 질문의 끝자락에서 답을 찾으려는 행위를 포기하고 오히려 질문의 시작점을 보라고 한다. 질문의 내용에 파묻히지 말고 그러한 의문을 품는 의식 자체의 초월성을 발견하라고 한다.

"이 뭐꼬?"하는 질문자가 바로 그 질문의 답이 되는 것이다. 불가佛家에서는 '보는 놈을 봐라'라고도 한다.

'지금의 나'는 물질계에서만 필요한 존재의 좌표이다. 당연히 물질적 조건에 따라 얼마든지 변할 수 있다. '나'는 의식이 물질의 바다를 항해할 때만 필요한 하나의 좌표이며 '참나'는 그 모든 좌표를 이어가는 항해자의 자유다. 그 자유가 무아다.*

나는 변한다. 그 '변해가는 나'가 바로 '참나'다. 지금의 나를 고정 불변하는 실체로 여기는 순간, 의식의 천부적인 자유는 물질이라는 형틀과 그 고단함으로 축소되어 버린다.

진실재眞實在는 근원의 알아차림뿐이다. '참나'는 전 우주와 전 존재를 자기로 삼고 있다. 그런 차원에서는 '나'라는 개념이 붙을 자리조차 없다.

비록 육체의 물질적 한계와 상극의 희로애락을 겪는 고달픈 '현재의

---

* 불교에서는 오온이 모두 무상하고 고이며 무아라고 한다. 무아란 범어에서 anātman 혹은 nir-ātman인데 비신·비아로 해석될 수 있다. 이는 色,受,想,行,識의 자아감각이 참된 자아 아님을 말하는 것이다. 남전 상좌부 불교의 논서 〈아비달마〉 개요의 설명에는 세계가 물질과 정신현상으로 조성되어 있다고 하는데, 물질과 정신의 작용으로 만들어 내는 색법과 명법은 모두 아주 빠른 찰나생 찰나멸하는 것이다. 사람도 색법과 명법으로 구성되어 있으니, 이러한 관점에서는 영원불변하는 我나 영혼이 없는 것이다. 그러면 과연 어디서 이러한 끊임없이 지속되는 찰나생멸의 과정이 생겨나오는 것인가 하는 문제에 대해서는 아직 답이 없다.

나'이지만 그러한 나를 경험하고 판단하는 근원의 알아차림은 한순간도 단절되지 않고 있다. 언젠가 지금의 소아小我가 육체에서 벗어나 기억의 빗장을 풀면 근원의 정체성으로 확장되어 무아의 자유와 환희를 누리게 될 것이다.

> 하느님은 더 이상이 없는 첫째 자리에 있다
> 큰 덕과 큰 지혜와 큰 힘을 지닌다
> 하늘을 창조하고 무수한 세계를 주관한다
> 만물을 창조하되 티끌만한 것도 빠뜨리지 않는다
> 너무나 밝고 신령하여 감히 이름을 지어 헤아리지 못한다
> 소리와 기운으로 원하고 빌어도 친히 그 모습을 볼 수는 없다
> 각자의 본성에서 그 씨앗을 구하라
> 뇌 속에 내려와 있다
> (神在無上一位 有大德大慧大力 生天主無數世界 造牲牲物 纖塵無漏
> 昭昭靈靈 不敢名量 聲氣願禱 絕親見 自性求子 降在爾腦)
>
> _신훈, 〈삼일신고〉

끝으로 한 가지 더 부언해야 할 것이 있다. 의식의 발생은 중도의 필연적 귀결이었다. '원점 회귀'하는 중도의 순환은 그 '시작'을 다시 목격하고 대상화하는 시점을 발생시킨다. 그것이 중도의 순환이 자의식을 발현시키는 기전mechanism이었다.

그런데 역행하는 기도 원점으로 돌아오는 원형 순환이다. 그렇다면 역행하는 기에서도 자의식이 나타나야 하지 않을까? 하지만 우리 의식의 비물질적 존재 양상(파동성, 비국소성, 공유성 등)을 볼 때 의식의 출처는 순

행하는 기象에 있다. 왜 역행매질에서는 의식 현상이 발현되지 않는 것일까?

의식에는 주체성self-identity과 연속성이 있어야 한다. 주체성이 확보되는 원리에 대해서는 이미 말했다. 그 다음에 고려해야 할 부분은 연속성이다. 연속성이 보장되어야 주체의 고유성(유일성)도 성취된다. 단절되거나 연속성이 없는 각성은, 꿰지 못한 구슬처럼 하나의 고유한 의식 현상으로 통합되지 못한다.

그런데 역행은 언젠가 멈추고 육체는 소멸한다. 육체(물질)는 연속성이 없다. 육체만으로는 정보의 단절을 피할 수 없는 것이다. 즉 짧은 수명을 가지는 역행만으로는 의식으로까지 조직화 될 충분한 시간을 확보하지 못한다는 말이다. 우리의 의식은 무수한 경험 정보들이 수십억 년 동안 정교하게 구조화된 것이다. 그에 비해 육체의 수명은 길어야 백 년이다. 정보의 연속성이 확보되지 못한다.

단 짧은 수명의 역행이지만 그 차원에 맞는 의식 수준은 있다고 하겠다. 그것은 생물학적 반응 수준 정도다. 부모의 유전자에서 기인하는 기질器質이 그런 것이다. 기질은 생물학적 본능의 강도와 외부 자극에 대한 생리적 반응 양상에 영향을 주어 성격 형성에 일조一助하기는 한다. 하지만 그것이 인간 수준의 지혜와 자의식을 말하는 것은 아니다. 역행만의 의식 수준은 앞서 언급했듯이 양심과 도덕에 의한 고차원적 사리판단은 하지 못하는 '좀비'와 같다고 하겠다.

독특한 인생관과 가치관, 자기만의 이상理想, 양심의 무게, 사리事理를 판단하는 능력, 선악 미추의 기준, 특정한 순간에서 느끼는 저마다의 다양한 감동, 적절한 해학과 풍자, 어떤 상황의 의미와 맥락을 알아차리는 능력, 자의식의 수준과 초월적 자기애, 보편적 인류애 등은 태초부터 지금까지 수십억 년의 정보가 단절 없이 이어온 순행의 매질에서만 발현되는 의식의 지혜다. 그것이 의식으로서 진정한 자신이다.

진화에는 공짜가 없다. 길고 긴 투쟁과 인고忍苦의 길이다. 바다에서 뭍으로 한 걸음 내딛는데도 수십억 년이 걸렸다. 삶과 죽음 그리고 환생의 여정을 통해 우리는 무수한 정보를 통합하면서 점차 포괄적인 형상으로 진화해 나간다.

기의 속성인 원초적 각성이 정교한 '의식체'로 진화하기 위해서는 순행과 역행매질의 상호작용, 즉 형形이 상象으로 이행되고 다시 그 상이 형을 유도하는 상보적 순환작용이 무수히 반복되어야 한다. 자의식의 수준은 그런 과정을 반복하면서 조금씩 높아져 간다. 그 시간이 지구에서만 지금까지 50억 년이다.

그런 조직화의 어느 순간에 인간의 의식이라는 복합적 알아차림이 나타난다. 무수한 하부 '알아차림'들이 유기적으로 조직되어 포괄적인 의식 현상으로 기능하게 되었다. 기氣의 원초적 '알아차림'이 고도로 분화 발달한 합목적적 기능으로서 고차원적 '의식'이 출현하게 된 것이다. 인간은 그렇게 태초부터 역행의 고난을 극복해 가면서 취득한 정보들이 하나로 뭉쳐져 신령한 지혜로 발현된 온 우주적 성과다.

13. 뇌의식과 영의식
   소아와 대아

'의식'은 다양하게 분류될 수 있다. 여기서는 육체에 속한 '뇌의식'과 영혼에 속한 '영의식'으로 구분해서 살펴보고자 한다.

육체의 의식은 현재의 육체적 조건 속에 있는 인간의 정신을 말한다. 이는 영혼이 물질적인 뇌의식으로 그 기능과 정체성이 축소된 상태를 말한다. 일명 '소아小我 의식'이다. 자신의 정체를 현생의 육체가 경험한 기억에만 근거하고 있으며 자신을 물질과 함께 사라지는 한정된 존재로 여기고 있다. 우리 대부분이 가지는 축소되고 슬픈 자아개념이다.

반면에 영혼의 의식은 수많은 육체 의식의 근원적인 출처로서 대아大我라고 할 수 있다. 물질에 한정되지 않고 현 육체의 기억 범위를 초월해서 모든 소아를 통합하는 불멸의 정체성을 지닌다고 하겠다.

이처럼 소아와 대아의 차이점 중 하나가 바로 '정체성'이라고 할 수 있는데 그 정체성은 무엇보다 '기억의 범위'에 의해서 결정된다. 만약 내가 전생前生을 기억한다면 나의 정체는 확연히 달라져 버린다. 그때의 나는 '지금의 내'가 상상도 못할 정체성을 가지게 될 것이다. 궁금하면서도 한편으론 두렵다. 내가 전생에 흉악범이었다면?

물론 궁극적인 정체성은 둘 다 근원(브라만)으로 귀속되겠지만 '현재의 나'라는 소아적 정체성은 현재의 뇌가 경험한 범위 안에서 결정되고 있다는 말이다. 그런즉 대아가 소아의 정체성으로 축소되는 가장 큰 이유는 영혼이 육체에 임할 때 그 전의 기억이 차단되기 때문이다.

지금의 나는 현 육체를 벗어난 상태를 전혀 기억하지 못한다. 그로 인해 전생이라는 것을 아예 믿지도 않는다. 자신과 인생의 진실한 모습을 모른 채 하루하루 살아가고 있다.

그렇다면 영혼이 육체와 결합하게 될 때 왜 이런 기억의 단절을 겪게 되는 것일까? 우리는 왜 망각을 부르는 '레테의 강물'을 마시고 마치 처음인 것처럼 이생을 다시 시작하게 되는 것일까? 전생을 기억했다면 나의 삶은 더 현명하게 진행될 수도 있지 않았을까?

전생前生을 기억한다면 나는 어떻게 변할까? 소설 같은 이야기지만 만약 아내가 전생의 내 어머니였다면? 내 자식이 전생에 내가 큰 빚을 진 사람이라면?

오히려 혼란스러울 것 같다. 무슨 일이 펼쳐질지 모르고 따라가는 드라마가 재미있듯이, 전생을 모르고 살아가는 것이 더 행복할 수 있겠다. 간혹 최면을 통해 전생을 쉽게 회상시키면서 심리치료를 한다는 분도 있던데 글쎄, 레테의 강물이 그렇게 맑지는 않을 것이다.

죽음 직전까지 갔다가 기적같이 다시 살아난 사람들이 있다. 그 순간에 자신의 전생을 보고 난 후 그 인생관이 확연히 달라지는 경우가 있다. 이는 그들이 근사체험을 겪으며 기억의 확장이 일어나 자신의 정체성이 변했기 때문이라고 생각된다. 그 기억의 진실 여부를 떠나서 어쨌든 기억에 변화가 일어나면 정체성과 인생관도 달라질 수밖에 없다.

　이번 장에서는 영 의식이 뇌의식으로 물질화될 때 겪게 되는 망각의 원인에 대해서 알아보고자 한다. 이는 사후에 우리의 정신 중에 어떤 부분이 사라지고 어떤 부분이 존속하는지를 알 수 있는 길이기도 하다. 망각의 이치를 안다면 망각의 대상도 알 수 있기 때문이다. 그 전에 먼저 죽음에 관해 생각해 보자.

　인도 사람들은 죽어서도 가지고 갈 수 있는 것을 그 사람의 진정한 재산이라고 한다는데 과연 우리는 어떤 재산을 가지고 저세상으로 가는 것일까? '지금의 나' 중에 어떤 부분이 사라지지 않는 것일까? 정말 궁금하지 않을 수 없다. 이왕이면 더 많은 재산을 가지고 저세상으로 가고 싶다.

> 그대 자신의 본질을 깨달을 때만이 그대는 죽음의 손아귀에서 벗어날 수 있나니 이외의 다른 길은 없다.
> _바자사니 상히타Vajasanei Samhita

부처가 성취했다는 불사不死에 대하여

　'석가모니'가 출가했던 이유는 한마디로 생로병사의 충격 때문이었다고 한다. 그는 부처가 되기 위해서가 아니라 죽음의 문제를 해결하기 위해 출가했다. 종말이 비극이라면 중간 중간의 행복이 더 처연해서였을까? 그는 죽음의 문제를 해결하지 않고서는 이 세상에서 어떤 기쁨도 느낄 수 없었다. 싯다르타가 목격한 인생은 죽음으로 치닫는 공포의 시공간이었다.

　결국, 그는 어딘가에 있을 생로병사의 탈출구를 찾아 왕국을 나와 걸인 같은 수도자의 삶을 살게 된다. 그리고 오랜 수도 끝에 마침내 깨달음을 이루고 "나는 불사不死(Amrts)를 얻었다"는 선언을 한다. 부처는 끝내 죽음의 문제를 해결했고 출가의 목적을 이루었던 것이다.

그런데 그렇게 불사를 성취했던 부처님은 지금 어디 계시는가? 불사를 성취했다는 부처님도 결국엔 노쇠한 육체를 남기고 사라지셨다. 그러면 불사不死를 얻었다는 그의 말은 허언虛言이었을까? 그렇지는 않을 것이다. 부처님은 교세를 확장하기 위해 허언을 하지 않아도 되는 분이었다. 권력이 부러웠다면 왕국에 계속 머물러 있었으면 되었다.

그렇다면 우리가 소망하는 불사와 부처님이 말씀하신 불사는 뭔가 다른 것으로 생각할 수밖에 없다. 당시의 사람들은 육체가 죽지 않고 영원히 사는 것을 불사로 보았고 (이천 오백년이 지난 지금도 육체적 영생을 교리로 주장하는 사람들이 있지만) 부처님은 육체의 소멸 따위를 '죽음'으로 보지 않은 듯하다.

오늘날, 많은 사람이 진신眞身 사리탑舍利塔에 절하고 있다. 하지만 우리가 그 사리탑에 절하면서도 간과해서는 안 되는 것이 '불사를 얻었다'는 부처님의 일성一聲이다. 우리는 불사를 성취했다는 사람의 사체 조각에 절하면서 불사의 공덕을 찬미하고 있다. 이런 아이러니가 또 있을까?

부처님은 죽음의 표식이 아니라 불사의 공덕으로 사리를 남기었다. 그렇다면 우리가 깨달아야 할 것은 '불사'의 진정한 개념이다. 부처님이 말한 불사란 도대체 무엇이었을까?

이에 대해서 김성철 교수와 같은 일부 불교 학자들은 산스크리트어를 포함하는 인도-유럽어족에서의 부정표현의 단순성을 지적한다. 산스크리트어 불사不死, '아므리따amrta'를 한역하는 과정에서 부정을 뜻하는 a가

'불不'로 번역되었지만 실은 비非나 무無로 번역할 때 그 의미가 더 확연히 드러난다는 것이다. 즉 부처는 우리가 목격하는 죽음이 '죽음이 아님非'을, 혹은 우리가 두려워하는 그런 '죽음은 없다無'는 점을 선언했다는 것이다. 그렇다면 중도의 순환으로 만물의 이치를 해명하고자 하는 본서의 입장에서는 죽음을 어떻게 이해해야 할까?

○

사실상 우리가 무서워하는 죽음은 역행 회전이 그 수명을 다한 것일 뿐이다. 저항을 받는 역행 회전은 결국 멈출 수밖에 없다. 그것은 육체만이 아니라 물질이라면 그 어떤 것도 피할 수 없는 운명이다. 하지만 지금까지 고찰한바, 의식은 물질이 아니지 않는가? 자신의 존재가 사라질 것을 두려워하는 의식은 역행이 아닌 순행의 장場에 이미 그 본체를 두고 있다. 그 순행매질은 멈추지 않는다. 근원이 존재하는 한 함께 한다. 즉 죽음이란 의식마저 전멸하는 그런 것이 아니다(非死). 순행매질이 멈추는 일은 없다(無死). 근원이 사라질 수 있을까? 죽음은 단지 물질로서의 여행이 끝나는 것이다.

즉 석가가 충격을 받은 생로병사는 의식의 불멸성을 깨닫기 전 무명無明의 상태, 물질적 존재의 입장에서 바라보는 자신의 종말이었다. 그 비극을 해결하고자 석가는 출가하였고 보리수 아래 명상하던 어느 날, '나'라고 여기던 것 속에서 '그러한 나'를 객관적으로 바라보고 있는 자기 초월적 시점을 발견하였다. 그것은 생로병사의 순환 속에 있는 자신의 육체를 초연히 알아차리는 불멸의 '의식'이었으며 부처는 그 초월의식 속으로 자신의 정체성을 확장함으로써 불사의 유산을 남길 수 있었던 것이다.

 그 입장에서 죽음은 오히려 물질로부터의 탈피이며 상극의 고통을 벗어나는 해탈의 순간이다. 더불어 고난의 대가인 형상을 선물로 안고 행복하게 돌아가는 귀향길이다. 힘든 병역의 의무를 무사히 마치고 집으로 돌아가는 전역 군인의 심정과 비슷하지 않을까?

 진실은 무사無死다. 의식마저 사라지게 하는 그런 죽음은 없다. 의식의 본체는 근원의 매질에 이미 자리하고 있다. 근원의 매질을 어떤 힘이 멈추게 하겠는가?

 혹시 수도한다면서 의식 현상 자체를 멈추려고 한다면 그만두시길 권한다. 불가능하기 때문이다. 근원의 소산인 의식을 멈추려는 행위는 성공하지 못한다. 의식을 내리려는 시도는 근원에 대한 무지에서 비롯된다. 알아차림을 없앨 수는 없다. 의식은 작위作爲의 결과가 아니기 때문이다.

 다만 죽음 이후에는 의식의 작동방식이 육체와는 확연히 다를 것이다. 지금의 의식은 오로지 육체에 최적화된 상태다. 그 육체가 사라진다면 의식은 물질이 아니라 비물질적 작동방식으로 돌아갈 것이다. 육체를 탈피한 의식은 물질의 한계에서 벗어나 비 물질의 자유로움으로 존재할 것이다. 입자의 상태에서 파동의 상태로 상전이相轉移가 되었다고나 할까? 그것이 근원, 궁극적인 존재 상태다.

 죽음이란 한편의 인생 스토리가 마무리되고, 그 주인공이 배역을 마치는 순간이다. 영화가 끝나면 관객은 주인공과의 동일시에서 벗어나 진정한 자기로 돌아간다. 영혼은 육체에 의해 봉쇄되었던 기억의 창고를 열고 전全 전생前生의 기억을 회복하여 본연의 의식으로 복귀할 것이다.

**현재에 집중하기 위해 의식은
뇌에 종속된다**

그러면 육체를 입고 있는 현재의 의식은 왜 전생을 기억하지 못할까? 그 원인을 알아내기 위해서 먼저 육체의식의 특징에 대해서 살펴보자.

로마에 가면 로마법을 따르라고 했다. 육체로 존재해야 하고 육체로 상호작용을 해야 하는 물질세계로 내려온 영의식은 물질의 법칙에 종속되어 작동한다. 육체라는 탈 것에 승차한 일종의 대가다. 그렇게 육체에 종속된 의식은 그 이전의 기억을 잠시 유보하고 뇌가 발생시키는 육체적 경험만으로 자신의 정체성을 삼는다. 그것이 '지금의 나'다. 누구의 자식으로 태어나 무엇을 했고, 무언가를 좋아하고 싫어하며, 지금 어떤 일을 하는 육체적 존재로서의 자기다. 그것이 육체에 종속된 정체성이다.

그렇다면 환생하면서 영의식은 왜 육체에 종속당할 수밖에 없는 것일까? 비록 육체를 가지더라도 그 의식이 육체를 벗어나 있으면 안 되는 것일까?

'현재의 나'를 형성하는 육체의식의 특징은 '실시간'의 흐름에 강력히 매여 있다는 점이다. 실시간의 의미는, 모든 일에는 타이밍이 있고 그것을 놓치면 일을 그르치게 된다는 것이다.

생각해 보자. 운전을 하고 있는데 우리의 의식이 2초씩 지연되면서 도로 상황을 인식한다면 어떻게 될까? 실제로 이런 일이 많이 일어난다. 졸거나 휴대폰으로 문자를 보낼 때 등이다. 당연히 다시 운전할 수 없는 사태가 발생하겠다.

동물의 세계에서는 더 절실해진다. 들소가 자신의 등 뒤에서 다가오는 사자의 소리나 냄새를 2초 늦게 감지한다면 들소는 그 2초의 랙lag을 통탄해하며 생을 마쳐야 한다. 사자의 입장도 마찬가지다. 먹잇감의 움직임을 수초 늦게 감지한다면, 사자는 동물의 세계에서 이미 멸종되었을 것이다.

이 세상은 상극相剋의 세계다. 서로를 극하면서 살아가고 있다. 왜 그렇게 극하게 되는가? 그것은 물질 때문이다. 이 세상이 상극의 고해가 되는 근본 원인은 그것이 물질로 이루어져 있기 때문이다. 물질은 공유되지 못하기에 그것을 소유하기 위해서는 서로 투쟁해야 하고 어떤 공간을 차지하기 위해서는 어쩔 수 없이 경쟁과 충돌의 위험을 감수해야 한다. 물질을 먹고 사는 생물들은 포식자의 공격에 항시 노출되어 있고, 또한 남보다 먼저 먹잇감을 구해야만 생존할 수 있다. 그래서 자신을 보호하면서 종일 먹잇감을 찾아다니는 것이 동물들의 삶이다.

이런 것이 바로 우리의 육체의식이 실시간을 놓쳐서는 안 되는 이유다. 생존을 위해 육체의식은 '현재'에 온 촉각을 곤두세우고 집중해 있어야 한다. 조금이라도 딴생각을 하면 생존의 기회를 놓쳐버리게 된다. 지금까지 살아본 바, 이 세상에서는 신속한 판단이 얼마나 중요하던가? '아차' 하는 순간 삶과 죽음이 갈린다.

이처럼 물질적 존재가 된 영혼은 그 생존을 위해 육체의 감각과 그 정보처리에 최우선으로 몰입해야 한다. 몰입은 오직 그 순간의 감각으로 존재하는 것으로, 그때 그 순간과 관계없는 생각이나 기억은 잠시 유보되어야 한다. 양궁 선수가 결승전에서 활시위를 당길 때는 불과 수초 전의 기억도 떠올리지 않아야 한다. 무언가를 회상하는 순간 현재의 화살은 과녁을 빗나가 버린다. 상극의 세계에서는 투쟁과 경쟁에서 일단 이겨야 한다. 의식은 육체의 보존과 안녕을 위해 물질정보의 처리에 최우선으로 집중해야 한다. 생존이 걸린 눈앞의 긴박한 판단을 두고 전생의 기억까지 들출 여유는 없다. 물질세계에서 실시간은 중요할 수밖에 없다.

이런 것이 영혼이 육체에 종속되어 육체 이전의 기억이 제한되고 있는 이유 중의 하나로 본다. 양궁 선수가 일체 잡념 없이 과녁에 몰입해야 하듯이, 우리는 전생의 기억을 배제하고 현 인생에 최대로 몰입해야 하는 것이다. 그래서 물질화된 의식은 자신이 몰입한 순간의 경험과 정보만으로 그 정체성을 삼을 수밖에 없다. 그것이 현재의 '나'다.

뇌는 물질정보 처리장치이다

기억의 단절을 컴퓨터에 비유해 보겠다. 컴퓨터는 정보처리장치다. 정보를 입력받아서 연산 처리한 뒤 결과물을 출력한다. 의식 현상도 정보처리 과정이다. 감각정보를 받아서 그것을 기존의 정보와 비교 판단한 뒤 주어진 상황에 가장 적합한 행동을 결정하는 식이다.

이때 컴퓨터의 정보처리 속도가 중요하듯이, 육체 의식도 실시간을 따라 주어진 정보를 최대한 빨리 처리하는 것이 중요하다. 그런데 만약 우리가 어떤 대상을 접하고 판단할 때, 그 대상에 연관된 정보만을 선별하지 않고 지금까지 살아온 모든 정보를 일일이 경유해야 한다면, 그 정보처리 과정이 얼마나 더디게 진행되겠는가? 그것은 실시간을 그만큼 놓치게 만드는 치명적인 장애다. 즉 육체 의식은 현재 주어진 상황에 필요한 정보만을 선별해서 그것을 기반으로 신속하고 효율적인 정보처리를 해야 한다.

이것은 컴퓨터의 RAM(주기억장치)에 비유된다. 영혼은 현 육체의 생존에 필요한 정보를 최우선으로 램에 올려놓고 그것들을 신속하게 활용해야 하는데, 그것이 바로 현 육체가 자각할 수 있는 기억의 범위가 된다.

물론 컴퓨터의 '하드'에 비유되는 무의식의 저장고에는 전全 전생前生의 막대한 기억이 들어 있지만 그것을 일일이 RAM이라는 회상기억의 테이블로 불러와서 현재의 입력정보를 처리할 수는 없다. 상극의 현실이 그렇게 여유롭지도 않을뿐더러, 영혼의 지혜도 그렇게 비효율적이지 않다. 의식은 육체의 생존에 시급한 현생의 정보를 처리하기 위해 전생의 정보들을 작업 기억(working memory) 혹은 회상기억에서 배제하고 있다.

또한, 무엇보다도 전생의 육신과 현재의 육신은 전혀 다르다. 부모로부터 물려받은 기질器質이 달라서 지능과 성격의 차이가 있고, 언어가 달라서 사고 체계와 형태도 다르다. 성별도 다르고 당시의 시대상이 반영되는 가치관과 인생관도 다르다. 한마디로 현재의 뇌와 전생의 뇌는 호환되지 않는다. 이는 입력할 때의 언어체계와 출력할 때의 언어체계가 다른 컴퓨터와 같다. 지금의 뇌는 전생의 뇌에서 습득한 정보를 현재의 사고체계로 번역해 내지 못하는 것이다.

참고. 일반적으로 기억은 그 정보가 입력되던 상황과 유사한 환경에서 수월하게 회상된다(State-dependent recall). 그래서 수험생들은 시험장 분위기와 유사한 환경에서 공부하는 것이 좋다. 늘 음악을 틀어놓고 누워서 공부했다면, 그런 환경이 아니면, 회상이 잘 된다는 말이다. 하지만 시험장에서 그럴 수는 없지 않은가? 특정한 정보가 입력되던 상황과 전혀 다른 환경이라면 회상의 단서를 찾지 못한 정보는 자각의식에 편입되지 못하고 발만 동동 구르게 만든다.

전생의 기억이 단절되는 이유는 대략 이 정도로 보겠다. 하지만 이런 기계적 비유를 떠나서 전생의 기억들이 현 육체에서 봉쇄되어있는 이유는 현재의 삶을 가장 효율적으로 학습하기 위한 영혼의 자의적 전략으로 보인다.

환생의 많은 사례에서 알 수 있듯이 어린아이가 자신의 전생을 기억해냄으로 인한 정체성 혼란은 그 아이가 현생에서 완수해야 할 목표달성에 별 도움을 주지 못한다. 그래서 대개 아이들은 청소년기가 되기 전에 전생의 기억을 다시 거두어들이고 현생에 집중하게 된다. 한 편의 영화를 깊이 감상하고 거기서 교훈을 얻으려면 다른 영화에서 출현했던 주인공의 이미지는 버리는 편이 좋다.

결론적으로 말하면 전생의 기억들은 소멸된 것이 아니다. 단지 현재의 뇌로는 회상이 안 될 뿐이고, 회상해도 현생의 목표달성에 도움이 안 되기 때문에 자각하지 않는 것이다. 모든 기억은 살아있다. 자각되지 않는다 해도, 그 영향력은 단절되지 않는다.

다양한 주인공을 열연하는 유일한 배우
: 영의식(대아)

앞서 말했지만, 기억이 단절되어도 현재의 의식(소아)과 영의식(대아)은 별개가 아니다. 영의식은 다양한 주인공(소아)을 열연하는 유일한 배우다. 지금은 현재의 뇌 기능으로 축소된 또 하나의 자신을 설정하여 그 배역에 몰입하고 있다. 마치 꿈속에서 원래의 자신을 잠시 망각하는 것과 같다. 꿈속에서 우리는 본능적인 무의식으로 더욱 축소된 정체성을 가진다. 그렇다고 내가 여러 명인 것은 아니지 않은가? 소아는 대아의 하룻밤 꿈과 같다.

비록 우리가 단절된 기억으로 협소하게 존재하고 있어도, 우리 의식의 가치와 기능은 결코 훼손되지 않는다. 시야는 좁아졌지만, 그 시야를 통해 사물을 인식하는 것은 여전히 영의식의 안목이다. 그는 내 마음의 바탕, 의식의 심부深部에서 나를 알아차리고 있다. 그 시선은 만나는 모든 사물과 사건들에서 나만의 특정한 감정을 불러오고, 고유한 반응을 일으킨다. 그는 남들에게는 사소한 사건이라도 운명처럼 거기에 깊이 빠져들게 한다. 그는 나이와 지식에 관계없는 현 의식의 주체이다.

지금 이 순간에도 그 주인공은 모든 사유의 틈과 인식의 저변에서 끊임없이 느끼고 알아차리고 결정하고 있다. 그는 이번 삶만으로는 도저히 규명되지 않는 어떤 선험적인 존재다. 그는 물질에 굴복하지 않는 진정한 나(대아)로서, 이번 인생에 특정한 신념을 심어주고 이성적 논리보다 월등하게 빠른 직관으로 내 삶을 주도한다. 바로 이런 것들이 영혼의 존재감이다. 내 운명의 수행자 내지 결정자다.

영 의식(영혼)은 전 전생의 모든 경험과 깨달음이 녹아 만들어진 지성의 결정체로서 지금 의식의 진정한 주체다. 영혼은 근원의 각성이 자의식의 원판으로 제공되고, 거기에 온갖 형상 정보가 각인되면서 이루어진 신령한 재질의 혼(아트만)이다. 그는 나의 모든 것을 결정하는 주체로서 바로 지금 '이 뭣꼬?'하는 의문의 질문자이자 해답으로서 현 의식을 주도하고 있다.

죽음으로 육체는 소멸되어도 영 의식은 소멸되지 않는다. 죽음으로 인해 우리의 의식은 오히려 자신의 진정한 정체성을 회복하게 될 것이다. 육체라는 기억의 장애를 벗어던진 영 의식은 자신의 모든 존재 과정을 단절 없이 인지하여 하나의 육체에 한정되던 정체성을 초월하게 되는 것이다. 이에 대해서 근사 체험자들은 "갑자기 전생의 모든 기억이 떠올랐어요."라는 식으로 표현하고 있다.

영의식은 불멸이다. 시간(수명)에 구애되지 않고 존재한다. 근원이 그러하지 않은가. 영혼은 일차원적 시간의 독주에 구속되지 않는다. 영혼에서는 시간의 의미가 이 세상과는 사뭇 다르다. 말하자면 실시간을 임의로 창조한다고 할 수 있다. 대상의 파동에 동조하여 상호작용하는 그 순간이 바로 실시간이다. 하지만 그 순간은 각자의 선택에 달려있다. 실제로 우리가 경험하는 사이버 공간이 그렇다. 서로가 접속하고 있는 그 순간이 실시간인 셈인데 그것은 서로가 임의로 정할 수 있다. 육체를 벗어난 영 의식은 그렇게 스스로 실시간을 창조하며 능동적인 상호관계를 할 것으로 생각된다.

명상 중에 현실적인 걱정과 욕망이 잠시 잦아들면, 어느 순간 시간이 멈춘 것 같은 고요함을 느낄 때가 있다. 또는 천하의 절경을 접했을 때, 잡념이 사라지고 시간의 흐름 따위는 아무런 의미가 없어지는 순간을 맞이하기도 한다. 이는 물질의 속성에서 벗어난 의식이 자신의 영원성을 얼핏 지각한 것이 아닐까? 그런 것이 영의식이 누리는 무시간성의 평화, 혹은 실시간 창조의 자유다. 모든 것이 공유되고 불멸하는 상생의 의식 세계에서는 시간에 쫓길 일이 뭐가 있겠는가?

정체성을 깨달으면 달라지는 것들

'나란 무엇인가?' 실로 이 의문이야말로 인생의 가장 큰 문제이자 모든 철학의 시발점이 아닐까 한다. 하지만 그 답이 하나로 내려질 수는 없다. '나'란 의식의 선택인 것이지 의식의 전제가 아니기 때문이다. 우리는 각자가 원하는 대로의 아我를 창조할 수 있다. '나' 역시도 일체 유심조一體唯心造의 산물이다.

그렇다고 '나'가 없는 것은 아니다. '나'란 의식이 자유롭게 선택할 수 있는 배역 중의 하나다. 다만 이러한 '아我'를 무엇으로 알아차리는지에 따라 그 의식의 지향점은 달라진다. 반에서 제일 말썽꾸러기를 반장으로 임명하니까 행동이 완전히 바뀌는 경우가 있다. 반장의 입장이 되니까 말썽꾸러기의 행동이 용납되지 않는 것이다. 자신을 무엇으로 생각하느냐에 따라 그 의식의 결과물이 바뀐 경우다. 점잖은 남자라도 예비군 군복을 입고 나면, 나무 밑에 가서 쉽게 소변을 누기도 하고 지나가는 여인을 보고 낄낄거리기도 한다. 목소리도 커지고 억양도 달라진다. 그러다가 다시 정장을 입으면 걸음걸이부터 다르다. 자신을 무엇으로 여기느냐에 따라 정보처리의 과정과 목표점이 달라진다. 극적인 일례가 예수님이다. 자신을 신神의 종으로 여기다가 하나님의 아들이었음을 깨달았을 때 그 차이를 몸소 보여주신 분이다.

자신을 무엇으로 여기느냐(정체성) 하는 것이 삶의 질을 결정한다. 그래서 많은 수행처에서 '자신에 대한 깨달음'을 우선적인 목표로 하고 있다. 삶의 내용에 의해 자신의 의미가 달라지는 면도 있겠지만 자신의 진정한 정체를 깨달음으로써 그 삶은 극적으로 달라질 수 있다. 그래서 자신에 대한 진정한 정체성의 발견이야말로 깨달음의 요체라고 하겠다.

자신을 이내 소멸하는 물질적 존재로 여기는 사람과 모든 경험이 불멸의 의식으로 저장됨을 아는 사람이 삶에 임하는 자세는 다를 수밖에 없지 않겠는가? 자신을 곧 땅의 요소로 분해될 것이라 여기는 사람이 남은 인생을 어떻게 보낼지 뻔하지만, 자신의 정체가 하늘의 의식임을 깨달은 사람이 남은 인생을 어떻게 살아갈지도 자명하다.

앞서 말했지만, 인도에서는 죽어서도 가지고 갈 수 있는 것을 그 사람의 진정한 재산으로 여긴다. 스스로를 유한한 수명을 지닌 물질적 존재로 여긴다면 더 가지지 못하는 물질을 안타까워하고 시간이 흘러감을 슬퍼하고 다가오는 죽음을 두려워할 수밖에 없다. 하지만 자신이 하늘의 신분임을 확인한 사람은 하늘에까지 가지고 갈 수 있는 재산을 이 땅에서 모으려고 할 것이다.

대부분의 사람은 물질의 한계를 자신의 정체로 착각하고 있다. 육체적 존재로서의 그들은 그 육체를 먹여 살리기 위해서 고군분투하고 있다. 그것이 고苦다. 그런데 고의 원천은 결국 물질로 이루어진 육체가 아니었던가? 그럼에도 불구하고 우리는 그 육체가 사라지는 것을 또 두려워하고 있다. 고의 원인이 사라지는 것을 또 괴로워하고 있다니 (…).

하지만 그 고苦는 자신의 진정한 본질을 깨닫지 못한 존재들이 치러야 할 어리석음의 대가일 뿐이며 반드시 타파해야 할 무지다.

나이가 들면서 이유 없이 불안해지는 경우가 많다. 항불안제를 복용해도 차도가 없다. 그럴 때는 자신의 진정한 정체를 깨닫는 것이 근본적인 해결책이다. 육체가 쇠약해져 가도 자신의 본질적 정체를 깨달은 사람은 마지막까지 배움과 성장의 기쁨으로 가득 찬 삶을 살게 된다. 노역으로 가득 찬 삶이 될 것인가? 배움의 기쁨으로 가득 찬 삶으로 마무리될 것인가? 자신의 진면목을 깨달은 도인道人은 유유자적할 수밖에 없다.

> 이 불멸의 존재를 깨닫지 못한다면 수천 년 동안 기도하고 명상과 고행을 한들 그것이 무슨 소용 있단 말인가? 이런 행위들은 모두 부질없는 것이다. 이 불멸의 존재를 깨닫지 못하고 이 세상을 떠난다면 이것이야말로 불행이 아닐 수 없다. 그러나 이 불멸의 존재를

이해한 다음 넉넉한 마음으로 이 세상을 떠난다면, 그 사람이야말로 행복한 사람이다.

_석지현 역주, 〈브리하드 아라냐까 우파니샤드〉

나도 영혼도 진화한다

뇌는 의식에 덧씌우진 물질의 그물망과 같다. 뇌에서 벗어난 의식은 더 이상 물질적 한계에 종속당하지 않는다. 그때 전 전생의 기억들이 무의식에서 풀려나와 현생의 경험과 통합되면서 자신의 진정한 정체성을 재창출하게 될 것이다.

비유하면 나(소아)는 대아의 하룻밤 꿈과 같고 한 시절의 여행과 같다. 소아는 남자로 태어났다가 다음 생엔 여자로 태어날 수 있으며, 왕이 되었다가 다음 생에서는 거지가 될 수도 있다. 소아는 이 세상에서의 인연이 부여하는 배역에 불과하다. 그런 의미에서 소아의 존재감은 미미하다. 하지만 그런 소아가 없다면 대아 또한 존립하지 못한다. 그렇게 배역과 스토리가 바뀐다 해도 그 모든 삶의 경험을 단절 없이 지켜보는 의식의 연속성은 바뀌지 않는다. 그 알아차림의 연속성이 바로 대아다. 즉 대아는 소아가 사라져야 나타나는 것이 아니다. 구슬도 꿰어야 보배가 되듯이, 단편적 소아들이 통합되어야 대아로서의 정체성이 완성된다. (대아, 참나는 무수한 소아의 스토리가 통합될 때 이루어지는 전지적 시점으로서의 각성이다.)

다만 '참나' 혹은 대아라고 해서 그 자체로 완전한 것은 아니다. 대아의 정체성을 회복한다고 해서 그것으로 전지전능한 것도 아니고 깨달음만으로 완전한 형상인 대원경지가 이루어지는 것도 아니다. 대아 또한 진화의 노상에 있다. 좀 더 원만한 형상을 이루기 위해 더 많은 소아의 경험과 지혜를 필요로 한다. 그래서 영혼은 이 세상으로 거듭 내려온다. 이 세상만이 자신을 변형시킬 상극의 힘이 있기 때문이다.

변형을 위해서는 '강력한 외압'이 필요하다. 자신의 탄성한계를 넘어서는 그러한 외압은 오직 상극의 세계에서만 주어진다. 환생의 근본적인 이유는 그러한 외압의 수용, 즉 변형을 위한 '고행'을 받아들이기 위함이다. 자신이 견딜 수 있는 만큼만 견디는 것은 진정한 인내가 아니다. 그것은 탄성한계 안에 여전히 머물러 있는 것이다. 아무런 변화가 없다. 오직 자신의 한계를 넘어서는 압력을 강제적으로라도 수용할 때, 비로소 변형이 온다. 그때 부러지고 찢어지는 아픔이 동반된다. 희생이 없을 수 없다. 하지만 그 대가로 변형과 성숙을 이룬다. 고통의 의미가 그러하다. 탄성한계를 넘고 있다는 신호다.

무거운 육체를 짊어진 영혼은 이 땅에서 매일 땀 흘리며 매 순간 많은 저항과 갈등을 견디어내야 한다. 하지만 그 아픔이 두려워 숨어있을 수만은 없다. 우리는 진화(변형)하기 위해 여기 온 것이다. 그다음에 진정한 자유가 온다. 대아가 완전하다면 굳이 물질계에 다시 내려와 자신의 형상을 보강할 필요가 없다. 영혼도 진화 중인 것이다.

그에 대한 이론이 유식唯識 불교의 '전식득지' 사상이다. 거기서는 인간의 의식이 불멸의 지혜로 전환될 수 있는 가능성을 말하고 있다. 아뢰야식(영혼)의 체는 불멸이지만 그 지혜는 대원경지(아마라식阿摩羅識)를 향해 부단히 누적되고 있다.

시간은 속절없이 흘러간다. 그러나 그 시간은 '의식'을 만들었고 의식은 우주를 감상하는 주체(자신)로 등장하였다. 우리는 그렇게 근원이 주체의식으로 거듭난 것이다. 그 의식에 의해서 '내'가 설정되고 있다. 우리의 궁극적인 정체는 근원의 의식인 것이다.

그 의식에 의해서 이 세상이 비로소 존재한다. 어떤 아름다움도 그것을 아름다움으로 인식하는 의식이 없다면 아름다움이 되지 못한다. 어떤 아름다움이 먼저 있고 그것을 의식이 깨닫는 것이 아니고 의식이 있은 다음에야 그것이 아름다움으로 등록될 수 있다. 아름다움은 의식이 부여하는 의미이며 의식만이 창조할 수 있는 가치다. 그 의식을 떠나 독립적으로 존재하는 아름다움은 없다.

다행히 원점 회귀하는 원형의 도리에 의해서 이 우주에는 의식이 필연적으로 요청되는 것이니 중도(원형의 도리)란 얼마나 값진 존재의 법인가! 중도의 근원은 의식의 회로를 완성함으로 스스로 다양한 개별자가 된다. 우리는 그렇게 근원이 의식을 갖춘 것이다.

> 그대가 날 사랑하는 것은 나 자신을 사랑하는 것이 아니라 내 속에 있는 나의 자아(아트만)를 사랑하기 때문에 그대는 날 사랑하는 것이다. 내가 그대를 사랑하는 것은 그대 자신을 사랑하는 것이 아니라 그대 속에 있는 그대의 자아(아트만)를 사랑하기 때문에 나는 그대를 사랑하는 것이다
>
> _석지현 역주, 〈브리하드 아라냐까 우파니샤드〉

14. 영혼의 사유방식
   무념과 직각

    우리는 사후(물질로부터의 탈피)에 기억의 단절이 없는 본연의 정체성을 회복할 것이다. 그리고 대아(영혼)의 지혜로 물질적 존재로서의 지난 삶을 되돌아보고 그 의미와 교훈을 깨닫게 될 것이다.
    근사체험을 한 사람의 말에 의하면 사후의 의식은 육체에서보다 수십 배 명료하다고 한다. 타당성 있는 말이라 생각한다. 숙면 뒤 육체의 피곤함이 해결된 아침에 우리의 사고는 훨씬 명료하게 작동한다. 하물며 아예 물질의 장애를 벗어난 상태에서는 오죽할까?
    그렇다면 육체의 영향에서 완전히 벗어난 영혼은 어떤 식으로 사유思惟하는지 궁금하다. 의식의 본질로 돌아간 영혼일지라도 사유작용은 어떻게든 있어야 한다. 영혼도 우리처럼 '생각'하는 것일까? 아니면 우리와 다른 방식으로 생각하는 것일까? 이것을 추론할 수 있다면 영혼의 존재 상태에 대해 좀 더 구체적인 믿음이 생길 것 같다. 이를 위해서 먼저 '생각'이라는 것이 무엇인지를 살펴보자.

생각이란 무엇인가?

    '생각'이 곧 '의식'은 아니다. 생각이 끊긴 깊은 잠 속에서도 의식은 여전히 지속된다. 그때는 의식이 '생각'이라는 형태로 응축되지 않았을 뿐이다. 의식은 생각과 더불어 생각들 사이의 틈과 배경을 모두 포함하는 개념이다. '생각'을 뚜렷한 경계를 가지는 문자에 비유한다면, '의식'은 문자와 함께 그 문자가 나열되는 바탕 종이와 같다고 하겠다. 그래서 의식은 '생각'으로만 일어나지 않고 그 생각의 기저에 있는 특정한 기분으로 나타나기도 한다.

그런데 문자처럼 나열되는 '생각'의 특징 중 하나는 그것이 '자각'된다는 점이다. 이는 그 사람의 언어체계와 밀접한 관계가 있다. 자신의 '생각'을 가만히 살펴보면 자국어로 진행되고 있음을 알 수 있다. 이런 면에서 '생각'은 의식의 특수화된 한 형태, 즉 '의식의 입자粒子화'라고 표현하고 싶다. 의식의 내용이 '언어'로 알알이 포장되면서 연결되고 있는 것이다.

언어로 포장된 다양한 개념들은 의식의 주체에 의해서 필요할 때 개별 단위로 호출되어 블록처럼 이리저리 끼우고 맞출 수가 있다. 그로 인해 논리와 추론이 가능해진다. 그것이 바로 '생각' 혹은 '연상聯想'이라는 과정이다. 언어의 형태에 영향을 받으며 언어의 발달에 의해서 그 과정이 보다 원활하고 유려해진다.

뇌는 매 순간 이러한 생각의 입자들을 처리해야 한다. 우리는 항상 내 앞에 주어진 대상이 무엇인지를 고민해야 하고 어떤 반응을 할지 결정해야 한다. 그렇게 우리는 엄청난 생각의 홍수 속에서 매 순간을 보내고 있다.

이런 헤아림의 과정을 불교에서는 '사유'思惟라고 한다. 사유란 '대상을 구별하고 생각하고 살피고 추리하고 헤아리고 판단하는 것, 또는 마음속으로 깊이 생각하는' 과정이다. (이런 사유작용이 항상 자각되는 것은 아니다. 언어를 초월하여 무의식적으로 진행되기도 한다. 다만 여기서는 논리를 중시하는 것을 인간 사유의 특징으로 보고 그런 사유는 자각된다는 점에 초점을 두었다)

이 과정에서 열이 난다. 컴퓨터에서 열이 나듯이 뇌에서도 열이 난다. 뇌와 컴퓨터는 재질은 다르다 해도 전기회로임에는 똑같다. 사고를 오래 하면 열이 나고 에너지가 소모되어 지치게 된다. 그래서 멈추지 않는 사유는 '번뇌煩惱'다. 지나친 생각에 뇌는 과열되고 지친다. 그때는 생각하지 않은 것만도 못하게 된다. 그럼에도 불구하고 우리는 생각을 멈출 수 없다. 왜 그럴까?

먼저 '생각'이 언제 왕성하게 발동하는지를 알아보자. 그것이 생각의 본질을 파악할 수 있는 힌트가 된다. 어떤 사람은 잠자리에 누우면 생각이 많아진다고 하고 어떤 사람은 명상하려고 눈을 감으면 오히려 생각이 더 많아진다고 한다. 또 어떤 사람은 불안하거나 무엇을 결정해야 할 때 혹은 앞날을 전혀 예측할 수 없을 때 생각이 많아진다고 한다. 이 같은 경우들의 공통점은 무엇일까?

그것은 바로 '정보의 부족'과 관계있다. 구체적으로 말하면 '감각'으로 주변과 대상을 더 이상 파악할 수 없을 때다. 이때 '생각'이 발동한다. 잠자려고 누운 경우, 명상을 위해 눈을 감은 경우, 불안감으로 주변과 분리된 경우, 앞날을 알 수 없는 경우 등등은 모두 '감각의 단절'과 관련이 있다.

반대로 우리가 감각의 창을 활짝 열고 거기에 몰입해 있을 때 '생각'은 감소한다. 천하의 절경을 마주하거나 월드컵 축구경기를 보고 있을 때 '생각'은 일어나지 않는다. 연장전 골든 골이 터지는 순간이면, 생각은 완전히 사라진다. 더 살피고 헤아려야 할 것이 없다. '감각'을 통해 주어진 정보는 '생각'을 경유하지 않고 즉각 완전한 이해로 이어지며 환호성을 내지르게 만든다. 그러나 만약 직접 보지 못하고 '골인' 소리만 들었을 때는 온갖 생각이 든다. '누가 어떻게 골을 넣었을까?' 즉 '감각'이 충분한 정보를 제공해 주지 못할 때 '생각'이 일어나게 되는 것이다.

그래서 생각과 감각은 반비례한다. 감각 정보가 많이 제공되는 환경에서 생각은 그 입지가 좁아지고 감각 정보가 부족할 때 생각이 왕성해진다. 생각의 득세는 결국 정보의 부족 때문인 것이다. 우리가 많은 생각 속에서 고민하고 있다는 것은 달리 말하면 우리는 감각정보의 부족 속에 있다는 말이다.

그렇다면 감각 정보의 부족은 왜 생길까? 그것은 우리의 육체가 지닌 '감각기관의 한계' 때문이다. 인간의 감각 범위는 의외로 협소하다. 어느 정도까지는 보고 들을 수 있으나 어떤 범위를 벗어나면 감각하지 못한다. 감각 능력만으로 본다면 인간은 결코 만물의 영장이 아니다. 청각과 후각은 사실상 개보다도 못하다. 우리의 눈은 광대한 전자기파 영역 중에서 오직 가시광선만을 본다. 그 너머 적외선도 있고 자외선도 있지만 우리의 눈은 그것을 보지 못한다. 뜨거운 그릇에 화상을 입거나 태양 빛에 피부 손상을 입는 경우도 그 때문이다. 때로 보이지 않는 방사선에 노출되어 치명상을 입기도 한다. 또 우리는 특정한 영역의 가청주파수대만을 듣는다. 초음파 영역은 들리지 않는다. 멀리 떨어져 음파가 약해져도 듣지 못한다.

오감五感이 다 이런 상황이다. 물질로 이루어진 감각기관은 아쉽게도 제한된 범위 안에서만 대상을 감각할 수 있다. 물론 동물 중에는 인간보다 뛰어난 감각 능력을 가진 종種들이 있지만 결국 한계가 있다는 점에서는 오십보백보다. 물질로 이루어진 감각기관은 모두 감각의 한계를 가진다.

우리가 받아들이고 있는 감각 정보는 이처럼 제한적이다. 그런데 이렇게 감각이 제한되는 근본적인 이유는 감각기관의 기능부전不全이 아니라 물질 자체의 한계 때문이다. 매질이 물질인 물질파는 거리가 멀어질수록 약해지고 서로 충돌하면 교란되거나 방해된다. 그리고 물질로 이루어진 우리의 감각기관도 물질의 한계 안에서 작동한다.

즉 우리의 감각이 불완전한 이유는 물질로 이루어진 우리의 감각기관이 제한된 범위의 물질파만을 인식하기 때문이다. 물질파가 아닌 경우에는 우리의 감각기관이 아예 그것을 파악하지 못한다. 앞서 말했듯이 비물질적 상象의 파동은 물질적 인간의 감각(육안)이 인식하지 못한다. 물질적 존재인 우리는 전체 정보의 극히 일부만을 받아들이고 있는 상태다.

그로 인해 우리는 실생활에서 많은 제약을 받는다. 육체의 제한된 감각은 상대가 거짓말을 할 때 내뿜는 긴장의 열기를 감지하지 못한다. 보거나 듣는 것만으로는 상대방의 속내를 알 수가 없다. 물질 세상에서 양을 가장한 늑대들이 많이 돌아다닐 수 있는 이유다.

또 우리는 대상의 한 면만을 볼 수 있다. 그 이면과 후면이 분명히 있지만 직접 볼 수는 없다. 빛이 없는 어둠 속에서는 그나마 아무것도 보지 못한다. 그러니 정신 똑바로 차리고 살아야 한다고 부모님이 신신당부하신다. 이때 정신이 바로 '생각'이다. 보이는 것만 믿지 말고 그 이면을 생각하면서 살라는 말이다.

한편, 감각의 한계는 이 세상의 사건들이 불연속적인 양量으로 전개되는 것처럼 보게 한다. 사건들이 입자의 나열처럼 띄엄띄엄 포착된다는 말이다. 제한된 감각으로 인해 우리는 그 사건들 사이에 연결되어 있는 비물질의 정보를 포착하지 못하기 때문이다. 그래서 우리는 사건의 일면만 보게 된다. 눈앞에 벌어진 사건의 실제적인 원인이 어디에 있는지를 알지 못한다. 심지어 가해자와 피해자가 뒤바뀌기도 한다. 나에게도 저런 일이 발생하지 않을까? 보이는 것이 다가 아니다. 보이지 않는다고 없는 것도 아니었다. 뭔가 불안하다. 우연은 없다는 말이 있다. 우연은 다른 시각에서 보면 필연일 수 있다. 어쩌면 우연이란 인과관계를 감지하지 못하는 둔한 육체의 옹색한 변명일지도 모른다.

이렇게 우리는 불확실한 세계를 살아가고 있다. 우리의 감각만으로는 파악할 수 있는 정보가 제한되어 있기 때문이다. 이대로 있을 수만 없다.

이때 '생각'이 구원투수처럼 등장한다. 분석과 헤아림을 동원하여 감각의 한계로 인해 발생한 정보의 공백을 메우려는 것이다. 이는 생존이 달린 문제다. 완벽하지는 않지만 나름의 상상과 시나리오를 통해 사건의 전모를 최대한 유추해야 한다. 그것이 '생각'이다. 부족한 정보를 '생각'으로 보강하여 불확실성을 해소하려는 것이다. 이러한 생각의 본질을 한마디로 말하면 "이 뭣꼬?"다. 생각은 끊임없는 물음표로 진행된다.

> 옥스퍼드 대학의 리처드 그레고리는 (…) 이 세계는 경험과 의식에 의해 구성된다는 구성주의의 입장이다. 이들은 망막 상의 정보가 부족하기 때문에 외적 세계가 직접 지각될 수 없다는 입장에서 출발한다. 정보가 직접 주어지는 것이 아니기 때문에 지각을 구성하기 위해 감각적 자료를 해석해야만 하고 이미지는 학습을 통해 얻

어진 저장된 지식을 기초로 해석된다는 것이다.

_강건일, 〈미스터리 속의 과학, 영혼의 세계〉

추론으로서의 '생각'은 오류도 많지만 나름 유용하고 효과적인 생존 수단이었다. 동물들이 뿔과 발톱을 갈고 있을 때, 인간은 '생각'으로 무장하며 다가올 위험에 대비했다. 이러한 생각의 위력은 어떤 물리적 도구보다 강했다. 그것 하나로 만물의 영장이라는 자리에까지 올랐으니 말이다. 생각하는 능력은 오랜 진화의 산물이고, 불확실한 물질계를 살아가기 위해서 꼭 필요한 생존전략이었다. 거기에는 아무런 잘못이 없다. 오히려 그런 능력이 고맙다.

무념은 생각을 초월한
사유思惟이다

그렇다면 영혼은 어떤 식으로 사유하는지를 추론해보자. 앞서 보았듯이 물질적 사건은 불연속적이다. 육체의 제한된 감각이 그 사건 전후에 숨어있는 실체적 기운氣運을 모두 파악하지 못하기 때문이었다. 그래서 필요한 것이 '생각'이었다. 생각은 물질계를 살아가면서 겪는 부족한 정보에 대한 나름의 방어였다. 그 목표는 주어진 대상과 현상의 완전한 파악이다.

그런데 그러한 추론은 순전히 물질의 한계 속에 존재해야 하는 육체의 생존방법이다. 근원적인 기氣를 감각하는 영체에서는 정보의 단절이나 결핍은 있을 수 없다. 모든 현상은 기로 이루어지고 기로 드러난다. 즉 영혼은 전지적全知的감각으로 대상을 완전히 인식하는 것이다. 그렇게 본다면 영혼의 사유방식은 어떤 것일까?

상상해 보자. 만약 우리의 오감五感이 무한히 확장되어 보이지 않던 것과 들리지 않던 것들이 모두 감각된다면 어떻게 될까? 그때는 추론이 끼어들 필요가 없어진다. 숨겨진 정보가 모두 드러나는데, 더 이상 무엇을 추측하고 상상하겠는가? 생각은 각자가 만든 시나리오일 뿐이다. 시나리오는 부족한 정보를 메우는데 그 목적이 있다. 그런데 감각기능이 확대된다면, 그만큼 정보의 부재는 줄어들고 그로 인해 시나리오의 필요성도 줄어든다. 어둠 속에서는 손에 잡히는 물건이 무엇인지 오만가지 추측을 해야 했지만, 불을 켜서 직접 보면 더 이상 고민할 필요가 없어진다. 아무리 멀리 떨어져 있다 해도 상대의 심정이나 그가 발산하는 감정을 직접 보고 들을 수 있다면 더 이상 무슨 고민이 필요하겠는가? 또 어떤 사건의 배경과 그 인과의 기운을 직접 감각할 수 있다면 무슨 의혹이 남아서 생각을 발동시키겠는가.

감각이 완전해진다면 우리는 일체의 사념에서 벗어나 모든 현상과 그 이치를 곧바로 '조견'照見하게 된다. 확장된 감각은 '생각'이라는 모사謀事를 일소해 버리는 것이다.

그런 경지를 불교에서는 '생각이 끊어진 자리'라고 표현한다. 이른바 '무념無念'*의 상태라고 할 수 있는데, 이는 생각을 못 하거나 생각이 없는 상태가 아니다. '무념'이란 완전한 감각으로 모든 것을 확연히 조견해 버림으로써 '생각'이라는 둔한 헤아림이 끼어들 필요가 없는 상태. 말하

---

* "만일 일체 법을 보고, 마음이 집착에 물들지 않으면, 이것을 무념이라 한다(若見一切法, 心不染著, 是为無念). (…) 두루두루 일체 모든 곳에 마음을 두되 집착이 없으며, 마음을 깨끗하게 하고 오고 감에 걸림이 없이 자유로우며, 막힘이 없이 통용되면 반야삼매가 되고 자재해탈이 되니 이를 무념행이라고 한다(用即遍一切处亦不著一切处, 但净本心, 无染无杂, 来去自由, 通用无滞, 即是般若三昧, 自在解脱, 名无念行)." 〈육조단경〉, 반야품

자면 무념은 생각의 부재가 아니라, 생각의 완성이다. 대상을 완전히 파악했기에 '생각'을 동원할 필요가 없는 경지다. 얼마든지 생각을 할 수 있으나 굳이 생각에 들어갈 필요가 없는 상태라고 하겠다.

이처럼 무념은 모든 생각이 완성된 지혜이자 어떤 생각에도 사로잡히지 않는 자유다. 완전한 감각이 그것을 가능하게 한다.

하지만 이러한 무념은 육체를 가진 상태에서는 달성하기 힘들다. 물질의 한계를 가진 감각기관으로 어떻게 완전한 정보를 얻을 수 있겠는가? 감각이 제한된 인간은 어쩔 수 없이 치열한 사유를 통해서 대상과 환경을 파악할 수밖에 없다. 단편적 정보만을 제공하는 물질계에서 우리는 부단히 생각해야 한다. 물질은 우리에게 필요악과 같은 장애를 드리우며 끊임없이 생각해야 하는 형벌을 부가하고 있다.

그렇다면 물질적 존재인 우리는 생각을 거부하거나 부정해서는 안 된다. 비록 번뇌의 고통을 준다 해도 그 생각의 형벌 끝에 비로소 무념이 성취된다. 왜 그럴까?

무념은 완전한 감각과 더불어 그 정보의 진정한 의미를 깨닫는 '사유체계의 완성'에서 이루어지는데 그런 사유체계의 확립은 정보의 공백 아래서만 그 필요성이 끊임없이 요구되기 때문이다. 결국 '생각'이 무념의 관문인 셈이다.

그래서 육체적 존재가 완전한 무념(무의식에 가까운)에 도달하려는 수행은 '생각'의 가치와 의미를 모르는 무리한 시도로 보인다. 무념이 목적이라면 굳이 이 세상에 올 이유도 없지 않겠는가? 하지만 워낙 신출귀몰한 인재들이 많은 요즘 시대에 그런 도인道人이 없다고 장담은 못 하겠다. 나야 '멍'때리기보다는 좀 더 합리적이고 객관적으로 생각하는 훈련을 더

하는 쪽이지만, 선택은 각자의 몫이다. 다만 무념을 이루려는 집념으로 땀을 뻘뻘 흘리지는 말자. 그것은 또 다른 망념에 사로잡힌 짓이다.

○

영체靈體는 근원적인 각성을 지니는 기氣가 특정한 형상으로 조직된 것이다. 그것은 물질적 삶(역행)의 모든 경험이 다양한 형상으로 저장된 정보체로서, 육체에서 터득한 모든 기능이 이월되어 영체의 능력과 지혜가 된 상태다. 즉 육체의 감각기능 역시 그대로 영혼의 감각기능으로 제공될 것이다. 육체와 다른 점이 있다면, 물질로 이루어진 육체의 감각기관은 제한된 범위의 물질파만을 감지했지만 '기'로 이루어진 영체의 감각은 물질의 한계를 초월하여 모든 '기'의 파동을 직접 감지할 것이다. 육안肉眼은 가시광선만 감각하지만 영안靈眼은 기氣를 직접 포착하여 무엇이라도 시각화할 수 있다. 모든 것이 기의 응집 현상이 아니던가. 그런즉 영체의 감각은 어떤 한계도 없다고 하겠다.

근원과 순행하는 기는 저항을 받지 않기에 물질로 응축되지 않고 무한히 파동치고 있다. 기파氣波는 거리에 제한이 없고 그것을 막을 더 정밀한 매질도 없다. 그러한 기로 이루어진 영혼의 감각 능력은 어떤 수준일까?

기의 세계에서는 모든 것이 숨김없이 드러난다. 영체는 무한한 기감氣感으로 대상과 상호작용하여 즉각 완전한 인식에 도달한다. 그런 상태에서는 추론의 시나리오가 끼어들 필요가 없다. 인간은 언어와 관념으로 사유해야 하지만 영혼은 근원적 기의 파동에 감응함으로써 대상을 직접 체감한다.

물질의 한계를 초월하는 영체의 감각 능력은 육체의 입장에서는 초감각이다. 우리가 보기에 기적이고 초능력이지만 비물질적 영체의 입장에서는 당연한 오감의 작동이다. 이러한 초감각에 의해 영체는 번잡한 추론의 수고에서 해방된다.

물론 영혼도 대상을 선택하고 판단하고 반응을 결정하는 사유의 기능은 있다. 하지만 그것은 인간의 사유와는 차원이 다르다. 영혼의 사유는 생각을 초월한 사유다. 인간의 사유가 정보의 부족으로 인해 '물음표'로 진행된다면 영혼의 사유는 완전한 감각으로 인해 확연한 '느낌표'로 진행된다고 할 수 있다.

그래서 영혼의 사유에 번뇌는 없다. 영혼은 추론하지 않으며 고민하지 않는다. 상대의 심정이 구체적인 오감으로 드러난다. 영혼은 속지 않으며, 그래서 상대의 진위에 대해 고민할 필요가 없다. 영혼은 그저 선택하고 음미하고 누릴 뿐이다. 판단과 선택의 자유가 있고 그것을 향유할 권리가 있을 뿐 시간에 종속되지도, 강압적인 생각에 사로잡히지도 않는다.

물론 영혼의 세계에서도 실시간의 개념은 있다. 하지만 그 의미는 물질세계에서와 다르다. 육체는 자신의 생존을 위해 실시간을 필사적으로 따라가야 하지만 영체는 실시간에 생존이 달려 있지 않다. 영체는 실시간을 놓쳤다고 해서 생존에 위협받는 재질이 아니지 않은가! 영혼은 원하는 대상을 자유롭게 선택해서 스스로 실시간을 만들어간다.

이와 같은 영혼의 사유방식을 표현한 말이 '무념'이라고 본다. 반복하지만 무념은 생각조차 못 하는 상태가 아니다. 그것은 '생각을 초월한 사유'다. 오류 없는 사유라고나 할까? 물질의 한계가 없는 확연한 감각과 판단이다. 그러한 무념은 감각의 제한이 없는 영혼의 상태에서 저절로 이루어진다. 한 치의 의혹도 없는 사유의 완성이다.

오감 외에 육감六感이라는 것이 있다. 글자 그대로 해석하자면, 육감은 오감(시각 청각 후각 미각 촉각) 외의 여섯 번째 감각이다. 그런데 그런 것이 과연 있을까? 그런 감각이 필요할까?

아니다. 오감으로 충분하다. 하지만 우리의 오감은 한계가 있다. 육체의 감각만으로 대상을 완전히 파악하지는 못한다. 이때 '생각'이라는 추론이 요청되는데 때로 그 추론이 강력한 확신을 동반할 때가 있다. 이런 것을 '육감'이라고 한다. 말하자면 오감만으로는 해결하지 못하는 상황에서 요청되는 '자기 확신' 같은 것이다.

예를 들어 어떤 무술인이 그날 찾아올 첫 손님이 어떤 사람일지를 육감으로 알아차렸다고 치자. 무술인의 생각에 그 사람은 어쩐지 중년 여자일 것 같고 한복을 입고 올 것 같다는 강력한 확신이 든 것이다. 실제로 손님을 맞이해 보니 중년 여자가 맞았다. 다만 전통 한복이 아니라 개량 한복이었다. 100% 정확하지는 않았어도 그 무술인의 육감은 상당히 높은 편에 속한다고 하겠다.

그런데 옆 동네에 더 영험한 무술인이 있었다. 그는 그저 눈 감고만 있어도 멀리서 오는 손님의 얼굴과 차림새가 훤히 보였다. 그는 굳이 육감을 동원할 필요가 없었다. 찾아온 이유가 영상으로 다 보이고 말하고자 하는 사연이 소리로 다 들린다면 육감이 끼어들 여지가 없지 않겠는가? (물론 그런 무술인은 아직 못 봤다. 이런 경지는 무술인이 아니라 도인이라 하겠다.)

결국 '육감'이라는 것도 부족한 오감을 메우기 위한 궁여지책에 불과하다는 말이다. 그것은 무의식적 추론에 대한 자기 확신일 수도 있고 그날의 상象을 감지한 직관적 지혜일 수도 있다. 비록 육체의 감각기관이 기를 직접 감지하지는 못해도 기의 파동이 내면의 심상心象으로 떠올라 설명 불가능한 확신으로 나타난 것이다.

다만 염려스러운 것은 그런 심상이 도출되는 과정에 개인적 욕망이 투사될 수 있어서 육감에는 항상 오류가 있을 수 있다는 점이다. 자신의 육감만 믿고 행동하는 사람이 얼마나 위험한지 우리는 잘 알고 있다. 심하면 '망상'이 되어 치료가 필요한 상황이 되기도 한다. 어쨌거나 여기서의 요점은 오감의 범위와 정확도가 확실하지 않을 때, 육감이 필요하다는 것이다.

육감의 실상이 그러하다면, 영체는 육감이 필요 없다. 무한한 오감으로 대상과 직접 교감하기에 굳이 상상할 필요도 없고 고민할 필요도 없다. 모든 것이 확연하고 명백한 오감으로 포착된다.

오감五感의 가치

확장된 오감이 사유작용에 중요한 역할을 하고 있음을 알았다. 때문에 오감의 가치에 대해 한 번 더 짚고 넘어가고 싶다.

우리는 어떤 대상이 외부에 있고 그것을 신체가 감지하는 것으로 알고 있다. 불교 철학에서는 그러한 외부의 대상을 육경六境이라 하는데 '색성향미촉법'으로 나눈다. 그리고 그것을 받아들이는 감각기관을 육근六根이라 하여 '안이비설신의'가 되겠다.

이처럼 우리는 외부 대상(육경)이 존재하고 그것이 감각기관(육근)으로 들어와 의식 현상이 이루어지는 것으로 이해하고 있다. 그런데 진실은 외부의 대상인 육경이 사실은 의식의 창작품에 불과하다는 것이 유식唯

識* 불교의 견해다.

눈을 예로 들어보겠다. 우리가 보는 사물이 과연 그 모양 그대로 외부에 존재하고 있는 것일까? 그렇지 않다. 눈은 광자의 자극을 뇌 신경세포의 전기적 신호로 변환시킬 뿐이다. 그러면 그 신호를 영상으로 시각화하는 곳은 어디인가? 그곳은 눈이 아니라 뇌의 후두부에 있는 시각중추다. 전자기 파동은 시각중추에 이르러서야 비로소 시각(영상)으로 조합된다. 그것이 대상으로서의 색色이다. 그렇다면 대상(색)은 눈이 만든 것이 아니라 시각중추와 연관된 의식이 만든 것이다. 유식 불교에서 그 식을 안식眼識이라고 하는데, 이는 결국 안식이라는 의식의 일면이 그 대상인 색(시각적 대상)을 스스로 구성한 결과가 아니겠는가? 즉 우리 눈에 보이는 모양과 색은 그것을 보려는 의지(안식)가 창조한 것이다. 색은 안식의 전변轉變이 된다.

색만이 아니다. 육경 모두 각각의 식識이 만든 창조물이다. 그래서 식의 작용을 떠나 독립적으로 존재하는 경境은 없다는 말이다. 이른바 유식무경이다. 식이 그것을 채색해 주기 전에는 그저 암흑 속의 파동이었을 뿐, 색으로 출현하지 못하는 것이다. 이처럼 의식이 어떤 정보(기 파동)에 소리와 맛과 향기와 촉감을 부여하고 있다.

이처럼 오감은 의식의 신기神技다. 의식의 가치만큼 오감의 획득은 진

---

* 유식론은 대승불교의 유가행파의 중요학술 중 하나이다. 세계의 모든 현상은 마음의 인식이 드러낸 것으로 보고, 마음 밖에는 어떠한 독립적이고 객관적인 존재가 없다는 설이다. '유식무경'이 바로 그것인데 이러한 인식작용 중에서 아뢰야식은 세계 각종 정신현상의 요소를 생산해 내는 종자로서 '종자식' 또는 '장식'이라고도 불린다. 이 유식종에서는 내 마음이 인식하는 대상 세계는 모두 내 마음의 인식 자체가 드러낸 것으로 보는데, 이는 특히 제8식인 아뢰야식의 종자가 형성시켜서 생기게 한 현상이므로 마음의 인식 이외의 만유현상은 모두 비실재로 본다. 이것이 유식무경이다.

화의 소중한 성과다. 수십억 년 진화의 산물인 의식은 항상 오감을 창조하여 대상과 상호작용해 왔다. 그때 비로소 장엄한 우주가 탄생한다. 그 전까지는 기의 파동일 뿐이었으나 의식이 그 파동을 변환하여 오감으로 재구성하였을 때 우주는 비로소 보기에 아름다운 것이 된다. 그러므로 오감의 획득이야말로 진정한 우주의 창조라고 하겠다. 만물은 오감으로 재창조되어 의식 속에 저장된다. 감각이 장엄한 의식의 세계를 구성하고 있다.

o

영혼도 눈과 귀가 있을까? (어린애 같은 상상이지만 과거 러시아 정교회의 사제들이 전사의 나팔길이가 얼마나 될지 고민하는 것과 같은 맥락이다. 나름의 정리가 필요하다고 본다)

앞서 말했지만, 물질로 이루어진 망막 자체에는 시각을 구성하는 기능이 없다. 망막은 가시광선을 전기신호로 바꾸어 주는 일종의 전환 장치일 뿐이다. 그 전기신호를 시각으로 형상화하는 곳은 뇌의 시각중추다. 그곳에 전기신호를 형과 색으로 조합하여 시각을 형성하는 의식의 창조적 기능이 자리하고 있는 듯하다. 그렇게 시각을 창조하는 의식의 기능을 유식唯識학에서는 오식五識의 하나인 안식眼識이라 칭한다고 했다. 그렇다면 그 안식이 바로 영혼의 시각 창조 기능이라고 할 수 있겠다.

그렇다면 망막과 같은 감각기관은 영체에서는 불필요하다. (대신 물질적 망막을 구성하는 정보는 가지고 있다.) 영체는 직접 기를 감지하기 때문에 물질파를 전기신호로 또 그 전기신호에서 기氣신호를 추출해야하는 과정이 필요 없다. 시각만이 아니라 (청각, 촉각, 미각, 후각을 창조하는) 오식五識

이 모두 영혼의 하부 기능체로서 기의 파동을 직접 감지하여 각각의 감각을 창조하는 것으로 보인다. 즉 영혼은 오근五根(눈, 귀, 코, 혀, 피부)을 통하지 않고 직접 기감氣感하는 것이다. 대신 상대가 원한다면 영혼은 스스로 눈과 귀의 형상을 취해 줄 수는 있을 것이다. 단지 장식이지만. 그러면 천사의 날개는? 보고 싶어 하는 자들을 향한 옵션이 아닐까한다. 설마 천사가 날개까지 다듬고 있어야 하겠는가? 천사가 있기는 할까? 동양에서는 일체유심조라도 이미 결론을 내렸지만.

근원은 기氣의 장이다. 기가 형성한 무수한 상象들의 파동으로 가득 차 있다. 그 파동 정보를 영체는 자신이 원하는 감각 양상으로 전환할 수 있다. 무한한 기감氣感의 영체는 온 우주를 오감으로 재구성한다. 우주에 존재하는 모든 울림을 오감으로 변환시켜 음미하고 누린다. 대상을 직접 보고 듣고 냄새 맡고 맛보고 어루만질 수 있는 것이다.

다만 인간으로 환생하면서 그 능력은 물질의 한계에 갇히게 된다. 우리는 멀리 떨어져 있으면 볼 수 없음을 당연하다고 여긴다. 하지만 어찌 보면 그것이 도리어 비정상적인 상태일 수 있다. 어떤 한계가 있다는 것은 그것이 궁극의 존재 양상이 아님을 항변하는 것이 아닐까?

경계의 초월, 실재의 창조

확장된 감각은 개체 간 '경계'의 의미도 변화시킨다. 감각은 대상이 가진 정보를 자신의 것으로 체화體化하는 과정으로 볼 수 있다. 외부대상은 오감으로 재창조되어 내 의식의 요소로 진입한다. 이때 대상은 더 이상 타자他者가 아니다. 그 대상은 내 의식의 또 다른 주인공, 또 하나의 내가 된다. 생각해 보라. 지금 내 의식의 내용을 이루고 있는 것은 사실 무수한 타자와 그 정보들이 아닌가? 그것을 어찌 나와 별개라고 하겠는가! 그들이 바로 내 존재의 근거다. 타자가 날 구성하고 있는 것이다.

그런 것이 상생의 세계다. 영혼의 차원에서 '경계'는 자신과 다른 이질적이고 신선한 정보를 발생시키는 토대로서의 의미가 있는 것이지 자신과 대립하는 국경이 아니다.

의식만이 진실재眞實在다. 그러한 의식에 등록되는 모든 것은 그대로 불멸의 실재가 된다. 그런 것이 순간을 영원으로 바꾸는 의식의 연금술이다. 이내 사라지는 물질현상이라 해도 의식에 저장되면 더 이상 '마야Maya*'가 아니다. 그것은 언제나 오감으로 재창조될 수 있다. 파동의 세계에서 감각(동조)은 그대로 실재를 창조하는 행위다. 감각의 진정한 기능과 의미가 거기에 있다. 단지 감각으로 받아들임으로써 불멸의 실재가 창조되는 것이다. 그런즉 완전한 감각이야말로 불멸의 실재를 창조하는 영혼의 능력이자 영지靈智의 바탕이 된다.

대략 이런 상태를 영의식이 존재하는 상태라고 하겠다. 인간처럼 사유의 고뇌는 없다. 번뇌 망상이 일어나는 바탕인 물질(육체)도 없다. 전전긍긍해야 할 그 무엇도 없다. 숨겨진 것이 없으니 불안해 할 것도 없다. 그런 상태가 본연의 존재 상태다.

지금처럼 물질에 속박되어 힘들게 끌고 가야 하는 육체는 어떤 의미에서는 형틀과 같다. 우리를 지구에 유배된 신세로 볼 수 있다. 하지만 그

---

* 인도사상에서 마야(maya)는 두 가지 기능을 가진다. 하나는 창조적이고 마술적인 힘으로서 환영 같은 마야이며, 다른 하나는 자신 속에 영원하고 참된 실재인 브라만을 회복하게 하는 붓디(buddhi: 知性)를 내장하고 있는 마야이다.

진정한 의미는 벌 받는 형刑틀이 아니라 올바른 형상을 만들기 위한 형型틀이다.

> 자비는 반야般若(모든 법의 진실상을 아는 지혜)에서 나옵니다. 반야의 힘으로 우주와 인간의 근본 실상을 확실히 보았을 때 자비의 실행은 왕성하게 실천됩니다. (…) 조견照見은 인식입니다. (…) 인식은 지식이 아닙니다. 지식은 알고 있으나 보지는 못합니다. 그러나 반야는 아는 것이 아니라 보는 것입니다. 이리하여 지식이 과거적이라면 인식은 현재적입니다. 인식의 모체가 되는 반야는 항상 현재 속에 있습니다. (…) 이러한 인식에는 미심쩍은 것이 없습니다. 모든 것이 명백하고 분명합니다. (…) 반야에는 일체 두려움도 있을 수 없습니다. 두려움은 모르는 데서 생기는 망상입니다.
> _종범 스님, 〈불교를 알기 쉽게〉

마음은 뇌 활동의 부산물에 불과할까?

인간은 지구상 생명체가 겪은 수십억 년 간의 진화과정을 어머니 태중에서 불과 열 달 만에 요점 반복한다. 그 장구한 진화과정이 열 달로 줄어들 수 있는 것은 영체에 쌓인 경험 정보가 불필요한 시행착오를 건너뛰게 하면서 수정란의 발생을 선도하기 때문이다.

이러한 영혼의 개입을 배제하고 오직 선택적 유전자만을 통한 진화를 주장하는 것은 오히려 많은 사람들을 창조론으로 돌아서게 만드는 요인이 되고 있다. 어떤 의미에서는 창조론이 맞다. 단지 그 '창조자'를 무엇으로 보느냐가 다르다. 어떤 사람은 자신이 믿는 절대 신神이라고 보지만 여기서는 심오한 정보를 지닌 각자의 '영혼'이 되겠다. 불멸성과 그 무한한 영혼의 능력을 볼 때, 영혼은 신성神性과 동격이 아니겠는가?

영혼은 또 한 단계 진화하기 위해서 육체에 다시 결합한다. 육체를 의식의 중심으로 삼아 대상을 감지하고 판단하고 행동한다. 그런 의미에서 보면, 육체는 영혼이 물질계를 경험하기 위해 승차하는 일종의 '아바타'와 같다. 상극의 도道에 숨어있는 공존의 지혜를 습득하기 위해서 영혼은 아바타의 눈과 귀와 언어를 통해 물질계를 배워나가야 한다. 육체에 몰입된 의식은 아바타의 생존을 위해 물질 정보를 최우선으로 처리하면서 육체적 정체성에 강력하게 묶여 있게 되는 것이다.

그 상태가 천지간天地間 '인간'이다. 인간은 부모로부터 물려받은 신체적 기질(생물학적 특성)에 각자의 영 의식이 결합한 것이며 그 기질과 영질靈質의 합이 그 인간의 고유한 성격이 된다. 대개 일평생 동안 변화가 없으며 그로 인한 행동의 고정적인 패턴을 선천先天적 운명이라 하겠다.

육체를 자신의 소망에 맞게 특징적으로 발생시킨 영혼의 정보는 생후에 '심층(집단) 무의식화'되어 성격과 운명형성에 결정적 소인素因으로 작용한다. 내 마음의 심부에 있는 '또 다른 나'는 그렇게 잠재된 영혼大我의 파동을 말한다.

그러므로 아무리 내 몸을 통해 낳은 자식일지라도 그 혼은 내가 준 것이 아니다. 영혼은 누구도 함부로 할 수 없는 독자성과 존엄성을 가지고 있기에 내 자식이라도 내 소유물은 결코 아니다. 단지 내 몸의 기질을 빌려서 이 세상에 온 귀한 인연의 손님이다. 육체는 부모가 만들었지만 그러한 신체를 선택하는 주체는 영혼이다. 영혼은 그 육체를 통해서 또다시 변형되고 성숙한다.

이처럼 혼은 육을 선도하고 육은 혼을 다듬어간다. 영체와 육체는 그렇게 긴밀히 소통한다. 그렇다면 육체에서 그 소통의 통로는 어디일까? 다시 말하면 영체는 어디를 통해서 육체라는 아바타를 조종하는 것일까?

그곳은 당연히 '뇌'다. 발생학적으로 보면 육체는 사실상 신경세포의 발생과 그 분지分枝라고 할 수 있다. 모든 신경세포는 '뇌'에서 하나로 연결되는 유기적인 구조를 띠고 있다. 주변의 정보와 모든 경험은 인체의 각 신경세포를 통해 최종적으로 뇌로 보내진다. 인체는 크게 보면 뇌의 분지인 것이다. 그렇다면 뇌가 소통의 창문임에는 틀림이 없다.

인간의 정신 능력을 보면 머리 안에는 무엇인가 대단한 것이 있어야 한다. 영혼의 흔적이라도 있어야 한다. 하지만 머리 안에는 신경 다발만 얽혀 있을 뿐 아무것도 없다. 육체를 조정하는 조그마한 주인공이 앉아 있을 자리는 아예 없다. 사람이 나오는 텔레비전 속에도 전기회로만 있듯이 뇌도 복잡하게 얽혀 있는 거대한 신경세포의 회로망일 뿐이다. 그럼에도 불구하고 뇌에서는 엄청난 정보들이 저장되고 출력되고 있다. 도대체 뇌는 어떤 방식으로 일하고 있는 것일까? 뇌가 하는 작업의 최종적인 결과물이 무엇이기에 영혼의 정보와 의지가 들락거리게 되는 것일까?

지금까지 밝혀진바, 뇌의 최종적인 결과물은 '전자기 파동'이다. 무엇을 감지하거나 생각한다고 해서 그때마다 뇌세포 자체가 바뀌는 것은 아니다. 달라지는 것은 뇌가 아니라 뇌에서 발생되는 전자기 파형波形이다. 이는 역시 형상이다. 정신이 활동하는 순간, 뇌세포의 회로망에서 무수히 다양한 파동이 발생한다.

뇌에는 대략 150억 개의 신경세포가 있는데 그들은 서로 150조 개의 시냅스로 연결되어 있다. 그 시냅스들의 활성 패턴에 의해서 발생하는 다양한 '전자기 파형'이란 실로 우리가 경험하는 모든 것들을 빠짐없이 코딩하여 의식에 전송하기에 충분한 정보량이 아닐까?

그것이 뇌가 하는 일의 전부다. 뇌의 최종적인 산물은 '전자기파형'인 것이다. 뇌는 의식을 발생시키는 곳이 아니라 단지 다양한 전자기 신호를 발생시키는 매체라고 볼 수 있다.

전자기 파형은 의식의 섬세함에 접근할 수 있는 가장 정밀한 물질파다. 물론 전자기 자체가 역행의 기氣는 아니지만 그나마 기氣에 가장 근접한 물리적 매질이다. 역행의 기는 그러한 전자기파의 최종 매질 정도가 아닐까 추측해본다.

어쨌거나 우리 삶의 모든 경험은 뇌에서 전자기파로 전환되며 역으로 영혼의 결심이 뇌의 전자기파를 유발하여 인간의 몸과 마음을 움직이게 된다.

이와 관련한 재미있는 실험이 있다. 2011년 〈뉴런Neuron〉이라는 학술지에 발표된 논문*이 있는데 그 논문의 실험에 의하면, 실험 참여자들이 손가락을 움직이려고 자의적으로 결심하기 직전에 이미 뇌의 활성(뇌파)이 먼저 관찰되었다고 한다. 이런 현상의 원인은 아직 규명되지 못하고 있다.

실험 방법의 정밀함이 어느 정도인지는 잘 모르겠지만(이 실험이 정확했다고 본다면), 어떤 마음의 자발적 결심에 앞서 뇌의 활성이 먼저 관찰되었다는 것은 자유의지를 포함한 현재 우리의 마음은 뇌 활동의 이차적인 결과물이라는 말이 된다. 마음보다 뇌파가 먼저 나타났다고 하니 결국 뇌의 활성이 자유의지를 일으켰다는 뜻이 아닌가?

---

* "Internally Generated Preactivation of Single Neuron in Human Medial Frontal Cortex Predicts Volition", *Neuron* 69, 548–562, February 10, 2011

이런 결과를 두고 마음은 뇌 활동의 부산물이라고 잠정적인 결론을 내릴 수도 있겠지만, 그렇다면 그 뇌의 활성은 또 어디에서 비롯되었는지에 대한 의문이 생기지 않을 수 없다. 일관성 있는 우리의 마음이 단지 뇌의 무작위적 활성의 결과물은 아니지 않겠는가?

이에 대한 나의 소견은, 모든 결심의 주체는 영혼(의식의 발생처)인데 그의 기파氣波가 먼저 뇌의 활성을 유발하고, 그다음 그 뇌의 활성(전자기파동)이 우리의 심경변화로 전달된다는 것이다. 지금의 내 마음(뇌의식)이 모든 결정을 최초로 내린다고 생각하겠지만 사실은 영혼의 결심이 선행하고 그것이 지금 우리(육체적 뇌의식)의 결심으로 전달되기까지 극히 짧은 시차(수백 밀리 초)가 있다는 말이다. 이는 영혼의 파동이 물질파(전자기파)로 이행되는 과정에서 그 파동을 전달하는 매질 차이에 따른 약간의 시간 굴절이라고 보면 되겠다. 단지 나의 소견일 뿐이며 이 실험결과에 대한 최신 견해가 궁금하다.

그런데 아무리 뇌 과학이 발달하였다 해도 전자기 파형의 다음 변환과정은 알지 못한다. 거기부터는 물질의 영역이 아니다. 전자기파는 우리가 감지할 수 있는 물질의 최전방이다. 짐작하건대 그 전자기파 매질(역행 기)의 접점에서 의식의 원천인 순행 기氣가 맞물려 회전하고 있을 것이라 생각한다.

뇌가 발생시킨 전자기 파형은 최종적으로 그곳을 향해 파동치고 있다. 우리의 모든 수고와 인내가 뇌의 전자기 파동으로 변환되어 저곳 의식의 본원으로 송출되고 있다.

뇌는 영혼과 육체를 연결하는 다리일 뿐이다. 흔히 뇌를 의식의 발생처로 여기기 쉽다. 그러나 그것은 영의식(대아)과 교신하는 전자기파 발생 장치가 되겠다.

앞에서 우리는 영혼을 역행매질이 만든 형상을 따라 순행매질이 조직되어 나타난 주체의식이라고 이야기했다. 다시 말해서 의식의 원천은 물질인 뇌가 아니라, 그 건너편에 접속되어있는 비물질의 순행매질이고, 뇌는 단지 물질과 비물질을 이어주는 전자기파의 교량인 것이다.

뇌는 물질파를 의식의 본체로 보내고 역으로 영의식의 판단을 육체로까지 전달한다. 뇌는 그렇게 끊임없이 전자기파를 주고받는다. 그 과정이 뇌파로 드러난다. 그래서 머리는 뜨겁다. 전기로 작동되는 컴퓨터에서 열이 나듯이 전자기파로 작동하는 뇌도 마찬가지다. 하지만 열이 나도 뇌를 멈출 수는 없다. 뇌는 영혼이 이 세상으로 진입할 때 써야 하는 헬멧과 같다. 물질계에 들어와 그곳에서만 존재하는 아이템을 발굴하기 위한 게임의 전용 도구다. 뇌를 통해야만 물질적 존재로서의 개체적 시점이 확보되고 그로 인해 물질적 정체성에 몰입할 수 있게 된다. 그때 게임이 시작된다. 뇌는 물질계에서의 게임과 사용자를 연결하는 초고도의 정밀 교신 장치인 셈이다.

그러한 뇌는 영의식과 육체 간의 송수신 장치 역할을 쉬지 않고 하고 있다. 잠들어서도 완전히 멈추지 않는다. 육체가 움직이지 않는 수면 상태에서도 뇌파가 발생하고 있다는 것은 육체가 아닌 무엇인가와 교통하고 있다는 말이 아니겠는가?

정리하자면, 지금 주변을 인식하고 '이것은 무엇인가?'하는 의문의 주체는 뇌가 아니라 영혼이며 뇌는 그 연결고리에 불과하다. 물질적 뇌 자체에 의식이 있다면, 그것은 전기 신호와 신경전달 물질에 의한 생리적 반응 수준 정도다. 그러한 전자기적 뇌의 반응을 오감五感으로 변환하고 전 전생(全 前生)의 정보와 비교하고 판단하는 주인공은 영혼이다. 전자기파에 실린 정보를 모니터의 영상으로 전환하여 감상하듯이 영혼은 뇌의 전자기파형을 오감으로 변환하여 감상하고 있다.

지금까지 우리는 영혼의 사유방식에 대해서 대략 고찰해 보았다. 그것은 감각의 확장으로 인한 무념의 성취가 되겠다. 비교하고 고민하고 추론하는 사유란 감각정보가 부족한 물질계에서만 나타나는 번뇌였다. 대신 영혼은 근원적인 기의 파동을 감지함으로 무념의 경지에서 대상을 직접 조견照見한다.

15. 물질의 시간성, 의식의 무시간성
　　시간의 정체

　나의 형님이 학생 시절에 방 벽에 낙서처럼 쓴 시가 있다. 멀쩡한 벽에 낙서를 했다고 아버지께서는 나무라셨지만 나는 속으로 참 잘 쓴 시라고 느꼈다. 지금까지 기억하고 있을 정도다. 당시엔 형님이 직접 지은 것으로 알았는데 나중에 알고 보니 저자는 따로 있었다.

　　　늙은 개가 앉아서 뒤를 돌아다보고 짖는다
　　　나는 그 개가 강아지였을 때를 기억할 수 있다
　　　　_로버트 프로스트, 〈사람의 일생〉

　귀엽던 내 강아지가 어느새 늙어서 힘없이 앉아 있는 것을 본다면 그 참참한 심정을 어찌 다 말로 표현할 수 있을까? 하지만 이 시는 개를 슬퍼하는 것이 아니다. 시간의 흐름을 거역하지 못하는 우리의 운명을 슬퍼하고 있다. 예나 지금이나 속절없는 시간은 슬픔의 근원이다.
　우리가 어쩔 수 없이 따라가야 하는 운명 중에서 시간만큼 강력한 것이 또 있을까? 우리는 시간을 멈출 수 없고 마음대로 선택할 수도 없다. 시간은 우리의 의사와 관계없이 과거에서 미래로 일방적으로 흐르고 있다. 그것을 거부할 수 있는 사람은 아무도 없을 것이다.

인생이 자칫 비극으로 끝날 수 있는 이유는 이처럼 한 번 지나가 버린 시간은 되돌릴 수 없다는 것에 있다. 우리는 매 순간 모든 것과 이별하고 있다. 이런 일체무상(一切無常)의 슬픔은 부처님께서도 인정하셨다.

우리는 왜 이런 시간의 일방적인 독주에 붙잡혀서 현재를 항상 아쉬워해야 하고 과거를 그리워해야 할까? 살면서 겪는 질병과 사고도 문제지만 쏜살같이 지나가 버리는 시간의 이런 비가역적 흐름이야말로 인생에서 가장 심각한 위협이라 하겠다.

우리는 1차원 시간 속에서 살고 있다

우리는 3차원의 공간과 1차원의 시간 속에서 살고 있다. 여기서 1차원의 시간성이란 과거에서 미래로 이어지는 선형線形적 흐름을 말한다. 거꾸로 갈 수도 없고 옆으로 빠질 수도 없다. 오직 직진만 하고 있다. 이러한 일방적 질주를 시간의 '일차원성'이라고 한다.

그렇다면 우리의 의사와 관계없이 일방적으로 흐르고 있는 이런 시간의 직진성이 억울하지 않는가? 그래서 많은 사람이 시간의 본질에 대해서 고민을 하였다. 나만의 고민이 아니었기에 얼마나 다행스러운지 모르겠다.

그중에서 존 아치볼드 휠러라는 사람은 '시간은 모든 일이 한꺼번에 발생하는 사태를 막아주는 것'이라고 하였다. 나는 시간에 대한 여러 정의나 설명 중에 이 휠러의 말이 가장 마음에 들었다. 고등학교 시절에 그 말을 접한 것 같은데 너무나 명쾌한 지적이라 감동했다. 그리고 최근에 철학자인 줄 알았던 그가 다중우주를 주장한 이론 물리학자였음을 알게 되면서, 그의 말이 더욱 의미심장하게 다가왔다. 그것은 철학적 비유가 아닌, 과학적 사고의 결론이었기 때문이다.

그의 말대로라면 시간이라는 것은 참으로 다행스러운 신의 섭리라고 생각된다. 한꺼번에 모든 일이 발생한다면 이 세상은 뒤죽박죽이 될 테니까 말이다. 이런 '휠러'의 말을 부연하면 이 세상에서 '사건'은 한 번에 하나씩 발생하는데 그 이유는 바로 순차적으로 진행하는 시간 때문이라는 말이다. 즉 모든 사건이 시간의 일차원적 진행에 종속되어 있기에 모든 일이 한꺼번에 일어나는 사태가 발생하지 않는다는 것이다.

그런데 그것이 과연 진실일까? 시간이 선재先在하고 모든 사건이 그 시간이 진행하는 일차원 좌표 위에서 발생하고 있다는 말이 맞을까? 도대체 시간이 무엇이라서 이 세상은 언제나 그를 뒤쫓아야만 하는가?

이제 우리는 일차원적 시간의 진정한 정체에 대해 생각해 보기로 한다. 나는 내 의사와 관계없이 강물처럼 무심히 흘러가 버리는 시간이 너무도 야속해서, 그의 일방적인 흐름에 이의를 제기하지 않을 수 없다. 우리는 가만히 앉아서 매 순간 시간을 강탈당하고 있다.

그런데 결론부터 말하자면, 사건과 관계없이 일차원적으로 흘러가는 절대적 시간이라는 것은 존재하지 않는다고 본다. 오히려 정반대다. 시간이 사건을 순차적으로 발생시키는 것이 아니라 사건의 순차적 발생이 일차원적 시간을 양산하고 있다는 말이다. 다시 말하면 사건이 순차적으로 발생하기 때문에, 그 진행 과정을 '일차원적 시간'의 흐름으로 인식하게 된다는 것이다. 주객이 완전히 뒤바뀐 인식이 아닐 수 없다.

어쩌면 되돌아갈 수 없는 과거에 대한 그리움이 급기야 시간을 부정하는 사태로까지 번진 것이 아닌가 싶지만, 정작 반기를 들고 싶은 부분은 시간 자체가 아니라 그의 '일차원적 직진성'이다. 시간은 당연히 있어야 한다. 그것은 존재와 뗄 수 없다. 존재의 성립에는 시간과 공간이 이미 전제되어 있다. 중도적 순환의 반경이 '공간'의 시작이며 그 주기의 발생을 '시간'으로 볼 수 있다. 그래서 모든 존재는 시공과 분리되지 않는다. 때문에 여기서도 부정하는 것은 시간 자체가 아니다. 단지 그의 일방적인 직진성에 항의할 뿐이다.

시간이 흐른 것일까? 우리가 흘렀다고 느낀 것일까?

곰곰이 생각해보면, 시간이 흘렀다고 느끼게 되는 근거는 물체의 이동과 변형 때문이다. 구체적으로는 태양, 지구, 달 같은 천체의 이동과 엔트로피의 증가, 즉 물질의 마모와 분산 때문이다.

달력은 절대적 시간을 표기한 것일까? 아니다. 달력은 시간의 흐름을 표기한 것이 아니라, 태양과 달의 상대적 위치를 표기한 것이다. 달이 지구를 한 바퀴 도는 과정을 한 달이라는 시간으로 설정하고 지구가 태양을 한 바퀴 도는 과정을 일 년이라는 시간으로 설정한다. 달력이란 그렇게 지구와 달이 이동하는 과정을 순차적으로 표기한 것이다.

시계도 마찬가지다. 시계가 가리키는 시각은 지구의 자전주기를 세분한 것이다. 이런 시계의 원조가 해시계다. 시계는 결국 태양의 위치를 가리킨다. 어린 시절, 나에게 정오正午는 해가 앞마당 감나무에 조금 걸칠 때였다. 시계의 실상은 해의 상대적 위치를 날씨와 관계없이 어디서나 볼 수 있게 숫자로 표기한 휴대용 해시계인 셈이다. 자신이 사는 지표면에서 태양이 뜨기 시작하는 무렵을 대략 아침 6시 정도로 정하고 있다.

우주에 '아침 6시'는 없다. 우리가 따르는 '시간'은 자기가 속한 천체가 움직이는 순차順次에 불과하다. 지구인과 토성인이 오후 4시에 전화하자고 하면 그 통화는 불발이다. 온 우주를 관통하는 오후 4시란 없기 때문이다.

이처럼 천체의 순차적 회전이 일차원적 시간의 흐름으로 설정되고 있다. 우주에는 천체의 흐름과 관계없이 절대적으로 흐르는 시간이라는 것이 따로 존재하지 않는다.

그렇다면 정말 궁금해야 할 것은 우리가 목격하는 사건(천체 포함)들이 순차적으로만 발생하고 있는 이유다. 사건들이 하나씩 순차대로 발생한다는 것은 너무나 당연한 일이라서, 언뜻 그 이유를 묻는다는 것이 비상식적으로 보이는 것 같다. 그러나 이는 일차원적 시간의 정체를 밝혀 줄 유력한 단서이기에 근본적으로 다시 생각해보아야 한다.

앞서 말했듯이 물질은 자신만의 경계를 가지는 딱딱한 입자로, 어떤 공간을 독점적으로 점유한다. 물질은 하나의 공간을 동시에 공유하지 못하고 서로 배척한다. 물질의 속성이 이러하다면 물질적 행위와 사건은 한 공간에서 동시에 이루어지지 못하고 순차적으로 발생할 수밖에 없다. 즉 우리가 목격하는 사건들이 순차적인 것은 결국 공간을 공유하지 못하는 '물질의 특성' 때문이라는 것이다.

또한 물질적인 사건의 전개는 서로 부딪히면서 마모되고 분산되는 과정이다. 소위 상극의 세계다. 이것을 과학자들은 '엔트로피(무질서도)'가 증가 되었다고 한다. 과학자들은 이러한 엔트로피의 증가를 시간의 방향성으로 제시한다. 우리가 시간이 흘렀다고 할 수 있는 근거는 이러한 물질의 비가역적 변형과 분산 때문이다.

이처럼 물질적 사건의 발생과 전개는 선형線形적인 인과관계를 맺으며 한 번에 하나씩 순차적으로 일어나고 있다. 이때 우리는 이러한 물질의 일차원적 상호작용과 사건 전개를 시간의 일차원적 흐름으로 인식하게 된다.

만약 물질의 순차적 사건 전개와 마모가 없다면 (일차원적) 시간의 흐름을 인식할 지표도 없어진다. 그런 상태에서는 시간의 작용이라 할 것이 없다. 그때 시간은 그 근거를 잃어버리게 된다. (일차원적) '시간'이란 결국 '물질의 속성'에 불과한 것이다. 태초부터 시간이 선재先在한 것이 아니라, 물질의 일차원적 변화과정을 '시간'이라는 개념으로 인간의 인식에 설정되고 있는 것이다.

즉 일차원적으로 흐르는 시간은 물질계에서만 존재한다. 그것은 물질적 사건 전개의 고지식한 그림자이며 물질현상의 배후에서만 존재하는 유령과 같다. 아주 무섭다. 누구도 피해 갈 수 없는 강력한 영향력을 미치며 온갖 슬픔과 그리움을 자아내고 있다.

그러나 물질을 떠나면 시간의 흐름을 감지할 것이 없다. 단지 물질의 이동과 변형 때문에 시간이라는 것이 일차원적으로 흐른다는 착각을 야기하고 있다.

> 우리는 무엇인가가 변함으로써 비로소 시간을 느낀다. 그런 의미에서 아무것도 변하지 않게 된 상태에서는 시간이 존재하지 않는다고 할 수도 있다. 그래서 시간을 논하는 것 자체가 역시 무의미하다고 할 수 있다. (…) 우리가 시간이 한 방향으로 흐른다고 느끼는 이유는 우리가 원래 상태로 돌아가지 않는 현상에 둘러싸여 있기 때문이다.

_마쓰우라 (일본 게이오기주쿠 대학, 〈뉴턴〉 2018. 8월호)

물질계를 벗어나면 시간의 일차원성은 사라진다
: 무시간성

만약 10시간 걸리던 길을 1시간 만에 도착했다면, 우리는 시간이 별로 안 걸렸다고 한다. 그런데 그 길을 빛의 속도로 순식간에 왔다면, 시간이 아예 걸리지 않았다고 할 것이다. 이때 시간의 정체가 드러난다. 시간은 물질의 이동 과정에서 발생하는 일종의 장애에 지나지 않는 것이다.

아인슈타인의 특수 상대성 이론에 의하면, 빠르게 이동하는 물체에서의 시간은 정지해 있을 때보다 천천히 흐른다고 한다. 만약 빛의 속도로 날아가는 우주선을 지구에서 본다면, 그 우주선 안에서의 시간은 흐르지 않고 멈춘 것으로 보인다고 한다. 이때 시간이 멈추었다는 말은 무슨 말일까? 시간이 멈추었으니 그 우주선 안의 사람들도 정지해 있는 것일까?

그렇지 않다. 우주선 안에서는 여전히 일상적인 활동이 진행된다. 빛의 속도로 달린다고 커피 한잔도 못 마시는 것은 아니다. 그럼 우주선 안의 시간은 어떻게 된 것일까?

빛의 속도는 물질이 넘을 수 없는 한계 속도다. 빛의 속도에 이르면 질량이 무한대가 되기 때문에 질량을 가진 물질은 결코 빛의 속도에 도달하지 못한다. 그래서 만약 무엇인가가 빛의 속도로 날아가고 있다면, 그것은 이미 물질이 아니라고 보아야 한다.

그렇다면 빛의 속도로 날아가는 우주선은 이미 물질의 차원을 초월한 상태다. 그때는 물질의 속성인 일차원적 시간의 잣대로 우주선이라는 비물질적 사건을 설명할 수 없게 된다. 다시 말해 빛의 속도로 날아가고 있는 비물질의 우주선 안에서는 물질계에서 발휘되던 일차원적 시간의 영향력이 사라져 버린다. 이것이 시간이 멈추었다는 말의 진정한 의미라고 생각한다. 그때 우주선은 순차적으로 이동한다기보다는 순간적으로 출현한다고 표현하는 것이 더 적합하다.

이번에는 여기저기를 순간적으로 출현하는 우주선 안의 사건은 어떤 상태라고 할 수 있을지 생각해보자. 우주선 안에서도 커피 마실 시간은 있다고 했다. 비물질적 현상일지라도 그 우주선 안에서는 여전히 그 나름의 사건이 일어나고 있다. 그렇다면 정작 사라진 것은 무엇일까? 우주선이 물질을 초월하는 순간 사라진 것은 시간 자체가 아니라, 그것의 '일차원성'이다.

비물질적 사건은 물질처럼 순차적(일차원적)이지 않다. 비물질적 사건은 입자의 이동이 아니라 파동의 전개와 같다. 파동적 사건은 비국소적이며 동시다발적이기에 일차원적인 순서에 구속되지 않는다. 그렇다면 물질의 한계를 벗어난 우주선은 비물질적 파동처럼 사건의 진행이 일차원이 아니게 되는 것이다.

일차원적인 시간의 흐름이 멈추어 버린 이런 상태를 '무시간성'이라 할 수 있다. 이때의 '무시간성'은 시간 자체가 사라진 것이 아니라, 시간의 '일차원성'이 사라졌다는 의미다. 즉 빛의 속도를 초월하면서 우주선이 비물질적 사건이 되는 순간, 그 안의 시간은 단지 그 일차원성을 벗어나게 된다. 이때 사건의 진행 방식이 시간성을 결정한다고 보면 우주선에서는 시간이 멈춘 것이 아니라, 오히려 시간의 흐름이 다차원으로 확장되었다고 할 수 있다. 즉 물질계에서나 유효하던 일차원적 시간 방정식에서는 시간이 정지한 것으로 산출되겠지만, 실상은 시간이 일차원적 구속에서 벗어난 것이라 하겠다. 그때 물질의 상태를 벗어난 우주선 안에서는 더 이상, 일차원적 시간으로는 사건을 기술할 수 없게 된다. 우리 시각에서는 시간이 멈춘 것이다.

이처럼 빛의 속도에서 시간이 멈춘다는 과학적 추론이야말로 우리가 겪고 있는 시간의 정체를 단적으로 말해주는 것이 아닐까 한다. 일차원으로만 흐르는 시간은 물질의 속성에 불과한 것이다. 빛의 속도를 넘어서지 못하는 물질세계에서만 그 존재감을 행사하는 허깨비일 뿐이다.

물질이 아닌 상태에서 사건은 일차원으로만 전개될 필요가 없다. 물질이 아니라면, 어떤 공간을 독점하지도 않고 마모와 분산도 일어나지 않는다. 비물질 세계의 사건은 다차원적이며 시간 역시 그러하다. 비물질계에서 모든 사건은 우리가 보기에 무시간적 출현이 될 것이다.

우리는 엔트로피를 되돌릴 수 없으며 과거로 돌아갈 수 없다. 물질적 사건의 종속변수에 가까운 '시간'은 엔트로피의 증가를 따라 과거와 미래라는 환상을 만들어내며 일방적으로 질주하고 있다. 그것이 우리가 인식하고 있는 '시간'이다.

무시간성의 시간은 다차원으로 흐른다

이런 가정을 해보자. 일차원의 선상을 살아가는 개미가 길을 가다가 반대편에서 오는 개미와 마주쳤다. 길이 막혀버렸다. 같은 선상에 놓인 개미들은 서로를 비켜 갈 수가 없다. 일차원은 선상으로만 존재하기 때문이다. 그러나 다행히도 둘 중 하나가 2차원적 존재 능력을 터득한 도사道士 개미였다. 그 개미는 기적처럼 일차원 선상을 벗어나 2차원의 면 面을 경유하여 마주쳤던 개미의 뒤편으로 돌아갔다. 이때 도사 개미가 일차원 선상을 벗어난 순간 일차원의 시간도 함께 멈춘다. 시간과 공간은 분리되지 않으니까. (공간의 사건 진행 방식을 그 공간의 '시간 차원'으로 볼 수 있다.)

이때 사실은 시간이 멈춘 것이 아니라 시간의 흐름이 2차원으로 확장된 것이다. 하지만 일차원의 개미는 2차원으로 확장된 시간을 감지하지 못한다. 도사 개미가 2차원의 통로를 거쳐 일차원으로 복귀하는 순간 다시 일차원의 시간은 이어진다. 일차원에만 머물던 개미의 입장에서는 찰나의 순간에 다시 길이 열렸다. 상대방 도사 개미는 홀연히 사라졌다가 자신의 뒤편에 갑자기 나타난 것이다. 2차원으로 흐르는 시간 덕분이었다.

이처럼 시간이 다차원적으로 흐른다는 것은 어떤 한순간에서 그 흐름의 수직 방향으로 또 다른 시간의 흐름이 열린다는 말과 같다. 일차원 축으로만 본다면 시간이 정지한 듯해도 다차원의 축을 따라 시간은 계속 전개된다. 이러한 다차원적 시간의 흐름이 가능한 것은 비물질적 사건의 전개 방식이 일차원에 묶여있지 않기 때문이다.

이런 상태는 우리가 상상하기 힘들다. 만약 다차원적 시간을 활용할 수 있다면 우리는 엄청난 능력과 자유를 가지게 된다. 이 땅에서 엄청난 시간이 걸리는 일이라도 빛의 속도를 초월한 우주선에서는 순식간에 할 수 있는 것이다.

옛 설화에, 천상에 올라가 수일을 보낸 뒤 다시 지상으로 내려오니 이미 수십 년의 세월이 흘러 버렸더라는 이야기가 있다. 임사체험에서도 찰나의 순간에 자신의 일생이 파노라마처럼 보이며 자기 삶의 의미와 가치를 낱낱이 깨닫게 되는 경험을 말하기도 한다. 또 아주 짧은 순간에 오랜 고민의 해답이 압축적으로 주어지는데 그것을 언어로 풀어쓰려면 수일이 걸리기도 한다. 모두가 시간의 흐름이 일차원성을 초월할 때 일어날 수 있는 시간의 가변성을 이야기하고 있는 것 같다. 그만큼 일차원의 시간은 절대적이지 않다는 뜻이다.

물질을 떠나면 일차원으로만 흐르던 시간은 정지한다. 하지만 그때부터 사건은 다차원으로 진행되고 시간 역시 다차원이 된다. 차원을 확장하면 시간의 일차원적 장벽은 사라진다.

이러한 시간 왜곡의 가능성에 대해서는 과학자들도 고민하고 있다. 빛의 속도로 달리는 로켓을 타고 우주여행을 한 후 지구에 돌아와 보니 지구에서와 로켓에서의 시간 흐름이 달라서 지구에 있던 자신의 쌍둥이와 다른 나이가 되었더라는 '쌍둥이 역설'이 대표적이다.

이처럼 일차원적 시간성에 묶여있는 의식으로 다차원 내지 무시간성을 상상한다는 것은 많은 왜곡과 역설이 난무하게 만든다. 하지만 역설에 마주하게 되고 그러한 왜곡을 완전히 해명하지 못하고 있다는 것 자체가 일차원의 시간성에 매어있는 지금의 상태가 불완전한 것임을 암시하는 것이 아닐까? 물질적 존재인 우리의 의식으로는 이해되지는 않아도 비물질인 기氣의 세계에서는 '다차원적 시간성'이 오히려 진실한 모습이다.

정리하자면 일차원으로만 흐르는 시간은 '물질의 속성'에 불과하다. 물질적 사건의 일차원적 전개가 일차원적 시간이라는 개념을 파생시키고 있다. 그것은 공유되지 못하고 나누어지지 않는 물질의 고지식한 한계일 뿐이다.

시간의 실상은 일차원에만 묶여있지 않다. 일차원적 시간은 물질을 벗어나면 그 위력을 상실한다. 물질세계에서 배타적이고 불연속적인 사건 전개를 따라가야 하는 인간의 사고방식 안에서만 '과거'와 '미래'라는 환상이 존재하고 있다.

다차원적 시간은 무시간성과 비국소성을 특징으로 한다

우리가 일반적으로 '시간성'이라고 할 때는 시간의 '일차원적 흐름'에 종속된 상태를 의미한다. 그런 상태를 시간성에 갇혀 있다고 하겠다. 즉 시간이 족쇄가 될 때는 일차원적으로만 흐를 때다.

반면에 무시간성은 시간이 일차원성을 벗어난 상태다. 시간이 없어진 것이 아니라 시간이 다차원적으로 흐른다는 말이다. 그때 시간은 오히려 무한해진다. (우리가 흔히 접하는 말 중에서 '무無'를 '무한無限'으로 대체하면 그 의미가 확연해지는 경우가 많다. 무시간성, 무아, 무념 등등.)

소립자들이 보이는 비국소성도 무시간성과 상통한다. 비국소성이란 공간적 이동이 필요 없는 상태다. 소립자들은 공간을 이동하는 것이 아니라 비국소적으로 출현하는 것으로 보인다. 예를 들면 하나의 전자는 동시에 여러 곳에 존재하는 듯이 행동한다. 그것은 전자가 빛의 속도로 공간을 움직이는 것이 아니라 처음부터 비국소적으로 분포되어 있는 것으로 이해할 수밖에 없다. 비국소성을 띠면서 전 공간에 두루 퍼져 있다가 일정한 조건이 맞는 곳에서 국소적 입자로 응집된다고 볼 수 있는 것이다. 전자가 물질화된 그때 전자들의 상대적 위치에 의해 비로소 공간이 국소적으로 구분된다. 즉 비국소성은 '순간이동'조차 필요 없는 편재遍在상태로서 그때의 사건은 무시간성이다.

다시 말하지만 공간을 이동할 필요가 없는 비물질적인 존재 상태에서는 일차원적 시간의 흐름은 사라진다. 이동의 개념이 없다면 시간이라는 변수도 사라진다. 그래서 비국소성은 무시간성이다. 물질 공간과 일차원의 시간이 분리되지 않듯이 비국소성은 무시간성과 분리되지 않는다. 이러한 무시간성에서는 당연히 '과거'와 '미래'라는 시제가 없다. 과거와 미래는 일차원적 시간 흐름의 부산물일 뿐이다.

영원永遠의 무시간성

무시간성은 말 그대로 어떤 시제時制도 허용하지 않는다. 굳이 말하자면 오직 현재로만 작동한다고 할 수 있으나 그것을 현재라고 할 수도 없다. 현재에 과거와 미래가 함께 담겨 있다고 할 수도 있지만 실은 과거도 없고 현재도 없고 미래도 없다. 우리가 생각할 수 있는 어떤 시제도 발붙이지 못하는 것이 영원이다.

시제 없는 현존現存, 그것이 영원이다. 영원이란 시간이 있어서 그것이 영원히 미래로 흘러가는 것이 아니라 시간의 흐름 혹은 제약이 아예 사라진 상태를 말한다. 영원은 시간의 화살을 완벽하게 소멸시켜버린다. 그 순간은 무한한 과거일 수도 있고 무한한 미래일 수도 있고 무한한 현재일 수도 있다.

비약하면 '영원'이라는 개념 자체가 이미 모순이다. 무시간성은 영원이라는 개념마저 허용하지 않는다. '영원'은 시간의 개념이며 시간이 무한하다는 말과 같다. 하지만 영원의 실상은 '무시간'이다. 어떻게 '무시간'을 시간적 개념인 '영원'으로 칭할 수 있겠는가?

니체가 영원회귀Eternal Return사상 앞에서 괴로워했다고 하는데, 그것은 '영원'을 일차원적 시간이 영원히 흐르는 것으로 생각해서 벌어진 폐쇄 공포의 일환으로 보인다. '영원'은 '회귀'와 양립兩立하지 못한다. 영원은 시간의 초월, 즉 무시간성을 말하는 것이고 회귀란 시간의 작용이다. '무시간성'이 어떻게 '회귀'라는 시간의 행위를 취할 수 있겠는가?

즉 영원히 흐르는 '시간의 감옥' 같은 것은 존재하지 않는다. '영원'은 시간의 흐름이 아니기 때문이다. '영원'에 시간이 붙으려 해도 제행무상 諸行無常*의 진실이 그 반복의 형벌을 해체해 줄 것이다.

순차적인 시간성은 무시간적 현존現存 앞에서 이슬처럼 사라져 버린다. 물질에서 벗어나는 순간이 시간에서 해방되는 순간이다. 시제時制를 지닌 언어로 이러한 무시간성(영원)을 표현하자니 더욱 어려워진다.

의식의 무시간성

일차원적 시간의 입장에서 '비국소성'과 '무시간성'이란 참 이해하기 힘든 개념이다. 하지만 이런 상태를 우리는 이미 누리고 있다. 바로 의식이 상호작용하는 방식이다. (지금 말하는 의식은 뇌에 제한되지 않은 의식 본연의 상태를 말한다. 뇌의식은 물질의 속성에 제한되어 있다.)

의식은 물질현상이 아니다. 그것은 기氣 본연의 자각성이 상상하기 힘들 정도로 정교하게 조직된 비물질의 파동현상이다. 그래서 의식은 아무리 상호작용을 하여도 물질처럼 마모되거나 변형되지 않는다. 남의 생각을 아무리 많이 들어도 그 생각이 마모되거나 흐트러지지 않는 다.

그처럼 의식의 세계에서 엔트로피는 증가하지 않는다. 엔트로피(무질서도)는 물질계에서만 보이는 마모와 변형의 비가역성이다. 그렇다면 엔트로피가 증가하지 않는 의식의 활동은 무시간성이 된다. 의식의 세계에

---

* 제행무상에 대한 통속적 이해는 '변해가는 만물에 대한 덧없음을 말하는 것'인데 실상은 그 반대가 될 수 있다. 제행이 무상하다는 것은 달리 보면 '모든 것은 항상 새롭게 시작한다'라는 희망적 메시지이기 때문이다.

서 일방적으로 과거에서 미래로 흘러가는 시간이란 존재하지 않는다. 육체는 마모되고 늙어 가지만 그것을 아쉬워하는 의식은 나이를 먹지 않는다는 말이다. 나이는 숫자에 불과하다는 말은 과학적 진실이다.

또 물질적 입자가 아니기에 비국소적으로 편재遍在할 수 있는 의식은 상호작용을 위해 굳이 이동할 필요가 없다. 이동이라는 개념이 없다는 것은 일차원적 시간이 개입할 여지가 없는 상태다. 그렇게 의식은 일차원 시간을 벗어나 작용하고 있다. 대상과 파장을 맞추기만 하면 의식은 즉각 그 세계를 만나게 된다. 말주변도 필요 없다. 이심전심의 채널이 필요할 뿐이다.

의식의 파동은 근원적인 기의 연결망을 울린다. 빛보다 빠른 의식의 파급력은 무시간적이며 다차원적이다. 의식은 시간에 쫓기지도 않고 종속되지도 않는다. 반대로 의식이 시간의 방향과 속도를 결정한다. 의식은 실시간을 스스로 창조한다. 물질의 세계가 한 번에 한 채널만 시청하면서 실시간으로 텔레비전 프로그램을 따라가야 하는 상태라면 의식의 세계는 내가 원하는 프로와 시간대를 마음대로 선택할 수 있는 세계다. 채널이 무한대로 제공되고 동시 시청이 가능한 것은 덤이다.

물질과 비물질의 차이만큼 물질에 매인 육체적 의식과 물질을 벗어난 영혼의 의식은 다르다. 육체의 의식이 선형線形적이고 단면적이라면 영혼의 의식은 다면적이고 입체적이라고 할 수 있다. 입체적 흐름이란 무수한 단면적 흐름의 합이다. 이는 영혼은 병렬並列로 상호작용을 맺고 정보를 처리할 수 있다는 말이기도 하다. '의식의 병렬진행'이란 동시에 여러 대상과 교류할 수 있다는 말인데 이 역시 무시간성의 의식이 보여주는 신기神奇다.

절에 가면 '천수천안관세음보살'이 있다. 천 개의 눈과 손으로 수많은 중생을 동시에 보살피는 분이다. 언어적 과장만은 아닐 수 있겠다. 일차원적 시간대를 살아가는 인간의 시각에서는 불가능하게 보이지만 사실은 하나의 의식이 일차원 시간성을 초월하여 많은 대상과 다차원으로 상호작용하는 것이다. 무시간적 존재 상태란 그런 것이 아닌가 생각한다.

다시 도사 개미를 만나 보겠다. 도사 개미가 일차원 선상을 벗어났다. 일차원 개미들은 오직 앞뒤의 개미만을 볼 수 있는 반면에 이차원으로 진출한 개미는 일차원 선상의 수많은 개미를 한꺼번에 볼 수 있다. 일차원 개미의 관점에서 보면 도사 개미의 의식은 병렬 진행하고 있는 것이다. 도사 개미는 일차원의 수직축을 경유하며 수많은 개미와 일일이 악수할 수 있다. 일차원의 시간이 정지한 순간에도 이차원을 오갈 수 있기에 가능하다. 천수千手를 가진 도사 개미다.

이런 의식의 병렬현상은 우리의 무의식이 작동하는 양상에서도 나타난다. 머리로는 다른 생각을 하더라도 무의식은 신호등을 다 지키고 능숙하게 주위를 살피면서 운전을 한다. 또 어떤 고민을 하다가 그 해결책을 찾지 못해서 잊고 있었는데 한참을 지난 어느 날 새벽에 불현듯 그 답이 떠오르기도 한다. 자각의식은 그 고민을 잊고서 일차원적 일상을 따라가고 있었어도 무의식은 잊지 않고 계속 답을 찾고 있었던 것이다. 어머니가 깊은 잠에 빠져서 다른 소리는 못 들어도 아기의 울음소리에는 금방 일어난다. 어머니의 의식 일부는 잠들었어도 무의식은 밤새 자지 않고 아기를 돌보고 있었던 것이다.

이런 것이 무의식이 작동하는 방식이다. 뇌 회로를 경유해야 하는 자각의식은 한 번에 하나씩 전기신호를 통과시키면서 외부 정보를 처리해야 하지만, 뇌를 경유하지 않는 본연의 영의식은 다차원으로 정보를 처리하고 있다.

깨달음이 일어나는 순간이 있다. 흔히 어떤 아이디어나 느낌 혹은 확신이 순간적으로 떠오르는데 그것을 언어로 풀어쓰려면 한참 걸린다. 그러다 보면 과거 현재 미래가 발생한다. 본연의 의식은 물질의 일차원적 시간성을 초월하여 작동하지만 물질 의식은 한 번에 하나씩 순차적으로 진행하기 때문이다.

다차원적 시간성을 구사하는 의식은 일상의 순간에서도 또 다른 차원의 시간을 경험할 때가 있다. 깊은 생각에 빠지거나 꿈을 꿀 때면 의식은 그 생각을 따라 자신만의 시간 축을 설정하고 방향과 속도를 결정한다. 그렇게 의식이 만든 시간의 속도는 현실의 시간과는 다르다. 의식이 다시 현실로 돌아오면 그 시간의 속도 차이에 당황할 때가 있다.

내가 30대 중반에 스승으로 모셨던 한 분이 계셨다. 어느 날, 그분이 일주일 이상 홀로 여행을 다녀오셨는데 얼굴이 햇볕에 새까맣게 그을려서 돌아오셨다. 의아해진 제자들이 그 이유를 물었다. 스승은 어느 날 이른 아침에 강원도 해변의 백사장에서 명상을 하려고 잠시 눈을 감았는데 이내 소변이 마려워 눈을 다시 뜨셨다고 한다. 그랬더니 벌써 저녁 무렵이었다는 것이다. 스승의 의식이 머물렀던 차원의 시간과 신체가 물질대사를 하는 생리적 시간 사이에 속도 차이가 좀 있었던 모양이다. 얼굴이 새까맣게 탈 수밖에 없다.

그 정도는 아니더라도 우리도 비슷한 경험을 할 때가 있다. 예를 들면 꿈속에서 엄청나게 많은 곳을 돌아다닌 듯해도 깨고 보니 겨우 수분 정도 흐른 것이다. '조신의 꿈'도 그런 경우가 아니겠는가? 조신은 한 번의 꿈으로 일생의 희로애락을 다 경험한다. 그렇게 하룻밤의 꿈만으로도 일생을 돌아다닌 지혜가 만들어질 수 있는 것은 다차원적 시간의 의식 때문이겠다.

의식의 세계에서는 시간의 방향과 속도가 물질적 현실 세계와 다르다. 의식의 세계에서는 무언가에 몰입하는 그 순간이 바로 실시간이다. 의식은 몰입을 통해 한순간에서 영원처럼 긴 시간을 경험할 수 있다. 흔히 '시간이 멈추었다'라고 표현하는 그 지점에서 또 다른 시간 축이 열리는 것이다. 그때는 극히 짧은 순간에 엄청난 정보를 처리하기도 한다.

근사 체험 때 자신의 일생을 순간적으로 되돌아보고 그 의미를 깨닫게 되는 것도 그런 경우일 것이다. 천하의 절경을 대하거나 무아지경의 환희를 느낄 때 의식은 물질의 시간성에서 잠시 벗어난다. 그때는 그 순간이 그대로 영원이다. 모두 무시간성 내지 다차원적 시간으로 존재하는 의식의 능력이라 하겠다.

뇌 회로는 한 번에 하나씩 전자를 통과시키는 물질 회로체이고, 영체는 기파氣波를 감지하는 비물질적 파동체다. 영혼은 기의 파동으로 교류한다. 그런데 파동이란 무엇인가? 파동이라는 현상 자체가 이미 정보가 무한 병렬로 전파되는 현상이 아닌가?

하나의 입자는 한곳으로만 향한다. 그리고 하나의 대상에게만 부딪힌다. 하지만 파동은 그렇지 않다. 누구라도 동조만 하면 많은 사람이 동시에 그 정보를 취득할 수 있다. 한계는 있지만 물질파도 정보의 병렬 전파로 볼 수 있다. 한 성악가의 목소리는 많은 청중의 마음을 한꺼번에 울린다. 다차원의 의식계였다면 그 모든 청중은 줄 서지 않고서도 동시에 그 성악가와 악수하며 사인을 받을 수 있다.

하지만 일차원적 시간에 종속된 인간의 사고방식으로 '무시간성'이나 '동시성'을 이해하기는 참으로 어려운 문제 같다. 지금까지 여러 가지로 설명을 해 보았지만, 여전히 난해하게 들릴 것이다. 육체적 의식 수준에서 그 실체를 직접 이해할 수는 없다. 다만 비유로서 짐작할 뿐이다.

시간은 의식의 창조물이다

지금까지 시간에 대해 간략히 살펴보았다. 우리는 일차원 한 방향으로만 진행하는 시간은 물질의 속성에서 기인한 하나의 장애로 파악했다. 일차원적 시간성이란 물질 간의 상호작용이 순차적으로 전개되는 과정이었다.

반면에 물질의 속성을 벗어난 의식계에서의 시간은 다차원적이다. 일차원에 묶이지 않는다는 의미다. 그런데 여기서 한 가지 염려스러운 것은 다차원이라는 표현이 자칫 '토끼의 뿔'(단지 관념적 표현에 지나지 않는 것을 실체가 있는 것으로 오해하여 집착하는 것)이 되어 그 뿔 위에 또 다른 뿔을 만드는 우를 범하는 것은 아닌지 걱정된다. 즉 어떤 절대적인 시간이 다차원으로 있는 것으로 오해할 수 있겠다.

다차원적 시간이란 의식이 물질계에서처럼 일차원적인 시간을 일방적으로 따라가는 것이 아니라 의식이 원하는 한, 시간은 얼마든지 만들어진다는 의미다. 영화처럼 주어진 시간을 따라 스토리가 전개되는 것이 아니라 스토리가 전개되는 한, 시간은 무한히 생성된다. 의식이 시간에 종속되는 것이 아니라, 시간이 의식에 종속되는 것이다.

그렇다면 시간의 궁극적인 정체 혹은 본질은 무엇이라 할 수 있을까? 그것은 의식 활동 그 자체다. 이 우주에서 유일한 실체는 '의식'이다. 나머지는 모두 의식의 창조물일 뿐이다. 시간도 마찬가지다.

의식은 불멸이다. 불멸의 뜻이 이미 시간과는 무관하다는 말이다. 불멸하는 것을 시간으로 나눌 수는 없다. '영원'은 어떤 시제로도 나눌 수 없는 상태다.

이러한 의식의 불멸성을 고려한다면, 의식이 따라야 하는 절대적인 시간이라는 것은 따로 없다(의식의 무시간성). 유일한 것은 불멸하는 의식뿐이다. 즉 시간이란 의식의 창조물이자 그 활동의 부산물이라는 것이다.

물질적 시간은 언젠가는 끝이 난다. 하지만 무시간성이란 '시작과 끝'이라는 시간의 일차원적 흐름이 중도의 원융圓融함으로 초극超克된 것이며, 그것은 곧 시작도 끝도 없는 영원을 의미한다. 시간은 사라지고 오직 의식만 있다.

○

근원은 만물의 배경으로서 절대 공평하다. 그것이 양극을 아우르는 중도였고 중도는 기의 회전으로 그 이치가 실현되었다. 그래서 회전은 존재의 원형이자 영존의 조건이었다.

모든 존재는 회전할 수밖에 없다. 의식과 시간 역시 회전의 산물이다. 창세 신화의 묘사처럼 태초라는 시공간이 먼저 있고, 만물이 그 시공의 무대 위에 나타난 것이 아니다. 오직 중도가 있고 중도의 의식이 상호작용하는 과정에서 시간이 창조된다. 마치 게임을 하는 자가 마우스를 옮김에 따라 게임의 시간과 필드가 펼쳐지는 것과 같다.

일체유심조一切唯心造의 명언은 시간과 공간에 대해서도 '참'이다. 의식이 시공의 질과 양을 결정하고 있다. 이 또한 유식무경*이다.

흐르는 시간은 현재에 온전히 존재해야 함을 알려준다

물질의 시간은 속절없이 흐르고 있다. 시작과 끝이 있다. 그렇다면 한 방향으로 고정된 그 시간의 종착점은 어디일까? 당연히 그곳은 무시간성의 세계, 즉 순수의식의 세계일 것이다. 시간의 화살표는 그곳을 향해 고정되어 있다. 거기야말로 시간의 속박에서 벗어날 수 있는 곳이다. 그 순수의식의 세계로 가는 길은 물질로 포장되어 있지 않다. 물질로 이루어진 존재는 어떤 노력을 해도 그곳에 도착할 수 없다. 그곳은 의식만이 갈 수 있는 영역이다.

그렇다면 이미 의식적 존재인 우리는 왜 자꾸 물질의 세계로 되돌아오는 것인가? 그것은 순수 의식계로 갈 수 있는 '자격'이 물질계에서 얻어지기 때문이다. 그곳으로 갈 수 있는 '자격'이라면, 그것은 잠시 일차원적 시간의 족쇄를 차고서라도 하나씩 차근차근 터득해야 하는 '공존의 지혜'다. 그전까지는 계속 유배 신세라고 하겠다.

육체를 벗어났다 해도 그러한 공존의 지혜를 충분히 터득하지 못한 존재는 순수의식의 세계로 진입하지 못하는 듯하다. 물질적 욕망과 그 얼룩이 묻은 파동으로는 전체성의 화음에 참여하지 못하는 것이다. 대신 그 중간 정도의 차원에 머물다가 다시 배움의 육계로 돌아오는 것 같다.

---

* 유식무경은 '오직 식'만 있고 '외부에 있는 대상'은 없다는 뜻이다. '유'는 외부 경계를 부정하는 것이므로 '유식'이라는 말 속에 이미 '무경'의 뜻이 내포되어 있다. 제법은 인간의 감정과 인식에 따라 생겨난 것이고 실체적으로 있음이 아니게 된다. '세계의 모든 현상이 모두 마음의 작용에 따른 현상이지, 마음 밖에 독립적이고 객관적 존재가 있는 것은 아니라는 것이다.

그래서 미숙한 존재는 어쩔 수 없이 일차원적 시간에 다시 구속되어 배움의 길을 순차적으로 밟아간다.

그러므로 야속한 일차원의 시간이 지배하는 물질계에서 우리가 아쉬워해야 하는 것은 '시간'의 상실이 아니라, '기회'의 상실이다. 공존의 지혜를 체득할 기회가 바로 이곳에서 있었는데, 그것을 놓쳐버린 것을 안타까워해야 한다. 사실 과거가 그리운 것은 '시간'이 아니다. 시간 자체가 그리움의 대상은 아니다. 시간은 무한하다. 무한한 것을 어떻게 그리워할 수 있겠는가? 우리가 진정으로 그리워하는 것은 '시간'이 아니라 놓쳐버린 '기회'다. 과거로 돌아가고 싶은 것은 그 기회를 다시 맞이하고 싶은 것이다. 결국, 그런 마음이 환생의 동기가 된다.

시간은 무엇을 위해 흘러가는 것일까? 다른 말로 의식이 추구하는 것은 무엇일까? 그것은 공존의 지혜, 바로 '사랑'이다. 상극의 물질세계가 만들어주는 위대한 공존의 지혜는 다른 말로 '사랑'이다. 과거를 돌이켜보면 사랑을 온전히 배울 기회는 많았다. 하지만 실천하지는 못했다. 과거를 그리워하는 것은 그렇게 놓쳐버린 사랑의 기회를 애석해하고 있는 것이다.

정작 그리운 것은 그때의 '나'이며 '너'이다. 그 유일한 상황과 배역에서 배울 수 있었던 소중한 교훈을 얻지 못한 것이 여한으로 남게 된다. 그렇게 사랑을 놓쳐버린 것을 의식은 아파한다. '그때 좀 더 참을 걸, 좀 더 사랑해 줄 걸 (…). '

현재의 기적 같은 가치를 온전히 누리지 못한 삶은 언제나 그리움으로 남는다. 그래서 우리가 무한한 시간을 통해서 이루고자 하는 것은 역설적으로 '현재에 온전히 존재하는 것'이다. '무한'은 '영원한 현재'로 이루어진다. 하지만 안타깝게도 우리는 아직 진정으로 현재에 존재하지 못하고 있다. 현재에 오롯이 깨어나게 하는 것이 바로 '사랑'이기 때문이다. 사랑만이 우리를 현재에 온전히 존재하게 한다. 그 순간이 모든 그리움의 원천이고 모든 시간의 결론이다. 그래서 사랑은 선택이 아니라 필수이며 인성의 미덕만이 아니라 공존의 과학이다. 일차원의 시간은 그러한 사랑을 완성할 때까지 인간의 의식 속에서 형벌 같은 행진을 멈추지 않을 것이다.

16. 환생과 의식
내 속의 주인공

 자동차 하나가 공장에서 만들어져 주인을 기다리고 있다. 누군가가 시동만 걸어주면 곧장 주행할 수 있는 상태다. 그 차는 고장 여부를 자체 진단할 수 있으며 도로 상황에 적합한 주행모드를 스스로 설정하기까지 한다. 전복이나 미끄러질 상황에서는 바퀴 회전력을 적절히 분배하면서 자세 교정을 하여 안전하게 달린다. 이런 것을 보면 요즘의 자동차는 단순한 기계 덩어리가 아니라 마치 자체적인 의식이 있는 것 같다.

 어느 날 누군가 그 차를 선택했다. 그전까지는 경차를 몰던 중년의 남자였다. 성실히 일해서 이제 회사에서 중역까지 올랐고, 그에 맞는 중후한 차를 선택했다. 안락한 가죽 시트에 앉아 시동키를 눌렀다. 6기통의 부드러운 엔진음이 나지막이 들렸다. 그날까지 회사의 중간관리자로 최선을 다해 일한 그였다. 그동안 출근 시간에 늦지 않기 위해 얼마나 긴장하며 차를 몰아야 했던가? 하지만 새 차의 부드러운 엔진소리와 함께 그런 걱정은 사라졌다. 이제 고위 관리자가 되었으니 출퇴근 시간에 목매지 않아도 된다.
 그는 천천히 차를 몰았다. 부드럽게 가속페달을 밟았고 정지선에 여유롭게 멈췄다. 다른 차가 급하게 끼어들어도 화내지 않았다. 그 차는 품위 있게 양보하며 복잡한 도로를 빠져나왔다. 그 차는 우수한 기능에 더해서 중후한 운전자를 만난 것이다.

그 차는 고속도로보다는 국도를 좋아했다. 그런데 그런 경향은 자동차 내부에 프로그램된 것이 아니다. 고속도로에서 사고를 당한 경험이 있던 그 차의 운전자가 고속도로를 싫어한 것이다. 그 차는 주말만 되면 온 가족을 태우고 한적한 국도를 드라이브했다. 누가 보더라도 그 차는 신중하고 사려 깊고 부드러운 차였다. 그 차의 정신이 그렇게 탄생하였다.

공장에서 똑같이 만들어진 같은 성능의 차들이 있어도 출고 후에는 각기 다른 성격들을 보이며 도로를 달리고 있다. 차는 똑같지만 운전하는 사람이 다르기 때문이다.

하지만 운전자가 탑승하지 않으면 한 발짝도 움직이지 못한다는 점에서는 똑같다. 무엇보다 운전자가 그 차의 정신을 형성하는 주체다.

엄마의 태중에서 열 달 만에 만들어지는 태아는 고도로 정교한 물질 조직체다. 그런 태아들 간에 초기기능의 차이는 거의 없다. 병적인 경우를 제외한다면 체중, 신장, 활동성에서 거의 비슷하다. 그 신체들은 자율성과 항상성을 가지고 일정한 범위의 혈압과 혈당, 그리고 정밀한 전해질 농도를 유지한다. 즉 자율 운행이 가능한 것이다. 이러한 기능은 부모의 유전자로부터 물려받은 것으로서 만인 공통의 성능이다.

그런데 엄마의 뱃속에서 나와 점점 자라나 청소년기에 이르면 부모와는 전혀 다른 면모를 보이기 시작한다. 일란성 쌍둥이도 취향과 소망 등 인생관이 완전히 다르다. 사주팔자가 똑같은 사람들 사이에서도 삶의 질은 큰 차이가 있다. 왜 그럴까? 그것은 그 신체를 움직이는 운전자가 다르기 때문이다. 똑같은 신체라도 운전자의 성향에 따라서 그 신체의 정신은 완전히 다르게 나타난다.

3.4kg짜리로 시작하는 단백질 덩어리는 단지 생리를 관장한다. 하지만 인생이 무엇인지 고민하고 그렇게 고민하는 자신을 또다시 알아차리는 의식은 단백질에서 나오지 않는다.

정교한 신체 조직체에 올라타서 '나'라는 의식을 점화시키는 자, 그것은 바로 순행매질로 이루어진 영혼이다. 그 영혼의 의식이 인간 정신의 주체다. 그 의식이 없다면 자신이 누구이며 무엇을 하는지도 모르는 좀비와 같고 프로그램으로만 돌아가는 무인 자동차와도 같다.

운전자가 주인공인 것이다. 아무리 자동차의 성능이 발전하더라도 자동차 스스로 '왜 나는 이 길을 달리고 있는가?'라는 물음은 가질 수 없다. 단지 고장을 찾아내고 빛을 비추고 서스펜션을 조절할 수는 있다. 하지만 아무도 없는 새벽길에서도 교통질서를 지키고 바쁜 출근길에서도 옆 차를 배려하는 것은 운전자의 의식에서 나온다.

인간과 침팬지의 유전자 차이는 0.6%밖에 안 된다고 한다. 달리 말하면 유전자가 99.4% 같다는 말이다. 사람들은 이런 미세한 차이를 두고 인간과 침팬지의 지적 능력 차이를 어떻게 설명할 수 있을까 의아해하는데 이는 유전자에 대한 오해 때문이다.

유전자는 단백질 합성을 지시하는 설계도라고 앞서 말했다. 즉 0.6% 차이란 단백질 구성의 차이일 뿐이다. 유전자가 0.6% 밖에 차이 나지 않는다는 것은 인간과 침팬지 신체의 단백질 구성이 거의 같다는 말이다. 하지만 그것이 곧 정신 기능의 차이까지 말하는 것은 아니다. 경운기 엔진이나 고급 자동차의 엔진이나 그 쇳덩이의 재질 차이는 미미한 것과 같다. 하지만 거의 동일하게 구성된 단백질 조직체이지만 침팬지와 인간의 지적 차이는 엄청나다. 정신은 단백질이 아니라 영혼에서 나오기 때문이다.

환생은 희망의 메세지이다

우리의 인생관이나 가치관을 형성하는 요인 중에서 '환생'에 대한 믿음만큼 강력한 것이 또 있을까? 환생이 인생관 형성에 미치는 영향력을 잘 모르겠다면, 아직 환생의 진정한 의미와 가치를 이해하지 못한 것이다. 자신의 인생을 일회성 소모품 정도로 여기는 사람과 영원히 재활용되는 귀중한 자료로 생각하는 사람 간에는 인생을 바라보는 심정과 그 삶에서 추구하는 바가 근본적으로 다르지 않겠는가?

지구상의 거의 모든 종교가 전하고자 하는 비전秘傳의 메시지도 결국 환생의 진실이 아닐까 한다. 하지만 아직 과학적 증거가 부족하다는 이유로 환상과 미신의 영역에서 벗어나지 못하고 있는 것이 오늘날의 현실이다. 보이지 않는 영혼의 행보를 어떻게 물리적으로 전부 증명할 수 있을까만 그래도 언젠가는 과학이 그 흔적이라도 발견해서 환생의 비결이 진화론의 큰 축을 차지하게 될 날이 오기를 기원한다.

지금까지의 고찰을 미루어보면 근원의 본성은 자애롭다. 천도天道는 모든 존재를 살리려는 모성애로 작용하고 있다. 노자가 〈도덕경〉 42장에서 "도는 하나를 낳고, 하나는 둘을 낳고, 둘은 셋을 낳고, 셋은 만물을 낳는다."고 했던 이치와 같다. 윤회와 환생도 그 맥락에서 발생하고 있다고 본다. 물론 절대자의 은총에 의한 결정은 아니다. 윤회 역시 자연스러운 중도의 행로라고 생각한다.

환생의 사례들은 이미 수많은 책을 통해서 알려져 있는데, 그 진위를 떠나서 '환생'이라는 말에는 참 애절하고도 아름다운 의미가 담겨있는 것 같다. 환생을 순행과 역행 기氣간의 결합과 이탈이라는 기학氣學적 원리로 풀어볼 수도 있겠지만 그보다는 우선 환생을 하게 되는 심정적 측면부터 짚어보겠다.

'나 하늘로 돌아가리라'로 시작해서 '가서, 아름다웠더라고 말하리라'로 끝나는 천상병 시인의 '귀천'은 이생에서 못 이룬 아름다운 삶을 다음 생에서는 꼭 이루리라는 다짐처럼 들려서 삶에 대한 애틋함을 전한다. 실제 그의 삶이 그의 시처럼 그렇게 아름답지는 못했던 것으로 알기에 더욱 그렇다.

다시 온다는 것은 무언가 못다 한 일이 있으니 다시 오는 것이지 않겠는가? 영화에서도 주인공이 다시 온다고 할 때는 해결해야 할 중요한 일이 남아 있을 때이다. 과연 어떤 사연들이 있기에 이 고단한 인생길을 다시 자초하는 것일까? 구체적 사연들은 모두 다르겠지만 그들의 공통적인 감정은 아마 '후회'가 아닐까 한다.

누군가 말하기를. 나이 들어서 느끼는 후회를 세 가지로 요약하면, "그때 좀 더 참을 걸!" "그때 좀 더 잘해줄 걸!" "그때 좀 더 최선을 다할 걸!"이라고 한다.

이러한 회한의 감정을 가진 채 영혼이 되었다면 어찌 환생의 길을 찾지 않을 수 있겠는가? 불완전한 형상이 일으키는 불협화음 때문에 전체성에 화합하지 못하는 것도 문제이겠지만 소중한 인연의 사람들을 사랑하지 못한 그 애통한 심정만이야 할까? 더욱이 영혼은 육체 의식 때보다 훨씬 더 명료하게 사태를 인식한다는데, 그 선명한 후회의 쓰라림을 어찌 그냥 방치만 하겠는가!

　만회의 길이 있다면 다시 가야만 한다. 미안하다고, 사랑한다고 말할 기회가 다시 주어진다면 아무리 힘들어도 그 길을 가려고 하는 것이 우리의 본성이다. 고생이야 참으면 된다.

　환생은 또 한 번의 기회를 부여받는 행운이다. 얼마나 다행인가? 이러한 재기의 기회가 있기에 어떤 낙오자도 다시 일어날 수 있고 어떤 실패도 성공을 향한 소중한 자료로 재활용될 수 있다. 다시 올 수 있기에 어떤 빚도 갚을 수 있다. 그런 것이 바로 구원이다.
　진정한 구원이란 죄를 무조건 용서해주는 것이 아니라 스스로 자신의 죄업을 상쇄할 기회를 다시 주는 것이다. 그것이 환생이다. 남에게 무조건 용서만 베푸는 일은 오히려 그 사람에게 빚만 부가하는 행위가 될 수 있다. 그것은 또 하나의 속박이지 진정한 해방이라 할 수는 없다. 스스로 일어설 기회를 다시 한 번 주는 것이 가장 성숙한 배려다. 무조건 용서해서 교정과 발전의 기회를 박탈하는 것이 아니라, 스스로 자신의 실수를 극복할 수 있게 해주는 것이야말로 진정한 사랑이다.

　환생은 참으로 아름답고 따뜻한 은혜다. 윤회는 멋진 희망의 메시지다. 나이가 들수록 환생이라는 말에 감사하고 그것을 명상하고 싶어진다. 환생(윤회)은 모든 자식이 성공할 때까지 언제까지나 기다려 주는 근원의 진정한 모성이다.

　　　　윤회론에 따르면, 우리는 전생에서 완전히 실현하지 못한 경험들을
　　　　마치 씨앗처럼 품고 태어난다. 달성되지 못한 욕망, 화해하지 못한

갈등, 수용하지 못한 상처, 성취하지 못한 야망 등등. 그리고 우리 현생의 목적 중 하나가 바로 이처럼 전생이 남겨둔 숙제들을 끝내기 위해서이다. 따라서 그 씨앗들은 우리의 현생에서 대단히 중요한 주제로 작용한다. 우리가 그것들을 해소하지 않는다면 그것들은 일, 인간관계, 질병, 환경 등을 통해서 우리를 평생 따라다닐 것이다. 그러나 전생을 기억해내서 그 씨앗들을 발견하면 우리는 현생의 갈등이 진정으로 어디에 뿌리를 내리고 있는지를 깨닫게 된다.

_크리스토퍼 M. 베이치, 김우중 옮김, 〈윤회의 증거〉

전생의 기억이 없는 것은 현재에 집중하기 위한 선택이다

하지만 우리는 전생을 기억하지 못한다. 환생이 사실이라면 무언가 전생의 기억 하나쯤은 나야 하지 않겠는가? 그러나 지금의 의식에서 전생이라 여겨지는 기억은 하나도 없다. 바로 이점이 전생을 부정하고 환생과 윤회를 믿지 않게 되는 가장 큰 이유가 아닐까 한다.

그런데 기억이 없다면 존재하지 않았던 것일까? 나는 초등학교 3학년 때 내 짝을 기억하지 못한다. 그도 날 기억하지 못할 것이다. 그러나 우리는 분명히 그때 같은 책상을 사용하면서 많은 이야기를 했다. 우리는 학교를 졸업하고 인생에서 다른 많은 사람을 만나면서 서로에 대한 기억을 놓을 수밖에 없었지만, 그 기억은 삭제된 것이 아니다. 창고 깊숙이 숨어있는 장난감처럼, 주인이 간절히 찾는다면 언젠가 의식의 마당으로 불려 나올 것이다.

'비움'이 없다면 '채움'도 없다. 망각은 새로운 정보를 받아들이기 위해 여백을 확보하는 작업이다. 물질로 구성된 뇌는 작업용량이 그리 크지 않으며 동시에 여러 화면을 띄우지도 못한다. 뇌는 현생의 정보만 처리하기에도 버거우며, 물질의 한계를 가지고 작동하기에 한 번에 하나씩 정보를 처리해야 한다. 쓰고 지우기를 반복할 수밖에 없다. 그래서 현재의 뇌의식은 현생만을 다룬다. 전생의 기억은 잠시 유보되어야 하는 상황이다.

또 현재의 기질로 조직된 뇌는 자신의 발생 이전의 기억까지 불러와 인식할 능력이 없다. 전생을 살다간 뇌와 현생에서 그것을 기억해내려는 뇌의 버전이 다르기에 전생의 뇌를 통해 입력된 정보가 현생의 뇌로 직접 출력되지는 못한다. 컴퓨터 프로그램의 언어가 다르다고 보면 되겠다.

하지만 이러한 물리적 이유 말고도 망각에는 중요한 이유가 있다. 레테의 강물을 기꺼이 마시는 이유가 있다. 바로 현생의 임무를 완수하기 위함이다. 전생의 기억이 망각 되지 않았다면 어떻게 현재에 이토록 뒤끝 없이 몰입할 수 있겠는가? 전생을 기억한다면 그때의 부모와 아내와 자식을 찾아다니느라 현생을 다 허비해 버릴 수도 있지 않을까? 어쩌면 감당 못할 기억의 충격에 휩쓸려 현재 삶의 동기마저 잃어버릴 수 있다. 기억의 전철을 따라가느라 자신을 성숙시킬 소중한 기회를 또 한 번 무의미하게 놓쳐버릴 수 있기 때문이다. 전생의 기억들이 떠올라 현재의 정체성과 충돌하면 현생의 학습 목표가 흐려진다. 하나의 화면에 두 가지 영화가 동시에 상영될 수 없는 이치와 같다.

현생은 전생의 2막이 아니다. 새로운 1막이다. 주제와 목표가 완전히 다르다. 즉 우리의 망각은 현생의 임무를 완수하기 위한 일시적 망각이며, 그 망각은 새로운 배움을 위한 자발적 선택인 것이다. 구체적으로 말하면 이러한 망각은 소실이 아니라 기억의 '무의식화'다. 현생에 집중하기 위해 전생의 정보는 자각의식에서 밀려난다. 대신 심층 무의식에서 드러나지 않는 영향력을 행사한다.

앞서 살펴보았듯이 영혼은 뇌의식에 종속당할 수밖에 없으며 전생과 현생의 사고체계 차이 등으로 인해 전생의 정보가 직접 자각되지 못하고 무의식에 잠겨 비언어적 영향력을 미치고 있다. 그렇게 전생의 기억은 무의식 속에 살아있다.

무의식(잠재의식)

인간의 의식은 '자각의식'과 '비자각의식'으로 나눌 수 있다. 자각의식은 그 내용을 스스로 알아차릴 수 있는 의식으로서 일반적으로 무언가를 의식한다고 할 때의 의식이다. 이러한 자각의식은 시간적 순서와 논리적 인과관계를 중시하고 현실원칙을 따르며 대개 언어를 통해 그 내용이 구성되고 있다.

그리고 비자각의식은 일명 '무의식'이라고 하는데, 의식 심부에 잠재되어 자신이 그 내용을 직접 알아차리지 못하는 의식을 말한다. 물론 그 또한 자신의 의식임에는 틀림이 없다. 단지 자각되지 않을 뿐 어떤 판단과 결정에 강력한 영향력을 미치고 있다.

이러한 무의식은 특정한 감정이나 기분, 그리고 반복적인 행동이나 실수 등을 통해 일부 유추될 수 있으며 어떤 신념이나 사상 등으로 과대 포장되어 그 유치함을 감추기도 한다.

또 무의식에는 개체적 본능과 충동, 상처 등이 담겨있는 '개인 무의식'

이 있고 개인 차원을 뛰어넘어 모든 문화권을 아우르는 집단적이고 보편적인 정보가 담긴 '집단 무의식'이 있다.

정신분석에서 주로 다루는 영역이 이러한 무의식이다. 심오한 정보와 엄청난 에너지가 들어 있어서 '지금의 나'를 움직이는 역동의 근원이 되는 곳이다.

정신과 의사로서 이러한 무의식의 영역을 발견한 사람이 '프로이트'이며 그 영역의 의미와 가치를 범인류적으로 확대한 사람이 '융'이다. 프로이트가 말한 무의식은 주로 성욕과 공격성이 담긴 개체적이고 기질적인 욕구를 말하는 반면 융이 말한 '집단 무의식'은 개체적이고 기질적인 영역을 초월하는 영혼의 정보가 간직된 곳으로 보인다.

그렇다면 융이 발견한 집단 무의식의 저장고는 어니일까? 당연히 의식의 본체로서 영혼이다. 영혼의 정보는 현재의 뇌를 능가한다.

이러한 집단 무의식이 저장된 의식의 본체를 유식唯識불교에서는 종자식種子識이라고 하는데 전생의 모든 기억을 종자처럼 간직하고 있다는 뜻에서 그렇게 말하고 있다. 또는 모든 의식 활동의 본원이라는 뜻에서 근본식根本識이라고도 한다. 한역하면 '아뢰야식'*이다. 이는 사후에도 사라지지 않는 식체識體로서 영체靈體와 같은 의미로 보면 되겠다.

현재의 삶에 임하는 심정과 자신을 객관화하는 수준, 타고난 양심과

---

* 산스크리트어 '알라야비즈냐나(ālaya-vijñāna)'를 한자어로 표현한 것이 아뢰야식이다. 산스크리트어에서 아뢰야는 원래 저장의 뜻이 있다. 그래서 여래장이라고도 한다. '장식'으로서 여래의 씨앗을 지니고 있다는 뜻이다. 제7식인 말나식이 신구의로 행한 선업, 악업, 정업, 무기업의 집착에서 생긴 모든 작용이 불생불멸의 제8식 아뢰야식에 보존된다. 아뢰야식에 보존된 이후에도 제7식의 끊임없는 작용으로 외부 경계의 육진에서 새로운 업이 부단히 발생하고 동시에 이 업을 8식이 수집하는 순환이 이어진다. 아뢰야식의 이론에 의하면, 마음이란 만법의 근본이기에 인간으로 하여금 불과를 성취하게 하는 자성의 유일한 일심본체가 된다.

가치관, 특정한 행동의 동기와 사리판단의 기준, 그리고 사람마다 고유하게 나타나는 이상理想과 환상의 기저에는 이러한 '아뢰야식'의 정보가 발동하고 있다.

영혼의 회상

우리는 과거의 기억을 어떤 방식으로 저장하고 있는가? 가만히 살펴보면 그 기억들은 자신의 당시 '신분'(혹은 정체성)에 따라 저장되어 있음을 알 수 있다. 학생 시절의 나, 직장인으로서의 나, 총각 때의 나, 결혼 후의 나, 자식이 태어난 이후의 나 등으로 회상되고 있다. 그때가 몇 살이고 몇 년도인지는 잘 몰라도 기억들은 당시의 신분에 따라 저장되어 있다.

마찬가지로 전全 전생의 기억들은 그 정보들이 입력되던 당시의 정체성(신분) 아래 분류되어 무의식(아뢰야식) 속에 저장되어 있을 것이다. 그래서 현재의 정체성으로 과거 정체성의 기억을 불러오는 것은 힘들다.

간혹 무의식 속에 분류되었던 그런 정보들이 현 정체성의 빗장이 풀리는 순간에는 잠시 출현하기도 한다. 현생의 정체성을 망각하는 깊은 명상이나 참선 중 혹은 충격적인 감각 앞에서 한 생의 경험에서만은 유추될 수 없는 심오한 이상이나 정보들이 튀어나오기도 한다. 혹 고도의 수련을 통해 현재의 '나'를 초월한다면, 그 벅찬 회상이 항시 가능할지는 모르겠지만 그렇다고 해도 그것이 수행의 목표가 될 수는 없다. 환생의 목적이 전생의 기억 회복이라면 굳이 이 세상에 올 이유도 없지 않겠는가?

전생의 모든 기억이 자각되고 하나의 자의식으로 통합되는 과정은 사후에 누구에게나 자연스럽게 일어날 것이다. 굳이 특정한 육체를 가지고서 이번 생에서 천도를 어기고 그 기억을 회상해야 할 이유는 없다. 이번 삶에서만도 추구하고 누리고 깨달아야 할 것이 충분히 많다.

　사후에 육체적 존재로서의 협소한 정체성을 벗어난 영혼은 어떤 특정한 기억과 정체성에도 한정되지 않는 본연의 의식을 되찾을 것이다. 영체에는 자신의 모든 경험이 파동 정보로 저장되어 있고, 그 정보들은 영혼의 의지를 따라 아무런 장애 없이 자각되고 활용될 것이다. 그런 상태에서의 회상은 뇌를 통한 어렴풋하고 무미건조한 회상이 아니라 모든 기억정보가 생생한 오감으로 재창조되는 또 하나의 현실이 된다. 이는 옛날에 먹었던 사과 맛을 기억하는 정도가 아니라, 그때의 사과를 다시 한 번 신선하게 맛보는 수준이다.
　그것은 완전한 오감으로 재현된 홀로그램처럼, 지금 육체적 오감으로 주변을 인식하는 이 현실감 이상의 해상도와 질감이다. 그것이 실새가 아니고 무엇이겠는가? 영혼의 세계에서는 과거가 현재에 온전히 되살아난다고 하겠다.
　사라진 것은 아무것도 없다. 보이지 않던 인과관계의 고리가 확연히 드러나고 모든 것은 필연이었음을 알게 되고 '나'라는 의식은 어떤 찰나의 단절 없이 지금까지 이어져 왔음을 깨닫게 될 것이다. 그것이 '참나'를 발현시키는 영혼의 회상 능력이다.
　심층 무의식에 잠긴 정보들은 사후에 모두 통합된다. 치매에 걸린 우리 어머니도 저세상으로 가면 모든 기억이 되살아난다는 말을 들으시고는 "맞다, 맞다" 하시면서 환하게 기뻐하셨다.
　사후에 맞이하는 그 순간은 '소아小我로서의 나'는 해방되고 '대아大我로서의 나'가 깨어나는 순간이다. 개인 무의식이 의식화되면서 개아個我의 인격이 성숙하듯이 심층 집단무의식이 자각되면서 초아超我의 영격靈格이 완성되는 것이다.

○

　지금까지 윤회와 전생, 그리고 영혼의 개념은 미신처럼 여겨져 왔다. 그런데 환생의 개념이 부정되어야 했던 이유 중에는 정치 종교적인 이유가 있었던 것 같다. 환생의 진실이 알려지면 당시 교주나 왕권의 절대 권력이 훼손된다고 생각했던 모양이다.
　종교나 정치의 기득권들이 진실보다는 자신들의 권력 유지에 급급해하는 작태는 예나 지금이나 똑같다. 하지만 그들이 감추어버린 진실일지라도 그 파편들은 곳곳에 남아서 나름의 메시지를 전하고 있다.
　기독교 신비주의 전통으로서의 영지주의Gnosticism는 "앎"을 통해 구원에 이를 수 있다는 점에서 정통 기독교의 '믿음'에 의한 구원과 대조된다. 이 영지靈智주의에서는 윤회를 인정했다고 한다. 하지만 당시 황제의 관점에서는 '앎'에 의한 구원과 '윤회'라는 또 다른 기회의 부여가 자신의 절대 왕권을 약화시킨다고 생각했던 것 같다. '앎'은 신분과 관계없는 것이며 윤회란 현재 주어진 질서의 절대성을 희석시켜 버린다. 모든 권력은 하늘에서 내려온 것이고 구원은 오직 메시아에 대한 복종뿐이어야 그 동격으로서의 자신에 대한 충성심이 강화된다는 생각이었을까?
　이러한 불순한 의도에 의하여 영지주의는 이단이 되고 윤회설이 부정된 것으로 알려져 있다. 종교가 정치 수단이 되는 아주 안 좋은 예다. 사실 종교는 권력의 아주 유용한 통치 도구일 때가 많았다.
　어쨌든 이 영지주의는 기독교에 국한된 것이 아니라 여러 종파에서 비전秘傳의 형태로 내려오고 있다. 영지주의는 교주의 은총과 자비에 의한 구원이 아니라 글자 그대로 각자의 앎과 그 깨달음을 중요하게 여기는 종파라고 보면 되겠다. 우주의 존재 이치에 대한 '앎'을 목표로 하는 이 책의 의도도 크게 보면 영지주의에 속한다고 하겠다.

'진리가 너희를 자유롭게 하리라(요한복음 8:32)'는 말이 있다. 이때의 진리가 영지에 다름 아니라고 생각한다. 믿음이 아니라 진리, 그것이 예수님이 전하고자 하신 진정한 메시지였을 수도 있다. 그것이 후대에서 와서 왜 믿음에 의한 구원으로만 변질되었는지 아쉽다.

환생은 성장의 기회다

역행과 순행의 기체氣體들은 서로 이끌려 맞물린다. 그로 인해 영혼이 육체와 짝을 이루어 상극의 물질세계에 몰입하게 된 것이 뇌의식으로서의 지금의 나이다.

이런 윤회는 영혼의 자발적 선택이라고 생각한다. 천도天道에는 강제란 없다. 다만 공정한 순서와 질서가 있을 뿐이다. 영혼은 자신의 진화에 가장 적합한 인연의 육체가 나올 때까지 기다렸다가 마침내 소중한 환생의 기회를 맞이하는 것 같다.

환생은 성장의 기회다. 내가 새롭게 바뀔 천운天運이다. 이때 진정한 변화란 앞서 말했듯이 본체의 '변형'에 의해서 가능해진다. 체의 형태가 바뀌지 않았다면 일시적 변용은 있겠지만 시간이 지나면 이내 원래의 상태로 되돌아가 버린다. 체의 변형變形이 일어나야 비로소 영구적인 기능의 변화가 나타나는 것이다. 그것이 진정한 진화다.

이런 변형은 자신이 가진 탄성 한계를 넘어서는 외압이 있어야 가능해진다고 하였다. 그러한 외압은 상극의 물질계에서만 주어지는 힘이다. 그래서 진화를 추구하는 영혼은 이 상극의 물질계에 다시 오기 위해서 자신의 파형에 가장 유사한 신체를 선택한다.

영혼은 상극의 저항과 투쟁을 극복하면서 놓쳐 버렸던 기회와 못 지킨 약속을 이루고자 한다. 물질의 저항을 이겨내는 그 극기의 과정에서 변형의 반작용이 이루어진다.

한 번의 망치질로 정교한 조각품이 만들어지지는 못한다. 영체는 무수한 삶을 거치면서 셀 수 없을 정도의 망치질을 당해야 비로소 정교하게 다듬어진다. 인생도 실패와 좌절을 통해 많이 깎인 사람이 점차 원만한 인격으로 변해간다. 비록 부귀영화는 누리지 못했어도 노년에 드러나는 그 인품이 이 세상에 온 목적이자 훈장이다.

환생은 은총이다. 내가 누리는 어떤 권리도 내가 감당해야 하는 어떤 의무도 환생이 있기에 정당해진다. 환생의 길이 없었다면 단지 우연으로 지금의 삶이 만들어졌다는 말이 된다. 얼마나 빈약한 내 존재의 무게인가.

육체는 영혼이 자신의 형태를 바꿀 수 있는 소중한 형틀과 같다. 육체에 합일하여 상극의 고통을 견디며 새로운 지혜를 체득하여야 영체가 변형된다. 이러한 진화가 한번 만에 이루어지는 것이 아니기에 우리는 부단히 환생한다. 미생물에서 인류로까지 이어지는 장구한 환생의 여정은 무수한 고통과 시행착오들이 진화의 고귀한 정보로 재활용되는 순간들인 것이다. 그래서 이 세상은 참나가 꾸는 하룻밤의 꿈과 같다. 그러나 그 하룻밤이 천 번 만 번 이어지면서 마침내 하늘에 이를 형상을 얻을 수 있으니 어찌 그 꿈이 헛되다고만 하겠는가?

영혼이야말로 인간의식의 본원으로서 진정한 자신이다. 그러한 영혼은 특정한 정체성에 한정되지 않는다. 모든 개아個我를 통합하는 자아 초월의식으로 존재한다. 그것이 투명한 영체의 빛이다. 무지개 일곱 색깔이 합해진 투명한 빛이다. 영혼의 본질은 무엇으로도 한정되지 않는다는 의미에서 투명한 빛의 존재 혹은 '무한한 의식'으로 표현할 수 있다.

> 우리가 윤회론의 시각으로써 삶의 리듬을 발견하기 시작할 때 우리를 둘러싼 혼돈은 곧 정교하고 아름다운 교향곡으로 모습을 바꾼다. 백 년 전에 심어진 삶의 주제가 오늘 싹을 틔우고 백 년 후에 마무리된다. 한 생에서 내려진 선택의 결과가 다음 생으로 인계된다. 이 과정에서 버려지는 것은 없다. 실로 모든 것에 의미가 있다.
> _크리스토퍼 M. 베이치, 〈윤회의 본질〉

환생은 영혼이 진화해 나가는 과정에서, 육체와 영혼 간에 존재하는 수명의 불일치 때문에 발생하는 필연적인 환승換乘과 같다. 어떤 열차의 연료가 떨어져 멈추더라도, 다른 열차로 바꾸어 타면 결국 목적지에 도달할 수 있다. 이때 무엇보다 중요한 것은 환승의 길이 있음을 알고 열차가 멈춘다고 낙담하지 않는 것이다.

윤회는 역행과 순행매질의 결합과 이탈을 통해 만물을 진화시켜나가는 천도天道다. 그것은 진화의 연속성을 보장하는 자연의 섭리이자 불완전한 피조물들을 향한 지극한 사랑이다. 자칫 허망하게 끝나버릴 수 있는 이 순간을 진화를 향한 보석 같은 지혜로 바꾸어 주는 우주의 연금술이다.

저세상으로 가는 통로는 재산의 망상에 현혹되어 있는 경솔하고 어리석은 자에게는 밝혀지지 않는다. "이 세상은 존재한다. 저세상은 존재하지 않는다."고 생각하여 그는 거듭거듭 죽음의 신의 지배를 받게 된다.

_김세현 역해, 〈카타 우파니샤드〉

자살과 환생

대구 모처의 정신병원에서 근무할 때였다. 그 병원에는 부설 장례식장이 있었는데 인근 지역에서 불상不詳의 변사체가 생기면 경찰 요청으로 가서 모셔오기도 했다. 그때는 검안의가 동행해서 사망 확인과 사체 검안서를 작성해 주어야 장례나 기타 법적 절차가 진행되었다. 부수입에 혹한 나는 그 검안의 역할을 하게 되었다.

한 2년 근무하면서 대략 50명 가까운 변사체를 접했던 것 같다. 대개는 자살이었다. 참 다양한 방법으로 사람들은 목숨을 끊었다. 나뭇잎이 무성한 여름에 산에 올라가 나무에 목을 맨 한 노인은 초겨울 낙엽이 모두 떨어지고 나서야 먼 밭에서 일하던 농부에게 발견되기도 했다. 거의 백골만 남아 나뭇가지에 매달려 흔들리고 있던 그 사체를 처음 목격한 농부는 너무 놀란 나머지 경찰이 와도 방에서 나오지 못했다. 어쨌든 발견하기 힘든 그런 곳에서 자살을 감행한 사람들은 진정으로 자신의 소멸을 바랬던 경우다.

누구나 볼 수 있는 큰 다리 밑에서 목을 맨 남자도 있었는데 그런 경우는 대개 복수심이 자살의 동기로 작용한다. 아마 엄청난 배신감을 안겨준 어느 여인을 향한 복수였을 것이다.

어떤 사람은 두 가지 독극물을 준비하고 모텔을 들어갔는데 하나를 마시고 살아난다면(자살이 실패한다면) 다시 두 번째 독극물을 마시기로 했던 것 같다. 아주 준비성이 많은 사람이었다. 그나마 다행인지 두 번째 독극물은 마시지 않고 편안히 눈 감고 있었는데, 나중에 신원을 알고 보니 얼마 전 외래 진료에 왔었던 남자였다. 사후의 얼굴은 생전과 너무나 달라져서 때로 가족들조차 못 알아보는 경우가 있다. 얼굴의 핵심은 이목구비의 형태가 아니라 그 이목구비를 움직이는 생기生氣인데 그것이 바로 표정이다. 사체는 표정이 없다.

여교수의 자살도 있었는데 무사히 유학까지 마치고 모 대학에 발령을 받은 지 얼마 되지 않은 젊은 분이었다. 우리가 보기엔 세상 부러울 것 없는 지위였는데 자기 방에서 목을 매고 그 모든 수고를 보상도 받지 않고 끝내 버렸다. 나중에 듣기로는 그 대학의 텃세를 이기지 못했다는 소문이 들렸다. 심지어 판사의 부인도 아파트에서 뛰어내렸는데, 그 시간 남편은 여전히 남의 소송을 열심히 심판하고 있었을 것이다. 판사와 결혼하게 되었다고 좋아했을 것인데 무슨 사연이었는지는 모르겠다.

모든 자살에는 그 나름의 이유가 있지만 대개는 사소하고 때로 유치하다. 하지만 아무리 사소해도 죽음의 본능을 일깨우기에는 충분할 수 있다. 원래 우리 모두에게는 무無를 향한 본능(thanatos)이 있기 때문이다.

수년 전 우리 병원에 입원한 우울병 여성 환자가 있었는데 오래전부터 우울감에 시달리며 몇 번 입 퇴원을 반복하신 분이었다. 하지만 입원 치료에도 차도가 없었고 급기야 가족들이 퇴원을 요청하였다. 그런데 퇴원 수일 전부터 그분의 우울감이 갑자기 해소되었고 얼굴은 눈에 띄게 밝아졌다. 주치의를 보고 밝게 인사하는 등 아주 활기가 넘쳤다. 집에 가려니 좋아진 것으로 생각했고 가족들도 반겼다. 하지만 퇴원하고 얼마 안가서 자살해 버렸다. 뒷날 다른 환자에게 듣기로는 퇴원 수일 전, 그분은 자살할 방법을 마침내 결정했고 마음을 완전히 굳혔다고 친한 환우에게 얘기하면서 그렇게 기뻐했다는 것이었다. 무엇이 그 사람을 그렇게 기쁘게

했을까? 자살하면 지옥에 간다고 익히 들었을 터인데, 그 영혼은 그 사실을 아예 부인한 것인가 아니면 지옥이 허구라는 것을 알았던 것일까?

무한히 원점회귀하는 중도에 있어서 죽음과 환생이란 필연적 과정이며 그로 인해 우리는 진화할 수 있다. 그렇다면 자살하는 영혼의 환생은 어찌 되는 것일까? 환생마저 중지되고 정말 영원한 지옥에 떨어지는 것일까?

자살자에 대한 천도天道를 따지기 전에 우리 인간들의 태도부터 알아보자. 자살을 시도하다 실패한 많은 환자분이 응급 구조대를 통해 입원하러 온다. 그때 우리는 어떻게 그런 사람들을 대해야 할까? 혼내고 나무라고 벌줘야 할까? 지옥 불까지는 아니라도 강박하고 고통을 주어야 할까? 그때까지 살아온 것만도 엄청난 고통이었는데도 말이다. 설마 천도가 그런 식으로 작동할까?

적어도 우리는 그 환자를 일단 따뜻하게 대한다. 칭찬도 나무라지도 않는다. 그리고 부드럽고 차분하게 쉴 수 있게 해 준다. 깊은 잠을 자게 약도 주고 자상하게 말을 걸어준다. 그런 것이 당연하고 상식적인 태도가 아닐까?

자살한 영혼이 영계에 도달하면 비슷한 과정이 있을 것이라고 생각한다. 일단 누구보다도 따뜻하게 맞이해 줄 것이다. 그것이 인지상정이다.

다만 환생에 불이익은 있을 수 있다. 환생이란 자신의 실수를 만회할 절호의 찬스다. 못다 한 꿈을 이룰 천부적 기회다. 그러나 자살자는 그 환생의 순서에서 밀려나게 될 것이다. 비유하면 맛 집에서 오랜 줄을 서다가 힘들어 포기하고 그 줄에서 이탈해 버린 경우다. 그 후 한참 쉬다가 다시 줄을 서려면 맨 뒤에서 다시 서야 한다. 당연하지 않은가? 그때까지 묵묵히 순서를 기다리던 뒷손님을 먼저 들여보낼 수밖에 없다. 스스로 포기했으니 할 말이 없다. 그것 말고 지옥 불은 없어야 한다. 하지만 그런 기회의 연착도 사실 많이 안타까운 일이다. 진정한 행복이란 진화를 통해서 찾아오는 것인데 그 순간이 늦어지고 있다.

대신 대형 사고나 불의의 사고로 갑작스럽게 생을 마감한 사람들은 반대다. 최우선 순위로 환생의 줄을 서게 될 것이다. 특히 의인사義人死가 그런 경우다. 다리 약한 노인에게 마지막 자리를 양보하고 떠난 사람을 다음 날 가장 앞줄로 모시는 것에 이의를 제기할 사람은 아무도 없을 것이다.

물론 여기서 자살을 장려하는 것은 아니다. 하지만 자살까지 감행할 수밖에 없는 사연을 먼저 이해하고 위로부터 해야 할 일이다. 자살은 악한 행위가 아니라 안타까운 일이다. 채무가 면제되지도 않고 책무를 처음부터 다시 시작해야 하기 때문이다. 하지만 지옥 불까지 들이댈 필요는 없다. 그것은 두 번 죽이는 일이다.

17. 영계靈界
   실재로서의 의식

이제 1부 마지막 장이다. 여기서는 영혼들의 세계를 상상해 보겠다. 우리가 죽으면 간다는 곳으로서 일명 '저승' 혹은 '영계'다. 무거운 육체를 벗어버리고 자유로워진 의식체들은 결국 어디로 가는 것일까? 한편으론 무섭다. 어떤 곳인지 전혀 알 수 없기 때문이다. 영계는 보이지 않는 우주 깊숙이에 숨어 있는 신비의 땅일까? 영혼은 우주의 공간을 날아서 그곳에 도착하는 것일까?

우리가 어둠을 무서워하는 이유는 그곳에 무엇이 있는지를 알 수 없기 때문이다. 어둠 자체에는 무서워해야 할 것이 없다. 누군가의 말처럼 어둠의 정체는 빛의 부재不在일 뿐이다. 어둠은 단지 빛이 없는 상태를 지칭하는 것이지 어둠이라는 실체가 따로 있는 것이 아니다. 실체가 없다면 당연히 무서워할 것도 없다. 죽음과 저승에 대한 두려움은 결국 영혼에 대한 지식의 부재 때문이다. 그것이 무엇인지를 이해하면 두려움은 사라지게 된다.

예로부터 저승에 대한 묘사는 많다. 대개는 이승에서 못 이룬 욕망이 투사되어 그려지는 동화 같은 곳이다. 자기가 믿는 신이 주재하는 천상을 본 근사체험도 보고되고 있다. 종교와 문화에 따라 임사체험의 내용이 다르다. 그렇다면 우리는 영혼의 세계를 어떤 곳으로 이해해야 할까? 실제로 영혼들이 그런 특정 공간에 모여 있는 것일까? 아니면 단지 환상일까?

하지만 산자의 의식으로 죽은 자의 세계를 상상한다는 것은 어불성설이다. 지구에 앉아서 달나라의 토끼에 대해 논의하는 것과 무엇이 다르겠는가? 영계에 대한 사색과 고민은 우리의 삶에 아무런 이로움이 없는 것으로 보이기도 한다. 그런데 과연 그럴까?

그렇지 않다. 영계에 대한 지식은 인생의 최종 목적지를 알아차리는 것이다. 목적 없이 길을 나서는 것은 방황이며 고향으로 돌아오지 못한다면 실종으로 분류된다. 자신의 인생이 그렇게 끝나는 것을 바라는 사람은 아무도 없을 것이다. 먼 곳으로 여행하려는 사람이라면 최소한 그곳의 기후 정도는 알고 가야 한다. 인생이 의미 있는 수학修學여행이 되려면 그 종착지에 대한 사전지식이 필요하다. 우리의 의식이 결국 어떤 곳에 도착하는지를 어느 정도는 알아야 인생에서 그 준비를 조금이라도 할 수가 있다.

물론 부처님은 독화살의 비유를 들어 저승의 존재 여부와 같은 질문의 답을 일단 미루었다. 급한 것은 생로병사의 고통을 제거하는 것이기 때문이다. 그렇다고 누가 어디서 어떤 이유로 독화살을 쏘았는지를 계속 몰라도 되는 것은 아니다. 우선 독화살을 뽑은 후 정말 알아야 할 부분은 사실 그런 내용들이다. 해독한 후에는 내가 왜 독화살을 맞아야 했는지 그리고 다시는 독화살을 맞지 않을 방법은 무엇인지를 알아내야 한다. 그런 맥락에서 영계에 대한 고찰도 필요하다고 생각한다.

그러므로 삶의 진정한 의미와 목적을 찾는 사람이라면, 이 삶의 끝자락에서 비밀스럽게 이어져 있는 사후세계에 대한 지식을 추구하지 않을 수 없다. 그러한 지식이 죽음을 편안하게 받아들이게 해 준다. 편안한 죽음이야말로 삶의 완성이자 모든 인간의 마지막 소망이 아니겠는가?

그곳에 대한 지식과 확신은 삶의 가치관과 인생관을 근본적으로 바꾸어 준다. 그렇다면 영혼과 영계에 대한 지식이야말로 인생에서 추구해야 할 가장 큰 지식 중의 하나다. 그 지식이 없다면 자신의 삶은 일회성 소모품으로 전락해 버린다. 그런 삶에 무슨 인내와 노력이 필요하겠는가?

앞서 우리는 순행매질로 이루어진 영혼의 존재 상태에 대해 추론해 보았다. 영혼은 의식의 본원으로서 불멸이다. 그러한 영혼들의 거처가 있다면 그곳 역시 사라지지 않는 진실재眞實在가 된다. 어쩌면 그곳이야말로 궁극적인 존재양상이라고 하겠다. 기어서라도 가야만 하는 본향이다.

중도의 이치를 생각해 보면 음과 양이 떨어지지 않듯이 이승과 저승은 뫼비우스의 띠처럼 하나로 이어져 있다고 생각된다. 빛과 그림자이며 낮과 밤이다. 서로가 의존하며 서로 존재의미가 되어주는 짝의 관계다. 그래서 영혼에 대한 지식은 이승의 진정한 의미를 발견하는 길이며 죽음을 이해하는 것은 삶의 진정한 가치를 발견하는 길이다. '죽음'은 참된 존재 상태로 나아가는 기적 같은 사건이며 영체에 대한 지식은 육체에 대한 참된 사용서다. 그래서 영혼에 대한 지식은 지금 잘 먹고 잘사는 것보다 더욱 절실하다.

그곳은 이승에서 겪은 고생이 보상받는 곳이다. 이생에서의 경험이 소실되지 않고 공존의 지혜로 활용되는 곳이다. 영혼의 자유로운 본질에 비추어본다면 그곳은 모두가 의식 본연의 모습으로 존재하는 가장 자연스럽고 편안한 곳이다. 모두가 자신의 가치를 온전히 실현하면서도 타자와 상충하지 않는 순행매질의 세계다. 지상에서 소망하던 바로 그 천상의 세계다.

하지만 모든 일에는 순서와 단계가 있듯이 사후에 모든 영혼이 곧장 궁극의 영계에 진입하지는 못하는 것 같다. 영혼도 진화 중이다. 미완의 영혼들이 머무는 중간계(중음) 같은 거처도 있을 수 있겠다. 말하자면 수준별 학습이 가능하도록 영계도 여러 단계로 존재할 것이다.

어쩌면 이러한 발상이 나약한 인간의 단순한 희망 사항일 수도 있겠지만, 사후에도 육체와 분리된 의식(영혼)이 존재한다는 것은 중도의 합당한 이치였다. 그렇다면 어떤 식으로든 그 의식이 머무는 거처居處는 있어야 한다. 거처라 하지만 당연히 물리적 공간은 아니다. 물질로 만들어진 탐사선이 온 우주를 뒤진다고 영계가 발견될 것 같지는 않다.

영계는 실재인가 환영인가?

인도철학에서는 이 세상을 환영幻影, '마야Maya'* 라고 한다. 하지만 이 세상은 이토록 뚜렷하고 확실한데 어떻게 환영이라고 한단 말인가?

아마도 인도인이 말하는 마야란 그 지속성의 한계를 두고 하는 말 같다. 아무리 감각되더라도 그 존재가 한시적이라면 그것을 실재라고 할 수 없기 때문이다.

---

* 마야(maya)는 산스크리트어로 '마력'(magic) 혹은 '환영'(illusion)의 의미를 지닌다. 인도인들은 '환영'의 힘을 지닌 마야에 의해서 인간이 쉽게 현실적 이기주의에 빠지게 되는 것으로 생각한다. 8세기 인도의 대표적 철학자인 상카라(Shankara)는 마야가 겉으로 드러난 현상을 실재라고 착각하는 경향이라 말한다. 이것은 궁극적 실재의 세계에 대한 이해 없이 외형적으로 드러난 것을 무의식적으로 받아들인 결과이다.

모든 물질은 마모되고 소멸한다. 수명이 아무리 길어도 결국 소멸하는 것이라면 영겁永劫의 차원에서 보면 그것을 진실한 존재라고 할 수가 없다. 그런 것이 이 세상, 환영처럼 잠시 나타났다가 이내 사라지는 이 세상의 정체다. 물질로 이루어진 이 세상을 진실재라고 여기면 이 삶의 의미와 가치는 물질과 함께 사라져 버린다. 인도인은 그것을 경계한 것이다. 실재라고 한다면, 그것은 영원한 것이어야 한다.

 실재의 기준 혹은 존재의 객관성을 담보해 주는 물리학적 정의가 있다. 그것은 '상호작용의 여부'다. 어떤 것이 '존재(실재)'가 되려면 주변과 상호작용이 있어야 한다는 말이다. 아무런 상호작용이 없다면 모두가 함께 엮여서 존재하는 연기緣起의 그물망에 존재의 좌표로 등록되지 못한다. 그것은 존재하지 않는 것이다.

 즉 모든 존재는 어떻게든 주변과 상호작용을 하고 있다. 우리는 그 상호작용을 존재의 근거로 인식한다. 소립자 물리학에서도 소립자 자체는 워낙 작아서 감지를 못하지만 대신 충돌의 흔적 같은 상호작용의 여부로 그 존재를 인정하고 있다. 그래서 상호작용의 여부가 존재성을 결정한다. (관찰도 상호작용의 일종으로 본다면 양자의 존재성, 즉 관찰함으로 인해 파동이 입자가 되는 양자 역학의 신비도 조금은 이해가 된다.)

 물질계를 살아가는 우리는 이러한 상호작용의 존재를 우선 '감각'으로 판별한다. 그래서 일단 우리가 '감각'할 수 있어야 '실재'로 인정된다. 앞서 말했듯이 우주가 지금의 모습으로 장엄하게 존재하는 것은 순전히 감각의 덕분이다. 우리는 존재의 파동(상호작용)을 오감으로 변환해서 지금의 우주를 구성한다.

그만큼 감각 기능이 중요하다. 감각이 그 상호작용을 포착하여 '실재'를 창조하는 것이다. 전자기파를 가시광선으로 전환하는 시각(眼識)이 없다면 우주에는 아무런 빛도 없고, 기의 파동을 소리로 창조하는 청각(耳識)이 없다면 우주는 적막할 뿐이다. 향기와 맛과 감촉도 마찬가지다. 우리의 오감(五識)이 세상에 빛과 소리와 향기와 딱딱함과 부드러움을 부여하고 있다.

다행스럽게도 우리는 이러한 오감을 통하여 우주와 소통하고 있다. 그렇다면 진실재란 오감으로 감각되는 영원한 그 무엇이라 할 수 있겠다. 반면에 감각되지 않는다면 존재하지 않는다고 하겠다.

그런데 상호작용이 아예 없어서 감각되지 않는다면 존재하지 않는다고 하겠는데, 상호작용은 있는데 워낙 미세하여 그것을 감지하지 못하는 경우가 있다. 이런 경우는 실재한다고 할 수 있을까? 이때는 실재의 기준이 순전히 상호작용을 감지하는 감각의 능력에 달려있게 된다.

꿈이라는 현상을 살펴보겠다. 꿈은 실재하는 것일까? 타인이 꾼 꿈은 그저 그만의 상상일 뿐일까? 꿈이 환영인 것은 동의하겠는데 그것이 주변과 상호작용을 한다고 하기는 어렵다. 우리가 어떤 꿈을 꾸더라도 옆에서 자는 사람이 그 내용을 알 수는 없다. 꿈속에서 아무리 소리쳐도 그에게 전달되지 않는다. 그런 면에서 보면 꿈은 구체적으로 상호작용하는 실재라고 할 수 없다.

하지만 우리가 그것을 인식하지 못하는 것은 꿈의 상호작용이 워낙 미세하기 때문일 수도 있다. 만약 미래에 꿈을 타인이 볼 수 있는 장치가 개발된다면 어떻게 될까? 꿈꿀 때의 뇌파를 해석하여 그것을 영상 등으로 변환시키는 장치가 개발된다면 어떻게 될까? 더 나아가 꿈에 개입하여 꿈꾸는 자에게 어떤 영향을 주고받을 수 있게 된다면 어떻게 될까? 미래에는 가능한 일이 아닐까? 실제 그런 상상이 영화가 되기도 했다. 그때의 꿈은 분명히 상호작용을 하는 실재다. 꿈을 이용해서 정신치료와 자아 개발하는 방법도 나타날 것이고 특정 매체에 저장했다가 사고팔 수도 있을 것이다. 어쩌면 꿈이 극도로 미세한 파동으로 상호작용을 하지만, 우리의 감각이 미처 감지하지 못하는 것일 수도 있다. 물질로 이루어진 우리의 감각은 워낙 제한적이니까.

말레이시아 정글에서 살았던 '세노이' 부족은 꿈에서 누군가를 해쳤다면 다음 날 그 사람을 찾아가 선물을 주며 용서를 구했다고 한다. 또 적을 만나서 도망치는 꿈을 꾸었다면 다음에는 도망가지 말고 꼭 물리치기를 엄중하게 교육받았다고 한다. 꿈의 작용을 실재로 여긴 듯하다. 이들이 어리석은 것일까? 아니면 우리가 자만하고 있는 것일까?

장모님이 돌아가신 뒤 장인께서는 자신의 꿈에 고인이 한 번도 나타나지 않는다며 장모님을 서운해 하셨다. 내가 보던 환자 한 분은 밤마다 내가 그의 꿈에 나타나 자기를 죽이려 한다며 나를 원망스럽게 째려보았다. 누가 누구를 탓해야 할지 모르겠다.

'생각'이라는 것도 마찬가지다. 감각이 육체의 한계 속에 갇혀 있는 상태에서는 '생각'을 실재라고 보기는 힘들다. 옆 사람이 무슨 생각을 하는지 모른다. 열 길 물속은 알아도 한 길 사람 속은 모른다. 우리가 아는 한 '생각'은 옆 사람에게 어떤 직접적인 작용을 미치지는 않는다. 생각은 생각일 뿐이다. 행동으로 옮겨져야만 비로소 그 사람의 생각을 짐작할 수 있다.

17. 영계 : 실재로서의 의식

그런데 타인의 생각을 객관적으로 감지할 수 있는 장치가 개발된다면 어떻게 될까? 사념파思念波를 인식하는 정밀한 장치가 개발된다면 한 사람의 머리에서 나와 주변으로 퍼져나가는 미세한 사념의 파동을 잡을 수 있을 것이다. 더 나아가 그것을 영상과 소리로 전환할 수 있다면 생각은 완전히 객관적인 실재가 된다.

아직 불완전하지만 조금씩 발전하고 있는 뇌파의 활용이 그런 가능성을 보여준다. 생각과 감정에 따라 뇌에서 미세한 전자기 파동이 생성된다. 현재 '뇌파'는 점점 정밀하게 측정되고 있고 뇌파를 이용하여 기계를 작동시키는 정도까지 활용되고 있다. 뇌파로 게임을 하기도 한다. 식물인간 상태에서도 뇌파만 살아있다면 의사소통이 가능해질 수 있는 것이다.

이처럼 과학기술의 발달은 꿈과 생각을 주변과 상호작용을 하는 물리적 실재가 될 수 있는 가능성을 높이고 있다. 어쩌면 우리는 머지않은 훗날 한 길 사람 속을 훤히 알 수 있을 것 같다. (그러나 이것이 과연 좋은 일인지는 모르겠다.)

아무튼 이와 같은 사실을 근거로, 우리는 인간 수준에서의 환영과 실재의 구분이 결국 상호작용을 감지하는 우리의 감각 능력에 따라 결정된다고 하겠다. 누군가에게는 환영이라 해도 그것을 객관적으로 감지하는 능력이 있는 자에게는 실재가 된다는 말이다.

생각이 외부 현실에 직접적인 영향을 주는 초과학적인 경우도 있다. 소위 도사들의 초능력이다. 도인들은 구름을 부르거나 비를 오게 한다고 한다. 제갈공명도 3일 만에 동풍을 불게 했다고 한다. 3일을 기다려 동풍을 맞이한 것인지 3일 만에 동풍을 만들어낸 건지는 모르겠지만, 어쨌거나 인간의 생각과 의지가 자연현상에 물리적 영향을 미칠 수 있다는 사실에 대해 직접 들은 적이 있다. 그렇다면 그때의 생각은 그 자체로 외부와 분명히 상호작용을 했다고 보아야 하겠다. 하지만 여기서 더 언급하지는 못하겠다. 나는 아직 그런 과대망상을 치료하는 입장에 있다.

영계는 파동의 동조로 형성된 공유 의식의 장場이다.

이와 같은 사실을 토대로 다시 영계(정토淨土)로 돌아가겠다. 먼저 영혼의 체體에 대해서 생각해 보자. 영혼의 체가 어떤 것인지를 안다면 그 체가 머무는 영계의 실상도 어느 정도는 유추될 수 있을 것이다.

모든 기능(用)에는 그 기능이 발생하는 체體가 있다. 근원의 원리 혹은 기능에도 기氣라는 체가 있었다. 만물은 그렇게 체와 용으로 구분할 수 있다. 영혼도 마찬가지다. 의식으로 존재한다고 해서 그 체조차 없는 것은 아니다. 의식에도 매질(체)이 있다. 구체적으로 순행의 기氣다. 그것은 엄청 정밀하게 유기적으로 조직된 의식체로서의 영체다. 단지 비물질일 뿐이다. (비물질과 비존재를 같은 의미로 보면 안 된다.)

영체에서는 인체의 유기적 구조처럼 모든 하부 의식들이 합목적적 상태로 연결되어 있으며 그 총체로서의 주체의식이 발현되고 있다. 다양한 정보들이 실린 무수한 하부 기체氣體들이 전체적인 하모니 아래에서 조화롭게 파동치고 있다. 음악으로 비유하자면 무수한 악기가 합주하는 웅장한 교향곡과 같고 색으로 비유하자면 형형색색의 빛다발이 총체적인 리듬 아래 제각기 반짝이고 있는 상태다.

이처럼 영혼의 체가 물질이 아니라면 그것은 물리적 시간과 공간에 한정될 필요가 없다. 그러니 굳이 어느 지점에 함께 모여 있을 필요도 없지 않을까? 사람이 죽으면 제일 먼저 도달한다는 중음계中陰界도 같은 개념이다. 그런 공간이 과연 물리적으로 존재하는 것일까? 아니라면 우리는 영혼들의 거처를 어떻게 이해해야 할까?

영혼은 순행매질로 이루어져 있다. 물질의 속성에 구애되지 않는다. 당연히 국소적으로 모여 있을 필요가 없다. 비물질적 파동을 어떻게 물리적 공간에 가두어 둘 수 있겠는가? 파동은 비국소적이며 모든 공간에 차별 없이 편재한다. 그 파동은 주파수만 맞으면 어디에서나 동조되고 소통된다. 그런 상태를 물리적 공간의 개념으로 한정할 수는 없다. 때문에 우주를 아무리 뒤져도 우리는 영계를 찾지 못한다. 또한 그래서 어디라도 영계일 수 있다. 말하자면 영계의 공간은 물리적 공간이 아니라 정신적 공간이라 하겠다. 물리적 공간보다 더욱 아득하다.

그렇다면 그러한 영계로 들어가는 문은 무엇일까? 바로 주파수다. 영계로 들어가기 위한 조건은 파동의 주파수가 맞아야 한다. (물질파는 엄두도 내지 못하는 고주파로 추측한다.)

더욱이 진화의 수준이나 영체의 형태적 위상에 따라 파동 간에는 친화도의 차이가 있을 것이다. 서로 간에 도저히 동조되지 못하는 파동이 있는가 하면, 자신과 쉽게 동조되는 파동도 있다. 그렇다면 비슷한 의식수준을 가진 영혼들의 파동은 서로 동조하여 '공유 의식의 장場'을 연출하게 될 것이다. 이것이 바로 영혼들의 세계라고 생각한다.

교통방송에 주파수를 맞추면 교통방송의 세계가 열린다. 음악 방송에 주파수를 맞추면 음악의 세계가 펼쳐진다. 이는 주파수의 영역이지 물리적 공간이 아니다. 온라인 상에 만든 밴드나 단체 '카톡방'도 그런 곳들이다. 수준과 취향이 다르면 같이 있지 못한다. 그 방은 물리적 공간을 차지하지 않으면서 의식으로만 모여 있다. 사이버 세상이지만 활발한 상호작용이 있는 엄연한 현실이다. 그곳은 각자의 생각과 취향들이 모여 만들어진 정신적 공간이다. 의식의 세계인 영계의 개념도 이와 같을 것으로 보인다.

> "누가 이처럼 불타는 지옥의 쇠 바닥을 만들었는가? 이 불꽃은 어디에서 온 것인가?"
> 부처님은 말씀하셨다.
> "이 모든 건 단지 공덕이 없는 그대 마음의 반영일 뿐이니라."
> _툴쿠 퇸둡, 〈평화로운 죽음, 기쁜 환생〉

영계는 영혼들의 파동이 동조하여 형성된 공유 의식의 장場이다. 영혼은 스스로 자신을 구속하지만 않으면 어떤 제한도 없다. 영혼은 의식하는 만큼 존재의 지평이 넓어지고, 깨달은 만큼 자유로워진다고 하겠다. 그 의식의 파동이 그대로 영계의 재질이 되고 환경이 된다. 물질계에서는 의식 현상을 환영처럼 여기지만, 영계에서는 의식이 그대로 실재인 것이다.

'일체유심조一切唯心造'라는 말이 있다. 이는 단순히 심리적 위안에 그치는 말이 아니다. 그 말은 기氣과학적 언급이다. 영혼의 세계에서는 마음 먹은 대로 '실재세계Real World'가 창조된다. 그래서 영계의 다른 말이 의식계다. 기체氣體의 입장에서 기의 현현은 그대로 실재가 아니겠는가?

물론 인간의 시각에서 물질적 토대가 없는 정신현상은 실재가 아니라고 할 수 있다. 그러나 궁극의 세계에서는 불멸의 영혼이 창조하는 '의식'

이 진실재眞實在가 되고, 물질에 속박된 인간계가 오히려 언젠가는 사라지는 '환영'이 된다.

물질로 만들어진 형상은 수명의 차이만 있을 뿐, 결국은 허물어진다. 어떤 수數도 분모에 무한대가 오면 그 값은 0이 된다. 즉 아무리 수명이 길어도 결국 소멸하는 것이라면, 우주라는 무한대 분모의 입장에서 그 존재 값은 0이 된다. 그런 것은 결국 환영이었고 존재하지 않은 것과 같다. 우리가 경험하는 물질세계가 바로 그렇다. 우리는 객관적인 이 세상을 진실로 존재하는 것이라 여기지만, 그것의 정체는 사막에서 일어나는 딱딱한 모래바람과 같다. 잠시 감각되지만 이내 사라진다. 이른바 '마야'다.

영계는 환영처럼 여겨진다

현재 우리는 육체의 감각을 통해 확인되는 것만을 실재라고 여긴다. 하지만 육체가 감각 못한다고 비실재로 치부하는 것은 성급한 판단이다. 인간의 감각은 협소하다. 그런 어두운 눈과 빈약한 귀로 이내 사라질 물질 조각 하나를 전부로 여기고, 거기서 나오는 맛과 향에 급급해하는 물질계가 더 초라한 살림살이로 보인다. 무엇이 궁극의 실재일까? 보이지만 이내 사라지는 '물질의 세계'와 보이지는 않지만 영원한 '의식의 세계' 중에서 말이다.

'진실재'는 영원한 실재를 말한다. 그렇다면 불멸의 영의식이 연출하는 의식의 세계가 바로 진실재가 아닐까? 영계의 가치가 거기에 있다. 그것만이 유일한 진실재다. 그곳은 불멸의 의식이 창조한 궁극의 실재다.

영계가 비록 투사와 염원에 의한 주관적 환영의 세계라 해도 그 환영이 영구적이고 타자에게도 공유되는 환경으로 제공된다면, 영계는 개인적이고 무용한 환각이 아니다. 그것은 서로에게 유용하게 향유되는 객관적 현실이 된다. 더구나 무수한 세월에 걸쳐 다져진 지혜가 제공되고 있기까지 하다.

의식이 창조한 영계가 환영처럼 여겨지는 것은 그 매질이 의식의 의지에 즉각적으로 반응하기 때문이다. 하지만 그런 것이 의식과 기의 본질적 자유로움이며 궁극의 존재 양상이다. 오히려 무겁고 딱딱한 물질이 그 실재를 가리는 장막이자 장애물이 아닐까? 의식을 환영으로 여기는 것은 '물질의 속성'을 실재의 기준으로 오인했기 때문이다.

영혼은 서로의 의식을 직접 볼 수 있고 들을 수 있고 만질 수 있다. 그보다 더 리얼할 수 있을까? 그것이 진실재다. 더구나 훼손되지도 않는다. 어찌 환영으로 격하할 수 있겠는가? 이것은 오히려 인간의 수준으로는 도저히 경험할 수 없는 진경眞境이다. 물질의 해상도로는 도저히 따라가지 못하는 섬세한 의식의 전변轉變이다.

간혹 근사체험에서 너무나 섬세하고 눈부신 절경을 본 경험을 말한다. 그것이야말로 궁극의 실재다. 이 우주에 의식이 존재하는 한 언제나 빛나고 퇴색하지 않는다.

근원의 매질인 기를 직접 감각하는 영혼에게 간접경험이라는 것은 없다. 상대의 의식과 정보는 그것에 동조하는 순간 그대로 실재가 된다. 기를 감지하고 그것을 오감으로 변환시키는 의식의 창조력 때문이다. 영혼의 의식은 그 영혼이 경험하는 현실이 되고 그런 현실들이 모여서 공유의 의식계가 구성되는 것이다.

영혼은 주체의식을 가지는 불멸의 에너지체다. 그 궁극의 에너지체들이 발하는 의식의 파동들이 서로 공유되어 펼쳐지는 곳이 영계다. 비슷한 심정의 영혼들이 송출하는 의식들이 어울려 하나의 조화의 장을 이룬 것이다. 그곳에서의 현실이란 자기가 창조한 주관적 세계이면서 타자도 머물 수 있는 객관적인 환경이 된다.

그곳은 자신의 자유의지로 실재를 창조하는 이상적인 곳이다. 관념의 세계는 불필요한 환상이 아니라 오히려 물질 현상이 나아가고자 하는 궁극의 지향점이라 할 수 있다. 모든 문명과 과학적 도구들이 결국은 개인적 관념의 세계를 객관적으로 현실화시키기 위해 발전하고 있다는 사실이 그 증거 중의 하나다.

> 모든 정토淨土의 주인은 간주관적間主觀的(많은 주관 사이에 서로 공통되는 것이 있는)인 현상으로 정토를 공유하고 각각의 인식의 형상으로 각자 영역을 갖는다. 그리고 아주 사소한 사건이라도 정토에서는 정토의 주민이나 체험자, 창조자의 사상이나 의사와 일치한다 (…).
>
> 관념적 내세에 육체는 존재하지 않는다. 다만 의식이 창조하는 환경을 경험한다. 다시 말해서 내세에 사는 사람의 의식 수준에 맞춰진 경치나 영토가 나타나면서 경험될 수 있다. 본래 내세에는 처벌이 없다. 하지만 물질욕에 대한 만족은 지루하고 무가치하게 될 것이다. 진정한 환희는 자아를 초월한 존재(法)의 탐구에서 얻어지는 것이다.
>
> _칼 베커, 〈죽음의 체험〉

영계의 계층은 진화의 정도로 나뉜다

그곳은 의식으로 동조되고 의식으로 펼쳐지는 곳이기에 영혼들의 이상과 가치관, 진화의 수준에 따라 여러 계층으로 나뉠 것이다. 물리적으로 말하면 영체의 조직화 정도나 의식파의 위상에 따라 그들이 머무는 곳도 세분될 것이다.

어떤 곳은 자신의 죄책감과 적개심이 투사된 현실 속에 스스로 갇혀 영문도 모른 채, 고통 받는 지옥이 될 것이다. 어떤 곳은 자기 생각의 투사체를 외부에 존재하는 실체로 착각하여 물질계에서처럼 그것에 집착함으로써 불필요한 고통을 겪는 세계일 수도 있다. 어떤 곳은 존재의 이치를 깨닫고 모든 착각에서 벗어나 전능한 지혜로 실재를 자유롭게 창조하는 환희의 땅일 수도 있다. 그곳의 환경은 오로지 자신의 의식 수준에 달려있다고 하겠다.

하지만 영혼이 자기의식의 파동을 스스로 바꾸기란 쉽지 않다. 라디오 주파수는 쉽게 바꿀 수 있지만 영혼이 자신의 주파수를 바꾸어 거할 환경을 뜻대로 선택한다는 것은 쉬운 일이 아니다. 본체가 변형되어야 파동의 양상도 바뀌는 것인데 그러한 변형은 외력이 있어야 가능하다. 그런데 순행매질 간에는 외력이 형성되지 않는다. 본체의 변형을 위해서 필요한 외력은 오직 상극의 물질세계에서만 제공된다. 그래서 영혼은 다시 환생해서 그 성장의 고통을 감수해야 한다. 영계에서도 공짜 주택은 제공되지 않는 듯하다.

영계의 서열은 차별이 아닌 공존을 위한 질서이다

하늘의 세계를 구천으로 분류하는 종교도 있고 더 세분해서 분류하는 종교도 있다. 그러나 그런 분화는 하늘의 수직적 서열이 아니라 파동의 친화도에 따른 수평적 분화로 보아야 하겠다. 다만 주파수의 차이는 에너지의 차이이기도 하다. 옳고 그름은 따지지 않더라도 강함과 약함은 있다. 그런 의미에서 서열이 없다고는 못하겠다.

물질의 세계에서는 정신력과 더불어 완력이 중요하다. 결국, 물질을 움직이는 것은 근육의 힘이기 때문이다. 그래서 아무리 올바른 지성을 갖추었다 해도 무분별한 완력 앞에서는 그 의지가 꺾일 수밖에 없다. 정신적으로 미숙한 사춘기 때까지는 그런 완력으로 서열이 결정되기도 한다. 하지만 순수한 의식의 세계에서 완력은 정신력, 즉 그 의식의 파동 에너지에 부합한다.

대학생 때였다. 교내로 최루탄이 발사되고 경찰들이 몽둥이를 들고 뛰어다니던 혼란한 시설이었다. 마음속에 어떤 울분이 치솟았다. 정의를 외치는 구호가 완력 앞에서 무기력해졌다. 그러던 중, 어느 종교단체의 책에서 본, '하늘의 세계에서는 문무文武가 일치한다'는 말에서 힘power의 정의가 무엇인지를 깨닫게 되었다.

의식의 세계에서는 지성에 비례해서 파동 에너지가 강해진다. 지혜로울수록 평화로울수록 중도의 회전은 원활해진다. 그리고 그것은 회전력의 상승으로 나타난다. 파동의 진동수가 높아지게 되고 그만큼 파동 에너지가 강해진다.

민담에 보면 악귀들이 부처님의 설법 앞에서 물러난다는 표현이 있는데 이는 그들이 부처님의 말씀에 감동하여 유순해진 것이 아니라고 본다. 그들에게 그 정도의 이해력이 있었다면 악귀로 남아있지도 않을 것이다. 그들은 부처님의 강력한 파동 에너지 앞에 감히 항거하지 못하는 것이다. 문무가 일치하는 참으로 스마트한 의식의 세계다.

보리수 아래 왜소하게 앉아 있던 부처님은 깨달음과 동시에 강력한 '전능성왕'의 무권武權을 함께 갖추게 되었다. 천방지축으로 날뛰는 손오공도 꼼짝하지 못할 정도의 위력이다.

이처럼 영계는 함부로 넘을 수 없는 경계와 자연스러운 서열로 분화되어 있을 것이다. 이때의 서열은 앞서 말했듯이 고저高低의 개념으로 나누어지는 것이 아니라 강약으로 나누어진다. 우주에 고저는 없다. 모두가 동일한 가치로 반짝이고 있다. 하지만 강약은 있다. 빨강이 높은지 파랑이 높은지 말할 수는 없어도 파란색의 파동 에너지가 빨간색보다 강한 것은 사실이다. 그런 것이 무지개 속의 공평한 질서다.

간혹 공평한 세상을 만들기 위해서는 모든 계급이 없어져야 한다고 주장하는 사람들이 있다. 그런 곳은 공평한 곳이 아니라, 무질서한 곳이다. 모든 조직체는 그 기능이 분화되어 있고 그 분화에는 서열이 분명히 있다. 서열을 없애면 조직의 기능이 사라진다. 계급조차 없는 군대가 과연 전투에서 능력을 제대로 발휘할 수 있을까? 서열은 오히려 모든 사람이 안전하게 자아 실현할 수 있게 해 주는 보호막이기도 하다.

그런 의미에서 서열과 계급은 차별이 아니다. 공존을 위한 효율적인 질서로서 인체가 그 확연한 예다. 두뇌의 명령을 따르지 않는 것이 공평한 것일까? 심장이 열등해서 뇌의 명령을 따르는 것이 아니다. 뇌의 명령을 따를 때 심장의 능력은 최대치가 된다. 서열과 계급을 존중하는 것은 자신을 포함한 전체의 안녕을 함께 존중하는 것이다.

대신 우리가 확보해야 할 공평함이란 '기회'의 공평함이다. 엄격한 계급과 질서가 있지만 상위 계급을 향해 올라갈 '기회'는 누구에게나 차별 없이 개방되어 있어야 한다. 학력고사 성적 서열은 존중되어야 한다. 단 누구에게나 시험을 칠 자격과 공정한 채점이 보장되어야 한다.

간혹 기존의 질서 전체를 통째로 부정하는 급진 개혁가들을 본다. 그들은 진정한 개혁가가 아니다. 오히려 사소한 질서조차 지키지 못하는 철부지들이 많다. 그들은 어떤 시행착오의 결과물을 두고 자기반성을 하기보다, 먼저 남을 탓하거나 제도를 탓한다. 그럴듯한 이념으로 남을 선동하여 우선 세상을 어지럽게 만든 뒤 결국엔 자신들이 권력의 정점에 서는 새로운 위계질서를 만들고 싶은 것이다. 그런 사람들은 선동당하기 쉬운 초등학생에게도 투표권을 주자고 할 것이다. 급진 개혁가의 무의식에는 미숙한 권력욕이 숨어있는 경우가 많다. 질서를 파괴할 것이 아니라, 기회의 불공평함을 타파해야 한다.

영혼의 재산은 일체유심조의 지혜이다

자본주의에서는 돈이 힘이다. 그러면 의식 세계의 힘은 무엇일까? 그것은 '지혜'다. 자신의 생각이 그곳의 현실을 창조하고 있고, 그것이 실재임을 아는 지혜. 바로 일체유심조의 지혜를 말한다.

영계의 실상은 환영같이 자유롭게 존재하는 의식의 창조물이다. 그것을 분명히 깨달을 때, 진정한 자유와 무한한 창조의 권능을 성취하게 될 것이다. 의식이 곧 실재임을 아는 지혜가 영혼의 전능한 힘이며, 그곳에서 무한히 찍어낼 수 있는 화폐제조기다.

> 바르도 세계에서의 신체는 눈에 보이지 않는 에테르精氣 상태의 물질로 이루어져 있으며 그것은 그가 생전에 갖고 있던 인간 육체의

정확한 복제품이다. 이것을 '바르도체' 라고 하며, 이 안에는 의식체와 에너지 통로(곧 氣가 흐르는 통로)들이 들어 있다. 이 에너지 통로는 인간의 몸 안에 있는 신체적 신경조직과 대응되는 것이다.

_라마 카지 다와삼둡의 주석 중, 〈티벳 사자의 서〉

그곳에 대한 기억의 파편들

어린 아기가 보여주는 전능한 사고형태는 이러한 의식 본연의 존재 방식에 대한 잔상으로 여겨진다. 유아의 사고는 피아彼我의 구분이 없으며 시공간적 제약이 없고 절대적 금기가 없다. 사고가 아직 물질의 한계와 그 규칙에 갇혀 있지 않기 때문이다.

어린아이들이 보이는 이러한 만물과의 일체감 그리고 사고의 전능함은 궁극적인 상태, 즉 영적 존재 상태의 관성이 아닐까 한다. 유아들의 전능감은 영혼의 본능에서 나오며 지상의 문명이 추구하는 바도 결국 그러한 전능한 존재 상태를 향한 복귀에 있는 듯하다. 우리의 소망과 그리움의 원천은 그러한 전능한 존재 상태에 있다. 우리는 모두 영적 존재 상태에 대한 향수를 가지고 태어나며 그 전능한 존재 방식을 이 땅에서도 구현하려 한다.

하지만 지상에서는 물질의 한계로 인해 그것이 완전하게 구현되지 못한다. 한편으로는 그러한 제약과 갈증 때문에 미완의 상태에 안주하지 않고 진화를 향한 부단한 동기가 부여되는지도 모르겠다. 동양철학의 오행론에서 말하는 인신상화寅申相火*의 불꽃이 창조의 동력으로 제공되고

---

* '인신상화'는 십이지를 육기로 나누어 설명할 때 나타나는 과도기적 화를 말하는데 이런 무근지화의 성립은 지구 자전축의 경사 때문이라는 설이 있다. 반면에 나는 역행의 기가 일으키는 저항의 마찰열이 인신상화의 출처라고 생각한다.

있다고나 할까?

　우주는 여러모로 완벽해 보인다. 2%의 부족함마저 구비한 완전함의 유희랄까? 온갖 스릴과 긴장감이 가미된 걸작 영화 같기도 하다. 거기에서 실패의 한 장면이 나온다 한들 무슨 대수겠는가? 어차피 해피엔딩 되는 것은 확실하다. 왜냐? 바로 내가 만들어서 내가 출현하는 영화이기 때문에 내 뜻대로 될 수밖에 없다.

　이상 영계에 대한 소설을 마친다. 그러나 간과해서는 안 되는 것이 영계에 대한 상상은 전부 산자들의 기술이라는 점이다. 그것은 산자들의 희망 사항이기도 하다. 실제로 영계가 그렇게 산자의 인식처럼 존재하는 것인지는 불확실하지만 어쨌든 그 존재성만은 확실하다.
　그곳은 이곳 지구와는 전혀 다른 차원으로, 이승의 언어로 묘사하는 것은 불가능하다. 일차원상의 개미가 이차원의 존재 양상을 묘사할 수 없듯이 말이다. 그러나 중도가 음양으로 출렁이듯이, 육계肉界가 있다면 그 대극對極으로 영계도 분명히 있어야 한다. 다만 영계를 묘사한다는 것이 자칫 궁극의 실상을 이승보다 조금 더 개량된 삶의 연장선으로 격하시킬까 염려된다. 그곳은 이승과 전혀 다른 차원이다. 이승의 자아는 초극되고, 개체적 정체성을 초월해야 입소되는 곳이다. 차원이 다르면 사실 상상조차 미치지 못한다. 다만 분명히 존재한다는 것을 확신하면서 이곳 우리의 삶은 보다 뚜렷한 동기와 목표를 가지게 될 것이다.

"수도는 자신의 색 그대로
맑아지고 밝아지는 것이다."

1. 아모르 파티

영혼은 인연을 따라 특정한 부모의 몸을 빌어서 이 세상에 태어난다. 부모란 현 인생의 출발점이며 내가 평생 지녀야 할 육체의 재료이자 성능이다. 유전자를 통해 부모의 육체적 기질은 상속되고 성격 형성에 생물학적 영향을 준다.

많은 사람을 상담해 보면 그 사람의 인생에서 가장 큰 영향력을 미친 사람은 당연히 이생에서의 첫 대상인 부모였다. 아마 환생할 때 영혼이 가장 깊이 고려하는 부분 중의 하나가 아닐까 생각한다.

내가 태어나 보니 '호박'이었다. 왜냐? 나의 부모가 호박이기 때문이다. 그런 내가 자라면서 아무리 '수박'을 부러워한들 수박이 될 수는 없다. 호박에 줄 친다 해도 수박이 되지는 못한다. 이런 것을 선천적인 운명이라고 하겠다. 모태에서 이미 결정된 것이기에 어쩔 수가 없다.

이처럼 우리는 서로 다른 환경에서 서로 다른 육체를 가지고 이 세상에 출현한다. 각자 출발선이 다르고 달리는 수단도 다르다. 누구는 처음부터 자동차로 달리고 누구는 맨발로 뛰고 어떤 사람은 무거운 수레까지 달고 달려야 한다. 부정 출발이지 않은가? 그렇게 보면 인생은 참 불공평하다.

이런 의미에서는 우리에게 어떤 '운명'이 존재한다고 할 수 있다. 6.25 피난길에서 폭격에 숨진 엄마 옆에서 울고 있는 아이도 있었고, 그 시간에 안전한 집에서 엄마의 품에 안겨 행복하게 젖을 먹고 있는 아이도 있었다. 그들은 왜 이런 엄청난 차별을 가지고 태어나야 했을까? 둘 다 어떤 죄도 물을 수 없는 순수한 아기들인데도 말이다. 같은 한민족이라도 북한에 태어난 경우와 남한에 태어난 경우를 두고 운명의 차이가 없다고 할 수 있을까? 같은 남한에 태어나도 가난한 농부의 일곱째 아들로 태어난 경우와 부잣집 외아들로 태어나는 경우를 두고서 과연 운명은 없다고 할 수 있을까?

Amor Fati(자신의 운명을 사랑하라)

니체도 일단 운명은 인정한 것 같다. 그는 오히려 한 단계 더 나아가 아예 운명애運命愛를 외쳤다. 사실상 정신치료도 그런 쪽이다. 어떤 운명이었든지 간에 그것은 피할 수 없는 자신의 숙명이었음을 받아들이고 그 운명과 화해하는 것을 정신치료의 목표로 삼고 있다. 하지만 그럴 수 있는 사람이 과연 몇이나 될까?

가난한 부모 밑에 태어나 똑같은 환경에서 자라나더라도 그 삶의 결과는 전혀 다른 형제가 있다. 한 사람은 그 운명의 피해자가 되어 일생을 부모 탓하며 술에 의존하지만 다른 한 사람은 그 운명을 극복하여 오히려 포용적이고 진취적인 인격이 되는 경우가 있다.

이런 경우는 형제간의 서열이나 가족 말고 다른 사람과의 인간관계가 영향을 줄 수 있겠지만, 근본적인 차이는 영혼의 성향(정보) 차이에 달려 있다고 본다. 그로 인해 그 형제의 성격은 완전히 달라진다. 한 영혼은 주어진 운명을 좋으나 싫으나 자신의 것으로 받아들이고(운명애), 그런 겸허한 마음가짐으로 자신의 인생을 담담히 시작하는 지혜와 용기를 가졌다. 그러나 다른 영혼은 부모를 원망만 할 뿐 그 운명을 자신의 것으로 받아들이지 못하는 나약한 영격을 가졌던 것이다. 부모를 원망하는 것은 철없는 아이의 마음이다. 운명을 부정하거나 거부하는 것도 미숙한 태도다. 행복만 바라고 좋은 운명만 바라는 것도 욕심이다. 어떤 운명을 만난다 한들 거기에는 아쉬움과 부족함이 없겠는가?

니체가 제안한 'Amor Fati'는 운명에 대한 체념이 아니라, 그 운명 안에서도 최선을 다하게 하려는 '격려'라고 본다. 삶을 돌이켜보면 당시로 돌아간다 해도 여전히 어쩔 수 없는 운명은 분명히 있다. 그래서 우리도 용감하게 운명애를 외쳐본다.

자신이 살아온 삶은 그런 과정을 겪을 수밖에 없는 필연적 사연이 있고, 그 운명 속에는 자신이 기꺼이 감당해야 할 전생의 빚과 의무가 숨어 있는 것일 수 있다. 그것을 인지할 때 비로소 자신의 운명을 용서하게 되고 진정한 자기 성장이 이루어질 수 있다. 사실 다시 과거로 돌아간다 해도 인생의 큰 틀은 바꾸지 못한다. 다만 그 틀을 어떻게 받아들이고 그 속에서 무엇을 느끼느냐는 바뀔 수 있다.

그렇다면 자유의지와 운명의 관계는 어떻게 될까? 만약 자유의지는 없고 절대적인 운명만 있다면 우리는 기계 속의 톱니바퀴처럼 되어 버린다. 인생이 무기력해질 수밖에 없다. 어떤 노력을 해도 바뀌는 것은 없기 때문이다.

반대로 운명은 없고 오직 자유의지만 있다면, 현재 자신이 겪고 있는 모든 고통과 불행의 원인은 전부 자신의 탓이 된다. 자신의 무능력이 죄가 되는 상황이다. 이렇게 되면, 많은 사람이 자책과 불필요한 죄책감에 빠지게 된다고 어떤 학자가 말했다. 앞서 말했듯이 인생에서는 자신의 힘만으로는 도저히 극복하지 못하는 상황이나 환경이 너무나 많다. 6.25 전쟁을 개인의 자유의지로 피할 수 있었겠는가?

그렇다면 반반으로 합의를 볼 수 있다. 운명 반, 자유의지 반으로? 반반이라고 하니 '짬짜면'이 생각난다. 나는 오늘 점심을 '짬짜면'으로 선택하겠다. 물론 다른 메뉴도 가능하다. 우리는 자신의 점심 메뉴를 자유롭게 선택할 수 있다. 그런 면에서 우리에게는 자유의지가 있다고 하겠다.

그런데 만약 전쟁 중이라면 음식 메뉴를 선택할 자유의 폭은 대폭 축소된다. 군인들의 전투식량이 그런 경우다. 전쟁 중이라도 군인들에게 전투식량 메뉴를 선택할 자유를 줄 수는 있다. 하지만 그 메뉴는 대개 비빔밥과 짜장밥, 둘 중 하나다. 디저트는 당연히 없다.

전쟁은 내가 선택하지 않았다. 하지만 전쟁이 나면 나는 어쩔 수 없는 운명 속에서 제한된 범위의 음식만을 선택할 수 있다. 나는 비빔밥을 선택할 것이다. 그리고 그 선택의 자유에 대해 중대장에게 어느 정도는 고맙게 생각할 것이다. 하지만 내 입맛에 맞게 얼큰하게 끓여진 된장찌개는 먹을 수 없는 운명이다.

비유를 더 들어 보겠다. 장마철에 우리는 어떤 우산을 쓰고 나갈지 결정할 수 있다. 빨강우산 노랑우산 등등. 하지만 우산을 쓰지 않을 수는 없다. 물론 우산을 쓰지 않고 비옷을 입는 경우가 있겠지만, 모두가 장마의 하늘 아래서 벌어지는 몇 안 되는 선택지 중의 하나다. 장마가 차림새의 자유를 대폭 줄인 것이다.

삶을 뒤돌아보면 자신의 노력만으로는 도저히 바꿀 수 없었던 사건과 선택이 분명히 있다. 나의 부친은 직업군인이셨다. 그러면 부친은 자유롭게 그 길을 선택하셨을까? 결단코 아니었다. 성격상 군대 문화를 좋아하시는 분은 아니었다. 상고商高를 나와서 상경대학까지 공부하신 부친은 아마도 금융계를 희망하셨을 것이다. 하지만 부친의 나이 23살 때, 6.25 전쟁이 발발했다. 당시 주변의 젊은이들이 하나씩 강제 입대 되는 것을 보시고는 어차피 잡혀갈 바에는 차라리 장교로 가자고 결심하고 경리장교 모집에 자원하셨다. 부친은 그렇게 궁여지책으로 군인의 길을 선택하셨는데 전쟁이 끝나고도 그만 평생 직업이 되어 버렸다.

당시 부친께서는 사병으로 가거나 장교로 가거나를 선택할 수는 있었다. 그러나 전쟁이라는 운명은 피할 수 없었고 전쟁이라는 좁은 틀 안에서 경리장교라는 직업을 선택하셨다. 분명히 군인이라는 직업은 전쟁의 산물이었고 전쟁이 없었다면 부친의 직업은 달라졌을 것이다. 나의 부친은 어째서 23살이라는 꽃다운 나이에 전쟁을 겪어야 했을까? 군복을 입고 걸어갈 때, 동네 아이들이 '군인이다' 하고 외치면서 무슨 구경거리가 난 것처럼 따라다니면 군인으로 불리는 자신이 참 싫었다고 하셨다.

하지만 책임감 강하셨던 부친은 군인의 운명을 거부하지 않고 중령까지 지내시다 예편하셨다. 그리고 우리 삼 남매는 부친이 입었던 그 푸른 제복 덕분에 비교적 큰 어려움 없이 대학까지 마칠 수 있었다. 긴장된 군 복무 중에 위장병을 얻어 평생을 '속 쓰림'으로 고생하셨던 부친은 전쟁이라는 운명의 틀 안에서 소소한 자신의 자유의지를 그렇게 행사하시고 가셨다. 인생을 돌아보면 어쩔 수 없이 주어지는 운명이 분명히 있다. 그때 자유의지는 그 운명적 틀 안에서만 유효하다.

그렇다면 운명은 어떤 의미와 가치를 가지고 있을까? 단지 자유의지의 제한에 불과할까?

운명의 의미와 가치는 각자의 인생관에 따라 달라지는 것 같다. 인생의 목적을 육신의 행복과 쾌락에만 둔다면 운명은 불공평한 것이며 나를 구속하는 족쇄가 될 뿐이다. 그런데 인생의 목적을 내면의 성장이나 지혜의 증득證得에 둔다면 운명은 어떤 의미가 될까? 족쇄일 뿐일까? 이 장에서 말하고자 하는 주제가 그것이다. 자신의 인생에서 무엇을 추구하느냐에 따라 운명의 의미는 완전히 달라진다.

앞에서도 이야기했듯이, 영혼이 역행의 상극세계에 거듭 태어나는 이유는 필요악과 같은 육체적 삶의 경험을 통해 공존의 지혜를 성취하기 위함이었다. 새로운 정보를 습득하여 영체의 형상을 보강하고 더 진화하려는 것이 환생의 목적이었다. 인생의 목적은 한마디로 '배움'이라는 말이다.

그런 의미에서 본다면, 특정한 운명은 오히려 그 운명 속에서만 터득할 수 있는 고귀한 교훈을 간직하고 있다고 보아야 하지 않을까? 그때의 운명은 족쇄가 아니라 내 인생의 학습 목표가 된다. 이번 생에서 꼭 깨달아야 할 교훈이 그 운명 속에 들어있는 것이다. 나의 약점을 보강해 줄 절호의 환경인 것이다.

이 세상에는 사람 수만큼이나 다양한 운명이 있다. 사람들은 저마다의 독특한 운명을 가지고 태어난다. 모두가 그 운명 속에서 깨달아야 할 자신만의 고유한 목표가 있기 때문이다. 학생은 학교를 다녀야 할 운명이 있다. 그러나 그것은 족쇄가 아니다. 진정한 자유를 누리기 위한 준비과정이다.

운명은 피할 수 없는 길이다. 일차원의 시간이 지배하는 물질계에서 기어이 가야만 하는 길이다. 그 당위성을 받아들이고 그 압력을 담담히 견디며 살아나갈 때, 비로소 변형이 일어난다. 어쩌면 운명은 자신에게서 가장 취약했던 부분을 보강하고자 하는 영혼의 자발적인 선택인지도 모른다. 만약 그 운명을 스스로 선택한 것이라면 그것은 장애가 아니다. 배우가 배역을 스스로 선택할 수 있다면, 그것은 족쇄가 아니라 자신의 입지를 넓힐 도전이자 기회가 아니겠는가?

삶의 목적은 이내 사라질 육체의 안위가 아니라 영혼의 성장에 있는 것이 분명하다. 삶의 주체는 육체가 아니라 영혼이다. 그렇다면 물질계에서의 학습 목표를 스스로 선택할 수 있고 그 운명을 통해서 다시 진화할 수 있다는 것은 영혼에게 주어진 가장 큰 자유가 아닐까?

죽음을 불사하고 강물을 거슬러 올라가는 연어들의 힘든 귀향길에서 그들은 오히려 진정한 자유를 누리고 있다. 본능의 운명을 받아들인 그들은 그 귀로를 통하여 동종同種의 진화를 최선으로 도모하고 있다.

어떤 장애가 주어지더라도 그 어려움 속에서 무언가를 배워가는 지각력이 그 사람의 진정한 힘이라고 생각한다. 그러한 지각력이 어둠을 밝히는 브라만의 빛이다. 브라만은 온 우주를 조명하는 지혜의 빛이다. 하나의 운명은 그 지혜를 향한 하나의 계단이다. 그렇다면 우리가 정작 탓해야 할 것은 운명이 아니라 그 주어진 과제 속에서 아무것도 배우지 못한 나약함일 것이다. 힘들지라도 우리는 자신의 운명을 사랑해야 한다. 이번 생의 나는 그 운명을 통해서만 느끼고 배워야 할 것이 있기 때문이다.

노년에 하릴없이 마당을 걸어 다니시던 아버지의 뒷모습은 결코 운명의 피해자만은 아니었다. 담담히 자신의 운명과 타협한 최선의 선택이었다고 위로해 드리고 싶다.

　인생의 목적이 배움에 있다고는 하지만 자신의 인생은 후회와 고통뿐이었다고 느끼는 사람이 있다. 그러나 그런 인생도 무익했던 것은 절대 아니다. 그 후회는 오히려 절실한 깨달음의 소감이다. 그 후회 속에는 똑같은 실수를 다시는 반복하지 않겠다는 처절한 다짐이 담겨 있다. 그것을 알아차려야 한다. 후회란 그만이 취득한 엄청난 지혜. 그리고 당장 후회가 된다고 인생을 포기하면 안 된다. 이번 인생에서 무엇을 배웠는지는 그 인생의 막이 내려갈 때쯤에야 확연히 드러나는 것 같다. 영화가 주는 진정한 감동도 자막이 올라가면서 비로소 영글어지듯이 말이다. 9회말 역전 홈런 같은 깨달음을 기대하며 Amor Fati!

2. 생각

요즘 들어 공황장애 환자가 부쩍 늘었다. 아마도 긴박하게 돌아가는 현대사회에서 끝이 보이지 않는 스트레스의 연속이 유발요인인 듯하다.

공황panic상태란 단순한 불안을 넘어 곧 죽을 것 같은 극심한 공포를 말한다. 물에 빠져 허우적거릴 때의 절박함과 같다. 탈출할 길 없는 공포감으로 나타난다. 어떤 사람은 터널이나 비행기처럼 폐쇄된 공간에서, 어떤 사람은 사람들로 붐비는 장소에서 또 어떤 사람은 사소한 신체의 이상 감각에서 통제력을 잃고 갑자기 죽을 것 같은 공포를 경험한다.

하지만 그 공포는 확실히 주관적이다. 같은 상황에서도 옆 사람은 전혀 그런 기미를 보이지 않는다. 공황의 발생에는 주어진 상황을 어떻게 받아들이고 판단하는지에 그 원인이 있다.

겨울에 창문이 밀폐된 관광버스 안에서 열풍이 과도하게 나와 실내가 답답하게 되었다. 모두가 느긋하게 쉬고 있는데 갑자기 한 사람이 일어나 호흡곤란을 호소한다. 그리고 큰소리로 차를 세우라고 소리친다. 얼굴은 하얗게 변해가고 급기야 창문을 깨려고도 한다. 밀폐된 공간에서 갑작스러운 열기로 인해 자신이 곧 질식할 수 있다고 생각한 것이다. 하지만 이것은 인지認知의 오류, 즉 잘못된 생각이 일으키는 병이다. 직장에서 받은 지속적인 압박감이 밀폐된 버스에서 재현된 것이었다. 끝없는 스트레스의 연속, '이러다가 죽을 수 있겠구나'라는 것이 각박하게 살아가는 현대인들의 공통적인 심정이 아니겠는가?

선가禪家에 '수미산 공안公案'이라는 것이 있다. 대략 옮기자면,

운문선사: 하나의 생각이 일어나면 하나의 죄도 함께 일어난다.

학인: 그럼 아무 생각도 하지 않으면 어떻게 됩니까?

운문선사: 그 죄가 수미산만큼이나 크다.

생각이 죄가 된다면 아무 생각도 하지 않으면 아무 죄도 없지 않겠는가? 그런데도 선사는 그 죄가 수미산만큼이나 크다고 한다. 어째서 그럴까? 일단 그 이유에 대해서는 나중에 기회가 되면 언급하기로 하겠다. 공안(화두)보다 공황을 푸는 것이 더 시급하다.

하나의 생각이 떠오르면 하나의 죄가 발생한다는 운문선사의 말은 적어도 공황발작에서는 진실이다. 공황발작을 유발하는 인지의 오류(어떤 판단이나 생각)는 자신을 극도로 괴롭히는 죄가 된다. 그때 아무 생각도 하지 않는다면? 그럴 수만 있다면 얼마나 좋을까?

정신병원을 운영하면서 겪었던 일이다. 외마디 비명을 지르며 침대에서 일어났다. 시계를 보니 새벽 3시 30분, 도저히 숙소에서 가만히 있을 수가 없었다. 나는 익사 직전 물속에서 허우적거리듯이 발버둥 치고 있었다. "아, 미치겠네!"라는 소리가 절로 튀어나왔다. 그런 말은 무언가에 장시간 압박받은 뒤에 나오는 소리다. 특히나 정신과 의사의 입에서 나

올 소리는 더더욱 아니다. 하지만 어쩌겠는가. 그 순간은 심각한 환자인 것을. 대충 옷을 입고 숙소를 뛰쳐나왔다.

10월의 새벽은 쌀쌀했으나 그런 것은 전혀 문제가 되지 않았다. 실성한 사람처럼 골목길을 이리저리 빠른 걸음으로 돌아다녔다. 그렇게라도 움직여야 살 것 같았다. 가끔 가던 국숫집 앞에는 밤참을 먹은 사람들이 거리로 나와 웃으면서 대화하고 있었다. 그러나 나는 완전히 이방인이었다. 그들은 나와는 전혀 다른 차원에 존재하고 있었고 나에게는 아무런 영향을 미치지 못하고 있었다. 그들은 날 구할 수가 없다. 바로 옆을 스쳐지나가지만 서로 다른 우주에 존재하듯이 이인감depersonalization과 비현실감을 느끼며 나는 그 앞을 빠르게 지나쳤다.

도대체 왜 이러고 있는 것인가? 숨 막히는 이 고통의 원인은 '생각' 때문이었다. 생각의 내용이 문제가 아니라 생각한다는 것 자체가 공포였다. 나에게 '생각'은 시시포스Sisyphus의 형벌과도 같았다. 끊임없이 바위를 올려야 하는 대신 나는 끊임없이 생각을 처리해야 했다. 생각의 무게는 바위보다 더 무거웠다. 아무리 생각을 치워도 이내 다시 생각 속에 갇혀 있었다. 끝도 없이 주어지는 수학 문제를 쉬지 않고 계산해야 하는 심정과도 같았다. 잠자는 순간조차도 생각은 멈추지 않았다. 밤새 온갖 꿈을 양산하는 생각의 행진 속에서 나는 한순간도 쉬지 못하고 있었다.

생각을 안 하기로 해 보았다. 더 힘들어졌다. 늪 속에서 벗어나려고 발버둥 칠수록 더욱 깊이 가라앉듯이 생각을 멈추려 할수록 생각은 더 강력해졌다. 생각을 안 하려는 것도, 생각에서 벗어나야 하겠다는 것도 여전히 또 하나의 생각 속이 아닌가? 생각의 위력은 끝이 없었고 어떻게 해도 나는 거기에서 벗어날 수 없었다.

더 이상의 길이 없었다. 그 감옥에서 탈출하는 것은 불가능했다. 원래부터 폐쇄된 공간에 답답함이 있던 터였는데, 그날은 생각으로 완전히 폐쇄된 공포가 날 깨운 것이었다. 그때의 공포는 말로 표현이 안 된다. 그 때의 생각은 생각을 멈추려는 생각에 반발하고 있었고, 내게는 소멸을 떠올릴 만큼 형벌이었다. 생각으로 생각을 멈추려 하니 어떻게 생각에서 벗어날 수 있겠는가?

> 마음으로 마음을 다스리려 하니
> 어찌 큰 어리석음이 아니랴.
> (將心用心 豈非大錯)
> _〈신심명信心銘〉*

우리는 정말 생각에서 벗어날 수 없는 것일까?

새벽길을 한참 걸었더니 어느 순간 추위가 느껴졌다. 새벽의 추위를 느끼자 다행히 그 감각의 틈새로 생각의 압력이 조금 새어나갔다. 감각이 활성화되면서 생각에 관심이 덜 가니 머리의 압력이 낮아지고 약간의 여유가 생겼다. 고문은 느슨해졌다. 숙소로 돌아와 다시 누웠다. 조마조마하던 시간이 지나고, 어느새 창밖이 훤하게 밝아왔고 한결 나아졌다. 하지만 다시 찾아올 밤이 두려웠다. 생각의 바위는 다시 떨어질 테니까.

우리를 만물의 영장이라는 지위까지 올려놓아 준 사유작용이 지금 와서 왜 죄인 취급을 받고 있을까? 그렇다면 이제 로댕의 진정한 고민은 이것이다. "우리는 왜 생각해야 하는가? 생각을 멈출 수는 없는가?"

운문선사의 말을 들었다면 로댕의 고민은 더욱 깊어졌을 것이다. 끊임

---

* 신심명은 중국 선종의 법전으로 작자는 선종3대조인 승찬대사다. 이 신심명은 선종에서 중요한 문헌으로 여겨진다. 중국 선종과 대승 불교의 실제적인 지도원칙이기도 하다.

없이 생각해야만 하는 인간 존재의 어정쩡함을 또 생각해야 한다니 말이다.

생각에 압도당하지 않기

앞에서 우리는 생각은 '감각정보의 부족을 메우기 위한 전략적 추론'이라고 했다. 그런 점에서 생각은 나름의 합당한 가치가 있다. 야생의 동물과 달리 연약한 신체를 타고 난 인간이 만물의 영장이 될 수 있는 까닭은 '생각하는 힘' 때문이었다. 동물들이 발톱과 이빨로 무장하고 있을 때, 인간은 '생각'을 무기로 삼아 난관을 극복하고 미래를 대비했을 테니까. 자연에서 예측하는 힘보다 더 강한 무기는 없을 것이다. 그렇다면 물질적 존재로서 인간의 의식은 '생각'에 종속당할 수밖에 없다. 그래야 살아남을 수 있으므로.

> 만족한 돼지보다 불만족한 인간이 되는 편이 낫고, 만족한 바보보다 불만족한 소크라테스가 되는 편이 낫다.
> (It is better to be a human being dissatisfied than a pig satisfied; better to be Socrates dissatisfied than a fool satisfied.)
> _존 스튜어트 밀

돼지의 관점에서 보면 생각하고 있는 인간이 힘들어 보일 수 있다. 그러나 인간이 생각하고 있다면 동물들은 마땅히 두려워해야 한다. 꼼짝없이 잡힐 것이니까. 생각하는 힘이야말로 모든 동물이 부러워해야 할 막강한 무기다. 그런데 이런 능력이 고통과 번뇌가 되는 까닭은 무엇일까?

그것은 생각의 부작용 때문이다. 모든 작용에는 부작용이 있고 모든 현상에는 장단점이 있다. 생각은 불과 같다. 잘 다루면 어둠을 밝히고 맹수들을 제압하지만, 잘못하면 자신까지 태워버린다. 그것이 번뇌다. 자기 생각에 스스로 압도당하는 것이다. 과도하고 편협한 생각은 공연한 불안을 일으키고 자신과 타인 모두에게 엄청난 고통을 주기도 한다. 그때 생각은 죄다. 그런 것이 공황장애다.

정말 '생각에서 벗어나는 길'이 있을까? 차를 제대로 몰려면, 가속페달과 브레이크 페달 양쪽을 모두 잘 쓸 줄 알아야 한다. 생각도 마찬가지다. 생각이 인간만이 할 수 있는 훌륭한 기능이라 할지라도 그것을 멈추는 방법을 모른다면, 그것은 번뇌가 되어 의식 전체를 태워버릴 것이다.

> 생각한다. 고로 나는 존재한다.
> _데카르트

유명한 명제다. 그런데 과연 그럴까? 우리는 대개 '마음' 혹은 '의식'이라는 것과 '생각'을 동일시한다. 마음을 생각의 덩어리로 여기는 것이다. 심지어 '생각'을 내 존재의 근거로 삼기까지 한다. 하지만 생각이 과연 내 존재의 전부일까? 그렇다면 생각하지 않는 순간의 나는 존재하지 않는 것인가? 데카르트가 존재의 근거로 삼은 '생각'은 아마도 '의식'에 가까운 뜻 같다.

아름다운 경치 앞에서 우리는 할 말을 잊을 때가 있다. 총총히 빛나는 밤하늘의 별들을 바라보고 있노라면, 어느 순간 생각도 멈추고 시간도 멈춘다. 대신 그 자리에는 생각으로 응결되지 않는 벅찬 감동이 가득 차게 된다. 그때 나는 생각과 동격이 아니다. 나는 생각과 관계없이 존재한다. 나는 일체 생각을 떠나 만물을 더 투명하게 알아차리며 더 큰 평화를 경험한다. 생각이 끊어진 그때, 오히려 나는 더욱 명료하게 존재하는 것이다.

그런데 아름다운 절경에 의식이 몰입되어 있는데, 옆에 있던 사람이 "저 풍경이 정말 아름답지 않습니까?"라면서 추임새를 넣는다면 나의 감동, 내 의식의 흐름은 깨어져 버린다. 상대방의 말이 나에게 다시 '생각'이 일어나도록 유도한 것이다. 그때 그는 고약한 훼방꾼이다.

이처럼 때로 '생각'은 의식의 무위無爲를 끊어버리는 장애가 된다. 그래서 동양의 선사禪師들은 그러한 불필요한 '생각의 발동'을 경계한다. 선방禪房에서 참선하는 스님들이나 명상센터에서 명상하는 사람들이나 목표는 비슷하다. 그것은 생각에서 벗어나는 것이다.

우리의 본질적인 존재성은 생각에만 구속되는 것은 아니다. 그러나 육체에 의해 감각이 제한된 상태에서는 생각을 안 할 수 없다. 생각 덕분에 이 척박한 상극의 세계에서도 우리가 생존하고 있기 때문이다. 그렇다면 '생각'이라는 것을 우리는 어떻게 처리해야 할까?

자신에 대한 과도한 집착에서 벗어나기

불교에서는 '생각'이 번뇌가 되는 근본 원인으로 '아상'을 지목한다. '아상'은 '지금의 자신'을 영원한 실체라고 착각하는 것을 일컫는다. 거기로부터 자신에 대한 과도한 집착과 자기주장이 발생한다. 지금의 자신, 즉 물질적 존재를 자신의 진실상으로 여기면 그것의 안전은 오직 '생각'에 달려있게 된다. 상극의 물질세계에서는 재빠르게 생각하지 않으면 죽음뿐이니까. 이때 생각은 자신에게 더 좋고 더 안전한 것을 선택하려는 끊임없는 번민이 된다. 중국 선불교의 3조 승찬 대사는 신심명에서 아상의 발동에 대해서 이렇게 충고한다.

> 도에 이르는 것은 어렵지 않다. 오직 간택하지 않을 뿐이다
> (至道無難 有嫌揀擇)

생각이 번뇌가 되는 이유는 진아에 대한 잘못된 인식과 가아假我에 대한 집착 때문이다. 물질적 자신이 존재의 전부라고 여긴다면 간택의 고뇌는 피할 수 없다. 비교는 끝이 없고 생각은 자신에게 더 좋은 것을 선택하기 위해 잠시도 쉬지 못한다. 끊임없이 비교하고 분별하느라 행동도 하기 전에 이미 지쳐 버린다. 그렇다면 아상을 버리면 이 모든 고뇌는 사라질까?

일단 그렇다고 하겠다. 불교는 '아상'에서 벗어남으로써 모든 고통을 일소할 수 있다고 한다. 그런데 '아상'은 또 무슨 잘못을 한 것일까? 이 척박한 상극相剋의 세계를 살아가면서 자신에 대한 애착과 이기심 없이 어떻게 이 많은 생명체가 오늘날까지 번성할 수 있었겠는가?

이 세상에서 모든 존재는 나름의 '아상'을 가진다. 아니 당연히 가져야만 한다. 생각의 정당성과 마찬가지로 아상은 개체적 존재로서의 당연한 필요조건이다.

붓다는 단순히 아상을 '포기'하라고 설법한 것이 아니다. 설마 번뇌가 두려워 존재를 아예 포기하라는 것이 불교의 종지일까? 독도 분쟁을 없애기 위해서는 독도를 수몰시켜버려야 할까? 그릇에 얼룩 한 점 묻어있다고 다 깨어버려야 할까?

불교를 포기와 체념의 미학으로 받아들이는 것은, 무아無我와 무상無常

에 대한 몰이해가 불러오는 오해가 아닐까 한다. 나를 포기함으로써 고통에서 벗어난다는 것, 그것이 과연 부처님이 제시한 해법이었을까? 우리는 자기 자신을 소멸시키기 위해 태어나서 수행하는 것일까?

그래도 생각하기

이제 생각에서 벗어나는 방법에 대한 본론이다. 먼저 구름 잡는 소리부터 한다.

> 스승: 생각은 허깨비니라.
> 제자: 그럼 어떻게 그 허깨비를 없앨 수 있습니까?
> 스승: 허깨비 칼로 내리쳐야 하느니라.

이 선문답禪問答을 정신과 전공의시절 어떤 간행물에서 보았다. 당시 내 아래 연차 전공의는 허깨비를 허깨비 칼로 내려치는 것은 논리적으로 당연하다며 고개를 끄덕였다. 그런데 정말 그런 논리가 이 선문답의 요지였을까?

도道는 논리보다 더 심오하다. 스승의 답변에는 논리를 추월하는 풍자가 숨어있다. 그것을 이해하는 것이 허깨비를 잡는 진정한 칼이라 하겠다.

따져 보자. 허깨비 칼은 허깨비가 아니던가? 무언가를 베려고 칼을 만든다는 것은 그 대상이 실재實在하는 것임을 전제로 할 때다. 그렇다면 허깨비를 베려고 칼을 만든다는 것은 그 허깨비를 실체로 여긴 결과가 아닌가? 그러니 칼을 갈고 있는 것이겠다. 하지만 그것은 여전히 허깨비에 속고 있는 것이다. 허깨비를 실재로 오인한 것이다. 오히려 허깨비의 영향력에 더욱 사로잡힌 것으로 볼 수 있다.

　허깨비를 물리치는 진실한 방법은 따로 있다. 허깨비를 일소해 버리는 마법의 칼은 바로 그것이 단지 허깨비임을 '알아차리는 것'이다.

　허깨비는 말 그대로 실체가 없다. 그래서 허깨비다. 어차피 허깨비인데 무엇을 또 없앤단 말인가? 실체가 없는 것을 어떻게 없앨 수 있겠는가? 어젯밤 꿈속의 악당을 물리치기 위해서 오늘 밤 다시 총을 들고 그 꿈속으로 들어가야 할까?
　허깨비란 무지가 만든 허상이라는 것을 진심으로 깨닫기만 하면 된다. 내 앞에 보이는 것이 허깨비라는 것을 확실히 깨닫는 순간 허깨비는 이미 타파의 대상이 아니게 된다. 어떤 모습으로 나타나도 그 존재의 위력은 0이다. 0을 없앨 수 있겠는가? 그것이 0임을 아는 순간 벗어날 것도 없는 진정한 자유를 얻는다.
　허깨비를 물리치려고 전전긍긍하는 제자에게 허깨비 칼을 하사하는 스승이 능청스럽다. 허깨비를 잡으려고 칼을 준비한다는 것도 우습지만 그 칼도 사실은 허깨비라고 스승은 은연중에 일러 주고 있다.

　'생각'이 그러하고 '아상'이 그러하고 '자아'가 그러하다. 깨달아야 할 것은 그들의 '비실체성'이다. 부처님은 생각과 아상을 거부함으로써 깨달음에 이른 것이 아니다. 부처님은 그들의 '필요성'을 이해함과 동시에 그 허깨비 같은 '비실체성'까지 깨달음으로써 더 이상 거부할 필요조차 없는 자유를 성취하신 것이다. 생각의 정당성과 함께 그 무상함을 공평하게 수용함으로써 중도를 이룬 것이다. 그런 것이 진정한 초월이라고 생각한다. 초월의 실상도 중도에 달려 있는 것이다.

 붓다는 극단의 고행으로는 깨달음에 이르지 못한다는 것을 알고 우유죽 한 그릇 얻어먹고 편안해진 몸과 마음으로 보리수 아래에 앉았다. 그리고 무엇도 차별하지 않는 중도의 마음가짐으로 모든 것을 있는 그대로 받아들였다. 붓다는 진정한 도道가 깃드는 중도의 돗자리를 펼쳤다. 그때 육체는 없는 듯 편안했으며, 마음은 초심으로 돌아가 주변을 있는 그대로 또렷이 감각하였다. 육안으로는 보이지 않는 질서 속에서 나무와 바람과 별이 움직이는 것이 보였으며, 심안으로는 삶의 희로애락과 오욕칠정이 무수한 조건 속에서 모였다 사라지는 것이 보였다. 그리고 그 모든 것이 이해되었다. 일체가 합당하면서도 무상하게 변해가고 있었고, 그것은 무엇으로도 멈출 수 없는 법(중도)의 수레바퀴法輪였다. 붓다는 잡을 것 없는 법의 순환 속에서 잡지 못할 것도 없음을 알게 되었고 이 모든 것을 지켜보는 자신은 육체와 관계없이 존재하는 '초연한 의식'이었다. 그 의식 속에서 '아상'과 '생각'은 물리치고 말고 할 것 없는 한순간의 꿈과 같았다. 그는 무엇에도 얽매이지 않는 대 자유에 이르게 되었다.

 실재는 영원불변한 것을 말한다. 그러나 생각은 스스로 만든 시나리오일 뿐이며 상황에 따라 언제든지 바뀔 수 있다. 그 가변성을 고려한다면 찰나의 생각 속에는 아무런 실체가 없다. 생각은 정보의 단절을 겪는 물질계에서는 어쩔 수 없는 생존의 도구임과 동시에 스스로 꾸며낸 추론이자 희망 사항이다. 거기에 무슨 실체가 있겠는가? 그러니 안심해도 된다. 생각에 아무런 실체가 없기에 무슨 생각을 할지라도 도는 깨어지지 않는다. 그것을 안다면 간택할 필요 없는 도에 이르게 될 것이다.

2. 생각

생각은 자신의 정당성을 받아주는 의식의 관용 앞에서 일방적인 질주를 멈추게 되고 생각의 비실체성을 깨달은 지혜 앞에서 번뇌의 위력을 상실하게 된다. 그때 생각은 더 이상 형벌이 아니다. 생각은 활발히 흐르나 그 비실체성은 나의 의식을 전혀 억압하지 못한다. 생각은 오히려 내가 누리는 창조적 유희에 가깝다.

구름 위 하늘은 항상 맑으니 흘러가는 먹구름이 무슨 문제이겠는가? 생각과 관계없이 이미 선정이며, 수도와 관계없이 처음부터 불성이다. '아상'과 '생각'은 여전히 일어나나 구름과 더불어 하늘은 언제나 청명하다.

> 색불이공 공불이색 색즉시공 공즉시색 수상행식 역부여시 (…)
> _〈반야심경〉*

바람과 태양이 나그네의 옷을 먼저 벗기기 위해 내기를 한다. 결국, 따뜻한 햇볕이 승리한다. 강압적인 바람은 오히려 옷을 붙잡게 했다. 때로 번뇌가 되어 우리를 괴롭히는 생각도 자신을 따뜻하게 이해해 주는 시선 앞에서 불필요한 방어를 내려놓고 편안히 쉴 것이다.

생각 자체에 대한 부정은 오히려 생각에 더욱 얽매이게 한다. 대신 그 정당함에 대한 따뜻한 이해와 그 비실체성에 대한 냉철한 깨달음이 생각의 강압적인 영향력을 일소해 줄 것이다.

---

* 〈반야심경〉은 〈반야바라밀다심경〉 혹은 〈마하반야바라밀다심경〉을 줄인 명칭으로서, 〈반야경〉 계열 중의 일부지만 간단한 문자 속에 그 뜻은 깊고 풍부하여 대승불교에서 재가와 출가자 모두에게 애송되는 아주 중요한 경전의 하나로 여겨진다. 현재로서는 당나라 현장의 번역본이 가장 유행하고 있다.

앞서도 말했지만, 생각을 완전히 초월한다거나 진정한 무념에 이르는 길은 '감각의 확장'에 달려있다. 그런데 감각의 완전한 확장은 육체를 벗어나지 않고서는 불가능한 일이다. 육체적 존재는 물질의 한계로 인해 그 감각이 제한되어 있어서, 어쩔 수 없이 생각을 발동시킬 수밖에 없다. 그러므로 육체를 가진 상태에서 추구해야 할 것은 '무념'이 아니다. 그것은 영의식의 상태에서 자연스럽게 이루어진다.

인간은 인간답게 사는 것이 가장 현명한 수도다. 생각을 부정하지 않고 생각의 본질을 깨닫는 것이 생각을 활용하는 우리의 도가 된다. 생각조차 하지 않았다면 만물을 조견하고 그 뜻을 알아차리는 영혼의 인식 체계도 완성되지 않는다.

우리는 활발하게 생각할 수 있다. 생각에 아무런 실체가 없기에 우리는 얼마든지 자유롭게 생각할 수 있다. 초월의 필요성조차 사라진 상태, 그것이 선정이다. 아이들이 요란하게 뛰어다녀도 선방의 평화는 깨어지지 않는다. 그곳이 제대로 된 선방이라면 말이다. 평상심이 그대로 도가 된다.

3. 자기애

의식의 공통분모

환생은 영혼이 새로운 육체에 결합함으로써 전생과 전혀 다른 사람이 되어 살아가는 것이다. 당연히 자신에 대한 정체성(무엇으로서의 나)이 바뀌게 되겠다. 그래야 새로운 육체에서 새로운 배움이 시작될 수 있다. 새 술은 새 부대에 넣으라는 성경 말씀도 있지 않은가? 새롭게 짝지어진 신체의 특성과 자신에게 부여된 인연과 운명에 의하여 '내생來生의 나'는 '지금의 나'와는 완전히 다를 것이다.

하지만 환생한다고 의식의 '체'까지 바뀌는 것은 아니다. 의식의 체(영체靈體)는 하나다. 환생하더라도 그 체까지 바뀌지는 않는다. 우리가 계절을 따라 다양한 옷을 갈아입지만 몸은 하나이듯이, 환생을 하면서 다양한 신체와 성격을 가진다 해도 그 의식의 본체(영혼)는 하나다.

그렇다면 바뀌는 것은 '형식'이다. 체가 아니다. 본체는 바뀌지 않는다. 다양한 자아는 하나의 체에서 파생되고 있다. 그렇다면 지금 내 의식 중에는 그 하나의 본체가 지닌 의식의 본질적인 부분이 있지 않을까? 그것은 우리가 아무리 환생하여도 바뀌지 않는 의식의 정수라고 하겠다.

파도가 이리저리 모양을 바꾸어도 하나의 바닷물인 것은 변함없듯이 말이다.

환생하면서 새로운 육체에 몰입해서 성격과 인생관은 달라져도 의식의 체가 같다면 전생의 의식에서나 현생의 의식에서나 또한 내생의 의식에서도 결코 바뀌지 않는 의식의 공통분모가 있을 것이다. 다양한 자아는 그 공통분모를 통해 계속 하나로 이어질 수 있다. 그것을 발견한다면 지금 의식의 요소 중에 무엇이 생사와 관계없이 진정으로 존재하는 것인지를 알 수 있을 것이다.

아무리 속절없이 허물어지는 현 육체와 그 인간 정신(뇌의식)일지라도 그 속에는 분명히 사라지지 않는 의식의 본질이 작동하고 있을 것이다. 그것은 '참나'가 발하는 의식의 본류라고 하겠다. 그 진정한 의식은 지금 어떤 식으로 작용하고 있을까? 지금의 의식 중에 어떤 부분을 변하지 않는 진정한 나라고 할 수 있을까? 지금 마음 중에 어떤 마음이 단절되지 않는 의식의 본질일까?

환생하더라도 바뀌지 않는 의식의 본성은 당연히 육체의 속성에 한정되지 않아야 한다. 그것은 모든 육체적 소아의 마음을 관통하는 의식의 공통분모로서 지금 나의 마음속에서 어떤 한결같은 심정으로 흐르고 있을 것이다. 그것은 내가 어떤 언어를 사용하든지 어떤 외양을 취하든지 어떤 삶을 선택을 하든지 간에 내 마음의 중심에서 변함없이 빛나고 있다. 비록 내가 전생을 기억하지 못한다 해도, 그것은 전생의 의식에서도 지금처럼 반짝이고 있었고 다음 생에서도 그 본질적인 빛은 결단코 바래지 않을 것이다. 그래서 그것은 의식의 본질이자 진수다. 당연히 소아의 기질과 가치관을 초월해 있다.

○

지나온 시간을 돌이켜보면 유독 그리운 순간들이 있다. 대개는 시간이 한참 흐르고 나서야 그때가 참 행복한 순간이었음을 깨닫는다. 그러나 간혹 무언가를 경험하는 바로 그 순간에 그것이 더할 나위 없는 행복과 삶의 절정으로 느껴질 때가 있다. 하지만 그런 느낌은 행복과 안타까움을 동시에 안겨다 준다. 예기치 않게 왔다가 이내 사라지는 짧은 방문이기 때문이다.

그날은 휴일이나 방학이었던 것 같다. 집안일을 마치고 피곤하신 어머니는 안방에서 낮잠을 청하고 계셨다. 누가 먼저였는지는 모르겠지만 누나와 형, 그리고 나는 슬그머니 안방에 들어와 엄마 주위에 옹기종기 모였다. 피곤하신 어머니는 우리를 크게 의식하지 않으시고 계속 눈감고 계셨고, 우리는 그런 엄마 곁에 아무렇게나 누웠다. 누나는 대학생, 형은 고등학생 그리고 나는 초등학생 정도였던 것 같다. 학업에 바쁜 형과 누나였지만 모처럼 함께 엄마 곁에 누워 이런저런 이야기를 나누었다. 누나는 벽에 상반신을 기댄 채 형과 무슨 이야기를 하면서 웃음 짓고 있었다. 그렇게 우리는 모처럼 편안한 시간을 누리고 있었다. 바로 그 순간, 불현듯 내 마음에는 어떤 확신이 들었다. 우리가 무슨 말을 하는지는 아무 상관이 없었다. 나는 형, 누나와 함께 엄마 곁에 모여 있는 그 순간에 갑자기 더할 나위 없는 행복감을 느꼈다. 그 자체로 모든 것이 이루어졌다는 느낌이랄까? 물론 무엇이, 왜 행복한 것인지 말할 수는 없었지만 내 의식은 행복의 절정을 느끼고 있었다. 그리고 동시에 이내 사라질 그 순간에 대한 그리움까지 느끼고 있었다. 너무나 평범한 순간이었지만 먼 훗날에 나는 이때를 분명히 그리워할 것이라는 생각까지 하고 있었다. 마치 수십 년 앞선 미래에서 그 순간을 다시 찾아온 기분이었다고나 할까?

사실 우리가 정말 행복했다고 생각하는 순간들은 의외로 평범한 순간들이 많다. 한 번 확인들 해 보시라. 오히려 지극히 평범한 일상이었기에 더 이상 빼앗길 것 없는 궁극의 평화를 느낄 수 있었던 것 같다. 〈화엄경〉* 한 구절이 생각난다.

> 법이 없으면서 법 아님이 없고 문이 아니면서도 문 아님이 없다.
> 이러한 덕을 수행하는 자는 얻을 것이 없으므로 얻지 못할 것도 없다.
> (無法而無不法 非門而非不門 修行此德者 卽無所得故 無所不得也)

그 후 많은 세월이 흘렀고 그 초등학생의 느낌은 진실이었다. 50대 후반의 나는 지금 그 순간을 그리워하며 이 글을 쓰고 있다. 나의 어린 시절은 크게 불행하지 않았고 이별의 아픔도 겪지 않았다. 그런데 초등학생인 내가 어떻게 그 평범한 순간에서 더할 나위 없는 행복감을 느끼고 동시에 아쉬워할 수 있었을까?

지금 누님은 서울에, 형님은 대구에 살고 계시고 나는 이리저리 옮겨 다니면서 살고 있다. 그리고 어머니는 치매에 걸려서 우리 삼 형제에 대한 기억을 아예 잊어버리고 계신다.

---

* 〈화엄경〉은 대승불교의 중요한 경전 중 하나로서 전체 명칭은 〈대방광불화엄경입불사의해탈경계보현행원품〉이다. 주요 사상은 세계가 비로자나불의 현현이며 하나의 먼지 속에도 세계가 포함되어 있고, 한 순간에도 영원이 내포되어 있으며, 법계연기의 세계관과 원신, 원해, 원행, 원증과 깨달음을 통해 곧 바로 불지에 들어간다는 사상을 가지고 있다.

시간은 흐르고 모든 것은 변한다. 하지만 상황과 대상은 바뀌어도 그 모든 것을 지켜보는 나의 심정은 그때나 지금이나 바뀐 것이 없다. 나는 여전히 나이를 먹지 않은 철부지일까? 나는 그때의 감성을 여전히 가지고 있다. 그 시절로 되돌아간다면 이 의식 그대로 다시 막내가 되어 엄마 곁에 누워 형과 누나를 찾게 될 것이다. 그러다가 내 아내와 자식들이 존재하는 현재로 돌아오면, 다시 현실적인 가장이 되어 아내와 마트를 다니고 자식들의 장래와 결혼을 걱정할 것이다.

우리는 꿈을 통해서도 이런 상황을 경험한다. 꿈속에서 우리는 종종 어린아이로 돌아가 옛 친구들과 천진난만하게 뛰어논다. 그러다가 잠을 깨면 언제 그랬냐는 듯이 무표정하게 출근 준비를 한다. 동창회에 나가면 다들 그 시절의 나이로 돌아가 그때처럼 격 없이 떠들고 논다. 그러다가 모임을 마치면 다시 무거운 현실의 나이로 돌아온다. 의식의 형식은 상황에 따라 얼마든지 바뀌지만 의식의 본질은 언제나 그대로인 것이다.

이것이 진실이며 동시에 문제다. 마음은 언제나 그대로인데 야속하게도 몸은 노년을 향해 가고 있으니 이것이야말로 가슴 아픈 비극이 아니겠는가? 내가 90을 넘긴다 해도 이는 마찬가지일 것이다. 몸은 쇠약하여 죽음을 기다리겠지만 마음만은 여전히 지금 이대로 일 것이 분명하다.

마음은 철들지 않는다. 마음은 나이를 먹지 않는다. 한편으론 놀랍지 않은가? 나만 그런 것이 아니다. 육체가 젊어진다면 다시 청춘으로 돌아가 누구보다도 뜨거운 사랑을 나누며 열정적으로 살겠다는 것이 경로석에 앉으신 어르신들의 속내다. 단지 육체의 기능이 못 따라주니 단념하는 것이지 마음마저 늙어서 무기력한 것이 아니다.

진짜 마음

주어진 상황에 따라 나의 처신은 얼마든지 바뀔 수 있다. 상황에 따라 의식이 작용하는 형식은 바뀔 수 있다. 하지만 내가 어떻게 바뀌더라도 그러한 자신을 소중하게 바라보는 심정은 한결같지 않은가? 어떤 모습의 '나'일지라도 '나'이기에 여전히 사랑하지 않는가?

우리의 의식 중에는 육체와 함께 변하고 쇠락하는 부분(뇌의식)도 있지만, 세월이 아무리 흘러도 변하지 않은 채 도리어 늙어 가는 육체를 애통해하는 심정이 분명히 있다. 시간이 흘러도 자신을 사랑하는 그 심정은 바뀌지 않는다. 그 심정은 나이를 먹지 않는다. 세월과 무관한 그것은 언제나 자신을 소중하게 바라보는 심정으로 살아있다. 그렇다면 그 심정은 나이와 상황을 초월하는 의식의 정수로 보아야 하지 않을까?

그렇게 자신을 언제나 소중하게 바라보는 의식, 그것은 시간과 개체성을 초월한 '천부적 자기애'로서, 지금 내 마음속에서 빛나고 있다. 그 심정은 어떤 '나'라도 사랑한다. 우리의 마음 중심에서 결코 바래지지 않는 이 '자기애'가 바로 무수한 윤회 속에서도 단절되지 않는 나의 '진짜 마음'이라 하겠다. 지금 자신을 사랑하고 있는 바로 그 마음이다.

ㅇ

철들지 않는 마음은 사실 복음이다. 하루살이가 하루를 짧다고 느낄 수 있을까? 만약 어떤 존재가 하루를 짧다고 느낀다면 그것은 이미 하루살이가 아니다. 마음은 하루살이가 아니기에 하루만 사는 자신의 몸을 안타깝게 바라볼 수 있는 것이다.

우리네 인생이 짧다고 느끼는 것도 마찬가지다. 마음은 육체의 수명에 종속되지 않기에 일찍 저버리는 청춘을 아쉬워할 수 있는 것이다. 그런 마음은 만년을 살아도 여전한데 육체는 백 년도 못살고 사라지니 어찌 아쉽지 않겠는가?

마음(의식)은 언제까지나 늙지 않는다. 의식의 본질인 자기애는 사라지지 않는다. 비물질적 존재인 의식은 천체의 이동에 영향 받지 않는다. 물질로 이루어진 육체는 갈수록 마모되며 그 쇠락의 과정이 무상한 세월의 흐름으로 나타나지만 비물질의 의식은 일차원적 시간이 작동하지 못하는 무시간성의 영역에 존재하고 있다.

우리가 허물어지는 육체를 슬퍼한다는 것은 우리의 의식이 불멸하는 것임을 반증한다. 그 불멸성이 육체를 아쉬워하며 변하지 않는 자기애를 발동시키고 있다.

자신을 학대하고 자살을 결심하는 것도 사실은 자기애 때문이다. 자기애가 있기에 그 좌절의 고통을 견디지 못하는 것이다. 누구보다도 행복하기를 바라기에 누구보다도 불행하다고 느끼게 된다. 자기애가 있기에 우리는 우울해지고 무기력해진다.

이런 자기애는 존재의 본능이다. 자기애가 없었다면 생명체들은 아예 존재하지도 못했다. 동물에게서 그것은 자기보존본능으로 나타나고, 인간에게서는 그런 본능과 더불어 자신의 가치를 높이려는 자아실현욕구로 나타난다. 그런 자기애의 인력이 없다면, 주체의식이 응결되지도 않았고 진화의 욕구도 생기지 않았을 터이다.

'지금 나'를 사랑하는 이 마음은 '다음 생의 나'도 변함없이 사랑할 것이다. 자기애는 그 생에서 자신이 맡은 역할과 정체성에 개의치 않는다. 자신이 살인자라도 그러한 자신을 당연히 아끼고 사랑한다. 이러한 자기애가 바로 진화의 동력이고 윤회의 동인이다. '현재의 나'를 사랑하는 이 마음이 바로 '전생의 나'를 사랑하던 그 마음이다. 그 마음은 둘이 아니다. 그 마음이 '진정한 나'로서 수많은 환생의 드라마에서 변함없는 자기애를 발휘하고 있다.

근원에서 나오는 자기애

자기애가 의식의 본질적 요소라면 그 출처를 확실히 알아야 할 필요가 있다. 내 마음속에 있는 자기애를 가만히 살펴보면 내 나이가 몇 살이었던지, 무슨 일을 하든지 그리고 어떤 생각을 하든지 간에 항상 나를 사랑하고 있다. 그리하여 전생에서도 나를 사랑했고 현생에서도 나를 사랑하고 있으며 내생來生에 어떤 사람으로 태어나더라도 여전히 그러한 나를 사랑할 것이다.

그렇다면 이런 자기애는 특정한 정체성에서 나오는 것이 아니다. 어떤 정체성의 '나'라도 사랑할 수 있다는 것은 그 자리가 어떤 정체성에서도 벗어나 있다는 말이다. 즉 자기애는 지금의 육체와 성격에서 나오는 것이 아니다. 자기애가 발현되는 자리는 현재의 나를 초월해 있다. 그렇지 않다면 자신에게 사랑의 화살을 쏠 수가 없다. 사수는 과녁과 떨어져 있기에 과녁에 화살을 쏠 수 있다. 동쪽을 볼 수 있다는 것은 서쪽에 있다는 말이며 산 아래가 보인다는 것은 산 위에 있다는 증거다. 개체로서의 자신을 사랑할 수 있는 시점은 그 개체성에서 벗어나 있어야 확보된다.

이러한 자기애의 출처는 어디일까? 의식의 출처가 그러하듯이 자기애의 출처 역시 모든 개체성을 초월한 곳, 즉 근원일 수밖에 없다. 지금 나를 사랑하는 이 마음은 바로 근원의 본성이라는 말이다. 내 마음속의 자기애는 내가 나를 사랑하는 것이 아니고, 근원이 자신의 분화체인 수많은 나를 사랑하고 있는 것이다.

'나(아트만)'는 근원의 자기 분화체다. 브라만(근원의 원리)은 무수한 아트만으로 구현된다. 브라만의 지각력이 '나'를 만들었고 그의 본성이 자신을 사랑하고 있다. 지금의 이 자기애는 내가 아니라 브라만(근원)의 본성에서 나오는 것이다. 우리 의식의 진정한 품격과 가치가 거기에 있다. 진정한 나는 '개체 초월적 자기애'로 빛나고 있다.

육체적 자기애

하지만 아쉽게도 자기애가 현실에서 아름답지 못하게 나타날 때가 있다. 남에게 고통을 주더라도 자신만 애지중지하는 경우다. 말하자면 '이기적 자기애'가 되겠다. 이는 나의 자기애가 남의 자기애를 침범하는 상태다. 남의 밥그릇을 빼앗아서라도 내 배부터 채우려는 것이다.

나는 이것을 '악'으로 본다. 남에게 고통을 주기 때문이다. 이런 자기애는 그 마음에 '나쁜'이다. 어떤 행위가 나쁘다는 것은 '나쁜'이라는 말이다. 나쁘니까 남을 배려하지 못한다. 그런 나쁜 사람은 나쁜 사람이 된다. '나쁘다'는 말과 '나쁜'이라는 말은 같은 어원이라 생각한다.

그런데 이런 일이 왜 생길까? 이기적 자기애는 천박한 인격과 양심 불량 때문일까? 솔직히 나 역시 그런 이기심에서 벗어나지 못하고 있다. 내 자식이 굶고 있다면 도둑질이라도 할 것 같다. 내 양심 지킨다고 자식 배를 굶기고 있겠는가? 고지식한 양심이란 때로 자기 마음만 편하면 된다는 또 다른 자기애가 될 수 있다.

나는 자기애가 이기적으로 발생하는 근본적인 원인을 양심과 인격 탓으로만 돌리지는 못하겠다. 그것은 근시안적 판단이라 생각된다. 왜 양심까지 여겨야 하는지를 한 단계 더 깊이 생각해보아야 한다. 그 최후의 용의자는 역시 '물질'이다. 누누이 말했듯이 고통과 악이 발생하는 근본적인 원인은 물질(육체)의 한계 때문이다. 한정된 물질자원은 공유되지 않기 때문에 육체는 경쟁해서라도 먼저 쟁취해야 한다. 물질의 한계와 속성이 상극의 세계를 펼치고 있으니 거기에서 생존하기 위해서는 먼저 자신부터 챙겨야 한다. 그렇지 않으면 내(육체적 존재로서)가 먼저 소멸해 버린다. 그 또한 근원이 바라는 바는 아니다.

즉 육체를 가진 상태에서는 자기애가 어쩔 수 없이 이기적으로 발동할 수밖에 없다. 결국, 우리가 지상에서 목격하는 악(고통)의 근원적인 발생은 육체(물질)에 있다. 악은 인간의 의식 속에 원래부터 내재한 것이 아니라, 물질의 한계에 의해 어쩔 수 없이 발생하는 자기애의 충돌인 것이다. 그러니 어찌 양심 탓만 하겠는가?

물론 상극의 극한 상황임에도 불구하고 양심을 철저하게 지킨다면 나름 인격 수양은 되겠지만 그런 인격 수양만으로 근원적인 이치를 깨닫기에는 한계가 있다.

진정한 도는 '억압'이 아니라 '이해'에 달려 있다. 나는 양심만 따르라는 식으로 자식을 가르치고 싶지는 않다. 하나씩 겪고 부딪히면서 보다 근본적인 원인을 찾으라고 하고 싶다.

악을 한방에 제거하는 것은 양심이 아니라 지혜에 달려 있다. 어둠을 몰아내는 것은 도덕으로 무장한 인격이 아니라 이해를 통한 지혜의 빛이다. 이기적으로 작용할 수밖에 없었던 육체적 자기애의 원인이 물질의 속성에 있다는 것을 안다면, 부정적으로 비추어지던 우리의 자기애는 누명을 벗게 된다. 그때 '악함'은 지혜의 힘이 부족한 '약함'에서 나오는 것이며 '나쁨'은 '나뿐'일 수밖에 없는 물질계에서만 일어나는 일시적 소동으로 축소된다.

자이나교에서는 악의 근원지로 육체를 지목하였다. 그리고 악을 정화하고 해탈에 이르게 하는 최고의 수행법으로 육체의 고행을 선택한다. 나름의 의미는 있다고 볼 수 있겠지만, 육체인들 무슨 잘못이 있을까? 부처님도 고행만으로는 궁극의 진리에 이르지 못함을 몸소 보여 주셨다. 궁극적으로 물질의 한계와 그러한 물질계를 오갈 수밖에 없는 진화의 여정을 탓해야 하지 않을까? 그래서 불교는 자이나교보다 한 걸음 더 나아가 더 이상 윤회하지 않는 것을 목표로 한다.

물질계에서는 자기애가 이기적으로 작동할 수밖에 없다. 육체를 탓할 것이 아니라 물질의 한계임을 깨달아야 한다.

하느님의 뜻을 거역한 뒤, 육감적 존재가 된(자기들의 몸이 벗은 줄 알고 무화과나무 잎을 엮어 치마를 한) 아담과 이브는 에덴동산(순행의 천상세계)에서 쫓겨난다. 그리고 악(나쁨)으로 가득 찬 상극의 물질세계에서 서로 경쟁하고 갈등하면서 종일 땀을 흘리며 일해야 겨우 먹고 살아가게 된다. 하지만 이 세상은 필요악이다. 악이란 물질의 한계로 인한 상극의 결과물이지만, 한편으로는 바로 그 악으로 인해 자신의 근거이자 궁극의 영광을 실현할 '형상'을 얻게 된다.

한자에서 밝은 낮을 상징하는 日만으로는 진정한 광명에 이르지 못한다. 어두운 밤을 상징하는 月과 합일해야만 비로소 밝은 明에 이르게 된다. 금단의 열매를 핑계 삼아 에덴동산에서 아담과 이브를 쫓아낸 하느님은 그들이 빛과 그림자(선악)를 하나(不二)로 이해하는 진정한 어른이 된 뒤에 에덴동산을 상속받기를 기다리고 계시는 것이 아닐까? 하나만 아는 철부지 자식에게 왕국을 물려줄 수는 없지 않겠는가?

젊어서 고생은 사서도 해야 한다. 갈등 없이는 발전도 없고 땅을 통하지 않고서는 하늘에 이를 수 없다. 상극의 물질계를 거치지 않고서는 상생의 의식계로 나아갈 수 없다. 악의 본질을 진정으로 이해하는 것이 바로 선한 지혜다.

영혼의 자기애

육체의 자기애는 이기적이었다. 물질의 속성이 그 원흉이다. 그렇다면 육체를 벗어난 영혼의 자기애는 어떨까?

영혼(영의식)은 물질을 먹고 사는 존재가 아니다. 의식은 비물질의 파동체이고 영혼의 세계는 무한 공유의 세계였다. 그곳에서는 물질을 차지하기 위한 투쟁도 없고 상대적 박탈도 없다. 그때의 자기애는 이기적으로 작용하지 않는다. 단지 원하는 파동에 동조만 하면, 그 파동은 그대로 내 의식의 내용이자 실재가 된다. 이심전심으로 현실이 창조되는 세계다. 그런 상태에서 '나의 풍요'는 '너의 박탈'이 아니다. 상대의 불행은 곧바로 나의 불행으로 치환되고 남의 행복은 나의 행복으로 전환된다.

굳이 영혼을 논하지 않더라도 우리의 정신세계가 이미 그렇다. 인간의 감정은 주변으로 전파되고 생각은 공유된다. 남의 눈물은 내 눈물샘을 자극하고 남의 생각은 알게 모르게 내 생각의 재료로 활용된다. 정신세계에서는 모든 존재의 파동이 함께 공유되고 있다.

이러한 의식의 세계에서는 나와 남을 구분하는 경계의 의미가 물질의 세계에서와는 사뭇 다르다. 물질계에서 타자는 경쟁의 대상이지만 의식의 세계에서 상대는 내 의식의 내용이자 내 존재의 근거이다. 그때 이기적 자기애는 자연스럽게 극복된다. 자신의 행복을 위한다면 남의 행복이 함께 보장되어야 하고 나의 행복을 추구하는 것은 남의 행복을 도모하는 일이 된다. 타인의 환한 웃음이 그대로 내 존재의 기쁨으로 고동치고 남의 고통은 그대로 나의 아픔으로 전달된다. 의식으로 연결된 세계의 이치가 그러하다. 서로를 비추는 무수한 구슬로 엮인 존재의 인드라망*에서 우리는 함께 울고 웃는다. 한 존재의 자기애가 전 존재에 대한 사랑으로 동치되는 이런 상태가 상생의 세계이며 의식 본연의 존재 상태다.

하지만 앞서 말했듯이 물질은 그러한 상생의 상태를 허용하지 않는다. 물질은 한정되어 있고 육체는 그것을 쟁취해야 한다. 상극의 전쟁터에서 육체는 이기적 자기애로 무장해서 어쩔 수 없이 남에게 상처를 주게 된다. 그렇다고 자기애 자체를 버리려고 하면 안 된다. 비록 물질의 속성으로 오염되어 있어도, 그 본질은 근원의 본성이며 진화의 동력임을 알아야 한다. 가끔 자기애마저 버려야 한다는 사람이 있다. 글쎄, 자기조차 사랑하지 않는 사람이 과연 남까지 사랑할 수 있을까?

근원의 자기애는 사랑의 본질이다

우리는 모두 자기애를 가지고 있다. 환생하면서 부여받은 기질과 인연

---

* 산스크리트로 인드라얄라(indrjala)라 하며 인드라의 그물이라는 뜻이다. 고대 인도신화에 따르면 인드라 신이 사는 선견성 위의 하늘을 덮고 있다. 일종의 무기로 그물코마다 보배 구슬이 박혀 있고 거기에서 나오는 빛들이 무수히 겹치며 신비한 세계를 만들어 낸다. 불교에서는 끊임없이 서로 연결되어 온 세상으로 퍼지는 법의 세계를 뜻하는 말로 쓰인다. 화엄철학에서는 '인다라망경계문'이라고 하여 부처가 온 세상 구석구석에 머물고 있음을 상징하는 말이다 (네이버 지식백과, 〈두산백과〉 참조).

에 따라 성격과 운명은 다르지만 모든 의식은 자기애의 인력으로 자신의 삶을 소중히 저장하고 있다. 그것이 의식의 정수이자 본질이다. 그 자기애가 과거 어느 순간의 행복을 자각했고 지금 그때를 그리워하고 있다.

육체의 소멸을 슬퍼하는 마음도 과거를 그리워하는 마음도 모두 자기애에서 비롯된다. 이러한 자기애는 개체와 시간을 초월해서 단절 없이 이어진다. 우리는 꿈속에서 어린 시절의 친구들을 만나서 함께 뛰어다니고 엄마에게 어리광을 부리기도 한다. 꿈속에서 우리는 나이와 정체를 잊는다. 심지어 장자처럼 나비가 될 수도 있다. 그러다가 잠을 깨면 다시 현실의 나이로 돌아와 태연히 일상을 시작한다. 변한 것은 무엇이며 변하지 않은 것은 무엇인가? 변한 것은 시간이며 대상이며 정체성이다. 변하지 않은 것은 이 모든 변화를 자각하고 그 모든 것을 소중히 간직하는 자기애다.

이런 자기애가 사랑의 원형이다. 모든 사랑은 사실상 자기애의 분화다. 사랑의 궁극적인 대상은 결국 자기 자신이다. 사랑은 상대 속에서 나를 발견하는 환희다. 상대를 통한 내 존재의 실현이다. 누군가를 사랑하면 그만큼 내 존재가 확장된다. 연인들의 사랑도 부부의 사랑도 어머니의 사랑도 근원의 사랑도 모두 자기를 최후의 목표로 하고 있다. 사랑도 자신에게로 돌아오는 중도의 회전으로 완성되는 것이다.

우주에 펼쳐진 삼라만상은 근원의 자기 분화체로서 음양의 기가 다양하게 교합해서 만들어낸 걸작들이다. 근원이 이처럼 분화하는 이유는 자기애의 '대상'을 만들기 위함이다. 이는 자신의 몸을 이용하여 태아를 만들어내는 근원의 모성애다. 자식은 결국 자신의 대상이다. '자신'의 받침 ㄴ을 돌리면 '자식'이 된다. 자식은 자신의 변용인 것이다.

삼라만상의 위용은 근원의 자기애(모성애)가 연출하는 축제의 장관이다. 그렇기에 만물에는 천부적 자기애가 녹아있다. 자기애가 없는 존재는 없다. 존재 자체가 자기애의 덩어리다. 종의 안정을 위해 자신을 희생하는 듯이 보이는 일부 생물들의 이타적인 행위(집단자살 등)에도 그 이면에는 종의 안정을 통해 자기 진화의 터전을 보존하려는 자기애의 본능이 숨어 있다.

자기애는 '어떤 시대 어떤 모습의 나'라도 지금처럼 아끼고 사랑한다. 그것은 어떤 환생을 겪더라도 단절되지 않는다. 세월이 흘러 많은 것이 바뀌더라도 그러한 자신을 바라보는 그 심정은 바뀌지 않는다. 자신의 삶이 다해가는 것을 안타까워하는 그 심정은 모든 생의 마음을 관통하는 의식의 정수이자 공통분모다.

이러한 자기애의 심정은 생사를 초월해서 하나로 이어진다. 환생에 의해 전생의 기억은 차단되더라도 지금 나를 아끼고 사랑하는 이 마음이 전소 전생의 나다.

그런즉 우리는 지금의 '자기애' 속에서 빛나고 있는 '자기 초월성'을 지각해야 한다. 그것이 근원의 심정으로 나아갈 수 있는 길이며 전체성으로의 합일이다. 우리의 도는 이러한 '초월적 자기애'에 자리한다. 그 자기애의 길을 따라가면 전생의 모든 나와 만나게 될 것이다.

o

근원은 무수한 대상으로 분화한 자신을 사랑할 수밖에 없다. 모두가 자신이기 때문이다. 그 마음이 우리의 자기애 속에 임해 있다. 그 마음은 영원하다. 나를 아끼는 이 마음은 결코 사라지지 않는 근원의 본성이다. 내가 근원을 경험하는 것이 아니라 근원이 나를 경험하고 있듯이 내가 나를 사랑하는 것이 아니라 근원이 나를 사랑하고 있다.

> 모든 존재의 아트만인 그 유일의 지배자(브라만)는 그의 유일한 모습을 다양하게 분화시킨다. 그러므로 자신의 내면에서 그를 감지한 이들은 영원한 행복감을 느낀다.
> _석지현 역주, 〈까타 우파니샤드〉

인간의 성숙은 자신을 사랑하는 것에서부터 시작되어야 한다. 생애 첫 경험인 부모가 그것을 몸소 보여 주어야 한다. 부모의 화목과 애정이 얼마나 중요한지는 새삼 말로 하지 않겠다. 습관적인 자해를 하는 대다수의 청소년들은 결국 진정한 자기애의 가치를 가르쳐 주지 못한 부모에 대한 분노를 표출하고 있는 것이다. 자신조차 사랑하지 못한다면 서둘러 결혼하지는 말자.

4. 개체성과 합일

가끔 밤하늘을 볼 때가 있다. 밤에도 꺼지지 않는 도시의 불빛과 바쁜 일상 때문에 그 기회는 줄어들고 있지만 우연찮게 밤하늘을 볼 때가 있다. 밤하늘의 주역은 단연 별들이다. 별이 없으면 암흑뿐이다. 무수한 별들이 빛나고 있어서 그사이 어둠까지도 하늘이 된다. 물론 어둠도 어둠만은 아니다. 너무나 멀리서 오는 빛이라 미약할 뿐이다. 사실 온통 빛이다.

별빛을 자세히 보면 미세하지만 조금씩 다르다. 색깔과 형태와 밝기 반짝임 등에서 제각각이다. 그래서 장관이다. 현실을 망각할 정도로 압도적이다. 그 형형색색의 별빛은 우리의 기분을 이상하게 만든다. 아득함, 아련함 정도로밖에 표현하지 못하겠다.

별을 보면 왜 그런 기분이 드는 것일까? 아마도 그것은 '영원성'과 '전체성'에 대한 감동 때문일 것이다. 대부분의 별들은 지구가 생기기 전부터 빛나고 있었고 지금 자신을 보고 감동하는 우리들의 수명 따위는 아랑곳하지 않고서 초연히 빛나고 있다.

시간뿐이겠는가? 나와 저 별들은 상상조차 할 수 없는 거리로 떨어져 있다. 밤하늘의 별빛 아래에서 인간의 시공간은 무의미해진다. 밤하늘은 그렇게 영겁의 카리스마를 내뿜고 있다.

우리는 그 경외감 속에서 어떤 향수를 느낀다. 내 의식이 그 별빛을 타고 거꾸로 올라가는 것 같다. 실제로 우리의 몸은 저 무수한 별들의 잔해에서 만들어졌으며 우리의 의식은 저 별들이 반짝이는 엄청난 시간 동안의 정보가 누적된 것이 아닌가? 우리 몸을 구성하는 요소 중 일부는 지구보다 훨씬 더 오래된 별들이 폭발하면서 남긴 사리에서 만들어졌다.

그래서 노래 가사처럼 '이 별은 나의 별이고 저 별은 너의 별이다.' 별들은 내 영혼과 육체의 고향이다. 밤하늘의 별들을 바라보는 우리는 그 빛과 합일하려는 영혼의 '노스탈지아'를 느낄 수밖에 없다. 그것은 우리의 본능이며 본능을 허락하는 것은 자유의 원천이다. 본향으로 돌아가는 것은 우리에게 보장된 가장 기본적인 자유다. 밤하늘은 그 천부적인 자유를 가르치고 있다.

합일에 대해서

의식의 본능은 본향(근원)과의 합일을 원한다. 자신의 시작으로 돌아가는 것은 너무나 자연스러운 중의 행로이기 때문이다. 그래서 수많은 종교와 수행처에서는 합일을 강조한다. 신과의 합일, 브라만과의 합일, 전체성과의 합일 등등.

그런데 합일은 과연 어떤 상태를 말하는 것일까? 문제는 '합일'에 대한 올바른 개념이다. 합일에 대한 정확한 개념을 가지지 못한다면 나중에는 엉뚱한 곳을 본향이라고 우기거나 정작 본향에 와서도 진정한 합일을 누리지 못하게 될 수 있다. 우리는 먼저 합일에 대한 개념을 명료히 해야 할 필요가 있다.

합일을 글자 그대로 보면, 합쳐져서 하나가 된다는 뜻이다. 그렇다면 여기서 궁금한 것이 있다. 바로 개체성의 소멸 여부다. 근원과 합일하면 '나'라는 개체성은 사라지는 것일까?

'초월'의 개념도 마찬가지다. 나를 초월하면 내가 사라지는 것일까? 수도의 최종 목표처럼 들리는 이런 '합일'과 '초월'이라는 말 앞에서 '나'라는 개체성은 과연 어떻게 되는지를 먼저 이해하고 다음 여정으로 가야 할 것 같다. 합일의 개념을 어떻게 잡느냐에 따라 삶과 수행의 방향은 완전히 달라질 수 있기 때문이다.

우선 쉬운 예로 '남녀의 합일'에 대해서 살펴보겠다. 어떤 남자가 사랑하는 여성과 하나가 되고 싶어 할 때, 그 남자가 원하는 것은 무엇일까?

이것을 단순히 생물학적 결합에 대한 갈망으로 볼 수도 있겠지만, 인간에게는 그 이상의 무엇이 있다. 남녀 간의 합일에는 말초신경의 쾌감보다 더 근원적인 환희가 있다. 그때의 환희는 개체의 심리적 경계(극성)가 녹으면서 성취되는 어떤 해방감이다. 그것이 중의 본질이기도 하다. 그러면 그 합일의 순간에 남녀 각자의 개체의식은 어떻게 되는가? 사라지는가? 아니다. 그들의 의식은 결코 사라지거나 퇴색되지 않는다. 그 순간에는 단지 개체로서의 경계가 사라질 뿐이다.

만약 개체의식이 사라진다면 어떻게 될까? 그때는 환희도 없다. 환희를 자각할 개체의식이 없어졌기 때문이다. 합일의 환희를 느끼고 있다는 것은 그것을 자각하는 개체의식이 엄연히 존재한다는 말이다. 물론 개체의 경계가 사라진 것을 개체의식의 소멸이라고 볼 수도 있겠지만 엄밀히 말하면, 그것은 의식 자체의 소멸이 아니라 개체라는 '조건'의 소멸이다. 의식에서 개체성만 사라진 것이다. 그때의 의식은 개체적 조건에서 벗어나 오히려 확장되었다고 볼 수 있다.

즉 합일의 환희는 개체성을 벗어날 때 나타나는 의식의 해방감이다. 개체성을 벗어난 의식은 오히려 본연의 각성으로 그 순간에 온전히 깨어나게 된다. 그때는 시간의 일차원적 흐름이 멈추고 육체의 무게와 '나'라는 정체성에서 오는 온갖 의무와 부담이 사라진다. 그것이 합일의 순간에 주어지는 희열이다. 의식은 사라지지 않았고 단지 본연의 상태로 회복된 것이다. 사라진 것은 개체로서의 정체성뿐이다.

이러한 합일은 합체와 다르다. 합체의 결과는 부피만 커진 하나의 체다. 합체란 개체가 뭉쳐져 한 덩어리로 균일화unification된 것이지만 합일은 다양한 개체의식들이 전체성의 리듬 아래 하나로 동화된 것이라 할 수 있다. 고지식한 개체적 정체성이 허물어지고 각각의 의식은 더 큰 평화와 자유를 경험한다. 그것은 전체성의 희열을 지각하는 다양한 개체의식들이 공존하는 상태다. 당연히 우리가 추구하는 것은 합체가 아니라 합일이다. 합체는 독재지만 합일은 공존이다. 도의 원형, 중은 공존이다.

이러한 중의 환희에 도달하기 위한 우선적인 조건은 먼저 음양이 뚜렷하게 구비 되어야 한다는 점이다. 남녀의 합일이란 자신의 성을 포기하고 상대의 성을 추구하는 것이 아니다. 간혹 그런 유아기적 동일시를 추구하는 경우가 있기도 한다. 자신의 극성이 너무 미진한 경우에는 차라리 상대의 극성에 함입되어 안정감을 얻고자 하는 것이다. 성 소수자의 심리적 측면의 하나로 이해되기도 한다.

그러나 진정한 합일의 환희는 완숙한 양과 음에서 이루어진다. 남자는 더욱 남자다워져야 하고 여자는 더욱 여자다워져야 한다. 합일의 환희는 그런 명료한 성적 분화의 토대 위에서 이루어진다. (성소수자들의 합일도 일면 정신적 음양의 합일이라 할 수 있다. 단지 생물학적 조건이 안 맞을 뿐이다)

음양의 명료한 분화와 비슷한 맥락으로, 우리는 서로 떨어져 있기에 합일(사랑)할 수 있다. 그래서 사랑의 전제조건은 아이러니하게도 별리다. 그것의 다른 말이 '개체화'다. 연애할 때는 사랑이 샘솟았는데, 결혼하니 사랑이 사라지더라는 말들을 한다. 결혼이 개체화의 적절한 거리를 보장해 주지 않았기 때문이다.

○

근원과 합일한다고 개체성이 상실되어서는 안 된다. 근원과의 합일이 개체성을 사라지게 한다면 근원은 굳이 만물을 창조할 필요도 없다. 그렇게 되면, 개체를 소멸시키기 위해 개체를 발생시키는 모순이 된다.

개체의 존재 목적은 전체성으로의 동참이지 합체의 재료로 자신을 허무는 것이 아니다. 합체가 최종 목적이라면 오히려 만물이 창조되기 전이 더 완전한 합체의 상태다. 근원은 '합체'가 아니라 '합일의 희열'을 실현하기 위해 만물을 창조하였다. 브라만은 합일의 환희를 만끽하고자 아트만으로 분화하였다.

> '나는 달콤한 설탕 맛을 보고 싶은 것이지 설탕이 되기를 원하지는 않는다.'
> _스리 라마크리슈나(인도의 성자 신비가)

전체성(근원)의 실체는 무수한 개체들의 공존이며 개체들이 서로 다른 모습으로 분리되어 존재하기에 합일을 향한 사랑이 샘솟을 수 있다.

'부분'이 없으면 '전체'도 없다. 개체가 사라진다면 근원도 의미를 상실한다. 기독교에서도 인간을 통해서 하나님의 영광이 드러난다고 한다. 근원(전체성)의 환희를 자각하는 개체의식을 통해 근원의 자기애가 실현되는 것이다. 그래서 이 세상(개체들)이 (브라만이) 보시기에 좋았다고 성경에 기록되어 있다.

밤하늘은 무수한 개체성의 빛들로 존재한다. 웅장한 교향악도 다양한 악기들의 울림이다. 어둠을 밝히는 순백의 빛은 고유한 파동의 일곱 가지 색들이 함께 어우러진 것이다. 그것이 전체성의 빛이다. 다양하면서도 뚜렷한 개체성이 조화롭게 어우러질 때 전체성이 탄생한다. 그렇게 본다면 개체들은 각자의 특성을 또렷하게 발휘해 주는 것이 전체성을 향한 최고의 헌신이 되겠다.

나에게는 특히 기억에 남는 고등학교 시절이 있다. 노래를 잘하지는 못해도 교내 합창 대회에서 자극을 받은 친구 8명이 모여 중창단을 만들었다. 나는 베이스 파트였다. 취미로 시작한 중창이었지만 우리는 갈수록 화음에 심취되어 갔다. 한 명이라도 빠지면 소리가 빈약해졌고 모든 영역이 모여야 제대로 된 화음이 만들어지면서 노래가 완성되었다. 그럴 때는 어떤 황홀감마저 느껴졌다. 까까머리의 우리는 함께 모여 중창이라는 전체성의 환희를 창출하였고 내 음정은 나만의 고유한 가치와 기능으로 전체성에 기여되고 있었다.

그런 것이 진정한 자아실현이 아니겠는가? 개체가 개체성을 뛰어넘어

4. 개체성과 합일

전체성으로 승화되는 순간이었다. 그때 내 의식은 결코 감소하거나 사라지지 않고서 전체성의 환희를 또렷하게 자각하고 있었다. 내 의식의 소박한 반경 안으로 다른 파트의 음정이 유입되면서 내 의식의 파동은 그만큼 확장되었고 그것은 전체성을 향한 진일보였다. 그 확장의 증거가 바로 황홀감이었을 것이다.

우리는 내친김에 시내 중창 경연대회까지 나가서 당당히 3등을 하였다. 그때 받은 트로피가 어디 있는지는 모르겠지만 그때의 벅찬 감동은 내 인생에서 사라지지 않고 있다. 나는 최선으로 내 목소리를 울렸고 내 친구들도 최선으로 자신의 음정을 울렸다. 그 속에서 우리는 하나였고 모두의 자아가 최선으로 실현되고 있었다. 그 순간과 그때의 친구들이 무척 그립다.

수도와 개체성

전체성과의 합일을 목표로 하는 경우, 개체성의 처리는 수도의 중요한 분기점이 된다. 수도는 자아의 포기를 목표로하는 것일까? 수도를 자신의 개체성을 버리는 과정으로 받아들일 수 있다. 달리 말하면 수도의 모범을 비우고 버리는 것에서 찾는 경우다. 그것이 가능할까? 개체적 존재가 과연 개체로서의 요구를 완전히 버릴 수 있을까?

나는 불가능하다고 생각한다. 그것은 오히려 자연의 이치를 거스르는 억지라고 생각한다. 개체성을 버리려는 것은 다양한 만물을 창조한 근원의 의도를 거부하는 것이다. 어쩌면 개체성을 버리겠다는 발상 자체가 개체성을 이해하지 못한 무지이자 유별남을 향한 과욕일 수 있다. 그것은 도에 대한 오해라고 생각한다.

개체성을 버린다고 전체성이 나타날까? 별들이 자신의 별빛을 모두

꺼버린다면 밤하늘의 전체성은 어디에 존재하겠는가? 수도는 특별해지는 길이 아니다. 고향으로 돌아가고자 하는데 무슨 비범함이 필요하겠는가? 개체성은 지극히 자연스러운 중도의 작품이다.

○

물은 낮은 곳으로 흐른다. 이때 '낮다는 것'은 사실은 '넓어진 것'이다. 넓어졌기 때문에 낮아질 수 있다. 바다는 어떤 강물보다 넓다. 그래서 모든 강물은 바다로 흐르고 있다. 그것이 겸손이다. 진정한 겸손은 낮아졌다는 생각조차 없다. 단지 자신이 넓어졌을 뿐이다. 그런 것이 바다다.

도에 높고 낮음은 없다. 좁고 넓음이 있을 뿐이다. 도를 추구하는 마음은 유별난 마음이 아니다. 타고난 인성을 부정하지도 차별하지도 않는다. 수도는 내 속에 있는 본능과 욕망을 있는 그대로 인정하는 것에서부터 출발한다. 도는 그렇게 자신의 마음을 이해하면서 넓혀가는 과정이다.

수도하면서 자꾸만 개체성이 퇴색한다면, 그것은 잘못된 길을 가고 있는 것이라 감히 말할 수 있다. 고향과 더 멀어질 수 있다. 다채로운 색의 옷들이 사라지고 무채색의 교복만 남는 꼴이다. 자신의 개성마저 인정하지 못하는 사람이 어떻게 그 개성의 원천인 고향을 찾아가겠는가?

올바른 마음공부는 자신이 타고난 색을 부정하는 것이 아니라 오히려 그 색의 명도와 채도를 높이는 것이다. 색은 사라지지 않는다. 모든 색은 정당하며 이미 공의 불멸성을 지니고 있다. 공부가 올바르다면 자신의 개체성은 더욱 명료하고 밝게 빛나게 될 것이다.

부모는 자기 자식이 타고난 고유한 개성이 이 세상에서 의미 있게 실현되기를 바란다. 근원은 모든 피조물의 개체적 완성을 소망한다. 그래야 부모와 근원의 자기애가 그들에게 향할 수 있다.

아무것도 가진 것이 없고 아무런 생각도 없는 것을 수행의 결과라며 무능력과 무식함을 합리화해서는 안 될 것이다. 그런 상태는 남에게 베풀 것 하나 없는 빈궁함일 뿐이다. 개체로서의 아무런 결실이 없다면 공유의 의식세계에서 무엇을 내놓겠는가?

합일과 초월은 먼저 개체성을 완성한 존재가 참여할 수 있는 차기 목표다. 뚜렷한 개체성으로 존재하는 것이 전체성의 화음에 참여할 수 있는 자격이 된다. 아무런 악기도 없이 오케스트라에 들어갈 수는 없지 않겠는가? 우리 가족이 반려견 '장비'를 끔찍이 좋아하는 이유 중에는 그놈의 개성이 너무나 사랑스럽기 때문이다.

전체성의 창출과 실체

전체성의 실체는 다양한 개체성의 공존이다. 그런데 그것은 개체들의 단순한 산술적 합이 아니다. 전체는 산술적 합 이상이다. 그 이유는 모든 존재가 '파동'치고 있기 때문이다.

파동이 무엇이던가? 파동은 입자와 달리 서로 공유되고 중첩되고 간섭된다. 그러면서도 각자의 파동은 손상되지 않는다. 입자들의 합은 산술적 합 그 이상도 이하도 아니겠지만, 파동들은 서로 만나 조화되면서 제3의 새로운 파동을 창출한다. 그것이 전체성의 리듬이다.

우리가 실생활에서 접하는 파동들은 실상 많은 하부 파동들의 합이다. 가시광선은 빨주노초파남보의 합이다. 하지만 그 합은 7가지 색의 단순한 나열이 아니라 순백의 눈부신 빛을 창출한다. 그런 것이 전체성의 발현이다. 부분들의 합이 창출하는 그 새로운 리듬에 맞추어 모든 하부 파동들은 조화롭게 반짝이고 있다.

이처럼 전체성이란 개체들의 단순 병렬배치가 아니라 개체들의 파동이 함께 어우러지면서 창출되는 새로운 포괄적 리듬이다. 그 상위의 질서 안에서 개체들의 파동은 일체 손상되지 않고 살아있다. 이런 것이 파동의 신비다. 개체들이 자신만의 색깔로 고유하게 파동치고 있어야 비로소 전체성의 파동이 나타날 수 있는 것이다. 하나라도 빠지면 안 된다.

이것은 의식의 본원인 영체가 다양한 인생의 경험(정보)을 취합하여 점차 확장(진화)되는 원리이기도 하다. 역행과 순행의 기는 서로 맞물려 돌아가고 있다. 이때 그 둘의 회전 방향과 위치는 정반대다. 비유하자면 둘의 연결방식은 뫼비우스의 띠와 같다고 하겠다. 8자를 이루며 역행의 외면은 순행의 내면으로 이어질 것이다.

이 세상에서 경험하는 외부의 온갖 감각 정보들은 역행의 뇌 회로에서 다양한 전자기 파형으로 전환된다. 그것은 물질계에서 얻은 고귀한 형상정보다. 이것이 뫼비우스의 행로를 따라 순행의 의식체 안으로 이입된다. 그리고 기존의 내부 파동(전생의 경험 정보)들과 상호작용을 하여 그 합으로서 새로운 전체성의 파동이 창출된다. 이것이 바로 '현행하는 나'다. 즉 나의 영혼은 부단한 정보의 유입으로 '일신우일신'하고 있으며 그 결과 '지금 나'라는 의식이 발현되고 있는 것이다.

이런 과정이 의식이 확장되는 방식이라 생각된다. 의식의 원형은 하나의 자그마한 기에서 시작했지만 무수한 환생을 통해 다양한 정보가 유입되면서 점차 유기적이고 포괄적인 파동체로 확장 진화해간다. 우주가 씨앗 같은 상태에서 지금의 우주로 인플레이션 되었다는 것도 같은 맥락일 것이다.

정보의 유입은 우주와 의식을 확장시킨다. 그런 것이 영혼의 진화이며 거기에서 현행 의식이 나오고 있다. '지금의 나'는 '과거 모든 나'에 현행 정보까지 합해진 '의식의 최신 버전'인 셈이다. 영혼이 그렇게 물질계의 모든 색을 갖추게 되면 어쩌면 온 우주를 비추는 절대자의 광명Holy light과 동격이 되지 않을까 생각해 본다.

o

부분이 전체를 창출한다. 이런 의미에서 개체성의 중요성은 새삼 말할 필요도 없다. 수도를 자신의 본성과 개체성을 포기하는 것으로 오해한다면, 꽃 하나 없는 황량한 사막을 고향으로 착각하거나 별빛 하나 없는 밤하늘을 근원이라 우기는 지경에 처할 수 있다.

전체성의 환희는 개체만이 누릴 수 있는 권리다. 개체들은 그 환희 속에서 진정한 자아실현을 한다. 우리의 몸을 비롯하여 모든 유기체가 만들어지는 원리도 그런 것이다. 자신의 의미가 더 큰 질서의 은총 속에서 빛나고 있다. 더 큰 질서에는 더 큰 환희가 있다. 밤하늘의 온갖 별들은 각자 고유한 빛으로 반짝이면서 그 질서에 합일하고 있다. 이 모든 파동을 받아들이는 우리의 의식은 그만큼 확장되고 있다.

5. 무아와 유식

불교 용어 중에 '무아'라는 말이 있다. 글자 그대로 해석하면 '나'란 없다는 말이다. 용납하기 쉽지 않다.

프로이트가 '무의식'을 발견하여 근대 서양 문화권에 충격을 주었다면 부처는 그보다 이천 오백여 년 전에 아예 '무아'를 선언해 버렸다. 성욕과 공격성이 주류를 이룬다는 무의식의 발견도 파격적이지만, 내가 아예 없다는 무아의 선언은 거의 파국적이다. 내 본질이 '무아'라면 무의식을 논하는 것도 무의미해진다. 허깨비의 무의식을 분석해 본들 무슨 의미가 있을까?

그렇다면 무아*를 제대로 이해할 필요가 있다. 내가 없다는 말이 맞을까? '무의식'을 논리적으로 이해하려는 것은 조금 가능하겠지만 '무아'를 논리로 이해하려는 것은 아예 불가능한 것 같다. 무아는 논리의 출처부

---

* 무아는 산스크리트어로 안아트만(anātman) 혹은 니르아트만(nir-ātman)이며, 그 뜻은 비신, 비아로도 번역 가능하다. 남전상좌불교의 논서나 아비달마개요정해에 의하면, 세계는 물질과 정신현상이 조성한 것이다. 물질은 색법이고 정신현상은 명법이다. 이들은 모두 아주 빠르게 생멸의 과정을 거친다. 사람도 이처럼 색법과 명법으로 구성되어 있으니 이 가운데에는 항상하는 아는 없는 것이고, 끊임없는 찰나의 생멸이 있을 뿐이다. 어떠한 생명체의 몸과 마음도 멈춤이 없는 찰나적 변화 작용을 지속하는데, 그 미세한 변화의 과정을 통해 생명 형태 간의 부동의 질적 변화가 거듭되고 그 질적 변화를 윤회(輪回)라고 할 수 있다. 이러한 변화의 중간 단계에서는 불변의 '아'가 존재하지 않는다는 것이 불교 일반의 논리다.

터 부정하기 때문이다.

하지만 제법무아는 불교의 핵심 진리인 삼법인 중의 하나다. 많은 사람이 그 타당성을 검증했을 것이다. 이 장에서는 무아의 참뜻을 고민해 보겠다. 이는 수도의 중요한 분깃점이기도 하다.

'무아'라는 말은 산스크리트어 'Anātman'의 한역이다. 아트만(ātman)에 대한 부정(An)이다. 한자가 주는 축약된 맛이 있다. 옛날 대구 동성로에 무아라는 찻집이 있었는데 차 한 잔으로 나를 잊게 해 준다면 정말 멋진 찻집이지 않았을까? 다도의 본질도 그런 무아의 휴식이 아닌가 생각한다. 당시 못 가본 것이 아쉽다.

○

'나'란 없는 것일까? 무아의 진의가 존재 자체를 부정하는 뜻일까? 실제로 그렇게 글자 그대로 해석하는 사람들이 있다. 영혼과 저승은 지어낸 개념이고 사후에는 아무것도 없다고까지 주장한다.

하지만 내가 없다면 무아의 깨달음도 있을 수 없다. 깨달음의 자리조차 없다면 무슨 깨달음이 일어나겠는가? 또 무아를 깨달으라고 하는 주장도 모순에 빠지게 된다. 주장하는 이 없이 어떻게 주장이 성립될 수 있겠는가? 나아가 '무아'를 선언한 부처는 무엇이며 무아를 깨닫는 현자들은 또 무엇인가?

무아를 성취하면 '나'라는 존재의 빛은 우주에서 사라지는 것일까? 아니면 아예 '나'라는 빛은 처음부터 존재하지도 않았던 것일까? 무가 존재의 부재를 말하는 것은 아닌 듯하다.

아我와 무아無我의 관계는 앞서 말한 개체성과 전체성의 관계라고 생각한다. 전체성을 어떻게 받아들이느냐에 따라 무아의 개념도 완전히 달라진다. 개체성이 사라져야 전체성이 완성되는 것일까?

무아를 개체성의 소실이라고 생각하는 것은 어쩌면 문자의 함정에 빠진 탓 같다. 문자 그물을 쳐놓고 그곳에 물고기가 잡히지 않는다고 하는 것은 아닐까? 관념으로 실재성을 부정하려는 시도처럼 보인다.

이제 우리가 무아의 뜻을 제대로 알아야만 하는 이유가 생겼다. 그것의 해석에 따라 수행의 목표가 완전히 달라질 수도 있기 때문이다.

○

붓다가 통찰한 삶의 실상은 '일체개고一切皆苦', 즉 고통이었다. 그는 애벌레가 새에게 쪼아 먹히는 것을 보고도 충격을 받는 예민한 사람이었다. 왕위 계승자였지만 생명체가 다른 생명체를 잡아먹고 또 잡아먹힌다는 사실, 그리고 누구나 늙고 병들어 결국 죽음으로 끝난다는 생명체들의 숙명을 목격한 뒤, 그는 삶에서 어떤 즐거움도 이끌어낼 수가 없었다. 급기야 부왕에게 간청하여 생로병사의 문제해결을 위해 출가한다.

그 후 2천여 년이 훨씬 지난 지금에도 '일체개고'는 여전히 삶의 진실이고, 앞으로도 달라지지 않을 것이다. 상극의 세계에서 힘들지 않은 삶은 없다. 그래서 삶 자체가 고통이라는 인식은 불교의 고귀한 깨달음이라고 하는 사성제중 하나다.

그런데 이는 불교만의 이야기가 아니다. 삶의 고통과 죽음의 공포로부터 벗어나려고 하는 것은 모든 종교와 수도의 목표다. 이 문제를 해결하지 못하고서 하루살이보다 좀 더 오래 산다는 것이 무슨 의미가 있겠는가?

　불교에서의 고통은 생로병사 자체를 사고라 하고, 거기에 더하여 사랑하는 사람과 헤어지는 고통, 미워하는 사람과 만나는 고통, 가지고 싶은 것을 얻지 못하는 고통, 그리고 육체적 존재로 인한 고통을 합해 팔고라고 한다. 비단 8개뿐일까? 요즘은 생각 자체도 고통에 들어가는 세상이다. 현대사회에서는 처리해야 할 문제가 워낙 많기 때문이다. 오죽하면 '멍 때리기' 대회까지 개최되겠는가? 그렇다면 부처님은 이 고통을 어떻게 해결하셨는가?

　이러한 '고'들을 자세히 살펴보던 붓다는 그것이 결국 아의 존재 때문에 일어나는 삶의 우여곡절임을 통찰해낸다. 사실 현재의 '아'를 존재의 전부라고 여긴다면, 그의 생존과 이해득실은 아주 중요한 문제가 될 수밖에 없다. 그런 '아'가 죽음을 향해 나날이 늙어 가는데, 어떻게 괴롭지 않을 수 있겠는가! 그렇게 고통은 '아'의 존재에서 출발하고 있고, 그 '아'가 자신의 좌절을 감수함으로써 고통이 나타나고 있다. 말하자면 '고'는 '아'의 존재 때문에 나타나는 '아'의 어두운 그림자와 같다. 다시 말해서 '아'가 없으면 '고'도 없다.

　이렇게 붓다는 모든 고통의 발생을 '아'에 대한 집착으로 본데 이어서, 그 '아'라는 것이 어떤 상황과 조건의 집합이어서, 그것이 사라지면 '아'라고 할 것도 없음을 깨달았다. 쉽게 말하면 자기 부모의 데이트가 없었다면, '지금의 나'는 존재하지 않는다는 말이다. 이 얼마나 충격적인 존재의 가벼움인가? 어떤 아이는 학교에서 성교육을 받은 뒤 자신이라는 존재가, 부모가 벌인 한낱 유희의 결과물이라는 것을 알고는 깊은 우울감에 빠졌다고 한다.

부처님은 말씀하셨다.

> 이것이 있으므로 저것이 있게 되고, 이것이 일어나므로 저것이 일어난다
> 이것이 없으므로 저것이 없게 되고, 이것이 소멸하므로 저것이 소멸된다
> (此有故彼有 此起故彼起, 此無故彼無 此滅故彼滅)
> _〈잡아함경〉, 연기법경

이처럼, 현실을 고통으로 받아들이는 '아'의 정체를 연기로 본다면 지금의 나는 어떤 조건일 뿐 무언가가 상주하는 진실재는 아닌 셈이다. 지금의 내가 진실이 아니라면 내가 느끼고 있는 고통도 진실이 아니다. 꿈속에서 불구가 되었다고 아침에 일어나 슬피 우는 것과 같은 것이 현실의 '고'다.

연기를 깨달은 붓다는 '아'의 비실체성을 자각할 수 있었고, 마침내 팔고를 일소하는 길을 제시하였다(멸제滅諦). 생로병사를 괴로워하는 '아'는 조건에 불과한 것이었다. 아의 조건 하에서만 생로병사의 고통이 일어나고 있었다. 그런데 그 조건이 진실이 아니라면 당연히 고통도 진실이 아니다. 생로병사에서 시작된 부처의 고통은 속절없이 허물어지는 '아'에 대한 절망감이었지만 그때의 고통은 분명히 물질적 조건을 '아'로 집착했기 때문에 일어나는 것이었다.

그런데 생로병사는 역행하는 물질이 겪는 마찰의 숙명이지 않는가? 즉 부처가 지적한 비실체성은 바로 물질적 '조건'으로서의 '아'였다.

'조건'은 변하고 사라진다. 그런데 당시의 사람들은 그것을 항구적인 '아'로 착각하고 있었고, 붓다는 가변적인 물질의 조건과 인연을 자신의

본질로 착각하지 말라는 뜻에서 무아를 선포했다고 생각한다.

무아를 깨닫는 의식

그렇다면 아가 조건에 불과한 것임을 깨닫는 그 인식의 자리는 무엇일까? 무엇이 무아를 깨닫게 하는 것일까? 조건이 조건을 깨달을 수 있을까?

지금의 나는 무수한 조건과 더불어 그 조건을 알아차리는 '의식'으로 구성되어 있다. 그런데 의식은 물질적 조건에 의해서 만들어진 것이 아니다. 의식은 회전하는 기의 본성이다. 그것은 궁극이기에 스스로 존재하는 것이며 사라지지도 않는다. 즉 무아는 단지 조건(인연)의 비실체성을 밝힌 것이지, 그 바탕에 있는 깨달음의 의식까지 부정한 것은 아니다.
'나'라는 정체성이 사라진다 해도, 그것이 조건에 불과했음을 알아차리는 '의식'은 사라지지 않는 것이다. 내가 의식을 만든 것이 아니라, 의식이 나를 만들었기 때문이다. 그렇기에 붓다는 그 의식에 의지하여 무아에 대한 깨달음을 촉구할 수 있었다.

무아를 불교의 유식학적 견지에서 본다면, 불사와도 다르지 않다. 불사를 성취한 부처도 결국엔 육체적인 죽음을 맞이하였다. 그렇다면 그가 성취했다는 불사의 의미도 명확해진다. 불사의 주체는 '육체'가 아니라 육체의 죽음을 안타깝게 바라보는 '의식'이라는 말이다. '아'가 죽음을 향해 가는 물질 덩어리라면, 무아는 생사의 조건을 벗어나 있는 '의식'으로서 그 진정한 정체성은 '불생불멸의 근원'이 되겠다.
2천 오백여 년 전에 이미 붓다는 어떤 조건과 인연에도 얽매이지 않는 의식의 본질적 자유를 발견하여 물질적 존재로서의 '아'의 허구성을 폭로했다. 지금에야 무아가 찻집 이름으로까지 등장하는 시대가 되었지만 당시엔 기존의 관념을 송두리째 뒤엎는 혁명적 선언이었다.

모든 철학적 관념은 그것이 탄생한 시대적 배경을 알지 못하면 한낱 언어적 유희 거리로 전락하는 경우가 많다. 무아(anātman)의 선포는 당시 고지식한 아트만 관념으로 경직된 브라만교의 태반을 자르고 모든 사람에게 차별 없이 내재 되어 있는 불성의 탄생을 알리는 고고한 울음소리였다. 그것은 모든 자아의 평등함을 의미하며 브라만교의 신분 차별에 반대하여 모든 사람이 공히 깨달음에 이를 수 있다는 붓다의 인류애이기도 했다. 지금 수준에서는 충분히 공감되는 말이지만 당시의 문화권에서는 혁신적인 사고였고 불교가 탄생하는 계기가 될 정도였다.

그럼에도 불구하고 2천여 년이 지난 지금에, 무아를 글자 그대로 받아들이는 사람들이 있다. 죽고 나면 아무것도 없다는 식이다. 그것은 작용만 있고 본체는 없다는 말이며 파동만 있고 매질은 없다는 말과 같다. 하긴 2천여 년이 지나면서 남은 것은 글자밖에 없으니 그리 생각할 수도 있겠지만 문자적으로만 해석해서 그것을 붓다의 진의로 판단하는 것은 성급한 결론이 아닐까 한다.

문자는 실재를 가리키는 손가락일 뿐이다. 후대의 사람들이 붓다의 깨달음을 '無'라는 글자 하나로 한역한 것인데 그것이 단지 '없다'만을 의미할까? 그렇다면 이미 공이며 무아인 이 우주는 처음부터 아무것도 존재하지 않았어야 한다. 그런데 제법(세상만물)은 분명이 존재한다. 밤하늘의 별들을 보라. 무아의 밤하늘에는 무수한 별들이 형형색색으로 빛을 발하고 있다. 무엇이 無의 진정한 뜻일까?

5. 무아와 유식

이 우주는 분명히 존재하고 있다. 그렇다면 '제법무아'라 할 때는 '제법이 없다'는 뜻이 아니라 '제법은 무아의 성품으로 존재한다'가 되어야 한다. 무아는 제법의 부재가 아니라 제법의 '존재 양상'이자 궁극의 본성이된다. 어떤 조건에도 순진무구하게 응하지만 거기에만 얽매이지는 않는 의식의 자유로움, 그런 것이 바로 무아라고 생각한다.

현상과 체體

꽃잎에 이슬이 맺혀 있다. 이슬은 밤새 차갑게 내려간 온도에 의해 대기 중의 수증기가 물방울로 응결된 것이다. 해가 떠서 기온이 올라가면 이슬은 이내 증발한다. 이슬은 기온이라는 조건으로 맺혀진 일시적 현상이었다. 그래서 인생의 무상함을 이슬에 많이 비유한다.

하지만 이슬이 사라졌다고 그 이슬을 구성하던 수분까지 사라진 것은 아니다. 물은 보이지 않는 수증기로 다시 기화하였다. 이슬은 사라졌지만 이슬의 바탕인 수분은 공기 중에 여전히 존재한다. 이슬의 소멸은 물의 존재 상태가 바뀐 것뿐이다. 그것은 이슬의 조건이 사라진 것이지 이슬의 체인 수분까지 사라진 것은 아니다.

물론 공기 중의 수증기도 또 하나의 조건이라고 말할 수 있겠지만, 거기에도 역시 수증기의 조건에 응하는 바탕 매질이 또 있다고 할 수 있다. 말하자면 물 분자가 되겠다. 거기서 물 분자를 다시 조건으로 본다면, 그 물 분자의 바탕에는 또한 수소와 산소 원자가 존재하고 있다고 하겠다.

이런 식으로 계속 유추하다 보면, 결국 우주의 모든 현상 각각에 고정된 실체가 따로 없다고 해도(제법무아) 그러한 현상을 구성하는 궁극적인 바탕 매질은 있어야 한다는 결론에 이르게 된다.

그것은 무엇일까? 앞 장에서 이야기했듯이, 우리는 그 매질을 기라고 부른다. 유무중도체로 회전하고 있는 근원의 매질이다. 현상마다 불변하는 실체는 따로 없어도 모든 현상이 운용되는 궁극의 바탕에는 기가 있다. 그 기가 다양한 조건에 응하여 천차만별의 현상을 펼치고 있다.

○

파동이 그 모양을 다양하게 바꿀 수 있는 것은 그 바탕에 항구적인 매질이 있기에 가능한 일이다. 즉 연기의 실현에도 그것을 수용하는 바탕체가 있어야 한다. 현실의 아가 아무리 인연과 조건의 임시적 산물이라 해도 그 바탕에는 그러한 조건을 수용하는 바탕 의식이 있었기 때문에 지금의 내가 일어설 수 있었다. '나'의 궁극적인 바탕에는 그러한 '의식'이 있다. 의식은 원초적 각성을 지닌 기의 중도적 귀결이다. 중도에 결함이 있지 않은 이상 의식은 사라지지 않는다.

의식은 인연이 만든 것도 아니고 내가 만든 것도 아니다. 연기(인연)가 의식을 만든 것이 아니다. 오히려 의식이 연기(인연)를 수용한다. 다만 그 의식이 처한 지금의 상황만 연기가 만든 것이다. 부처가 발견한 것은 그것이었다. 초월적 의식의 존재를 깨달은 것이다.

무의 개념을 어떻게 잡느냐에 따라 수행의 방향은 전혀 달라질 수 있다. 무아에 대해서는 출가자 사이에서도 다양한 해석이 있는 것 같다. 그러나 '무아'에는 이견이 있다 해도, 무아의 깨달음에 대해서는 모두가 합의하고 있다. 그 깨달음의 '의식'은 엄연히 존재하고 있다. 무아를 어떻게 이해하든지 간에 무아의 깨달음을 수용하는 의식의 존재까지 부정할 수는 없다. 의식까지 부정하면 무아에 대한 깨달음도 부정된다. 무수하게 반짝이는 별들이 밤하늘의 전체성을 이루듯이 무수한 개아로 발현되는 의식의 총체가 '무아'가 아닐까 한다.

> 삼법인의 제법무아는 부처님 가르침의 근간이다. 그런데 이것이 도그마가 되어서는 안 된다. 이런 무아의 가르침은 '상주불변하는 자아가 있다'는 생각을 비판하기 위해 제시된 것으로 (…) 이 가르침의 취지를 망각하고 하나의 도그마로 이해할 때 허무주의적 단견에 빠지고 만다.
>
> _김성철, 〈중관 사상〉

무無

글자 무無는 부정을 통한 완전한 자유를 가리키고 있다. 물의 모양은 고정된 실체가 없는 무형無形이다. 이때 無자의 뜻은 '정해진 형形이 없다'는 것이지 '형상을 이루고 있는 매질도 없다'는 뜻은 아니다. 물은 담기는 그릇에 따라 무수한 형상으로 존재할 수 있다. 즉 이때의 무는 물이 가질 수 있는 형상의 무한한 가변성을 말하고 있다. 물이 없다는 말과는 완전히 다르다.

마찬가지로 무아도 '자아의 본질은 무엇이라 규정할 수 없을 만큼 자유롭다'는 뜻이지 '자아가 없다'는 뜻이 아니다. 무아는 자아의 무한한 가변성을 말한다. 무형이 '무한한 형상'으로 존재하는 것이듯이, 무아 역시 '무한한 아'로 존재하는 것으로, 의식의 무한한 확장성을 일컫는다. 관점의 자유로운 이동이 곧 의식의 자유가 아니겠는가?

의식은 다양한 관점을 취할 수 있다. 그래서 일체유심조다. 그것이 걸림 없이 돌아가는 수레바퀴, '수카Sukha'이며 무엇에도 걸리지 않는 무아의 평화다.

다시 말하지만, 무아는 물질의 조건과 그 정체성에서 벗어날 수 있는 길을 제시한 것이다. 그것은 허무를 소망하는 패배주의자들의 넋두리가 아니다. 생로병사의 고통과 아무런 상관이 없는 불멸의 의식이 있음을 전하는 복음이다. 무아는 단순히 '현실의 나'를 부정하는 것이 아니라, 그 현상 너머 있는 본질에 대한 깨달음을 촉구하고 있다.

깨달아야 할 것은 허물어져가는 아의 바탕에 자리한 허물어지지 않는 의식의 존재다. 우리는 세월과 함께 허물어져 가는 자신을 애도한다. 이는 자신의 정체를 이내 소멸하는 물질적 육체로 파악했기 때문이다. 그러나 육체는 의식이 아니라 의식이 처한 조건일 뿐이다.

우리의 '본질'은 무아의 성품으로 엄연히 '존재'하고 있다. '무아'는 진실재의 존재 양상이다. 그것은 어떤 '아'에도 구속되지 않는 자유다.

아我와 무아無我

그렇다면 이러한 무아는 추구의 대상이 될 수 있을까? 수도의 목표가 될 수 있을까? 구름 잡는 문답을 한 번 더 하겠다.

> 제자: 스승님, 정말이지 무아는 멋진 상태 같네요. 자아를 벗어나 무아에 도달하려면 어떻게 해야 합니까?
>
> 스승: 자아는 인연을 따라 잠시 나타나 연기처럼 이내 사라지는 것이다. 자아에는 이미 실체가 없는데 거기에서 벗어난다는 것은 어렵지 않겠느냐?
>
> 제자: 걱정하지 마세요. 아무리 그 길이 어려워도 기꺼이 자아 따위

는 버릴 각오가 되어 있습니다.

스승: 헐, 밥은 먹었냐?

  현상으로서의 자아에 아무런 실체가 없다면, 무아는 자아를 버려서 도달하는 어떤 경지가 아니다. 처음부터 버릴 것도 없는 것이 자아의 정체다.

  그렇다면 무아는 추구의 대상이 아니다. 지금의 의식을 벗어나야 무아에 도달할 수 있다고 생각하는 것은 허깨비를 버리고 또 다른 허깨비를 찾으려는 것과 같다. 허깨비 칼은 여전히 허깨비였다.

  그런데 무아의 자유를 깨닫는 주체는 바로 자아다. '자아'가 자신의 무한성을 스스로 깨닫는다. 그러니까 무아는 자아의식 안에서 이루어진다고 감히 말할 수 있다. 수행의 목표는 무아가 아니라 자신의 무한성을 자각할 수 있는 자아의 확립으로 잡아야 할 것이다.

  거듭 말하지만, 무아는 자아의 자유다. 무아는 무엇에도 집착할 필요가 없는 의식의 본질적 자유에 대한 깨달음이다. 이치가 이러한데도 무아를 위해 자아의 틀을 버리겠다는 것은 아예 무아가 피어날 토대까지 사라지게 하는 일이다. 그것은 '무아'가 아니라 '무뇌아'에 가깝다.

  '지금의 나'는 무상한 조건이자 기억의 집합이다. 그러나 그러한 아가 결국 무아로 가는 징검다리가 된다. 먼저 아의 다리를 통과하지 않고서는 무아에 도달하지 못한다. 무수한 개체성의 통합이 전체성이듯이 무수한 아의 경험과 그 인식의 통합이 무아의 의식을 성취하게 한다. '브라만Brahman'으로의 합일을 위해 우리는 개체적 '아트만ātman'으로 반짝여야 한다. 그것이 밤하늘의 장관, 무아의 실현이다.

무아와 유식唯識

무아를 해설하며 시작된 부처의 가르침은 '자등명 법등명'의 유훈으로 끝난다. "그 무엇에도 얽매이지 말고 자신의 마음과 법을 등불로 삼아 열심히 정진하라." 이것이 무아에 대한 가르침의 요지라고 생각한다.

다행히 제자들은 스승의 유훈을 받들어 법과 마음을 등불로 삼아 열심히 정진하였다. 그 결과 부처님이 돌아가시고 수백 년이 지난 후(AD 4세기 무렵) 인도에서는 유식 사상이 꽃피게 되었다.

유식무경, 오직 식이 있을 뿐 대상의 실체는 없다는 말이다. 달리 말하면 결국 식이 모든 대상을 창조한다는 뜻이다. 이는 무아의 선포만큼 충격적인 발견이다. 불교는 '내가 없다'에서 시작해서 '오직 식만 있다'로 귀착되고 있다. 무아의 뿌리는 유식으로 열매 맺고 있다.

유식 사상은 다양한 식(전5식, 6식, 7식)의 존재를 말하고 있다. 그리고 그 모든 식의 바탕으로써 제8식을 상정하였고, 그것을 '아뢰야식'으로 명명했다. 다양한 하부의식이 유기적으로 조직되어 총체적인 의식 현상으로 발현되는 진화의 과정을 단계적인 식으로 분석하고 묘사한 듯하다.

그 중, 제8식인 '아뢰야식'은 생사와 관계없이 존속한다. 전생의 모든 경험을 간직한 식체로서 윤회의 주체가 되고 다음 생의 종자가 된다. 지금의 언어로는 영체靈體와 같다. 남는 것은 그것뿐이다. 유식이다. 앞서 살펴보았듯이 궁극에 가서는 영혼의 의식이 영계의 질료가 된다는 면에서 유식무경의 의미는 더욱 확연해진다.

무아의 본체는 유식으로 그 작용을 완성한다. 무아의 깨달음은 생사를 초월한 식의 존재로 인해 가능해진다. 제법무아는 바로 유식무경이며 일체유심조다. 만물을 창조하는 의식의 능력과 본질적인 자유가 바로 무아인 것이다.

불교는 무아에서 시작해서 유식으로 전개되었고 중국으로 건너와서는 각자의 의식에 내재한 근원적인 창조력을 깨닫고자 하는 선불교로 이어지고 있다. '무아로 소멸하지 말고 무아로 존재하라.' 이것이 선의 종지가 아닐까 한다.

> 아와 무아가 둘이 아님이 무아의 참뜻이다
> (於我無我而不二 是無我義)
> _〈유마경維摩經〉*

---

* 〈유마힐소설경〉은 불교 대승경전의 하나로 일명, 〈불가사의 해탈경〉 혹은 〈유마힐경〉이라고도 한다. 바이살리 성의 거사 유마힐이 대승 불법에 깊이 통달하여 문수사리 등과 불법에 대한 공론을 벌이고 대승반야성공의 사상을 전하고 있다. 그 대강의 요지는 "편파적인 것을 물리치고", "정도가 지나친 것을 개탄하고 원만한 것을 기린다"는 것이다. 일반 불제자들의 소행과 깨달음의 단편성을 비판하고 있다.

6. 수행과 도전의식

인생은 도전 Life is venture or nothing

영어 스피치 대회에서 대상을 차지한 비구니 스님의 이야기를 어떤 신문에서 보았다. 어느 날 스님은 경내에서 마당을 쓸고 있었는데 자녀를 데리고 온 아주머니 한 분이 스님을 가리키면서 하는 말을 들었다. "너도 공부 못하면 나중에 저렇게 된다." 그때 충격을 받은 스님은 작심하고 영어 공부를 시작하여 급기야 영어 스피치 대회에서 우승까지 하게 된 것이다. 참 멋진 스님이다. 불경을 외는 스님께서 영어까지 유창하시다니 말이다.

그렇다면 이것을 수행의 관점에서는 어떻게 평가해야 할까? 그저 인생역전으로만 들을 것이 아니라 이 스토리에서도 무언가 교훈 하나를 발굴해 내는 것이 수행자의 도리가 아닐까한다.

모름지기 스님이라면 세상 욕심을 내려놓고 불법에 귀의하신 분인데 단지 한 속세인의 실없는 소리에 그렇게 반응한 것이 참다운 수행자의 처신이었는지를 고민해 보고 싶은 것이다. 나였다면 어떤 선택을 하였을지 궁금해진다.

첫째, 억울한 마음이 일어나도 이 모두가 공한 것이니 참된 공의 성품을 되새기면서 묵묵히 마당을 계속 쓴다.

둘째, 반발심으로 화나는 자신의 마음을 주시한다. '이것이 무엇인가?' 하면서 반발심과 자신사이에 거리를 둔다.

셋째, (비구니 스님이 실제로 취한 방법이다) 반발심 또한 부정할 수 없는 '나'라고 여기고 그 에너지를 이용해서 영어 공부를 보란 듯이 시작한다.

이 중에서 무엇이 바람직한 수행자의 처신일까? 물론 정답은 없다. 사람마다 근기가 다르고 운명도 달라서 자신만의 선택이 있을 것이다. 자신에게 가장 당기는 것이 그 사람에게는 정답이 되겠다. 나라면 마음에서 일어나는 오기를 따라 그 비구니 스님처럼 세 번째 길을 선택할 것이다.

실제로 내가 정신과 전문의가 되는 과정이 그랬다. 피치 못할 사정으로 인턴 과정만 마치고 도심 변두리에서 일반의로 개업부터 하게 된 나는 나름 소박한 시골 의사 생활을 즐기고 있었다. 시간은 압박감 없이 흘렀고, 그 여유를 나 자신에게 온전히 투자할 수 있었다. 기와 동양학 공부를 본격적으로 하게 된 시기도 그 시절이었다. 다만 의사로서 전문 과목은 없었기에 뭔가 미진한 구석이 있었지만 내가 원하는 마음공부를 마음껏 할 수 있다는 것을 위안으로 삼고 있었다.

그러던 어느 날, 친척 형님으로부터 다이어트 식품을 소개받고 그 효능을 검증하게 되었는데 정말이지 신기할 정도로 효과가 좋았다. (세계적인 다단계 회사 제품이었다) 그래서 나는 그 식품의 효과를 우연히 또 다른 사람에게 전달하게 되었는데, 마침 그 사람이 산부인과 전문의였다. 전화상으로 우선 '어디서 일반의로 개업하고 있는 누구'라고 내 소개를 하고 그 식품에 대해서 열심히 설명을 하였다. 그 산부인과 선생님께서는 한참 내 설명을 듣더니 대화 말미에서 "일반의이면 뭐 어떻습니까. 열등감만 극복하면 되지요."하면서 전화를 끊으시는 것이었다. 그 말의 뉘앙스가 의업에 전념하지 못하고 다이어트 식품이나 선전하고 있는 일반의의 외도를 탓하는 듯이 들린 것은 나의 과민함 때문이었을까? 아니면 정말 열등감을 극복하지 못해서일까? 어쨌든 그 전화로 자괴감이 든 것은 사실이었다. 그 후 2년의 세월이 더 흘렀다. 내 자식들이 초등학교 입학할 나이가 다가왔다. 자신의 아빠가 어떤 과를 진료하는 의사인지를 물어올 나이가 되어가고 있었다.

어느 날 새벽, 문득 잠에서 깬 나는 불현듯 내 인생을 이렇게 끝낼 수는 없다는 생각이 들었다. 비록 늦은 나이였지만 전공의 과정에 다시 도전하기로 결심했다. 당장 그날 점심때 서점으로 가서 내과 책부터 샀다. 그리고 환자 보는 틈틈이 진료실에서 시험공부를 했는데, 얼마나 집중이 잘 되던지 스스로 놀랄 지경이었다. 교과서의 내용이 머리에 쏙쏙 들어왔다. 그런 학구열이 학생 때는 왜 안 생겼던지 못내 아쉬웠다.

그러다가 결국 시험을 쳐서 당당히 합격했을까? 아니다. 경쟁도 없이 정신과 전공의 과정에 들어가는 행운을 얻게 된다. 뜻이 있으면 길이 있다고 했다. 다시 전공의 과정에 도전하겠다고 결심하고 주변에 그 사실을 알리고 서너 달 정도 지났을 때였다. 어떻게 연줄이 닿아 마침 전공의 결원이 생긴 병원에서 나에게 지원 의사를 물어오게 된 것이었다. 무조건 지원했다. 서둘러 의원을 정리하고 그곳으로 올라갔다. 그때 내 나이가 35살, 또래보다 5-6년 늦은 나이였다.

물론 그 비구니 스님이나 나나 어찌 말 한마디, 전화 한 통화에서 그런 결단을 내렸겠는가. 자신의 삶에 대한 누적된 아쉬움이 그 순간을 계기로 터져 나온 것이리라.

어쨌든 지금 생각해 보면 그때의 선택은 내 인생에서 몇 안 되는 멋진 도전이었다. 쉽지 않은 선택을 전폭적으로 지지해준 아내도 고마웠지만, 나에게 그나마 그런 오기가 남아 있었다는 것이 얼마나 다행스러웠는지 모르겠다. 덕분에 정신의학의 보석 같은 지식까지 얻을 수 있었고 마음공부도 한층 더 탄력을 받을 수 있었다.

관련해서 유머 하나가 생각난다. 작자는 모르겠다. 어떤 이가 부자에게 부자가 된 비결을 물었다. 대략 각색하자면

> 부자: 그때는 모두가 힘든 시기였지. 나는 수중에 있는 전 재산 100원으로 사과 하나를 샀어. 그리고 하루 종일 깨끗이 닦아서 먹음직스럽게 하여 200원에 팔았지. 그다음 그 돈으로 사과 두 개를 사서 다시 정성스럽게 닦아서 400원에 팔았어. 그런 식으로 사과를 사고 팔고 반복하다 보니 어느 사이 수중에 돈이 조금 모이더군.
> 질문자: 아 그런 식으로 해서 부자가 되셨군요?
> 부자: 아닐세. 그때 마침 먼 친척이 돌아가시면서 나에게 막대한 유산을 남기셨지.

웃기면서도 허탈한 이야기다. 요즘 세상에서는 자수성가가 그만큼 어렵다는 말 같다. 하지만 나는 이 유머야말로 참으로 교훈적이라 생각한다.

그 유머의 뒷이야기를 자작하자면, 막대한 부를 가진 그 친척은 자식이 없었다. 그래서 자신의 재산을 물려줄 만한 친척을 찾아보았으나 모

두가 게으르고 일하기를 싫어하는 사람들뿐이었다. 그러던 중, 먼 조카뻘인 이 사람의 소문을 듣게 되었다. 비록 보잘것없는 사과 장사를 하고 있었지만, 그가 보기에는 참으로 성실하게 사과를 팔면서 살고 있었다. 그 모습이 가상하여 마침내 그에게 전 재산을 물려주게 되었다는 뒷이야기를 지어본다.

교훈은 이것이다. 만약 그가 아무 노력 없이 공짜 돈만 바라고 있었다면 그 유산을 물려받을 수 있었을까? 하늘은 스스로 돕는 자를 돕는다는 말이 있다. 사과 하나를 사서 열심히 닦는 그 노력이 유산을 받을 행운이 된 것이다.

나 역시 내과 책을 사서 다시 전공의 과정을 열심히 준비한 그 몇 달간의 진심과 노력이 비어 있는 전공의 자리 하나를 나에게 물려받게 해 주었다고 생각한다. 그냥 필기시험만으로 후배들을 이기기에는 어림도 없는 실력이었다.

세상사와 마찬가지로 수행에도 팁이 있지 않을까? 자신이 가진 성격과 개성이 바로 그 팁이 아닐까 생각한다. 이왕이면 자신이 타고난 개성을 이용하는 것이 지혜로운 수행일 것이다. 마음에 일어나는 반발심을 미숙함으로 보고 무조건 부정하는 것이 수행의 정석은 아니라는 말이다. 반발심은 어떻게 보면 그 또한 중의 균형을 향한 에너지의 흐름이다. 타고난 성격에서 발생하는 특정한 색깔의 에너지를 수행의 방편으로 전용하는 것을 비도라 할 수는 없다. 수행자들의 옷차림이 항상 무채색일 필요는 없지 않겠는가?

〈유마경〉 제자 품에 이런 말이 있다.

> 번뇌를 끊지 않고 열반에 들어가는 것이 진정한 좌선이다.
> (不斷煩惱 而入涅槃 是爲宴坐)

유마 대사의 말처럼 번뇌는 끊어야 할 망념이 아니라, 열반을 향해 재활용되어야 할 귀중한 자원이다. 번뇌의 열이 결국 열반의 빛으로 전환된다. 번뇌의 뿌리를 뽑아버린다면 열반의 꽃도 피어나지 못한다.

왜 그럴까? 슬픔을 느끼는 마음과 기쁨을 느끼는 마음이 별개가 아니기 때문이다. 하나의 마음이 품은 대상이 다를 뿐이다. '이것'을 슬픔으로 느낄 수 있었기에 '저것'을 기쁨으로도 느낄 수 있다. 방은 하나다. 많은 손님이 오가지만 손님을 맞이하는 방은 하나다. 번뇌를 맞이하는 방이 있었기에 어느 날 열반이 그 방을 차지할 수 있다. 번뇌를 경험하는 이 마음자리가 열반이 초청되는 바로 그 자리다.

확장하면 중생의 마음과 부처의 마음이 따로 있지 않다. 중생이 마음 한번 돌리면 그대로 부처라고 한다. 이는 중생과 부처의 마음 차이가 미미하다는 뜻이 아니라, 질적으로 아예 차이가 없다는 말이다. 단지 관점의 차이가 부처와 중생을 나눈다. 마음의 처신이 그만큼 중요하다.

진정한 열반은 번뇌를 물리치지 않아도 될 만큼 커진 마음의 평화라고 유마 대사는 일갈한다. 번뇌에서 오히려 열반의 향기를 느낀다고나 할까? 우리 집 강아지 발 냄새가 그렇게 구수할 수 없듯이 말이다.

인생은 길지 않다. 하지만 그 역행의 상극세계는 화해와 공존의 지혜를 터득할 수 있는 곳이며 경험한 만큼 의식의 수준이 높아지는 곳이다. 물론 경험 중에는 악몽 같은 경험도 있겠지만 그런 경험조차도 교훈적이지 않은 것은 아니다. 실패를 많이 한 것도 소중한 정보다. 인격의 여유와 삶의 지혜는 실패를 많이 한 사람에게서 더 자주 발견되기도 한다. 보람된 경험, 고통스러운 경험 모두 열반의 재료다. 그 생생한 교훈의 기회를 외면하고 눈 감고 고요히 앉아만 있기에는 인생이 아깝지 않을까?

고통이 진화의 동인이 되고 상극이 형상의 계기가 된다. 그래서 우리는 번뇌로 가득 찬 이 세상을 거듭 찾아올 수밖에 없다. 말하자면 이 세상은 단기 속성을 위한 합숙 학원인 셈이다.

잃을 것 없는 진정한 열반의 미소는 번뇌 속에서 피어난다. 번뇌에서조차 열반이 추출되는데 더 이상 무엇이 두려우랴? 누가 말하길 법당 뒤에서 마시는 술맛이 최고라고 한다. 유마 대사는 그 법당 뒤의 술맛을 전하고 싶은가 보다. 그런 것이 인생의 참맛이 아닐까?

인생은 일상의 희로애락을 통해서 불사의 의식을 풍요롭게 만들어가는 나만의 스토리다. 그 이야기가 고요하기만 해서 되겠는가? 손에 땀을 쥐게 하는 스릴과 위기가 있어야 큰 감동을 주는 영화가 된다. 그래서 나는 백번 참선하느니 한번 행동으로 도전하는 것이 낫다고 생각한다. 그로 인해 그 비구니께서는 작품성 있는 드라마의 주인공이 되셨다. 그 주인공의 도전과 활약이 없었다면 이번 생은 얼마나 무미건조했을까? 정말 마당만 쓸다가 끝나는 스토리가 될 수도 있었다. 고요한 생각만으로 열반에 들 수 있다면 굳이 이 세상으로 올 필요도 없지 않을까?

그래서 수행자의 눈빛은 일상 속에서 반짝여야 한다. 일상에서 놓칠 것은 아무것도 없기 때문이다. 타고난 기질과 근기에 가장 적합한 방법으로 최선을 다해 삶에 도전하는 것이 일상 자체를 수행의 백미로 만들어 줄 것이다.

수도修道와 성격

인생이라는 수행 터에서 도전의 중요성과 더불어 한 가지 더 짚고 넘어가야 할 것이 있다. 성격에 대한 문제다. 성격과 수도는 어떤 관계가 있을까?

어떤 분들은 자신의 성격을 바꾸기 위해서 수도를 하거나 종교를 가지기도 한다. 그런데 그것이 과연 수도나 종교의 참다운 목적이 될 수 있을까? 종교는 말 그대로 모든 가르침 중에서도 가장 으뜸이 되는 가르침인데, 그것이 개인의 성격개조에만 머문다면 왠지 아쉬울 것 같다. 성격은 타고나는 것이다. 인연을 따라 나타난 연기의 일시적 결과물이다. 그것을 바꾼다는 것이 수도의 목표로 합당할까?

성격이 삶을 방해할 정도로 극단적이라면 성격개조가 수행의 우선적인 목표가 될 수는 있다. 하지만 성격 중에 기질적인 부분은 부모로부터 물려받은 유전자를 타고 나오는 것이라 후천적 노력만으로는 바뀌지 않는다. 원숭이가 수행한다고 사람이 되지는 않는다. (곰도 마찬가지다.)

물론 종교나 수행으로 성격이 이차적으로 원만하게 바뀔 수는 있지만, 수행의 목적이 오로지 성격을 바꾸는 것으로 투자되어서는 안 된다는 말이다. 수행이 성격개조에만 머문다면 그것은 지폐로 딱지를 만드는 것과 같고 보석으로 구슬치기를 하는 것과 같다. 천하의 보검을 곧 사라질 허깨비에게 휘두르는 것이라고나 할까?

성격을 바꾼다 한들 그렇게 살아갈 수 있는 시간이 얼마나 되겠는가? 아무리 좋은 성격으로 탈바꿈한다 해도 그 육체는 어차피 유한할 뿐이다.

비유하면 부모로부터 물려받은 기질은 이 세상을 타고 가는 자동차와 같다. 비록 그 차가 마음에 들지 않더라고 일단 타고 가야 한다. 차가 마음에 안 든다고 수학여행을 포기할 수는 없다. 인생의 목적은 닳아가는 차의 성능 개선이 아니라, 영원히 닳지 않는 지혜를 취득하는 데 있기 때문이다. 어차피 폐차장으로 가고 있는 차의 서스펜션을 좀 더 부드럽게 하는 것이 무슨 의미가 있겠는가?

진정한 수도는 자신이 물려받은 기질을 이용해서 자신만이 발견할 수 있는 진경을 찾아가는 길이라고 생각한다. 화물차는 자신의 둔탁한 외모를 탓하지 말고 묵직한 출력으로 물건을 실어 나르는 일에 전념해야 하며, 세단 승용차는 손님을 태우고 포장도로를 우아하게 달리는 일에 매진해야 한다. 그 과정에서 그만이 깨닫는 경험과 지혜가 생긴다. 그것이 그 사람 삶의 목적이다.

지금의 성격은 의식의 본질이 아니다. 역행의 삶 동안 잠시 타고 가는 육체의 조건이다. 그런데 역행의 삶에서 가장 중요한 목표는 새로운 정보의 취득이었다. 그러한 정보의 통합으로 인해 영체의 형상은 좀 더 포괄적이고 원만하게 구축된다. 그렇다면 성격을 바꾸기보다는 그 성격으로 더 멋진 인생의 경험과 정보를 구하는 것이 현명한 수행이 될 수 있다. 인생에서 남는 것은 경험과 교훈이지 유전자가 아니기 때문이다. 인연과 조건에 의해 일시적으로 형성된 지금의 성격만을 개조하려는 것은 바다의 이치는 무시하고 파도만 잠재우려는 시도와 같다.

진정한 구도심은 자신의 기질에 전전긍긍하지 않는다. 구도의 절실함은 성격이나 환경 따위에 좌절하지 않는다. 도는 기질에 영향 받지 않는다. 이른바 공자가 말하는 군자불기君子不器*의 뜻과 상통한다고 본다.

　물론 인격 수양의 관점에서는 내성적인 사람은 외향적인 면을 보강하는 것이 당연히 좋다. 그러나 수도의 관점에서는 내성적인 사람은 그 내성적 성찰을 통해 외향적인 사람이 발견하지 못하는 진리의 한 영역을 밝혀주는 것이 더 바람직한 수도가 될 수 있다.

　부처님도 자신의 성격을 탓하거나 바꾸지는 않았다. 오히려 타고난 예민함을 활용하여 연기의 법칙을 발견하였다. 진정한 수도란 자신에게 주어진 인연(성격, 외모, 재능)을 타고 진리를 찾아가는 길이라고 생각한다.

　'지금의 나'는 활용의 대상이다. 환생의 이유가 변형이기는 해도, 그것은 육체(기질)의 변형이 아니다. 육체는 어차피 소멸한다. 기질에서 비롯된 성격은 육체의 소멸과 함께 사라진다. 진정한 변형은 영체靈體의 변형이다. 그것은 역행의 고통에서 건져낸 지혜로써 가능해진다. 그러한 영격의 변화로 인해 이차적인 성격의 변화가 뒤따를 수는 있다. 하지만 그것은 자신의 성격을 바꾸려는 어떤 작위의 결과가 아니다. 영혼의 지혜가 확장되어 나타나는 자연스러운 무위의 결실이다.

　환생과 수도의 목적은 그러한 지혜의 성취에 달려 있다. 그 외는 이슬로 구슬을 만들려는 시도이며 구름으로 집을 지으려는 어리석음이다.

　자신의 성격을 고치는 것을 수도의 목표로 잡아도 된다. 워낙 극단적인 성격이라 그로 인해 자신과 남이 고통을 받는 경우다. 그런 삶은 진행될수록 악업을 쌓게 되고 자신과 타인을 파괴적으로 몰아가기 때문에,

---

*　〈논어〉'위정' 편에, 공자는 "군자불기"라는 말을 했다. 군자는 기질(그릇)에 위축되지 않고 오히려 기질을 자유롭게 활용한다는 뜻으로 확대해석 해본다.

나중에 그 영혼은 심한 죄책감을 가지게 될 것이다. 그런 영혼은 다음 생에서 더 척박한 환경을 선택해서라도 그 죄책감을 해소하고자 할 수 있다. 불필요한 고통이다. 그런 경우에는 거친 기질을 제압하고 성격을 고치는 것이 이번 생의 목표가 될 수 있겠다. 그 또한 형상을 변형시키고 진화하는 일이라고 본다.

다만 이때도 성격을 고친다고 해서 타고난 색깔 자체를 바꾸려 하면 안 된다. 대신 색의 순도와 강도를 조절하는 정도다. 빨간색 장미가 노란색이 되려고 할 필요는 없다. 수도란 자신의 색 그대로 단지 맑아지고 밝아지는 것이다.

변형을 향한 도전

스프링이 자기 혼자 아무리 뛰어봤자 스스로 길이를 늘이지는 못한다. 오직 외부에서 스프링의 탄성한계를 넘는 힘으로 당겨주어야 늘어난다. 그때 찢어지는 아픔이 있다. 하지만 그런 외압에 의한 확장의 고통을 견뎌내야 마침내 자신의 한계를 넘어서는 변형이 가능해진다. 그래서 혼자의 힘만으로는 습관을 고치기 힘들다. 자신이 감당할 만큼만 견디는 것은 여전히 자신의 한계 안에 머물러 있는 것이다. 그때는 진정한 변형이 일어나지 않는다. 도저히 더 이상 견딜 수 없다고 느껴지는 고통 이상을 견뎌내야만 비로소 변형이 이루어진다.

그런 힘이 주어지는 곳이 바로 이곳 상극의 물질계다. 그렇다면 우리가 이생에서 추구할 것은 과연 무엇일까? 고통 없는 안락한 삶일까?

진정한 변형을 기대한다면 상극의 고통을 두려워하지 않는 도전정신이 필요하다. 아무것도 하지 않는다면 아무 변화도 없다. 그것보다는 차라리 실패라도 하는 삶이 가치 있다. 실패에는 유용한 지혜가 있어 영혼이 성장하기 때문이다. 이것이 삶에서 실패를 두려워하지 않는 도전과 용기가 필요한 이유다.

영혼이 안락함만을 추구했다면, 굳이 상극의 물질세계에 올 필요는 없다. 이곳에서는 무엇이든지 저항을 동반해야만 이루어진다. 그러니까 이곳은 한마디로 고통의 바다다. 부처가 아니더라도 좀 살다 보면 그쯤은 알게 된다. 어떤 의미에서 저항과 고통을 겪기 위해 환생한다고 하는 것이 맞다.

> 어제와 똑같은 오늘을 살면서 변화된 내일을 기대하는 것은 정신병 초기증세다.
> _아인슈타인

육체의 고통과 충돌을 겪으면서도 열정적이고 도전적인 삶을 선택한 결과, 영혼은 좀 더 포괄적이고 고차원적 위상으로 변형될 수 있었다. 즉 환생의 목표는 도전에 달려 있다고 하겠다. 전생에 실패한 것, 포기한 것, 못다 한 것을 이번 생에서는 반드시 만회하고 싶은 것이다. 영혼은 그렇게 재도전해서 무언가를 배우기 위해 고난의 길을 자청한다.

진화의 길 위에서 육지로 최초의 첫발을 내디딘 이름 모를 바다 생명체의 용기를 상상해 보자. 당연히 한 번 만에 육지에 안착한 것은 아니겠지만, 타성에 젖은 바다 생활을 마다한 그 용감한 첫걸음이 없었다면, 어떻게 지금의 우리가 탄생할 수 있었겠는가? 그런 것이 도전의 보상이다.

공만 추구하면서 눈만 감고 있는 것이 수도일까? 유마 대사는 그렇게 나무 밑에서 좌선하고 있던 부처의 제자 '사리불'을 보고, "좌선은 도법을 떠나지 않으면서 범부의 일을 드러내는 것이며 번뇌를 끊지 않으면서 열반에 들어가는 것"이라고 한마디 한다. 이에 뜨끔해하는 사리불의 모습이 기록되어 있다. (물론 유마경은 대중 교화를 위한 '픽션'의 성격이 강하다. 사리불을 존경하는 분이 계신다면 오해하지 마시길.)

성경에서도 달란트를 받은 종들의 이야기가 나온다. 주인으로부터 받은 달란트를 땅에 묻어두었다가 고스란히 다시 주인에게 돌려준 종에게 주인은 악하고 게으른 종이라 혼을 낸다. 달란트를 이용해서 이익을 남기지 못했다는 것이다. 하느님은 타고난 성격과 재능을 활용하지 못한 채 그저 시간만 낭비한 인생을 많이 안타까워하신 듯하다.

영혼의 개별성

성격은 부모로부터 물려받은 기질에 영혼의 특성이 부가되어 나타난 결과물이다. 기질은 물질의 작용이니 지가 되고 영혼은 기의 작용이니 천이 되어 그 합으로서 인이라는 성격이 탄생한다.

이 '성격'은 어떤 자극에 대해 반복적이고 고유한 반응양상을 보인다. 똑같은 자극에서도 사람마다 그 반응양상이 다르지 않은가? 그 차이는 물려받은 기질이나 영혼의 성향 차이에서 기인한다. 그런데 부모가 다르니 그 몸의 기질은 당연히 다르다고 하겠다. 그렇다면 그 출처가 같은 하늘(순행의 기)인 영혼의 성향 차이는 어디에서 비롯되는 것일까?

영혼은 무수한 정보의 조직체다. 그러한 영혼에서 기능의 차이는 저장된 '정보'의 차이밖에 없다. 그 정보는 결국 물질계에서의 경험을 말한다. 영혼은 그러한 경험의 양과 질에 의해서 자신만의 특징적인 성향을 나타내 보인다고 생각한다. 그것 말고 비국소적인 의식의 세계에서 차이가 날 것이 무엇이 있겠는가?

그렇다면 영혼은 '착하다 나쁘다'로 구분할 수 없다. 모두가 근원의 창조물이기 때문이다. 대신 경험(지혜)이 '많다 적다'로 분별할 수는 있다. 즉 정보(경험)의 양이 그 영혼의 가치가 된다. 지혜가 많을수록 공존을 향한 선한 작용력(성격)을 행사하겠다.

의식은 과거에 겪었던 경험을 바탕으로 현재의 대상과 상황을 판단한다. 빨간색만 각인된 필름은 세상을 빨갛게만 본다. 빨주노초파남보 모두 각인된 필름은 대상을 다양하게 인식할 수 있다. 경험의 양과 질에 의해서 그 정보체의 기능이 결정되는 것이다. 경험은 그만큼 중요하다. 융통성 있고 유연한 성격이 되려면 다양한 경험을 해야 한다. 편협한 경험을 보상하는 다양한 경험에서 합리적인 해석과 반응이 나온다. 그러므로 경험 자체가 수행이다. 경험으로부터 다양한 정보가 갖추어지기 때문이다.

그런 천금 같은 정보 취득의 기회가 지금, 여기 상극의 세계에 펼쳐져 있다. 이런 곳에서 좌선만 하고 앉아 있다면 유마 대사의 따끔한 지적을 받을 수밖에 없다. 뷔페식당에 와서 눈감고 음식을 상상만 하는 형국이다. 나를 구원해 줄 생생한 정보가 도처에 널려 있는데 좌선만 하고 마당만 쓸고 있다면 얼마나 아쉬운 인생이 되겠는가? (단, 충분한 지혜를 터득하고 오직 마당 쓰는 그 순간을 만끽하기 위해 마당을 쓰는 현자의 유유자적함은 예외다.)

이곳 상극의 물질계에서의 수도는 인연이 부여한 기질을 타고 가면서 자신만의 경험과 지혜를 구하는 것이라고 생각한다. 성격의 변화는 삶의 다양한 경험에서 얻어지는 이차적인 열매이지 수도의 직접적인 목표는 아니다. 모난 바퀴라도 목적지를 향해 열심히 구르다 보면 점차 원만해지는 법이다. 그런 것이 연륜이다.

우리가 할 일은 자기 성격을 부정하지 않으면서, 그것을 장점으로 삼아 전체성에 기부할 지혜의 퍼즐 한 조각을 발견해 내는 일이 아닐까? 그 조각은 이번 생에서 누리는 자아실현이고, 타인에게 건네는 선물이며 수도의 공덕이라 하겠다. 마치 게임이 한 번에 하나씩 임무를 완수하는 것으로 진행되는 것처럼, 우리는 다양한 삶의 '경험치'만큼 자신의 진화를 이끌어간다. 경험의 정도가 곧 수행의 깊이라고 하겠다.

다만 중요한 것은 삶을 통해서 인생의 교훈을 추출하려는 마음가짐이다. 그런 마음만 있다면 실패를 너무 두려워할 필요가 없다. 배움을 목표로 한다면 어떤 경험이든지 그대로 교훈이 되기 때문이다.

앞서 운명론에서도 말했듯이 인생의 목적을 배움에 둔다면, 육체의 안위보다는 경험과 도전이 더욱 중요하다. 외국의 어떤 회사에서는 실패의 이력이 많은 사람을 뽑기도 한다고 한다. 그 사람은 그만큼 시행착오의 확률이 낮아졌기 때문이다.

우리는 이번 생의 경험만큼 또 성장할 것이다. 육체와 영혼의 상호작용을 깊이 생각해 본다면, 삶의 목적은 얼마나 누렸느냐가 아니라 무엇을 배웠느냐에 달려 있음이 확실하다. 상생의 영계 앞에서 제출해야 할 '자기소개서'의 내용은 그런 것들이다.

도道의 경계

끝으로 좀 더 용감하게 도전하여 한 번뿐인 자신의 인생을 감동적인 작품으로 만들어 보자는 의도에서 도의 경계에 대해서 살펴보겠다. 도

닦는다고 경직된 자세로 앉아만 있을 필요는 없다고 일찍이 유마 대사께서 일갈하지 않았는가?

우리에게 수도는 부동의 고요함 속에서 진행되는 것이라는 선입관이 있는 것 같다. 아마도 5000년 전 시바 신상도 눈 감고 명상하는 모습이었고, 그것이 불상으로까지 이어지면서 은연중에 우리의 무의식에 그렇게 각인된 것 같다. 수도자는 항상 그렇게 고요하고 조심스러운 마음으로만 살아야 할까? 그런 것이 수도일까? 도는 우리가 잠시만 방심해도 거기에서 벗어나게 되는 엄격한 경계를 가지는 것일까?

그렇지 않다고 생각한다. 도는 그렇게 도도하지 않다. 역동적인 역행의 세계도 근원의 요소다. 고요한 것만 도이고 소란하면 도가 아닐까? 도는 정동에 영향 받지 않는다. 도는 그렇게 자기 영역을 주장하지 않는다. 물고기가 조심하지 않는다고 해서 대양을 벗어나지는 않는다. 만약 물고기가 어떤 영역을 벗어났다면 그것은 조그만 강어귀 정도일 것이다.

우리가 알고 싶은 것은 궁극의 이치다. 그것은 조심스럽게 지켜야 하는 공중도덕과 차원이 다르다. 어떤 법을 인위적으로 지켜야 한다면, 그것은 궁극이 아니라 지엽적인 규칙일 뿐이다. 궁극의 이치는 우리가 어떠한 상황에서 무엇을 하든 이미 그 이치 안에 포섭될 수밖에 없는 것이다.

'무문관'에서는 '대도무문'이라 하였다. 만약 도에 문이 있다면 그 문밖은 도가 아니게 된다. 그럴 때는 그 문밖으로 벗어나지 않으려고 긴장할 수밖에 없다. 그런 것을 대도라 할 수 없다. 경계를 지닌 협소한 조례 정도일 뿐이다. 그래서 교리로 도의 안과 밖을 인위적으로 설정하는 종교일수록 선악의 구분은 치열해진다.

대도, 궁극의 도는 그런 차원이 아니다. 우리는 언제나 도안에 있을 수밖에 없다. 그것이 궁극의 의미다. 부처님 손바닥은 한량없이 크다. 존재의 이치를 벗어난 존재가 있을 수 있을까? 만약 그렇다면 존재하지 않았어야 한다.

물고기는 대양을 벗어나지 않으려고 조심할 것이 아니라 마음껏 대양을 누벼야 한다. 그것이 궁극의 이치를 존중하는 길이다. 도에서 벗어나지 않으려고 내 생각과 욕심을 버려야 할까? 하지만 그것이야말로 오히려 인위적 욕망의 발로가 아닐까? 인간의 '욕심'조차 수도의 동력으로 재활용하는 용기와 지혜가 진정한 수도라고 감히 발설해 본다.

道, 空, 無, 無我, 無心 이러한 말들은 하나의 대상에게만 집착하지 말라고 선각자들이 제시한 가르침의 방편이다. 하나의 극단에 머물러 중도의 흐름을 막지 말라는 뜻이다. 그런데 이러한 방편에 또 집착한다면 대양을 누리지 못하는 졸장부 같은 삶만 살다가 가게 될 것이다. 우리는 이미 대도 안에 있다. 남은 것은 용감한 도전의식으로 지혜의 대양, 인생을 마음껏 항해하는 일이다.

> 원만한 도를 깨닫는 도량은 어디인가? 지금 생사를 겪고 있는 바로 이곳이다.
> (圓覺道場何處 現今生死卽是)
> _해인사 법조전 주련

7. 수도와 종교

카고 컬트 Cargo cult

2차 세계 대전이 끝나고 남태평양의 폴리네시아 군도 여러 섬에서는 새로운 종교가 동시다발적으로 발생했다고 한다. 나무를 베어낸 자리에 어설픈 활주로를 만들어 놓고 코코넛 헤드폰과 무전기를 착용한 원주민들이 나무 소총을 들고서 제식 훈련을 하거나 나무로 비행기를 만들어 놓고 비행기 착륙장면 등을 흉내 내는 종교의식을 했는데 그런 행위를 통해 하늘에서 신의 선물이 내려온다고 믿었다.

짐작하겠지만 이 종교의 시작은 태평양 전쟁 중에 원주민들의 섬을 보급기지로 삼은 미군 때문이었다. 평생 섬을 벗어나 본 적 없는 원시 부족민의 눈에 하얀 피부색의 미군들은 대단히 기이하게 보였을 것이다. 복장과 장비도 신비로웠겠지만 그들의 특이한 의식행위 (무전을 치는 동작 등)에 의해 하늘에서 내려오는 거대한 새(수송기)와 거기에서 나오는 온갖 진귀한 물건들(원주민들이 사는 곳으로 잘못 떨어진 낙하물)은 그야말로 신이 내리는 은총이었다. 그 충격과 신비로움은 얼마나 대단했을까? 라이터 하나만 있었어도 부족장 자리는 따 놓은 당상이 아니겠는가? 현대 문명을 접해본 적 없었던 그들의 눈에 미군의 보급품은 분명히 기적이었고 은혜 가득한 신의 하사품이었다.

　나도 어릴 때 비슷한 하사품을 받아 본 적 있다. 일주일에 한 번 정도 집에 오시는 아버지(당시 중령, 근무지가 멀었던 이유로)께서는 항상 미군들의 전투 식량(c-ration) 한 상자를 가지고 오셨다. 그 안에는 온갖 음식들이 가득 들어 있었는데 간식거리가 충분하지 않았던 당시에는 가히 보물 상자와 같았다. 하물며 원시 부족민들의 눈에는 어떠했을까?

　하지만 전쟁이 끝나자 미군들은 철수해 버렸다. 당연히 신의 은총도 중단되었다. 절망한 그들은 직접 신의 은총을 빌어야 했다. 앞서 하얀 피부의 제사장들이 했던 행위를 직접 모방해 본다. 원주민들은 커다란 비행기 모형을 만들어 잡초만 자란 빈 활주로에 착륙하는 시늉을 하면서 하늘에서 다시 신의 은총이 내려오기를 기원하였다. 이렇게 해서 발생한 종교를 '카고 컬트Cargo cult'라고 한다. '화물 숭배 신앙' 정도로 번역할 수 있겠다.

　현대인의 관점에서 보면 참 우습고 측은한 제식 훈련이겠지만 그들에게는 얼마나 간절한 종교행사였겠는가? 하지만 우리는 이것을 웃어넘길 수만 없다. 이 세상의 많은 종교가 탄생하는 과정과 크게 다르지 않기 때문이다.

　미국에서는 기침 감기에 처방되는 약 종류만도 600가지가 넘는다는 사실을 언젠가 읽은 적이 있다. 그것은 기침약이 발전한 증거일까? 아니다. 그 반대다. 그것은 오히려 기침약의 부재를 말한다. 한 가지 약도 제대로 기침 감기를 치료해 내지 못하고 있다는 반증이다. 그러니 자꾸만 새로운 약을 개발해야 했던 것이다.

종교나 수도법 역시 마찬가지다. 이 세상에 이토록 많은 종교와 수도법이 있다는 것은 역설적으로 진정한 종교와 수도법이 아직 없다는 뜻이기도 하다. 왜 그럴까?

그것은 지금의 종교도 대개는 하늘에서 보급품이 내려오는 것을 기대하면서 온갖 형식의 제식 훈련에 치중하는 화물숭배신앙과 유사하기 때문이다. 모방과 선동만 있다. 만약 원주민들이 정상적인 교육을 통해 인류의 역사와 과학 문명에 대해 배운다면 그 어설픈 종교의식은 한순간에 사라질 것이다.

좀 더 상상해 보겠다. 원주민 아이 하나가 철수하는 미군에게 입양되어 미국으로 건너가게 되었다. 처음에는 엄청난 문화충격을 받겠지만 그 아이는 점차 정규교육을 받으며 성장하였고 마침내 인류의 역사와 강대국 간의 경쟁과 2차 세계 대전이 발발하게 된 맥락을 이해하게 되었다. 물론 과학교육도 충분히 받았다고 하자.

그 아이는 마침내 어른이 되어 다시 고향 섬으로 돌아왔다. 그의 눈에는 그때까지도 제식 훈련과 비행기 착륙 과정을 재연하는 종교의식에 심취하여 하늘의 은총을 기다리는 동족들이 보였다. 그 심정은 어떠했을까?

더구나 그사이, 화물 신앙에도 여러 분파가 생겨났다. 형식은 형식을 부른다. 비행기 모형의 형태에 대해서도 이견이 많았고 제식 훈련의 순서에 대해서도, 하늘에 무전을 치는 동작에 있어서도 많은 이견과 갈등이 나타났다. 다른 건 몰라도 교리적 이견으로 생기는 갈등만큼 살벌한 대립도 없다. 부족민들은 여러 분파로 나뉘어 치열하게 싸우고 있었다. 화물이 떨어지는 진짜 이유를 알기 전까지는 코코넛 무전기를 장착한 눈

물겨운 제식 훈련은 멈추지 않을 것이며 분파 간의 살벌한 교리 논쟁 또한 멈추지 않을 것이다. 오늘날의 종교 상황과 크게 다르지 않다.

실제로 러시아 정교회에서 황당한 교리 다툼이 있었다. 대개의 종교에서처럼 당시 사제들은 최고위 계급이었다. 국민의 절대다수가 가난한 노동자, 농민이었지만 사제들은 종교라는 신성불가침의 권위를 유지하며 그들만의 특권을 누리고 있었다. 하지만 아무리 사제라도 마냥 놀고먹을 수는 없는 노릇이다. 뭔가 자신들의 존재 의미가 있어야 했다. 그들은 교리 논쟁에 몰두하였다. 성경의 문자 틈을 파고들어 나름의 논리를 세우고 자기만의 견해를 주장하였다. 당연히 그 속사정에는 각 분파 간의 보이지 않는 알력다툼도 있었을 것이다. 다만 그런 교리 논쟁을 통해서라도 신앙이 바르게 정립될 수만 있다면 얼마나 좋았을까?

문제는 논쟁의 내용이다. 코코넛 무전기만큼이나 웃기고 슬프다. 몇 가지 예를 들어 보겠다. 교회에 들어가면 성수가 있다. 어느 날 그 성수에 파리가 빠져 죽어 있었다. 그 후 사제들은 두 파로 나뉘어 논쟁을 시작한다. 성수에 파리가 빠졌으니 파리가 거룩해졌다고 주장하는 파와 아무리 성수라도 파리가 빠졌으니 성수가 더러워졌다고 주장하는 파가 생겨나 서로 다퉜다. 그 차이가 인간의 구원과 해방에 어떤 역할을 하는지 모르겠다. 그 외에도 천사가 부는 나팔의 길이가 얼마나 되는지, 천사가 바늘 끝에 올라설 수 있는지 없는지를 두고도 싸우게 되었다고 한다.

마침 바람이 불어 깃발이 날리고 있었다. 어느 스님이 "깃발이 움직인다"고 하자 다른 스님은 "바람이 움직이는 것이다"라고 했다. 나는 "깃발이 움직이는 것도, 바람이 움직이는 것도 아니고, 당신들

마음이 움직이고 있는 것이다"고 했다. 인종스님은 이 말을 듣고 소스라치게 놀랐다고 한다.

_이은윤, 〈육조 혜능평전〉, 단경 11절

인간이 만든 교리는 진실도 아니고 종교도 아니다. 교리가 득세하고 있는 종교는 선물 포장지를 뜯는 방법과 절차에 몰두하여 정작 내용물은 만지지도 못하게 하는 것과 같다. 어쩌면 그 포장지 안에는 알맹이가 아예 없을지도 모른다. 껍데기만으로 사람들을 현혹하고 있는지도 모른다.

사제들의 무의식적 욕망은 많은 교리를 만들어낸다. 교리는 또 하나의 권력이 된다. 스스로 자기 최면에 걸려서 목숨을 걸고 그 교리를 주장하게 된다. 사이비 교주들의 성욕은 성스럽게 포장되기까지 한다.

결국은 혁명이 일어나 사제들은 처형당한다. 그 또한 하나님의 뜻이었을까? 러시아에서 공산주의 사상이 발생한 데에는 종교도 한 몫 한듯하다.

○

이치를 모르면서 형식에만 사로잡혀 있는 안타까운 현실은 지금도 다르지 않다. 현재의 종교 역시 제식 훈련에만 몰두하고 있는 것만 같다. 예배를 드릴 때는 언제고 예배당 나오면서 우산이 없어졌다고, 신발이 바뀌었다고 소리치고 싸우는 기복 신자들이 주 고객이 되어 있다. 하늘에서 떨어질 선물을 바라면서 영문 모를 제식 훈련만 하는 원주민과 무엇이 다른가? 교리는 피곤하다. 교리를 지키는 것을 종교로 착각하면 안 된다. 거기에는 신도들을 장악하려는 사제들의 욕망이 숨어 있을 수 있다.

진정한 종교(수도)는 세상의 지식을 배척하지 않는다고 본다. 먼저 세상의 학문이 정직하게 밝힌 형이하학적 지식의 계단을 착실히 밟은 뒤에야 모두가 합의할 수 있는 형이상학적 깨달음을 얻을 수 있다는 것이 나의 소신이다.

지식을 외면하고 눈을 감은 채 기도와 믿음만으로 깨달을 수 있다고 생각하는 것은 씨도 안 뿌리고 풍성한 수확을 기대하는 어리석음이다. 과연 호흡만 고르게 하면 신선이 될까? 단전에 힘을 주고 숨을 오래 참는다고 불사에 이르게 될까? 더욱이 스승에게 그 이유를 물으면 안 된다. 그것은 불경이다. 제자들에게 필요한 덕목은 오직 인내와 믿음이다. 교리가 득세하는 많은 종파에서 스승에 대한 절대적인 믿음과 헌신을 강조하는 이유도 가끔은 다시 생각해 보아야 한다.

알맹이가 없으면 껍데기가 주인 노릇을 한다. 내용이 없으면 형식으로 때우려 한다. 실상을 모르니 그저 복잡한 의식과 감정적 선동으로 권세를 유지하려 한다. 나무 모형 무전기를 두드리는 동작과 순서가 교리가 되어 버렸다. 어쩌면 코코넛 무전기가 성물이라고 강대상 뒤에 걸려 있을 수도 있다.

이성과 믿음

진리가 우리를 자유롭게 해 준다. 이때 진리란 누구나 납득할 수 있는 확고부동한 존재의 이치를 말한다. 이치를 모르면 온갖 상상이 활개 친다. 그리고 공연한 두려움이 생긴다. 이치를 확실히 깨달으면 그런 두려움은 사라지고 번잡한 형식도 초월된다. 그래서 무엇보다도 이치를 깨닫는 것이 중요하다.

이치는 어떻게 깨닫게 될까? 단지 이치를 깨달은 사람을 믿으면 깨달게 되는 걸까? 우리에게 정말 필요한 것은 보물을 본 사람이 아니라, 보물 그 자체다.

사실 이치는 믿음과는 아무런 상관이 없다. 지구가 둥근 것은 믿음의 차원이 아니다. 과학 선생님은 학생들에게 지동설의 이치를 가르쳤지 지동설을 믿으라고 하지는 않는다. 이치를 깨닫는 것은 치열한 탐구의 결과다. 부처님은 연기법을 절실하게 믿은 것이 아니라 치열하고도 합리적인 사유로 그 이치를 깨달은 것이다.

그런 의미에서 불교는 믿음의 종교가 아니다. 불교는 존재의 근본 이치를 깨닫기 위한 중도적 사유체계라고 본다. 냉철한 사유로 만물의 이치를 깨달은 부처님은 '자등명 법등명'이라는 유훈을 남겼다. 그것이 평생 자신이 의지해 왔던 구도의 방법이었기 때문이다. 남의 말이 아니라 법을 직접 탐구하는 일이다.

물론 이치를 안다고 해서 그 정신이 완성되는 것은 아니다. 하지만 최소한 불필요한 형식에서 벗어날 수는 있다. 제식 훈련에 사로잡히지 않게 되고 천사의 나팔 길이를 두고 싸우지 않게 된다. 불필요한 교리 논쟁에서 벗어나 다시 합리적인 통찰의 길로 갈 수 있다.

부처님의 마지막 당부는 사과를 대하는 자세와 순서에서 벗어나 사과가 열리는 이치를 탐구하고 결국엔 그 사과를 직접 맛보라는 것이었다. 최후의 목표는 시원하고 달콤한 사과 맛이다. 그 맛은 믿음으로 달성되지 않는다. 분명코 부처님은 자신에 대한 믿음을 강요하지 않았다. 중도적 사유와 객관적 법에 의지하는 이성적 통찰을 권유하였다. 그것이 바로 이치를 밝히는 등불이다. 불필요한 형식과 인위적인 교리의 속박에서 벗어나려는 용기가 동반되어야 한다.

하나님의 형상을 닮은 아담과 이브는 그 점이 남달랐다. 모두가 금단의 규율에 갇혀 있을 때 아담과 이브가 보인 그 불경의 용기야말로 역설적으로 이 시대에 가장 필요한 종교적 덕목이 아닐까 한다. 지금의 기독교protestant도 그 역사를 보면 금단의 교리와 규율에 용감하게 항거한 덕분이라고 하겠다. 하느님이 진정으로 바라신 것은 주인의 지시에 맹목적으로 따르는 종이 아니라 어떤 형식에도 구애되지 않는 용기 있고 자유로운 아들의 귀환이 아닐까?

무엇보다도 투철한 세상 지식의 탐구에서 우리의 구도가 시작해야 한다고 생각한다. 물질계를 통하지 않고서는 정신계가 펼쳐지지 않듯이 세상 지식을 통하지 않고서는 영혼의 지혜를 얻지 못한다. 흔히 모든 지식을 버리라고 말하는 스승이 있다. 그것은 한 가지 지식에 대한 고정관념을 버리라는 것이지 지식 자체를 버리라는 뜻은 아니다. 만약 모든 지식을 몽땅 버리라고 말하는 사람이 있다면, 그 사람은 지식의 가치를 모르는 사람이다. 그런 말은 따르지 않는 것이 좋겠다. 중도에서 벗어날 뿐 아니라 그 저의가 의심스럽다. 그 사람은 자신의 지시를 무조건 따르는 하인을 구하고 있다.

비울 것은 지식이 아니라 아만이다. 마음은 비우되 머리는 채워야 한다. 노자 또한 〈도덕경〉 3장에서 "마음은 비우고 배는 채우라(虛其心 實其腹). 고집(뜻)은 약하게 하고 뼈는 튼튼하게 하라(弱其志 强其骨)"고 했다.

뇌는 비우기 위해 발생하지 않았다. 뇌는 많은 경험과 정보를 모아 영체에 전송하기 위해 달려 있다. 마음을 비우라는 것은 고정관념이나 과욕을 버리고 순수한 의문으로 진실한 정보를 채우라는 말이다. 무식은 수도의 큰 장애물이다.

책, 진정한 도반

지식은 깨달음의 문에 도달하게 하는 사다리가 되어준다. 그래서 많은 책을 읽을 필요가 있다. 책은 가까이할수록 이득이 많다.

> 사람은 책을 만들고 책은 사람을 만든다.
> _신용호(교보문고 창립자)

지식에는 직접지식과 간접지식이 있다. 직접지식은 자신의 체험을 말한다. 그보다 더 확실한 지식이 어디 있겠는가? 그것은 완전히 자기만의 것이다. 우주에서 자신을 절대적이고 유일한 존재로 만들어 주는 것은 그렇게 직접 체득해서 얻은 정보들이다. 그런 지식은 누구도 빼앗지 못하는 자기만의 재산이다.

공자는 배우지 않고도 아는 타고난 지식과 배워서 아는 지식, 그리고 곤란을 경험하고서 아는 지식으로 구분하여 설명한 바 있다. 곤란을 겪어서라도 알게 되는 경험적 지식이야말로 오히려 더 소중하다고 하겠다.

그런 의미에서 인생의 목적은 '경험'에 있다고 할 수 있다. 마치 게임에서 온갖 난관을 물리치고 아이템을 하나씩 획득해 나가듯이 수도의 본질 역시 험난한 상극의 세상에서 공존의 지혜를 하나씩 깨달아가는 과정이다. 그런 상황에서 눈 감고 있으면 더 불리하다.

게임이 어려울수록 아이템의 가치는 더 높아진다. 고통과 인내 속에서 하나씩 터득해 가는 그 살아있는 정보야말로 삶의 목적이자 수행의 열매다. 그래서 삶의 경험치는 그대로 수행의 척도이기도 하다. 연륜이 얼마나 중요하던가? 인생은 구른 시간만큼 원만해진다.

그렇지만 인생은 짧고도 유한하다. 직접적인 경험을 통해 얻을 수 있는 정보는 많지 않다. 그래서 우리는 학문과 책을 통한 간접경험을 쌓아야 한다.

책 한 권은 누군가의 인생 한편이다. 아니 그 이상이다. 어떤 사람이 자신의 삶과 맞바꾸어 얻은 정보가 책의 한 문장으로 나열되기도 하고 수십 세기에 걸친 논쟁의 결론이 불과 몇 줄에 담기기도 하며 때로 수백만 명의 목숨을 희생시켜 단 한 줄의 교훈이 인쇄되기도 한다. 책은 그러한 숭고한 가치를 지니고 있다. 비록 간접지식이지만 책을 한 권 정독하면 그 인생은 그만큼 더 많이 산 것이다. 역사를 배우는 이유도 그 때문이다. 과거의 역사를 현재나 미래의 소중한 정보로 활용하고자 하는 것이다. 그래서 역사를 모르는 민족은 반복되는 시행착오로 인해 도태될 수밖에 없다.

그처럼 좋은 책은 인생의 진실한 이정표다. 때로 나태해진 마음에 활력을 주고 다시 성실히 공부하게 하는 동기가 된다. 또 둔한 머리에 영감을 내려주고 간혹 잘못된 공부의 방향을 바로 잡아 주기도 한다. 화물 숭배자들이 평생을 제식 훈련과 기도에 투자하느니 인류의 역사책을 한번 읽어보는 것이 더 낫지 않았을까?

지금까지는 전 세계 각 지역의 문명들이 자기만의 영토에서 각자 고유한 지식과 지혜를 발달시켜 왔다. 그러나 이제는 그 이질적 문명들이 함께 통합되는 시기를 맞이한 지 오래되었다. 그로 인해 정상은 한층 더 가까워지고 있고, 그 통합의 일등공신은 단연코 과학이다. 부작용도 많지만 지금 인류의 문명과 의식의 진보는 과학에 큰 빚을 지고 있다.

하늘의 문

때는 조선 말, 동학혁명이 일어나고 그 혼란한 틈을 타서 청나라와 일본이 우리나라를 장악하고자 하던 시절이었다. 인생의 무상함과 인성 속에 담긴 악한 이기심에 절망하여 소란한 세상을 벗어나 근본적인 도에 귀의하고자 하는 한 젊은이가 있었다.

그는 절실하게 스승을 찾아다녔다. 하지만 당시에는 책도 구하기 어려웠고 원하는 정보를 자세히 가르쳐주는 곳도 없었기에 입소문에 의지하여 무작정 여러 수도처를 찾아다닐 수밖에 없었다. 그러다가 다행히 한 스승을 만날 수 있었다. 그런데 가까스로 만난 그 스승은 나이가 많았고 먼저 온 제자들은 거동이 불편한 스승의 일상을 도와가며 가르침을 청하고 있었다. 노쇠한 스승의 모습이 조금 실망스러웠지만 그런 스승을 보좌하는 선배 도반들의 헌신적인 모습에서 오히려 선한 구도의 기운을 느끼며 그 청년은 그곳에 입문할 수 있었다.

그곳의 공동체 생활은 엄격했다. 제자들 간에는 입문한 순서대로 서열이 있었고 사제 간의 도리와 선후배 도반 사이의 위계질서가 뚜렷했고 맡은 바 일들이 분명했다. 그럴 수밖에 없는 것이 당시엔 매일 집에서 오갈 교통편도 없었고 스승의 육성 말고는 보고 접할 것이 없었기에 모두 함께 살면서 공부해야 했다. 그런 상황에서 당연히 의식주부터 해결하는 것이 무엇보다 중요했고 더구나 대부분을 자급자족해야 하는 상황에서 도반들은 엄격한 서열과 질서를 가지고 일상의 일들을 분담할 수밖에 없었다.

새로 들어온 사람은 허드렛일부터 하였다. 그야말로 나무하고 밥 짓고 빨래하는 일이 대부분의 일상이었고 일주일에 두세 번 정도 겨우 스승의 얼굴을 보거나 법문을 들을 수 있었지만, 그마저도 끝자리에 앉게 되면 스승의 목소리가 제대로 들리지도 않았다. 일에 지쳐 잠은 또 왜 그리 오는 것인가.

그러나 어떤 어려움을 겪더라도 그의 구도를 향한 마음은 변함이 없었다. 일찍이 삶의 무상함과 상극의 비극을 목격한 그였기에 세상이 어떻게 돌아가든 오직 득도만이 자신의 삶을 보상해 줄 것으로 생각했다. 그는 스승을 위해 기꺼이 청춘을 바쳤고 누구보다도 성실하게 스승을 모셨다.

한편, 세상은 한 치 앞을 알 수 없을 정도로 더욱 혼란해졌다. 동학혁명은 진압되고 있었지만, 관으로부터 혁명과 연관되었다고 오해를 받을까 위기감을 느낀 많은 도반이 떠나가 버렸다. 그들 중 일부는 동학혁명을 핑계로 스스로 파계한 것이기도 했다. 하지만 그 청년은 흔들리지 않고 남아서 스승을 계속 보살폈다.

어느새 5년의 세월이 훌쩍 흘러가고 있었고 그 청년은 서열이 올라가 스승의 침소까지 들어갈 수 있는 위치가 되었다. 그러던 어느 날, 하늘처럼 모셨던 스승이 갑자기 위독하게 되었다. 그때까지 도통의 방법이나 한마디의 천기조차 말해 준 적이 없었던 스승이었다. '설마 이렇게 돌아가신단 말인가? 이렇게 끝낼 수는 없지 않은가?' 그 청년의 마음속에는 자신의 운명에 대한 분노와 절망감이 섞여서 올라오고 있었지만 충직했던 청년은 스승에 대한 믿음을 포기하지 않고 끝까지 스승을 돌보았다. 그것은 도에 대한 간절함이기도 했다. 그는 마지막 순간까지도 도에 대한 가르침을 고대하고 있었다.

그 간절함을 알고 있었던 것일까? 가쁜 숨을 몰아쉬던 스승은 다른 제자들을 모두 나가게 한 뒤, 끝까지 자신을 믿어 주었던 이 제자에게 드디어 유훈을 남기는 것이었다. 절망의 끝자락에서 과연 스승은 어떤 도통의 신기를 전했을까?

 안타깝지만 그것은 신통한 호흡법도 아니고 기이한 주문도 아니고 만물의 존재 이치도 아니었다. 스승은 처음으로 자신의 속마음을 솔직하게 드러내며 절망과 희망을 동시에 전하였다.

> 스승이 말했다
> "미안하다. (…) 정말 미안하다. (…) 사실 난 도통하지 못한 사람이다. 평생을 공부하였지만 득도의 근처에도 가보지 못했다. (…) 하지만 한 가지 분명한 사실을 알게 되었다."
> 청년은 스승의 말을 받아들일 수 없었다.
> "무슨 말씀이십니까? 스승님, 무엇을 안다는 겁니까?"
> 스승은 다시 말했다.
> "아직은 천문이 닫혀 있다는 것을 알았을 뿐이다. 그것이 내 평생 공부의 결론이다."

 스승의 공부는 거기까지였다. 아직 도통의 문이 인간에게는 허락되지 않았음을 알게 된 것이 그 일생 수도의 결론이었던 것이다.

> "그렇다면 지금까지 제가 고생한 것은 아무 소용없는 것이었습니까?"

 울부짖는 제자에게 스승은 마지막 희망을 전하며 숨을 거둔다.

"지금은 아니지만 언젠가 하늘이 도통의 문을 모든 인간에게 허락하는 시기가 온다 (…). 그때 너는 지금의 노력과 정성이 선업이 되어 필히 그 시대에 공부하기 좋은 조건을 부여받고 태어나게 될 것이다. (…) 그때 너는 많은 도반과 더불어 도통의 문을 열게 될 것이다. (…) 미안하구나. 날 탓하지 말고 시대를 탓하다오. 열리지 않았던 천문天門을 탓하다오. 지금은 때가 아니다. 하늘은 굳게 닫혀 있을 뿐이다. 지금은 그 누구도 그 문을 열 수가 없다 (…)."

결국, 청춘을 아낌없이 바친 구도의 여정은 단지 더 길이 없음을 확인하는 것으로 끝이 나 버렸다. 그 청년은 아무도 건널 수 없는 강을 만나서 도달하지 못할 저편 언덕을 향해 서럽게 울 뿐이었다. 그렇게 허무하게 스승은 돌아가셨고 어찌할 바 모르던 그 청년은 오직 기도와 서원으로 남은 생을 보내다가 천문이 열리는 시기에 환생할 수 있기를 간절히 바라면서 숨을 거두었다.

여기까지가 이야기의 끝이다. 실망스럽겠지만 후편을 기약하는 전편의 비극적 결론으로 보면 되겠다. 그렇다면 후편은 언제 시작될까? 도통의 문이 열린다는 그때는 언제쯤일까? 나는 바로 '지금 이 시대'라고 생각한다. 마침내 천문이 열리는 시대에 지금 우리가 살고 있다는 말이다.

모든 가지는 열매를 맺기 위해 뻗어가고 우리는 그 열매를 맛보기 위해서 수도한다. 그 맛은 믿음의 차원이 아니다. 진정한 깨달음은 믿음이 주는 막연한 위로가 아니라 모든 이가 공감할 수 있는 '사실'에 대한 통찰에서 나온다. 지구가 둥글다는 것은 인공위성에서 찍은 사진 한 장만 보면 즉각 알 수 있다. 또 모든 별이 둥글게 형성되는 과학적 원리가 있다.

거기에는 믿음으로 덮어야 할 부분이 없다.

이것은 무엇보다도 과학이라는 학문 덕분이다. 과학의 발달은 지동설과 천동설 사이에서 종교가 더 이상 악행을 저지르지 못하게 막아주었다. 그보다 더한 공덕이 어디 있겠는가? 이런 것이 사실의 힘이다. 한 치의 의혹도 남지 않는다. 세상이 진실에 한 발 더 다가서게 해 주었다. 근본 이치를 찾고자 하는 종교(수도)는 세상 학문과 대치되지 않는다는 말이다.

그 청년이 추구하던 도통이라는 것도 마찬가지다. 그것은 제3의 모호한 의식상태가 아니다. 도통이라는 것이 일상의식을 천시하는 것일까? 도통은 초능력을 추구하는 것도 아니다. 도통이 물질계의 질서를 깨는 것이겠는가? 그렇다면 무엇 때문에 굳이 물질계로 환생하겠는가? 도통은 수도자의 감정 상태에도 좌우되지 않는다. 도통이 사소한 감정에도 흔들리는 그렇게 가벼운 것이겠는가?

도통은 확고부동한 '사실'이 주는 지극한 당연함에 가깝다. 그것을 들으면 저절로 고개를 끄덕이게 된다. 그것은 일상의 의식으로 언제나 확인할 수 있다. 지구가 둥근 것을 누구나 '사실'로 확인하듯이 도통의 기반 역시 많은 '사실'의 통합이어야 한다. 도가 사실까지 부인하겠는가?

도는 길이다. 그 길은 존재의 이치를 하나씩 이해해가면서 나아가는 길이다. 당연히 과학이 결정적인 도움을 준다. 과학자들은 다른 말로 구도자들이다. 그 길 끝에는 '궁극의 사실'이 기다리고 있다. 그것이 우리를 자유롭게 해 준다. 믿음만으로 간다는 것은 정보가 부족한 시절의 궁여지책일 뿐이다.

그런즉 삼매三昧를 구하기 전에 먼저 이치와 사실을 탐구해야 할 것이며, 눈 감고 명상하기 전에 눈 뜨고 공부부터 해야 하는 것이 이 시대의 진정한 구도라고 생각한다.

이제는 시대가 달라졌다. 선정禪定을 구하고 명상만 하던 시기는 지나갔다. 그 시절에는 정보 자체가 막혀 있었다. 당시는 어둠을 밝힐 '사실' 자체가 턱없이 부족했던 시절이었다. 누가 '사실'을 발견했다 해도 그것을 전달할 매체도 없었다. 온갖 가설과 자기주장이 난무하며 다양한 종교가 만들어지기 딱 좋은 시절이었다. 그때는 하늘 문이 열리는 시대, 즉 모두에게 정보가 막힘없이 제공되는 시대가 오기를 눈감고 기다릴 수밖에 없었다. 그러나 지금은 앞서 말했듯이 무수한 정보가 큰 어려움 없이 개방된 시대다. 무수한 정보가 그대로 도통의 자료로 제공되는 시대다.

이런 시대에 도통은 소통과 같다. 영혼은 만물과 소통하겠지만 인간은 정보와 소통해야 한다. 눈 감고 좌선만 하기에는 아까운 시절이 아닐까?

조심해야 할 점
: 이성의 한계

이성理性은 이치를 밝히는 중요한 수단이다. 다만 그 이성의 신뢰도와 타당도가 문제가 되지만 이성이 사욕에 흔들리지 않고 제 역할을 잘해준다면 결국 만물의 이치를 우리 앞에 '사실'로 드러나게 해 줄 훌륭한 구도의 수단이 될 것이다.

하지만 인간은 협소한 육체를 가지고 있는 물질적 존재다. 인간의 감각은 제한되어 있고 또 육체가 지닐 수밖에 없는 개체적 정욕으로 인해 이성의 공평무사함이 확보되지 못할 수 있다. 사실 이것이 인간 이성의 한계다. 완벽한 순수이성이란 육체의 조건을 벗어난 상태에서나 가능하다.

더욱이 인간의 사유작용은 과거 경험을 바탕으로 현재를 해석하고 있다. 그렇기에 인간은 어쩔 수 없이 개인적이고 편협한 판단을 할 수밖에 없다. 이러한 문제들을 해결하지 않고서는 진정한 이치를 깨닫게 하는 '합리적 이성'은 요원하다.

그래서 우리에게 요청되는 것이 두 가지 있다. 하나는 육체적 정욕에서 벗어날 것과 또 하나는 편협한 판단을 보강해 줄 다수의 이성이 필요하다는 것이다.

육체적 정욕으로 인한 산만함에서 벗어나게 해 주는 방법으로 명상이 있다. 명상은 지나친 사욕의 격랑을 잠재워 의식을 고요하게 만들어 준다. 거기에서 공평무사한 이성이 작동할 수 있다. 그러니까 명상은 중도의 냉철한 이성을 발휘하게 하는 심리적 기반을 조성해 준다는 의미가 있겠다. 눈을 감는다는 의미는 외부를 향한 정욕의 제어다.

그러나 명상만으로 만물의 이치를 깨달을 수 있는 것은 아니다. 명상은 깨달음의 준비단계로 보인다. 채움을 위한 비움의 단계라고 할까?

명상에 대해서는 다음 장에서 좀 더 다루기로 하고 편협한 개인의 이성을 보강해 줄 다수의 이성에 대해 생각해보겠다.

지식의 바벨탑

도는 전체성을 밝히는 것이라고도 할 수 있다. 그런데 전체성은 한 인간의 이성이 발견한 진실 몇 개만으로는 드러나지 않는다. 퍼즐 맞추기처럼 무수한 진실의 조각들이 모여야 비로소 전체적인 윤곽이 드러난다. 통계에서도 의미가 있으려면 일정 수 이상의 모집단이 요구되듯이 충분한 진실의 데이터가 모여야 결론의 신뢰도와 타당성이 높아진다. 각자가 깨달은 이성적 통찰들이 어느 정도 모여야 비로소 천문을 두드릴 만큼의 위력을 가지게 된다는 말이다.

그런데 얼마 전까지만 해도 그 깨달음들은 각 문명과 학파에 산재해 있었다. 과학 문명이 발달하지 않아서 그 파편들을 이어줄 도구와 통로가 마땅치 않았던 것이다. 신라의 혜초나 당나라의 현장 스님이 인도의 불경을 직접 접하기 위해서 얼마나 험한 길을 자초해야 했는가? 과거에는 대부분 자기가 발견한 진실의 조각 하나씩만 붙들고 그것이 전모라고 주장하고 있었다. 하지만 그런 부분적 정보만으로는 존재의 이치가 온전히 드러나지 못한다. 도리어 자신만 옳다는 아我만 생길 뿐이다.

뭉치면 살고 흩어지면 죽는다는 말은 정보에 관해서도 진실이다. 아니 모으면 분명해지고 흩어놓으면 흐려진다고 하겠다.(홀로그램이 그렇다.) 각자가 발굴한 그 많은 정보의 파편들이 하나로 모여야 거기에서 도라고 할 만한 어떤 원리가 도출될 수 있는 것이다.

역사를 보면 대개의 학문과 종교는 회당을 중심으로 시작되었다. 그 이유가 무엇일까? 이유는 간단하다. 그 시기에는 영상물도 없었고 출판물도 없었다. 정보를 저장하고 전달할 매체가 없었다. 직접 와서 보고 듣지 않고서는 정보를 접할 길이 없었다. 그러니 당연히 모여야 했다.

회당이 그런 뜻이다. 모이는 장소다. 모이니까 정보가 교류되고 반박되고 수정되고 정리되었다. 거기에서 철학이 나오고 종교가 나오고 과학이 나왔다. 미처 내가 생각하지 못했던 아이디어를 얻게 되었다. 회당에 모이는 이유는 바로 그러한 다양한 정보의 습득과 교류였던 것이다. 사람들은 그렇게 정보를 얻기 위해 회당에 모였던 것이지 단지 신의 은총을 받기 위해 모였던 것이 아니었다. 신의 사랑이 회당으로만 내려오겠는가?

오늘날 우리가 예배당에서 내는 헌금의 본질도 그렇다. 그것은 정보 이용료나 회당 관리인에 대한 사례비 정도다. 당연히 신에게 송금되지 않는다. 그렇다고 헌금을 내지 말라는 뜻은 아니다. 헌금은 당연히 필요하다. 공짜 정보가 어디 있겠는가? 프로이트도 돈을 내지 않으면 병이 낫지 않는다고 했다. 요즘엔 인터넷과 핸드폰 데이터 사용료로 정보에 대한 헌금이 나가고 있다.

그런데 우리는 지금 어떤 시대를 살고 있는가? 지금은 어떤 사건이 일어나면 지구 반대편에서도 그 사건을 실시간으로 접할 수 있다. 과학의 발전은 이제 정보들을 하나로 모으는데 아무런 힘이 들지 않게 해 준다. 각자 앉아 있는 그곳이 바로 회당이 되고 있다.

과거에는 평생을 통해서 단편적인 정보 몇 개만 얻을 수 있었다면 지금은 수 시간 만에 그 보다 수천 배 더 많은 정보가 각자 앉은 그 자리에서 즉각 통합되는 가히 기적과 같은 시대가 되었다. 우리가 인터넷 검색으로 수 분 만에 알아낼 수 있는 정보들은 조선 시대 수도자들이 일생을 헌신해서 겨우 얻어낸 지식의 양이다. 지구는 둥글고 태양 주위를 돈다는 사실은 누구라도 금방 알아낼 수 있지만 그것은 많은 사람이 화형당한 대가다. 지식을 결코 가벼이 여길 수 없는 이유다.

잠겨 있는 하늘 문은 정보의 부재를 뜻한다. 그러나 이제는 과학 문명의 발달로 다양한 정보가 통합되면서 존재의 근본적인 이치가 오롯이 드러나고 있다. 지금은 무수한 정보들이 실시간으로 모여 전 지구적인 지식의 네트워크를 만들고 있다. 그것이 인류의 힘이다. 그 지혜의 통합이 불가지不可知로만 여겨졌던 하늘의 신비를 열고 있다.

그렇다면 그 청년이 환생하고자 학수고대하던 시기가 바로 지금이 아닐까? 세상 모든 정보가 즉시 연결되고 교류되는 시대, 그로 인해 존재의 원리를 깨닫게 되는 시기가 바로 지금이 아닐까?

그중에서도 인터넷은 정보의 탑이다. 인터넷은 모든 정보를 하나의 화면에 모아준다. 그것은 한꺼번에 수천 명의 스승을 모신 효과와 같다. 이러한 인터넷을 다르게 비유하면 지식의 바벨탑이다. 하늘의 지혜에 닿으려는 인간들의 노력이다. 과거에는 인류가 바벨탑을 쌓을 능력이 되지 못했다. 당시의 문명 수준에서는 서로의 지식이 교류되지 못했다. 소위 사람들 간에 언어가 달랐던 것이다. 인류는 각자 자신들만의 고유한 문명을 형성하며 부분적이고 단편적인 진리만을 가지고 있었다. 그러다가 과학이 발달하자 마침내 다양한 문명들이 서로 만나기 시작했고 지식이 교류되기 시작했다. 인류는 문화와 언어의 장벽을 뚫고 다시 거대한 지식의 바벨탑을 쌓게 되었고 그 탑이 점점 높아져 드디어 하늘에 닿을 수 있게 되었다. 그 높이는 혼자만으로는 도저히 구축하지 못하는 높이다.

그 탑은 하늘의 실체가 밝혀지는 것이 두려운 사람들에게는 성가신 탑이었겠지만, 실상 하늘 위에는 바벨탑이 높아지는 것을 두려워할 존재 따위는 없었다. 오히려 하늘은 이때를 기다리고 있었다. 탑이 높아지는 것을 불경스럽게 바라보는 자는 진실이 드러나기를 두려워하는 위선자들뿐이었다.

하늘은 그 무엇도 숨기지 않는다. 하늘이 무엇이 부끄러워 자신을 숨기겠는가? 노자의 말처럼 '천지는 불인(天地不仁)'이다. 천지는 편애하지 않고 무엇도 숨김없이 공평할 뿐이라는 뜻이다. 초기에는 인간들의 견해가 서로 달랐지만, 과학 문명이 발달하자 그 견해들은 하나로 모여 새로운 통찰의 길을 열어주었다. 현대 과학의 놀라운 발견과 그 성과들은 이미 만유의 존재 원리를 어느 정도 밝혀 주고 있다.

> 참고. 모든 도구가 그러하듯 지식의 바벨탑이라는 인터넷에도 부작용은 있다. 똑같은 칼이라도 의사 손에 들린 칼과 강도 손에 들린 칼의 쓰임새는 완전히 다르다. 게임 중독, 거짓 뉴스, 선정적 도구로 인터넷이 이용되기도 한다. 그래서 혹자는 인터넷을 성경에서 말하는 말세의 상징인 666이라고도 한다. 하지만 부작용 때문에 주작용을 포기할 수는 없다. 인터넷이 문제가 아니라 그것을 이용하는 인간들의 수준이 문제일 뿐이다. 강도가 칼을 이용한다고 칼 자체를 없애 버릴 수는 없지 않겠는가?

o

과학의 목적은 만물의 이치를 밝히고 물질의 한계를 극복하는 데 있다. 이는 물질의 속성에 사로잡혀 그것이 전부인 줄 아는 무지를 깨는 데 엄청난 도움이 된다. 수도는 물질적 정체성을 초월해서 본연의 신성을 찾아가는 과정이다. 물질의 속성을 밝혀 그 너머를 인식하게 하는 현대 과학은 이성과 진실을 통한 숭고한 구도의 여정이라 하겠다.

모든 경험 정보가 뇌의 신경 연결망에서 총체적으로 반짝이는 것처럼 전 지구적 지성의 연결망이 현재 이루어져 있다. 그보다 더한 스승이 어디 있겠는가?

방안에 가만히 앉아서도 인류가 터득한 거의 모든 정보를 구할 수 있는 시대, 그것은 드디어 하늘이 천문을 모두에게 개방한 시대로 보아도 되지 않을까? 조선 말 그 청년은 이런 시대를 상상이나 할 수 있었을까?

이러한 시대에 진정한 수행은 어떤 것일까? 다양한 등산로가 있어도 산 정상에서는 모두 만나게 된다. 세상 학문을 통해서도 도에 이를 수 있다. 종교적 견해가 세상 학문과 배치된다면, 그 견해는 산 중턱에 펼쳐진 수양회 수준에 불과하다. 산 중턱에서는 반대편 등산로를 볼 수 없기에 자신이 올라온 길만 유일하다고 생각하게 된다. 그래서 어떤 종교인은 지식과 이성은 신앙에 방해가 될 뿐이라고 말한다. 위험한 발상이다. 지식조차 없고 이성까지 마비된 상태를 종교라고 착각하지 말아야 한다. 지식과 이성이 빠진 불투명한 빛은 사물을 제대로 밝히지 못한다. 무수한 무당만 출몰하게 될 것이다.

무지개 일곱 색이 모두 갖추어져야 투명한 빛이 되어 어둠을 밝힐 수 있다. 한 가지 색만 고집하는 것은 여전히 어둠에 빠져있는 상태다. 특정한 무엇만을 찬양하거나 한 가지 상태만을 주장하는 것은 합리적 이성이 빠진 자기도취와 맹신의 어두움이다. 세계적인 종교학자 막스 밀러는 "한 가지 종교만을 아는 사람은 아무 종교도 모른다"고 말했다.

우리는 무엇보다 무지에서 벗어나야 한다. 그것이 구원이다. 진리가 우리를 자유롭게 한다. 우리를 구원시키는 힘은 모두에게 평등하게 제공되는 진리(fact, 정보)에서 나온다.

스승을 애타게 찾는 이유는 스승의 정신 속에 있는 고귀한 정보 때문이다. 이제 그 정보는 다행히도 산속에 숨겨져 있지 않다. 스승은 단지 하나의 소중한 정보일 뿐, 그 정보를 통합하여 전체적인 그림을 완성하는 주체는 각자 자신이다(自燈明 法燈明).

존재의 이치는 스승의 은총을 통해서만 계승되는 비전이 아니다. 이제는 스승의 사욕과 인성에 오염되지 않은 순수한 정보들이 곳곳에 있다. 단지 그 정보들을 거두어 통합만 하면 된다. 그때 만유의 존재 이치가 드러날 것이다.

보편타당한 지식의 총합이 천문을 여는 열쇠다. 사실 천문이라 할 것도 없다. 하늘과 인간 사이에 문은 따로 없다. '인내천'이다. 하늘은 자신을 가리지 않는다. 정보의 부족으로 인해 인간의 지혜가 미치지 못했을 뿐이다.

다시 소설을 이어가자면 그 청년은 지금 시대에 태어나 어느 대학의 물리학 교수가 되어 우주의 신비를 탐색하며 많은 후학을 가르치고 있다. 저명한 물리학자들의 논문을 공부하고 또 그 지식을 냉철하게 의심하고 깊이 성찰하여 하나씩 근원에 대한 진실을 밝혀가고 있다. 그러면 그때의 스승은? 글쎄, 그 청년이 교수의 자리에까지 올라갈 수 있도록 물심양면으로 도와준 삼촌 정도로 설정하겠다. 어떤들 뭔 상관이겠는가. 어차피 소설인 것을.

8. 사천왕의 교시

인성과 영성

절 입구에 가면 사천왕상이 있다. 아주 무섭고 험상궂게 생겼다. 원래는 귀신들의 왕이었는데 불법에 귀의하여 불법을 수호하는 신이 되었다고 한다. 그들은 손에 무서운 무기와 기이한 물건을 들고서 발로 악귀들을 짓밟은 채 험악한 표정으로 방문객들을 노려보고 있다. 특히 발밑에 깔린 악귀들이 나 같은 인간의 모습이어서 마치 내 죄를 꾸짖는듯하다. 이내 숙연해진다. 덕분에 사리사욕을 가지고서는 함부로 경내로 들어설 수 없게 만든다. 사람들은 잠시나마 욕심을 내려놓고 경건해진 마음으로 경내에 들어선다. 그것이 진정한 사찰 입장권이다. 욕심을 내려놓는 것 말이다.

이런 사천왕의 무서운 모습도 나이가 들자 예전과는 다른 느낌으로 다가온다. 그들의 과장된 표정 뒤에 숨은 어떤 해학을 읽었다고나 할까? 나만의 희망 사항일 수도 있겠지만 그들은 응징이 아니라 어떤 호소를 목적으로 저렇게 무서운 연기를 하는 것 같다. 사찰 정문 근무를 마치면 무거운 복장을 벗어 버리고 누구보다도 소탈한 모습으로 막걸리 한 잔씩 나눌 것 같다.

여기서 '인간의 모습을 한 악귀'란 오욕칠정에 사로잡힌 인간의 마음, 즉 오염된 인성을 의미한다고 어떤 분이 말씀하셨다. 그렇다면 그것을 밟고 서있는 사천왕의 모습에서 우리는 불교가 추구하는 수행의 대략을 엿볼 수 있다. 즉 불법의 수호는 오욕칠정에 물들어 악귀처럼 자신의 이익만을 추구하는 인성을 제압해서 기저의 불성이 회복되게 하는 것임을 말하고 있다. 육체에서 발생한 인성은 불성을 오염시키고 악행을 조장하는 근본 원인으로 본 것이다.

비슷한 맥락에서 힌두교의 수행 중에 고행이 있다. 단식, 숨 참기, 자학적 자세, 엄격한 금욕 등으로 육체에 고통을 준다. 정신적 깨달음을 얻기 위해서 육체적 욕구를 철저하게 제압한다. 역시 육체의 인성을 죄의 근본 발생 처로 본 것 같다.

> 몸은 보리수요 마음은 맑은 거울이니
> 부지런히 털고 닦아 먼지가 묻지 않게 하라.
> (身是菩堤樹 心如明鏡臺 時時勤拂拭 勿使惹塵埃)
> _신수의 시

이처럼, 불성이 오염되지 않도록 인성의 욕망을 털고 몸과 마음을 부지런히 닦아야 한다. 그런데 인성은 정말 악의 축이며 제압해야 할 대상일까? 내 속에서 요동치고 있는 이 인성이 정말 사천왕의 발밑에서 짓밟혀 신음하고 있어야 할 정도로 추하고 악한 것일까?

물론 수도심을 유발하기 위한 과장된 표현일 수 있겠지만 사천왕의 발밑에서 저렇게 신음하고 있는 인성의 죄목이란 무엇인지, 또 그것이 과연 인성만의 문제인지를 고민해봐야 할 것 같다. 우리는 인성을 제압했다는 것이 어떤 상태를 의미하는 것인지 정확하게 알아야 한다. 잘못하다가는 수행이 인성도 제대로 못 갖추는 지경에 처할 수 있다.

인성은 경계의 대상인가?

인성은 신성 혹은 영성에 대비되는 것으로, '사람으로서의 속성'을 말한다. 흔히 오욕칠정五慾七情 등으로 표현되는데, 인간이라면 누구나 다 가지고 있는 본능적 욕구이기도 하다. 오욕은 아시다시피 식욕, 물욕, 수면욕, 색욕, 명예욕이고 칠정은 '희로애락애오욕'이다. 이런 욕구들이 수도에 장애가 되기 때문에 강력하게 제압해 버려야 한다는 것이 사천왕의 표면적인 교시다. 그렇다면 여기서 사천왕에게 안 걸릴 사람이 누가 있겠는가? 일단 나는 무조건 잡힌다. 사천왕의 발밑에서 신음하게 된다. 설마 사천왕이 그렇게 무분별할까?

사천왕이 문제 삼는 인성을 우리의 입장에서 살펴보면, 이 세상에 생존하기 위해서 없어서는 안 되는 기능들이 되겠다. 물질적 신체를 가지고 삶을 영위하기 위해서는 당연히 요구되는 생존의 조건들이다. 그러한 기본적인 욕구도 없었다면, 어떻게 오늘날의 인류가 번성할 수 있었겠는가? 음식을 탐하지 않고서는 육체를 유지할 수 없었고, 이성에 현혹되지 않고서는 종족이 번성할 수 없었으며, 잠자지 않고서는 육체의 피로가 회복되지 않았을 터이고, 명예를 높이려는 마음이 없었다면 오늘날의 문화와 예술은 아예 꽃필 수도 없었다. 그런 면에서 인성은 억울하다. 오욕과 칠정은 큰 잘못이 없다. 기껏 주인을 살려놓았더니 이런 죄인 취급을 받다니!

인성이 집착하는 욕구들은 오히려 어린아이가 성장하기 위해 마땅히 권장 받아야 할 덕목이다. 그런데도 많은 종교나 수도처에서 인성을 경계한 이유는 무엇일까?

여러 가지 이유가 있겠지만 가장 큰 이유는, 아마도 인성이 '물질적 대상'에 의존하고 있기 때문일 것이다. 인성 자체가 심각한 잘못이 있다기보다, 인성이 붙잡고자 하는 대상이 이내 사라질 물질이기에 인성의 요구를 진실하고 항구적인 것으로 착각하지 말라는 뜻이 아닐까한다.

결정적으로 물질은 두 가지 한계가 있다. 하나는 '유한성'이다. 물질은 영원하지 않다. 언젠가는 소멸하는 숙명을 지니고 있다. 소중한 인생의 기회를 이내 사라질 이슬 같은 것을 붙잡기 위해 투자한다는 것은 참으로 안타까운 일이 아닐까? 불멸의 영혼이 필멸의 물질을 탐한다는 것은 어리석은 행위인 것이다. 영혼은 물질이 아니라 지혜를 구하기 위해 이 세상에 온다.

물질의 또 다른 한계는 공유되지 않는다는 사실이다. 물질은 경계를 가지고 자기만의 공간을 배타적으로 점유하기에 만나면 서로 충돌하거나 어쩔 수 없이 자리 정돈을 새로 해야 한다. 그것이 물질대사다. 물질의 세계에서는 손상과 박탈이 일어날 수밖에 없다. 인간은 부족한 음식을 두고도 싸우고, 탐나는 자리를 두고도 싸운다. 모두가 공유되지 못하는 물질의 한계 때문이다.

이러한 물질의 한계가 상극의 세계를 만든다. 그렇다면 악이 발생하는 근본적인 이유는 인성에 있는 것이 아니라 물질(육체를 포함하여)의 속성에 있다고 보아야 하지 않겠는가?

물론 물질계에서 발생하는 상대적 박탈과 고통을 줄이기 위해서 과도한 욕망은 자제할 필요가 있겠지만 그렇다고 인성 자체를 부정할 수는 없는 노릇이다. 인성이 초래하는 악이란 결국 물질의 한계 때문에 발생하는 것이지 인성이 근본적으로 불필요하거나 악한 것은 아니기 때문이다. 대신 인성이 미숙하다고 할 수는 있다. 하지만 어린애가 시끄럽다고 나쁜 놈들이라 할 수는 없지 않겠는가? 인성은 물질계를 살아가기 위한 인간으로서의 당연한 요청이다. 우리는 인성을 탓만 할 것이 아니라 인성의 이치와 의미를 먼저 이해해야 한다.

진정한 수도는 이치를 밝히는 것이지 가치를 매기는 것이 아니다. 가치란 변하는 것이며 상대적이다. 하지만 이치는 변하지 않는 '사실'이다. 그래서 이치를 밝히는 것이 도의 본분이다. 나는 순진무구한 인성을 제압하여 발아래 둔 사천왕에게 물어보고 싶다. 당신들은 인성이 아니라 '물질'에 유죄를 물어야 하는 것이 아닌가?

인성의 진정한 제압

평생을 술에 의존해서 본인과 주변을 힘들게 하던 환자 한 분이 외래를 방문하였다. 같이 온 가족들은 원망 가득 한 눈빛으로 환자의 뒤통수를 쏘아보고 있었다. 환자는 이미 병약해져 겨우 앉아 있을 정도였다. 손은 떨렸고 악취를 풍기면서도 도리어 가족들에게 험한 욕설을 하고 있었다. 환자는 원망 반 넋두리 반씩 한참을 이야기했다. 겨우 내가 말할 차례가 되어 한 마디 해드렸다. "00님 살아온 이야기를 들어보니 술이라도 없었더라면 어떻게 지금까지 견디어 올 수 있었겠습니까? 00님도 알고 보니 삶의 피해자네요." 이렇게 말했더니 갑자기 그는 울음을 터뜨렸다. 한참을 울고 난 뒤에 그는 더 이상 가족에게 욕을 하지 않았고 가족들도 숙연해져서 그날 면담을 끝냈던 적이 있었다.

환자들은 정답을 얻기 위해 병원에 오는 것이 아니다. 오답인 줄 알지만 그렇게 오답을 택할 수밖에 없었던 자신의 삶을 이해받기 위해 병원을 찾는다. 자신의 삶이 잘못된 것을 누구보다도 잘 알고 있다. 방법을 몰라서 그렇게 산 것도 아니다. 정답을 알아도 그렇게 살지 못했던 나름의 이유가 있었다. 그들은 그 점을 위로받으려고 온다. 그래서 정신과 의사가 환자에게 해 줄 수 있는 거의 유일한 일은 '경청하고 이해해 주는 것'이다. 그것이 치료의 처음이자 마지막이다. 의사가 환자를 진정으로 이해해주면 환자는 그 투명한 이해의 시선 앞에서 모든 분노와 방어를 내려놓게 된다. 그다음에는 어떤 말을 하든지 어떤 약을 처방하든지 그 효과는 드라마틱하다. 환자 스스로 자신을 치유할 의지를 회복하게 되는 것이다.

우리는 먼저 인성의 당위성을 이해해주어야 한다. 우리에게 필요한 것은 인성의 제압이 아니라 인성에 대한 진정한 이해다. 그것은 대상에게 무언가를 새로 조작하는 것이 아니다. 상대를 있는 그대로를 존중하는 것이다. 이러한 이해심에는 놀라운 힘이 들어있다. 이해심은 상대가 조장하던 적대적 대치 관계를 자연스럽게 해소해 주며 상대의 자존감을 높여 주어 자발적 변화를 취하게 해 준다.

사천왕은 신이라서 가능할지 몰라도, 인간인 우리가 어떻게 자신의 인성을 원망할 수 있겠는가? 인간이 어떻게 인간을 정죄할 수 있겠는가?

ㅇ

집착은 이해하지 못했을 때 생기는 두려움이자 환상이다. 그것이 꿈인 줄 아는 순간 꿈에서 깨어나고 허깨비인 줄 아는 순간 허깨비에서 벗어나게 된다. 꿈을 변화시킨다고 꿈이 초월되는가? 허깨비의 목을 친다고 허깨비가 사라지는가? 그래봤자 더 깊은 꿈이요, 목 없는 허깨비가 나타날 뿐이다. 악몽과 허깨비는 그 이치를 이해하면 물리칠 것 없이 저절로 사라진다.

인성을 제압한다는 의미도 마찬가지다. 그게 어디 제압할 대상인가? 삶을 영위하기 위한 처절한 몸부림이고 그러다가 어차피 육체와 함께 사라질 것인데. 인성의 필요성과 더불어 그 비실체성까지 진실로 이해할 때 인성은 그대로 공성의 평화로 전환된다.

> 보리는 나무가 아니고 거울 또한 틀이 아니다.
> 본래 한 물건도 없는데 어디에 먼지가 앉겠는가.
> _신수의 시에 응답한 혜능의 〈오도송〉

진정한 제압은 상대를 해원시켜주는 일이다. 악귀를 제압한다는 것도 그들의 원한을 풀어주는 것이다. 악귀 같은 인성일지라도 그 이치를 존중해주는 영혼의 따뜻한 이해심 앞에서는 더 이상 일방적인 자기주장을 하지 않게 된다. 부정이 아니라 긍정을 통해서 초월의 힘이 확보되는 것이다.

중도를 회복한 이성의 평화
: 선정

우리는 사천왕의 교시를 통해 인성의 부정적 측면, 곧 무지와 과욕을 제압하고 영성을 발현시키는 것이 수도의 요체임을 알았다. 그런데 이해와 용서가 제압의 진정한 의미라면 영성의 발현은 결국, 인성을 이해하고 용서하는 그 마음자리에 다름 아니다.

　무엇을 부정한다는 것은 아직 거기에 매여 있다는 말이다. 붓다는 쾌락만 탐닉하지도 않았고 고행만 추구하지도 않았다. 보리수 아래의 깨달음은 인성을 맹목적으로 따른 것도 아니고 인성을 부정한 것도 아닌 중도의 상태 즉 인성에 대한 공평한 이해에서 성취되었다.

　붓다는 우유죽 한 그릇을 얻어 드시고 심신의 안정을 취한 후 비로소 깊은 통찰에 들어갈 수 있었다. 그때의 우유죽은 인성(배고픔)에 대한 따뜻한 수용을 의미한다. 그렇게 극단을 중화시킨 의식의 평화 속에서 붓다는 자신이 가진 모든 정보를 통합시킬 수 있었고, 그때 비로소 만물의 존재 이치를 깨달을 수 있었다.

　즉 중도는 모든 극단을 부정하는 것에서 끝나지 않는다. 그것은 어떤 극단도 공평하게 수용함으로써 완성된다. 식가는 육체를 이해하고 그 배고픔을 수용했다. 그때 의식은 허깨비 같은 육체의 영향권에서 벗어나 공평무사한 이성으로 만물의 존재 이치를 밝힐 수 있었던 것이다.

　명상의 의미와 가치가 그런 것이라고 생각한다. 명상은 냉철하고 공정한 이성의 작동을 목표로 하는 것이지 이성을 마비시키는 황홀경으로의 도피가 아니다. 그런 의미에서 명상의 선정은 만물의 존재 이치를 이해함에서 나오는 이성적 환희에 가깝다. 그것은 아르키메데스의 '유레카'와 같은 의미라고 본다.

　　　가장 고귀한 즐거움은 이해에서 얻는 즐거움이다.
　　　_레오나르도 다빈치

　무수한 정보가 넘쳐나는 이 시대는 구도자들에게 진정 축복받은 시대이다. 그러나 그 마음이 인성에 치우치고 사욕에만 사로잡혀 있다면, 수도는 개인적 욕망의 합리화로 갈 수 있다. 그런 상태를 수행에 마가 들었다고 표현한다. 중도가 그만큼 절실한 시대다.

중도적 사유, 정욕에 오염되지 않은 통찰이 명상의 목적이다. 굳이 가부좌가 필요한 것은 아니며 특별한 호흡법이 요구되지도 않는다. 명상은 있는 그대로를 인정하고 존중하는 마음으로 돌아가는 것이며 이해심을 확장하는 과정이다.

사천왕의 허풍

천왕문을 지나 경내로 들어선다. 하지만 마음은 여전히 분주하다. 인성은 온종일 잠들지 않고 뛰어다니는 천진난만한 어린아이 같다. 경내에서는 생각을 멈추고 고요하게 있고 싶은데, 내 마음은 잠시도 가만히 있지 않는다. 끊임없이 생각하고 분별하며 무언가를 추구하고 있다.

툇마루에 앉아 조용히 눈을 감아 본다. 오만가지 생각이 들끓는다. 고요하려고 할수록 내 마음은 더욱 요동친다. 마치 전자의 위치를 확정하려 할수록 그 운동량이 무한히 요동치게 되는 불확정성의 원리가 마음의 입자에도 적용되는 듯하다. 본성을 확정하려 할수록 인성의 요동은 심해지고 인성을 멈추려고 할수록 본성의 자리도 종잡을 수 없게 된다.

따뜻한 햇볕을 받아 몸 풀린 파리들이 요란한 소리를 내며 날고 있었고 부드러운 바람에 풍경소리가 조심스럽게 울렸다. 하지만 사람들은 사진을 찍느라 여전히 바쁘다. 그래도 나는 눈을 감고 그냥 계속 앉아 있어 본다. 그러다가 어느 순간, 절에까지 와서도 무언가를 추구하고 있는 내 모습에서 어떤 옹졸함이 느껴졌다. 인성을 배척하려고 눈 감고 있는 모습이 마치 맛있는 음식만 골라 먹으려는 어린아이 같다고 느껴졌다.

눈을 뜨니 법당 쪽으로 날아가는 파리들이 보이고 발밑에는 부지런히 길을 가는 개미도 보였다. 고개를 들어보니 파란 하늘을 지나가는 흰 구름도 보이고 처마 끝에서 흔들리는 풍경도 보였다. 모든 것이 고요한 중에 바빴고 바쁜 중에 고요했다. 그때 어떤 책에서 보았던 내용이 떠올랐다.

대중들이 선사의 법문을 청하고 있었는데 이에 선사께서 법상에 오르시더니 대중을 한번 쭉 돌아보시고는 주장자를 세 번 내려치며 "내 법문은 이 법상에 오르기 전에 이미 마쳤노라"하시며 다시 내려오셨다.

처음 이 이야기를 접했을 때는 그냥 어설픈 선사가 할 말이 없으니 얼버무린 것이 아닐까 잠시 의심했었다. 그러나 이제 그 법문이 이해되었다. 그 현장을 직접 보지는 못했어도 그 선사님에게 마음속으로 큰절을 올렸다. 그보다 더 멋진 법문이 다시 나올 수 있을까 싶다. 일상과 차별되는 법문은 따로 없다. 배가 고파서 일어났다. 절을 나서기 전 다시 사천왕 밑을 지나가는데 그들의 익살이 정겹다.

9. 출가와 도의 바다

청나라 3대 황제인 순치황제*의 출가시**가 불가에 전해 내려오고 있다. 황제로 살다가 24세 때 아들 강희에게 왕위를 물려주고 자신은 오대산으로 출가하면서 쓴 시라고 한다.

순치황제는 청나라의 기반을 다진 왕으로 우리나라의 세종대왕에 비교될 만큼 나라를 부흥시킨 왕으로 알려져 있다. 이러한 순치황제의 출가에 대해서는 여러 가지 설(병사 등)이 있지만 사실 여부를 떠나 황제에서 중으로 삶이 바뀌는 그 순간의 심정은 어떠했을까? 사실이었다면 자의에 의한 출가였겠지만 그 자의의 뒤안길에 있을 피치 못할 사연도 궁금하다.

황제의 삶을 동경하는 범인의 입장에서는 일견 안타까운 선택으로 보이기도 한다. 그러나 한편으로는 무상한 이 세상에서의 고달픈 황제보다

---

* 순치황제는 청의 세 번째 군주(1643-1661 在位)였다. 6세에 황제로 등극하고 순치원년(1644)에는 북경으로 천도하고 순치 7년(1650)에는 친정하였고, 청나라에 대한 전국적인 항거에 회유정책으로 난을 진압하고 영토를 확장하여 통일 전국의 기틀을 마련했다. 순치 10년(1653)에는 전란의 피해에서 농업경제를 회복시키고 순치14년(1657)에는 지방 관원 제도를 정비하고 감찰어사를 통해 탐관오리를 척결한다. 순치 18년(1661)에 24세의 일기로 세상을 떠난다.
** 순치황제는 천하를 평정한 후에 그의 황후인 동악비가 죽자 불법에 귀의하여 고통을 해소하려고 한다. 최종적으로 불법세계에 귀의하여 명승 옥림수의 가르침을 받고 24세에 〈순치귀산시〉를 쓴다.

는 영원한 자유의 길을 선택한 그의 용기에 경의를 표한다. 그 시의 일부 소개하자면,

> 나는 천하의 주인이었건만 나라걱정 백성걱정에 전부 번민이었다.
> 세상에서 백년, 삼만 육천일이 승가에서의 반나절에도 못 미치는구나.
>
> 태어나기 전 누가 나였으며 태어날 때 나는 누구인가
> 성장하여 겨우 나라고 하더니 눈감으면 또한 그 누구인가?
>
> 가사 대신 황포(황제의 옷)를 입었구나. 당초에 한 생각 차이일 뿐인데.
> 나는 본시 서방국의 한 스님이었는데 어찌된 인연으로 제황가에 흘러 떨어졌는가
>
> _순치황(1638~1661)

그러나 승려의 삶이라는 것이 그렇게 호락호락하지는 않았을 것이다. 정보가 궁하던 시대에 살림살이까지 빈궁한 것이 당시 출가자의 삶이었다. 그 서글픔을 노래한 조주선사(趙州禪師, 중국, 서기 778년–897년)*의 '십이시가'라는 시도 있다. 순치황제의 출가시와 달리 수도자의 애환이 생생한 현장감을 가지고 전달된다. 축시에서 자시까지 조주선사의 하루다. 출가의 환상이 깨어진다. 혹 출가의 마음이 조금이라도 있으신 분은 잘 읽어보고 결정하시길 바란다. 나의 근기로는 출가는 못할 것 같다.

---

* 조주선사(趙州禪師 778-897)는 선종 역사상 뛰어난 인물로, 유년 시절에 출가하여 남천보원선사에게 배웠다. 80세의 고령(857)에 조주에 이르러 승속의 모범으로 추앙받았고, 사람들은 조주고불이라 했다. 그리하여 남쪽에는 설봉, 북쪽에는 조주가 있다고 할 정도였다. 조주선사는 120세를 살고 원적후에 "진제선사"로 칭해진다. 그의 〈십이시진가〉는 "촌승"생활의 진면모를 보여준다.

십이시가十二時歌

닭 우는 축시丑時,

깨어나서 추레한 모습을 근심스레 바라본다.

군자도 편삼도 하나 없고 가사는 형체만 겨우 남았네.

속옷에는 허리 없고 바지에는 주둥아리가 없다.

머리에는 푸른 재가 서너 말, 도 닦아서 중생 구제하는 이 되려 했더니

누가 알았으랴! 변변찮은 이 꼴로 변할 줄을.

이른 아침 인시寅時,

황량한 마을 부서진 절은

참으로 형언키조차 어려운데

재공양은 치워버리고

죽 끓일 쌀 한 톨 없다.

무심한 창문과 가는 먼지만

괜스레 바라보나니

참새 지저귀는 소리뿐,

친한 사람 아무도 없다.

호젓이 앉아

때때로 떨어지는 낙엽 소리 듣는다.

누가 말했던가, 출가자는 애증을 끊는다고

생각하니 모른 결에 눈물 적신다.

해 뜰 녘 묘시卯時,

청정함이 뒤집혀 번뇌가 되고

유위공덕은 속진에 덮이나니

무한전지를 일찍이 쓸어본 바 없어라.

눈썹 찌푸릴 일만 많고 마음에 맞는 일은 적나니

참기 어려운 건 동촌의 거무튀튀한 늙은이

보시 한번 가져온 일이란 아예 없고

내 방 앞에다 나귀를 놓아 풀을 뜯긴다.

공양 때의 진시辰時,

사방 인근에서 밥 짓는 연기만

부질없이 바라보노라.

만두와 쎈 떡은 삭년에 이별하였고

오늘 생각해 보며 공연히 군침만 삼킨다.

생각을 지님은 잠깐이요 잦은 한탄이로다.

백 집을 뒤져봐도 좋은 사람 없어라.

찾아오는 사람은 오직 마실 차를 찾는데

차 마시지 못하고 가면서는 발끈 화를 낸다.

오전의 사시巳時,

머리 깎고 이 지경에 이를 줄을 그 누가 알았으랴

어쩌다가 청을 받아 촌 중 되고 보니

굴욕과 굶주림에 처량한 꼴, 차라리 죽고 싶어라.

오랑캐 장가와 검은 얼굴 이가는

공경하는 마음은 조금도 내지 않고

아까는 불쑥 문 앞에 와서 한다는 말이
차 좀 꾸자, 종이 좀 빌리자고 할 뿐이네.

해가 남쪽을 향하는 오시午時,
차와 밥을 탁발하여 도는 데는 정한 법도가 없으니
남쪽 집에 갔다가 북쪽 집에 다다르고
마침내 북쪽 집에 이르러서는 그 수를 헤아릴 수 없다.
쓴 가루 소금과 보리 초장 기장 섞인 쌀밥에 상추 무침
아무렇게나 올린 공양이 아니라며
스님이라면 모름지기 도심이 견고해야 된다고.

해 기우는 미시未時,
이때에는 양지 그늘 교차하는 땅을 밟지 않기로 한다.
한 번 배부름에 백번 굶주림을 잊는다더니
오늘 이 노승의 몸이 바로 그렇도다.
선도 닦지 않고 경도 논하지 않나니
헤진 자리 깔고 햇볕 쐬며 낮잠 잔다.
생각하니, 저 하늘의 도솔천이라도
이처럼 등 구워주는 햇볕은 없으리로다.

해 저무는 신시申時,
오늘도 향 사르고 예불하는 사람은 없어
노파 다섯에 혹부리 셋이라.
한 쌍의 부부는 검은 얼굴이 쭈글쭈글 유마차라!

참으로 진귀하구나.

금강역사여, 애써 힘줄 세울 필요 없다네.

내 바라보노니,

내년에 누에 오르고 보리 익거든

아이한테 돈 한 푼 주어 봤으면.

해지는 유시酉時,

쓸쓸한 밖에 무얼 다시 붙들랴.

고상한 운수납자 영영 끊기고

절마다 찾아다니는 사미승은 언제나 있다.

격식을 벗어난 말 입에 오르지 않나니

석가모니를 잘못 잇는 후손이로다.

한 가닥 굵다란 가시나무 주장자는

산에 오를 때뿐 아니라 개도 때린다.

황혼 녘 술시戌時,

컴컴한 빈방에 홀로 앉아서

너울대는 등불을 영영 보지 못하고

눈앞은 온통 깜깜한 금주의 옻칠 일세.

종소리도 듣지 못하고 그럭저럭 날만 보내니

들리는 소리라곤 늙은 쥐 찍찍대는 소리뿐

어디 다시 마음을 붙여 볼까 하니

생각다 못해 한번 바라밀을 뇌어 본다.

잠자리에 드는 해시亥時,

문 앞의 밝은 달,

사랑하는 이 누구인가.

집 안에서는 오직 잠자러 갈 때가 걱정이어라.

한 벌 옷도 없으니 무얼 덮는 담.

유가 유나와 조가 5계는

입으로는 덕담하나 정말 이상하구나.

내 걸망을 비게 하는 건 그렇다 하더라도

모든 인연 물어보면 전혀 모르는구나.

한밤중 자시子時,

마음 경계가 잠시라도 언제 그칠 때가 있더냐.

생각하니 천하의 출가인 중에

나 같은 주지가 몇이나 있을까.

흙 자리 침상 낡은 갈대 돗자리

늙은 느릅나무 목침에 덮개 하나 없다네.

부처님 존상에는 안식국향

사르지 못하고 잿더미 속에서는 쇠똥 냄새만 나는구나.

_〈조주록〉, 선림고경총서에서 발췌

    이상이다. 순치황제 출가시를 볼 때는 일견 대장부다운 멋이 느껴지기도 했으나, 조주선사의 '십이시가'를 읽고 나니 출가할 마음이 싹 사라졌다. 그런데 한편으로는 조주선사의 진솔한 심경고백이 반대로 출가수도의 용기를 내게도 한다. 그도 우리와 비슷한 인성을 가지고 있었음을 본다면, 우리 같은 범인도 구도가 불가능한 것은 아니구나 하는 생각이 든다.

하지만 다행히도 지금은 구태여 출가를 하지 않아도 되는 시대다. 수도의 길은 산사에만 있는 것이 아니다. 오히려 세상이야말로 실전 수도의 장이 아니겠는가? 진정한 고수는 세상 속에 숨어 있고 진리의 파편은 도처에 널려있다. 수집할 마음만 있다면 매일 그 조각을 모을 수 있다.

도의 바다

'달마야 놀자'라는 영화가 있었다. 절에 눌러앉으려는 폭력배들과 그들을 절에서 쫓아내려는 스님들을 두고서 주지 스님이 내기를 부친다. 밑 빠진 독에 물을 먼저 채우는 쪽이 이기는 것이었다. 스님들은 그것을 선문답으로 알고 마음과 몸이 물과 같다면서 독 안으로 스님 한 분이 들어가 앉았다. 100점 만점에 50점은 받은 것 같다. 하지만 폭력배들은 처음부터 무작정 물을 퍼 나르다가 물은 차지 않고 종료가 임박하자 급기야 독을 연못에 던져 넣음으로써 내기에서 승리하게 된다. 어쨌든 독에 물은 찼다. 폭력배들은 영문도 모른 채 내기에 이기게 된다.

물고기가 다른 물고기에게 줄 수 없는 것이 하나 있다. 그것은 바로 '물'이다. 모든 물고기는 이미 물속에서 살고 있다. 그래서 만약 물을 찾는 물고기가 있다면 단지 물속에 있음을 가르쳐주기만 하면 된다. 물고기가 물을 찾아 바다를 떠나겠다고 하면 참 난감하지 싶다.

수도라는 것도 이와 비슷하다고 생각한다. 만물은 이미 도의 현현이다. (중)도를 벗어나 존재할 수 있는 것은 아무것도 없다. 우리가 잠시 방심한다고 도를 벗어나게 된다면, 그것은 도를 폄하하는 것밖에 안 된다.

만물의 존재 원리인 대도가 그렇게 협소하며 부처님 손바닥이 그렇게 좁겠는가?

수도나 종교와 관계없이 우리는 이미 도에 포섭되어 있다. 그런 것이 진정한 대도의 경계다. 이 세상에 존재하는 온갖 수도의 방편들이 물속에서 또다시 물을 찾는 어리석음이 되어서는 안 될 것이다.

> 밥 광주리 옆에 앉아 굶어 죽은 이, 강가에서 목말라 죽은 이.
> (飯蘿邊坐餓死人 臨河邊渴死人)
> _〈전등록〉

삶을 떠난 도는 없다. 아니 없어야 한다. 도의 목적이 바로 삶이기 때문이다. 어쩌면 우리는 아득한 과거부터 엄청난 수도를 해왔고, 그 득도의 결실로 지금의 삶을 누리고 있는지도 모른다. 그런데 삶을 버리고 다시 도를 찾으라고? 이미 바다 속에 있는데 어떻게 다시 바닷물을 찾겠는가? 안경을 끼고서 안경을 찾는 꼴이다.

물을 떠난 물고기가 있을 수 없듯이 '도를 떠난 삶'이란 존재할 수 없으며 '삶 없는 도'도 물 없는 바다처럼 그저 공상일 뿐이다. 그래서 우리는 도를 얻을 수 없다. 한 번도 떨어져 본 적이 없기 때문이다.

어떻게 보면 '도'라는 것은 인간이 만든 하나의 관념에 불과하다. 만약 자기에게 와야만 도를 깨달을 수 있다고 말하는 사람이 있다면, 그것은 이 세상 공기가 다 자기 것이라고 주장하는 것과 같다. 물고기가 아무리 돌아다녀도 바다를 벗어날 수 없듯이 우리는 아무리 설쳐도 도를 벗어날 수는 없다. 진정한 도는 원대하여 그 한계가 없기에 그것을 벗어날 경계도 없다. 처음부터 없는 것을 어떻게 벗어날 수 있겠는가?

수도자들은 욕망과 망상을 경계하고 두려워한다. 그런다고 거기에 빠지지 않을 수 있을까? 외면하고 두려워한다는 것은 역으로 그것을 더욱 끌어당기는 행위가 될 수 있다. 아무리 도망가도 결국 다시 만나게 되는 것이 유한한 삶의 궤적이다.

수도자가 번뇌와 망상에 대한 두려움을 가지는 것은 그것이 도를 깨트린다는 착각 때문이다. 번뇌를 피하지 말고 그 속으로 뛰어들어야 한다. 번뇌와 도는 동근이다. 진정한 도는 경계가 없기에 번뇌조차 도에 포섭된다.

> 번뇌의 바다에 들어가지 않고는 일체 지혜의 보배를 얻을 수 없다.
> (不入煩惱大海則 不能得一切智寶)
> _〈유마경〉

두려워할 것은 없다. 번뇌와 망상이 아무리 날뛰어도 도의 경계와 그 관용을 무너뜨리지 못한다. 그때 번뇌는 번뇌가 아니게 된다. 어린아이가 마당에서 아무리 뛰어다녀도 선방의 평화는 깨어지지 않는다. 오히려 번뇌 망상이 선정과 다르지 않음을 깨닫는 것이 참선의 완성이라고 본다. 대도의 원대함과 그 무한한 반경을 안다면 걱정할 일은 아무것도 없다.

그렇기에 도에 들어가는 절차는 딱히 없다. 이미 들어와 있기에 다시 들어가는 입구는 없다. 좀 더 비약하면 아예 '도'라는 것이 없다. '지금 바로 이 순간의 기적'을 오롯이 만끽하는 것으로 모든 수도의 번거로움은 종료된다.

도는 존재의 원리이지 소유의 대상이 아니다. 풍선 속에 세상 공기를 다 채우지 못하듯이 물질적 인성을 가진 소아 속에 대도를 모두 채울 수는 없다. 대신 욕망과 아집으로 밑 빠진 '나'일지라도 그 모습 그대로 용감하게 도의 바다에 던져 버림으로써 도에 침잠할 수 있다. 그것이 밑 빠진 독에 물을 채우는 방법이다. 도가 만든 이 세상에 용감하게 뛰어들어 최선을 다해 삶으로써 도 자체가 되는 것이다.

증도가證道歌

중국의 '영가' 스님이 지었다는 증도가에 이런 구절이 있다.

> 학문을 끊은 한가로운 도인은 망상을 없애지도 진리를 구하지도 않는다.
> 무명의 실성이 곧 불성이요 허깨비 같은 이 몸이 바로 법신이다.
> (絶學無爲閑道人 不除妄想不求眞 無明實性卽佛性 幻化空身卽法身)

먼저 '절학무위한도인絶學無爲閑道人'*의 뜻을 살펴보겠다. 이 구절은 다양하게 해석되는 것 같다. 다만 조심해야 할 것은 '절'자의 뉘앙스 때문인지 아전인수격 해석인지는 모르겠지만 도를 추구한다는 것을 세상 학문을 배척하는 것으로 오해하는 것이다.

절학의 진정한 의미는 학문을 중도에 멈추었다는 말이 아니라 깨달음을 통해 학문을 완전히 마쳤다는 뜻으로 보아야 한다. 그것은 세상 학문의 한계를 절감할 때까지 최선의 노력으로 공부를 했다는 뜻이기도 하다. 중퇴가 아니라 졸업의 의미다.

---

* '절학무위'는 깨달음 이후 경전의 증거에도 오류가 없는 것을 뜻하기도 한다. 깊은 깨달음 이후에 본래 청정 열반의 제 8 여래장식을 전의하여 삼계의 집착을 떠나 절학성자가 되는 것을 뜻한다.

흔히 도를 추구한다면서 착각하는 것이 있다. 예를 들어 '무분별'이라는 말을 분별조차 하지 않는다는 식으로 오해하는 것이 그중 하나다. 이것과 저것의 차이를 분별하는 것은 의식 형성의 주춧돌로서 객관적 사유를 가능케 하는 대단히 중요한 능력이다. 예리한 분별능력은 장구한 진화의 결과다. 그런 분별의 능력으로 인해 인간은 만물의 영장이 되었다. 그리고 영장의 단계를 성취한 다음에야 비로소 구도의 단계가 가능해진다. 영장 이전에는 도가 아니라 음식이 더 간절한 시기였다. 분별의 단계를 거쳐야 '무분별'의 지혜가 가능해지는 것이다. 그렇다면 '무분별'이란 어떤 상태를 말하는 것일까?

'무분별'에서 '무'가 지우려는 대상은 '분별'이 아니다. 무의 목표는 따로 있다. 무로 지워야 할 것은 공정한 분별을 방해하는 아집과 아만이다. 즉 무분별은 분별하지 않는다는 뜻이 아니라 아집과 아만 없이 분별한다는 뜻으로 보아야 한다. 다시 말해 '무'자는 '분별없음'이 아니라 '분별의 차별이 없음'을 말하는 것이다. 개인의 편향된 가치관으로 만물을 줄 세우지 않는다는 뜻이기도 하다. 이는 나의 분별이 소중한 만큼 남의 분별도 소중함을 아는 상태다. 이것은 여러 분별에 대한 중도적 수용이자 그 이해심의 수평적 확장이다. 그것은 분별도 제대로 못 하는 미숙함도 아니고 자기 마음대로 분별하는 아집도 아니다. 비단 '분별'뿐이랴. 감정이 그러하고 생각도 그러하다. 모든 감정과 생각에 대한 중도적 수용이 무자의 목표다.

이처럼 수도의 덕목으로 말해지는 무분별은 오히려 분별의 완성이다. 그것은 인식의 수준이 열매의 차별성에 현혹되지 않고 동근에 자리 잡아 타인들의 다양한 견해를 내 것처럼 소중히 여기고 존중하는 상태다.

마찬가지로 철학이라는 것도 '공부'를 중단하는 것이 아니라 공부 속에 숨어 있는 '아집'을 중단하는 것이다. 그때 한가롭게 된다. 그것은 더 이상 공부를 하지 않는다는 말이 아니라, 공부하는 마음자리가 중도로 평화로워졌다는 말이다. 책만이 아니라 모든 것이 공부의 즐거움이 된다. (이는 나의 간절한 목표이기도 하다.)

다음, '부제망상불구진不除妄想不求眞'이다. 망상을 없애지도 않고 진리를 구하지도 않는다는 것은 어떤 상태일까? 이것을 망상과 진리를 구분할 필요가 없다는 식으로 받아들이는 사람이 있다. 확대하면 망상이 그대로 진리가 되고 욕망이 그대로 무욕이 되며 방종이 그대로 해탈로 둔갑하게 된다. 이 역시 무분별이라는 말을 오해한 것처럼, 사욕이 도의 탈을 쓰고 부끄러움 없이 행사되는 기행이 될 뿐이다. 오직 깨달음 이후, 편향된 분별에서 벗어남을 뜻하는 것으로 보인다.

만법은 하나로 돌아간다. 망상의 뿌리는 진여의 뿌리와 다르지 않다. 하지만 그것은 인식의 수준이 뿌리에 이르러서야 할 수 있는 말이다. 뿌리까지 내려가 봐야 모든 열매와 가지가 하나라는 것을 알게 된다. 열매 간에는 엄연히 차이가 있다. 뿌리가 하나라고 모든 열매의 품질이 똑같지는 않다. 같은 뿌리에서 나왔다고 알곡과 쭉정이가 같은 것은 아니지 않은가?

무식한 사람이나 유식한 사람이나 본 성품은 다르지 않다. 하지만 열매의 수준에서는 다르다. 무식과 유식이 동격이 아니듯이, 망상과 진리의 차이는 명확히 구분되어야 한다. 다만 노자가 말한 것처럼 "무와 유, 무욕과 유욕이 동출"이고, 동근임을 깨달으면 망상을 두려워하지 않고 그 에너지를 오히려 건설적으로 활용할 수 있다는 것이 망상을 없애지도 않고 진리를 구하지도 않는다는 뜻이 아닐까 생각한다. 무엇보다도 아집이 쉴 때, 만물의 개체성은 전체성의 환희를 실현하는 요소임을 깨닫게 되는 것 같다.

무명실성즉불성無明實性卽佛性을 성철 스님은 이렇게 해석하였다.
"무명 그대로 불성인 것이 아니라 무명의 참 성품이 불성인 것이다."
도를 빙자하여 무식을 합리화할 수는 없다. 방종과 자유는 다르다. 무명과 불성은 엄연히 다르다. 그 둘을 구분조차 하지 말라는 뜻이 아니다. 우리는 부단히 학문을 배우고 익혀야 한다. 다만 무명의 실성이 불성이기에 우리는 무명을 부끄러워할 필요가 없다. 오히려 그것을 당당히 인정하고 불성을 향해 더욱 용감하게 정진해야 한다. 무명과 불성이 본질상 다르지 않기에 무명의 범부도 깨우쳐 부처가 될 수 있다는 말이다. 무명에 그냥 머무르라는 말이 아니다.

다음, 유화공신즉법신幻化空身卽法身에서 법신이란 무엇인가? 물질로 이루어진 색신에 대비하여, 말 그대로 법(진리)으로 이어진 영원불멸의 몸을 말한다. 여기서 법이란 어떤 '정보'라고 할 수 있다. 즉 법신이란 무수한 정보들이 조직된 기체다. 그것은 결국, 우리 의식의 본체인 영혼을 말한다.
현재의 육신은 영혼(법신)의 정보를 따라 물질이 조립된 것이다. 그래서 몸은 영혼(법신)과 동격의 가치를 지닌다. 언젠가는 사라지고야 마는 이 허망한 육신일지라도 그 뿌리에는 법신의 정보와 기능이 자리 잡고 있다. 함부로 할 것이 아니다.
그렇지만 이 육신이 불멸하는 것은 아니다. 법신이 불멸이다. 환영 같은 육신은 사라지지만 '지금 나'라는 경험은 불멸의 영체에 전송되어 법신으로 거듭나고 있다. 육신의 경험이 법신을 다듬어가고 있다는 뜻으로 새기겠다.

근원은 일원이다. 그것이 근원의 정의다. 하나로 귀일하지 않았다면 아직 근원에 도달하지 못한 것이다. 이를 두고 불이법이라고 하여 깨달음의 이정표로 삼는다. 나와 남이 질적으로 다르다고 느낀다면 아직 한참 가야 한다. 그렇다고 나와 남을 구분조차 않는다면 그것은 출발도 하지 못한 것이다. 망상과 진리는 중도를 체득한 의식 안에서 비로소 불이 不二가 될 것이다.

도는 자의식의 완성

道(길)라는 말은 동양 문화권에서 나온 말이다. 영어로는 'road'보다는 'way'가 더 적합한 것 같다. 하지만 대개 그대로 'Tao(Dao)'라고 고유명사처럼 번역한다. (그러나 서양에서도 道의 개념은 분명 있을 것이다. 동양에만 道가 있는 것은 아니니까. 예를 들면, 그리스어에서 '로고스logos'는 성서에서도 정관사 대문자를 넣어 '로고스'를 도, 즉 '말씀'으로 해석하고 있다)

우주의 근본원리를 지칭하는 천도를 인간의 삶에 적용하면 인도가 된다. 인간이 마땅히 살아가야 할 길way, 또는 좀 더 성숙하는 법 정도가 되겠다. 이러한 人道의 본질을 과학적으로 표현하자면 '진화'라고 할 수 있다. 지구와 그 생명체의 진화란 우주의 근본원리가 구체적으로 펼쳐지는 과정이 아니겠는가? (이때의 진화는 육체적 정신적 성숙 모두를 포함한다.)

지구상에는 수많은 생물이 존재한다. 그들은 각기 진화의 수준이 다르며 모두가 더 진화하기 위해 치열하게 살아가고 있다. 인간도 마찬가지다. 우리가 수도하는 목적은 좀 더 진화하기 위함이다. 도는 결국 진화의 길이다.

그런데 진화의 수준은 무엇으로 평가할 수 있을까? 무엇이 진화의 척도가 될 수 있을까? 여러 가지가 있겠지만 그중 하나는 자의식의 수준으로 평가될 수 있다. (만약 감각 능력의 수준을 진화의 척도로 삼는다면, 인간은 동물만도 못하게 평가될 수 있다.)

자의식은 한마디로 자신을 객관화하는 능력이다. 자의식이 높을수록 자신을 보다 객관적으로 바라보고 주어진 자극에 대해 좀 더 합리적인 반응을 하게 된다. 그로 인해 자신의 안전과 번영을 효과적으로 도모할 수 있다.

앞서 '의식의 발생'에서도 말했듯이 인간은 어떤 자극에 대해 주관적 '의미'를 생성해낸다. 자극보다는 그것을 인지하는 주체의 존재성이 뚜렷하기 때문이다. 그리고 그 '의미'를 따라 자신의 반응을 결정한다. 이때 자신을 보다 객관화할수록 더 타당하고 효과적인 반응을 하게 된다. 동물들은 음식 앞에서 어떤 체면(관용)도 없지만, 자의식이 명료한 사람은 체면이라는 반응을 먼저 선택하여 미래에 더 많은 혜택(음식 외의)을 노릴 수 있다. 즉 자의식이 높을수록 고차원의 반응을 하게 되고 그런 존재가 만물의 영장이 되는 것이다. 그래서 자의식의 수준이 진화의 수준이고 그것을 높이는 것이 수도의 목적이라고 할 수 있다.

그렇다면 어떻게 해야 자의식이 높아질까? 자의식은 근원의 각성이 중도를 이룰 때 나타난다. 자의식이 창출되는 순간은 특정한 '형상'을 경유한 기氣가 본연의 원형 순환을 완수하여 그 시작을 다시 각성할 때이다. 이때 중요한 것은 기의 각성이 특정한 형상에 함몰되지 않고 다시 본연의 순환로를 이어가야 한다. 그래야 각성의 중도가 이루어진다.

그런데 만약 각성이 특정한 형상 속에서만 맴돈다면 어떻게 되겠는가? 그때는 그 형상을 전체적이고 객관적으로 알아차리지 못하게 된다. 기의 각성은 특정한 형상의 영향력에 일방적으로 종속된 상태가 되는 것이다. 형상의 작용만 있을 뿐 그것의 진정한 가치와 의미를 인식하는 자의식이 확보되지 못하게 된다. 그때는 형상이 그대로 주체가 되는 의식이 나타난다. 특정한 형상이 주인 행세를 한다. 원래의 자의식이 그만큼 축소된 셈이다.

실상 이런 상태가 육체 의식에 사로잡혀 있는 '지금의 나'이다. 의식 본연의 흐름에서 축소되어 육체라는 형상을 전부로 여기고 그 장안에서만 바둥바둥 살아가고 있다. 형상에 빠지면 그렇게 된다.

> 무릇 상이 있는 것은 모두 허망하다.
> 만약 모든 상이 상이 아님을 본다면 곧 여래를 보게 된다.
> (凡所有相 皆是虛妄 若見諸相非相 卽見如來)
> _〈금강경 여리실견분〉

앞서 언급했듯이 사념의 정당성과 함께 그 비실체성까지 인식함으로써 의식의 중도가 완성되듯이 마음은 만상을 공평하게 수용하되 그 가변적인 형상에 함몰되지 않아야 본연의 원형 순환을 완성하게 된다. 그것이 바로 중을 이루고 본심으로 돌아가는 길이다. 일체무상한 인연으로 만들어진 형상을 절대적인 것으로 집착하지 말고 다시 본연의 순환로를 이어가는 것이 '브라만'에 합일하는 '범아일여'의 길이라 생각한다.

그래서 많은 수행처에서는 마음을 비우라고 한다. 그것은 자신을 버리라는 말이 아니라 무상한 형상에 집착하지 말라는 말이다. 형상이 전부가 아님을 알 때 오히려 진정한 자신을 찾게 된다. 무상한 형상에서 벗어나 중도의 초심으로 돌아갈 때 그 모든 형상을 초연히 경험하는 진실한 주체가 나타난다. 그는 근원의 자각성이며 바로 '참나'다. 그가 형상을 자유롭게 누리고 즐기게 된다.

형상에 빠지면 그 형상을 결코 즐기지 못한다. 그 형상의 객관적 의미를 모르기 때문이다. 상대를 즐겁게 여기려면 나는 거기에서 벗어나 있어야 한다. 천하절경도 그것을 바라보는 시점은 절경에서 떨어져 있다.

우리는 형상이 아니라 형상의 경험자가 되고자 한다. 아무리 맛있는 빵도 그것을 음미하는 자가 없다면 무슨 맛이 있겠는가? 우리가 음식 앞에서 열심히 사진을 찍는 것도 결국 그 음식을 누리는 자의식을 향한 자축이다.

○

브라만의 자의식*이 영원한 '참나'다. 그 거울 같은 각성이 수도의 목적이며 어디에도 치우치지 않는 중도의 완성이며 거침없이 돌아가는 법의 수레바퀴다.

중도의 통찰로 특정한 형상에서 한발 물러나면 된다. 내가 과도한 집착 속에 있음을 알면 된다. 우리의 본질은 형상이 아니라 그 형상을 자각하는 '의식'이다.

그렇게 형상을 초월하여야 형상의 주인이 된다. 사과 맛을 즐기려면

---

* 브라만의 속성은 '사트(sat, 순수존재)', '지트(cit, 순수의식)', '아난다(ananda, 순수환희)'로 설명된다. 이때 순수의식이 '참나'의 의식이다.

사과가 아니어야 하듯이 진정한 사랑은 그 대상에서 벗어나 있어야 이루어진다. 그때 사랑의 벡터가 완성되고 환희가 실현된다. 만물에서 벗어나 있어야 만물을 사랑하는 의식이 될 수 있다. 더욱이 일체 무상의 원리로 만물이 일신우일신하고 있으니 우리는 언제나 처음인 것처럼 만물을 신선하게 사랑할 수 있다. 그런 것이 상락아정常樂我淨*인 듯하다.

---

* 열반 법신이 가지는 덕성을 말하는데 상은 영원성을 의미하고 낙(樂)은 전지적 지혜의 환희, 아는 브라만의 주체적 자각성, 정은 비물질성을 의미하는 것으로 필자는 해석해 본다.

10. 명상

　아르키메데스는 목욕탕에 들어가는 순간 넘쳐나는 물을 보고서 왕관에 함유된 금의 순도를 확인하는 방법을 발견하게 된다. 그리고 너무나 기쁜 나머지 벌거벗은 채로 뛰어나가면서 '유레카'를 외쳤다고 한다. 그 확고부동한 깨달음의 순간에 그는 얼마나 행복했을까?

　이때의 유레카는 어떤 지혜가 인간의 이성理性적 논리로까지 전달되었을 때 나타나는 환희라고 하겠다. 그때 지혜는 세상을 실질적으로 바꿀 수 있는 '정보'가 된다. 그 정보를 이용하면 누구나 공평하게 그 혜택을 누릴 수 있다. 그런 것이 진정한 구원이 아닐까? 불변의 정보가 주는 힘 말이다.

　만약 어떤 이의 깨달음이 막연한 감정의 정화나 지복감으로만 머문다면 객관적 정보로서의 가치는 별로 없다고 하겠다. 그런 깨달음은 다른 사람들에게 별 도움을 주지 못한다. 보리수 아래에서 중도의 명상으로 부처님이 깨달은 연기와 무아는 막연한 황홀감이 아니라 만물의 존재 이치를 밝히는 구체적인 정보였다. 그것은 일상 의식에서도 명료히 이해되는 것이었고 듣는 이의 삶을 근본적으로 바꾸어주는 고귀한 정보였다. 그런 것이 이 시대에 필요한 깨달음이다.

명상의 원형, 요가

대웅전의 부처님들은 하나같이 평화롭게 눈감고 앉아 계신다. 그러한 불상의 모습은 인도 고유의 수행법인 요가*에서 차용된 것 같다. 불교가 민간신앙 형식으로 변천하면서 많은 불화와 불상이 만들어졌는데 힌두교 요가에서 영향을 받아 눈 감고 결가부좌하고 있는 부처님의 모습이 그려졌고 이를 일부 동양 문화권에서 일종의 수도법으로 인식하게 된 것 같다.

이러한 요가에는 여러 단계가 있는 것 같다. 단순히 신체를 건강하게 하는 차원에서부터 마음의 작용을 멈추고 해탈에까지 이르게 하는 심오한 수행의 차원도 있는 듯하다. 그러나 요즘은 요가라는 말보다는 명상이라는 말이 우리에게 더 익숙하다. 명상의 원형도 요가일 것이다. 눈 감을 '명'자에 생각 상, 즉 외부를 향하던 마음의 작용을 멈추고 의식의 본질을 성찰하고자 하는 것이 명상의 목표라고 할 수 있겠다.

명상의 의미

그런데 우리 같은 범인들은 가끔 공부의 방법론과 그 결과물을 혼돈할 수 있다. 부처님들은 결가부좌를 통해서 깨달음을 얻은 것일까? 아니면 깨달음의 결과 결가부좌의 입정이 가능해진 것일까?

강조하지만 나에게 있어서 공부나 수도는 모두 정보의 취득을 목표로 한다. 객관적이고 확고부동한 정보(fact)에 의해 우리의 지성은 확장된다. 고요한 곳에서 단지 눈감고 앉아있다고 어떤 정보가 하늘에서 뚝 떨어지지는 않는다. 부처님의 수고가 가치 있는 이유도 그 때문이다. 부처

---

* 요가(Yoga)는 한역으로 유가라고도 한다. 그 어원은 결합한다는 뜻을 가진 범어 '유즈(yuji)'로, 마음을 집중시켜 어떤 특정한 목적에 상응 또는 합일한다는 의미이다. 〈한국민족문화대백과사전〉

님이 어떤 의식 상태를 경험했는지는 궁금하지 않다. 그것은 우리 삶에 별 도움이 안 된다. 우리가 고마워하는 것은 부처님이 깨달은 정보다. 그 정보 덕분에 우리는 고행을 하지 않고도 연기와 무아의 이치를 깨칠 수 있다.

우리는 '정보'에 의해 진정한 평화와 자유를 얻는다. 확고부동한 정보를 취득한다면 감정 상태와 관계없이 저절로 선정의 환희가 이루어진다. 유레카나 삼매의 환희는 명료한 정보가 주는 확연한 이해의 여운이라 하겠다.

다만 그러한 객관적인 정보를 깨닫기 위해 우선 필요한 것은 마음의 안정이다. 이를 위해 우리는 과도한 욕심이나 극단적 추구는 멈추어야 한다. 그런 과정을 명상이라 할 수 있겠지만 이성적 성찰이 뒤따르지 않는 명상만으로 주어지는 정보는 따로 없다고 하겠다.

안정된 의식을 바탕으로 다양한 지식이 통합되면서 비로소 어떤 깨달음이 도출될 수 있다. 그렇다면 그 깨달음은 명상의 덕분이기보다는 기존의 정보들이 통합되면서 이루어지는 이성적 통찰의 덕분이다.

부처님이 보리수 아래서 깊은 명상에 들어간 상황도 만물의 존재 이치를 깨닫기 위한 준비과정으로 볼 수 있다. 그것을 명상이라 해도 좋지만 다른 말로는 중도의 성찰이다. 부처님은 복잡한 자세나 호흡법이 아니라, 어디로도 치우치지 않은 중도의 사유로 깨달음을 얻으신 분이다. 부처님은 고행도 방만도 아닌 중도를 통해 마음의 안정을 이루었고 그 결과 연기와 무아의 이치를 통찰할 수 있었다. 이때 명상은 깨달음의 열매가 아니라 깨달음의 환경이다. 그 후 돌아가실 때까지 부처님은 명상법이 아니라 연기와 무아를 설파하셨다.

간혹 명상만으로 존재의 완성을 꾀하는 사람이 있다. 가능할까? 마음이 안정되는 것만으로 의식이 완성되는 것일까? 물론 사욕을 버림으로써 마음이 편안해질 수는 있다. 불필요한 에너지 소모를 막아서 심신이 안정된다. 마음은 여유로워지고 평화로워진다. 기분이 아늑해지고 세상 부러울 것 없는 상태가 된다.

하지만 우리는 의식의 편안함만 추구하려고 여기 상극의 세계로 온 것이 아니다. 우리의 삶은 더 많은 정보를 구하기 위한 도전이다. 편안함은 상극의 세상에서 잠시 위로가 될 수는 있어도 나를 변화시킬 구체적인 정보는 아니다.

항구적인 평화는 이성의 확증을 거쳐야 이루어진다. 우연히 찾아온 안심은 믿을 것이 못 된다. 객관적 정보의 취득이 어떤 상황에서도 흔들리지 않는 안심을 가져다준다. 그렇다면 무엇이 진정한 수도인지는 자명하다. 정보를 구하기 위해서는 눈 떠야 할 때가 더 많다.

부처님이 우유 죽 한 그릇 드시고 보리수 아래 앉았다는 것은, 올바른 정보를 도출하기 위한 환경의 조성이다. 만약 아무런 정보도 발굴하지 못하고 다시 일어났다면 그냥 푹 쉰 것이다. 당연히 인류는 크게 도움을 받은 것이 없었을 것이다.

명상의 목적, 지혜

지혜는 무수한 정보가 통합되어 만들어진 빅 데이터와 같다고 본다. 눈 감고 아무 생각도 없는 신생아의 의식으로 돌아간다고 이루어지는 것은 아니다. 지혜는 마음이 멈춘 상태가 아니라, 오히려 마음의 작용이 가장 최적화된 상태에서 이루어진다고 하겠다.

그런 상태가 중도다. 중도는 모든 극단을 차별 없이 수용한다. 순수한 의문으로 다양한 지식과 학문을 차별 없이 깊이 연구한다. 붓다는 보리수 아래에서 그런 마음가짐으로 최적의 사유작용을 펼쳤던 것이다.

물론 선도나 요가 수행의 더 깊은 경지가 따로 있겠지만, 나 같은 보통 사람에게 있어서는 그보다는 객관적인 정보가 더 간절하다. 간혹 명상이나 요가를 통해 초월적인 힘을 경험하거나 자신의 전생이나 미래를 보았다는 분들이 있다. 심지어 곧 지구가 망하는 환상을 보고 종말에 대비해야 한다는 노아의 후손도 있었다. 그 종말의 조짐으로 억수 같은 비가 일주일 이상 내린다는 예언을 하면서 구제받지 못할 우리를 안타까워하기도 했다. 결국엔 심판의 날이 왔다. 아직도 그날을 기억한다. 비가 잠깐 오긴 왔다. 혹시나 했지만 역시나 아무 일 없었고, 지구는 멀쩡하게 오늘날까지 우리를 보존해주고 있다. 그 종말론 책에는 저자의 사진까지 버젓이 걸려 있었는데 전혀 거짓말할 것 같지 않은 순박한 인상이라 기억에 남는다. 그런 사람들은 거짓말 탐지기에도 대개 진실 반응으로 나온다. 스스로 철석같이 지구의 종말을 보았다고 믿고 있다. 하지만 인간의 무의식은 자신의 의식을 충분히 속이고도 남는다. 무의식은 자신의 소망을 또렷한 오감으로 재구성해 의식으로 전송할 수 있다. 정신병 증상인 환청의 정체가 그러하고 따지고 보면 꿈도 그런 것이다. 한 가지 사고가 과도하면 그 영향력이 감각 중추를 자극하여 환각을 만들어낸다.

부처님의 결가부좌와 그 미소는 깨달음의 결과인 것이지 깨달음의 방법이 아니다. 원인과 결과를 반대로 알면 눈 감고 앉아있는 것이 무슨 대단한 수행인 줄 오해하게 된다. 우리가 그것을 따라 한다고 무엇이 해결되는 것은 없을 것 같다. 그래서 유마 대사는 좌선하고 있는 '사리불'에게 그것은 진정한 명상이 아니라고 충고했다. 명상 자체에 너무 큰 의미를 부여하면 그런 지적을 들을 수 있다.

어떤 서양학자는 눈감고 고요히 앉아있는 명상자세를 두고 아무런 생각과 걱정도 없이 편안히 존재하던 태아 상태로의 회귀를 소원하는 것이라고 표현했다. 명상을 의식의 활성을 막는 것으로 여길 때 나올 수 있는 비판이다.

명상은 주객이 미분화된 원시의식 상태로의 회귀도 아니고 신비한 접신의 통로도 아니다. 객관적인 정보를 깨닫기 위한 공정하고 합리적인 사유의 바탕을 확보하는 것이 명상의 목적이라 생각한다. 부처님은 보리수 아래 앉기 전, 이미 많은 방법론과 지식을 섭렵했다. 그 후 통찰의 보리수 아래에서 연기와 무아의 이치가 도출되었다.

비약하면 중도가 아무리 중요해도 중도의 마음을 회복하는 것만으로 공덕이 이루어지는 것은 아니다. 중도는 모든 존재의 출발이라고 했다. 그 상태만으로는 백지의 일기장과 같다. 특별한 각성의 환희가 없다. 단지 생각을 멈추고 마음만 안정시키고 끝나는 명상은, 공부할 수 있는 환경만 조성해 놓고서는 정작 배운 것은 없는 경우라 하겠다. 타자에게는 특별한 공덕이 없는 상태로 볼 수 있다. (물론 당장 평화가 급한 사람에게는 공덕이라 할 수 있다.)

중도는 무한한 가능성의 장이자 만물의 질료다. 그러나 가능성만으로 현실이 나타나지는 못한다. 가능태는 형상(정보)을 얻어야 현실태가 된다. 중도라는 무한한 가능성의 장에 구체적 정보가 맺혀야 전체성을 실현하는 개체성의 빛이 된다. 그것이 전체성(모든 타자)에 기여하는 공덕이 된다.

중도의 마음은 한 가지 견해에만 머물지 않아서 신뢰성과 타당성 있는 통찰을 가능하게 한다. 반면 중도를 이루지 못한 마음 상태에서는 합리적인 사고가 작동하기 힘들다. 그때의 사유는 개인적 욕망의 합리화로 끝날 수 있다. 고행은 바싹 마른 몸만을, 명상은 기이한 망상과 환각만 나타낼 수 있다.

다시 말하지만, 명상의 일차적인 목적은 마음의 평화를 얻는 것이다. 그 다음에 지혜(정보)가 주어진다. 그런 의미에서 마음의 평화를 확보하는 방법은 모두 명상이라 할 수 있다. 음악이나 그림, 혹은 다도라고 하는 차 한 잔으로 갖는 여유에서 내 삶이 더욱 평화로워진다면, 이 모두가 명상이다.

그렇지만 아무런 지혜의 성취 없이 끝나는 명상이란 휴식의 의미는 있겠지만 정보로서의 가치는 없다. (개인적으로 휴식도 창조의 일면이라고 한다면, 공덕이 없다고는 할 수 없지만, 이치를 깨닫는 명상의 가치에는 많이 못 미친다고 생각한다.)

명상은 정보의 통합으로 인한 이성적 깨달음을 최종적인 목표로 한다. 정보를 얻지 못하면 명상의 의미는 궁색해질 수밖에 없다. 중도의 마음가짐으로 깊은 통찰 끝에 확고부동한 사실을 깨달은 부처님은 나름의 '유레카'를 외쳤다. 무아와 연기는 만인이 공유할 소중한 정보였고 부처님의 공덕이 되었다. 물론 그분 성격상 발가벗고 뛰쳐나가지는 않았다.

일체 긍정심

나는 이런 중도적 마음가짐을 '일체 긍정심'이라고도 표현한다. 나의 30대 공부의 성과를 한마디로 요약하면 바로 '일체 긍정심'이다. 짜증을 참아가며 어떤 어려운 책을 세 번쯤 읽었는데, 어느 날 사색 중에 그 책에서 언급한 '절대 긍정심'이라는 말이 떠오르면서 당시 답답했던 시야가 확 트이는 경험을 하였다. 상대적 가치에 현혹되지 않는 대지(근원)의 절대적 모성애를 발견한 환희였다. 지극한 안정감이 내 영혼을 위로해 주었다. 그 책이 얼마나 고마운지 모르겠다.

일체를 긍정하는 것은 근원의 본성이며 만물에 대한 절대적 사랑이다. 그런 심정이 중도의 마음자리다. 물질적 가치관에 따른 상대적 분별에서 벗어나 그 순간에 일어나는 모든 현상을 절대적이고 유일한 가치로 수용하는 것이다. 그때 자신의 욕망과 사념까지도 편안하게 바라보는 시점이 확보된다. 의식은 구름처럼 일어나는 사념의 정당성과 함께 다시 안개처럼 사라지는 그 가변성까지도 알아차리게 된다. 망상이라 해서 굳이 버릴 것도 없고 진리라고 해서 유독 집착할 필요도 없다. 생각의 내용과 관계없이 의식은 일체를 수용하며 언제나 청정하였다. 그러한 의식의 관대함이 절대적 긍정심으로 빛나는 '참나'의 마음일 것이다.

이런 일체 긍정의 평화는 우유 죽 한 그릇 흔쾌히 비우고 보리수 아래 편안히 자리 잡는 부처님의 모습을 상상하면 도움이 된다. 일체를 긍정하는 중도의 마음은 의식을 안정시키고 만물이 투명하게 비추어지게 한다. 그 객관의 평화가 사물의 이치를 합리적으로 꿰뚫어 보게 한다.

불이不二

만물은 질적으로 차별되지 않는다. 만물은 근원의 기가 온갖 조건에

응한 것이며 하나의 근원에서 나온 분화체다. 같은 부모 아래서 탄생한 형제들이다. 그렇다면 그중에서 무엇을 '선악미추'로 차별할 수 있겠는가? 모두가 법의 화신이며 질적으로 서로 다르지 않다.

육조 혜능대사의 〈자성진불게自性眞佛偈〉를 보면 '음성본시정성인 제음즉시정성신'이라는 말이 있다. 음란한 성품은 본래 깨끗한 성품의 원인이니 음란함만 없애면 그대로 맑은 성품의 몸이 된다는 뜻으로 해석된다.

음성의 뿌리와 정성의 뿌리는 다르지 않다. 그들은 동근의 의식에서 나온 가지들이다. 하나의 파도가 만든 마루와 골이다. 아무런 질적 차이가 없다. 만약 음란함을 미워하여 그 음란함의 뿌리까지 뽑아버린다면 맑은 성품의 뿌리까지 사라진다. 물이 흐리다고 그 물을 내다 버리면 맑아질 물도 없어진다. 성과 속의 관계, 인성과 본성의 관계도 이와 같아서 만약 속을 차별하고 인성을 무시한다면 성과 본성의 빛마저 퇴색할 것이다.

본성이 어디 있는가? 지금의 인성을 떠나 따로 있을까? 그렇지 않다. 프리즘을 통과해서 나타난 빨간빛이 햇빛을 떠나 있는 것이 아니듯이, 본성이 물질의 조건에 잠시 투과된 것이 인성이다.

본성은 인성을 총체적으로 이해하는 바로 그 마음자리다. 있는 그대로의 자신(소아)을 온전히 인정하는 마음이 바로 본성의 빛이다. 이 같은 이치를 모르고서 막연히 자기의 생각과 욕망을 부정만 하는 일은 억지 행위이고, 그것은 본성의 광채까지 흐리게 만든다. 인성과 본성이 둘이 아님을 안다면 인성을 제압하고 본성에 도달하겠다는 어리석은 시도는 멈추게 된다.

의식은 하나다. 지금의 마음자리가 그대로 본성이 일어나는 그 자리다. 지금 육체적 욕구에 붙들려 고민하는 이 마음의 본체에 불성과 영성靈性이 함께 자리하고 있다.

인성과 본성의 구분은 같은 체에서 나오는 기능의 차이일 뿐이다. 연주자가 내뿜는 하나의 숨길이 악기의 여러 구멍을 통하며 서로 다른 소리를 내고 있다.

궁극적으로 마귀와 부처는 한 몸이다. 악과 분리된 선은 절뚝거릴 수밖에 없다. 짝을 잃은 선은 한쪽 다리로만 서서 자신의 낙상落傷까지 경계해야 한다. 악을 수용해서 그 악성까지 용해한 선이야말로 절대 선이며 중도의 완성이다.

그런즉 명상은 의식을 참과 거짓으로 나누고 일상을 도와 비도로 구분하는 것이 아니다. 명상은 그런 인위적 기준을 설정하는 것이 아니라, 이미 주어진 것의 진실한 가치를 발견하는 것에 가깝다.

명상은 유별난 것이 아니다. 명상은 가장 자연스러운 마음 상태를 지향한다. 그런데 '자연'은 내가 인위적으로 만드는 것이 아니지 않는가? 내가 만든 것은 내 힘이 멈추면 다시 무너진다. 그런 것을 자연스러운 존재 상태라 할 수는 없다. 자연은 내 의지로 유지되는 것이 아니다. 즉 진실한 선정의 환희는 더 이상 무너질 것 없는 천부적인 평화를 발견하면서 자연스럽게 이루어진다.

그런 상태는 내 생각과는 아무런 상관이 없다. 근원의 천부적인 평화가 소아의 생각 하나에 흔들릴 정도로 가볍겠는가? 의식의 정체와 그 중도적 존재 이치를 숙고해 본다면 번뇌와 함께 흘러가면서도 결코 번뇌로 물들지 않은 의식의 청명함이 저절로 발견될 것이다.

명상과 관계없이, 궁극의 평화는 이미 내 의식 안에 확보되어 있다. 어떤 영상에서도 스크린은 흔들리지 않듯이 어떤 번뇌에 의해서도 의식은 교란되지 않는다. 그때 번뇌는 더 이상 번뇌가 아니게 된다.

그것으로 명상은 끝이 난다. 평화가 더 어떻게 평화를 목표로 하겠는가? 우리는 이미 그것이다. 이 생생하고 뚜렷한 배움의 현장에서 굳이 눈 감을 이유가 없다. 일상이 가진 궁극의 가치를 확인함으로써 명상은 시작도 없이 종료된다.

그렇다면 명상을 해야 하는가 말아야 하는가?

그러함을 알고 열심히 명상해야 한다. 남에게 재물이나 은혜를 베푸는 보시를 할 때도, 거기에 아무런 공덕이 없음을 알고 열심히 보시하라는 말이 있듯이, 명상에도 아무런 공덕이 없음을 알고 나서 열심히 명상해야 할 것이다. 보시와 명상에 큰 공덕이 있다고 여기고 그것을 행한다면 오히려 수도의 방해가 될 수 있다. 갈수록 오만해질 수 있다.

명상에 실체가 따로 있을까? 당연히 없다. '제법무아'이며 그것을 깨닫는 의식만이 실재였다. 즉 명상 또한 인간이 만든 관념에 불과하다. 태초부터 명상이 있던 것은 아니지 않은가. 태초에 오직 중도가 있었다. 모든 극단을 공평하게 수용하는 일체 긍정심이 있었다. 일체를 긍정하는 중도는 이미 우리가 존재하는 이치이자 본질이었다. 명상은 단지 우리가 그러함을 발견함으로써 그 역할을 다할 것이다. 그것은 무언가를 추구하는 인위적 노력이 아니라 모든 억지를 내려놓은 무위로 존재하는 상태다.

다만, 지엽적인 '형상'에 함몰되지 않아야 한다. 현재 내가 겪고 있는 내외부적 현실은 온갖 형상들의 연기이자 상호작용의 결과다. 거기에 불변하는 실체는 없다. 현재의 마음, 기분, 생각, 외부환경이 다 그러하다. 그것은 얼마든지 변화하고 바뀐다. 즉 지금 내가 처한 상황과 마음이 항구적 진실이 아님을 알아서 그것을 자신의 참모습으로 착각하지 말아야 한다.

나의 본질은 형상 자체가 아니라 그 형상을 음미하는 의식(브라만)이다. 그러한 탈동일시脫同一視의 지혜가 나를 지엽적 형상의 와류에서 벗어나게 해서 다시 의식의 본류로 돌아가게 해 줄 것이다. 그것이 명상의 핵심이기도 하다. 어디에도 고착되지 않는 영원한 중도의 의식만이 궁극의 진실이다.

> (의역) 형상에는 실체가 없으니 그 상에서 초월하여 본연의 순환을 이어간다면 곧 근원, 참나, 브라만을 만날 것이다
> (凡所有相 皆是虛妄 若見諸相 非相 卽見如來)
> _〈금강경 여리실견분〉

'참나'는 더 이상 무엇을 필요로 하지 않는다. 브라만은 어떤 결핍도 없다. 단지 관조하고 음미하고 누린다. 조용한 곳에서 바르게 앉아 명상의 문으로 일상을 초대하되, 일상을 차별하는 문턱은 만들지 말아야 한다. 그래서 '비명상'을 명상하라는 말이 있다. 명상에 유별난 가치를 부여함으로써, 그것이 일상의 가치를 훼손하는 억지 문턱이 되어서는 안 됨을 깨우쳐주는 말이다. 잘못하면 명상이 스스로 만든 수도의 덫이 될 수 있다. 올바른 명상은 일상을 무한한 지혜의 보고로 받아들이는 환희다.

때로 무엇을 하든 중도의 가치를 묵상함으로써 소아의 집착에서 벗어나 모든 것을 수용하는 관용으로 평화로워지기도 한다. 중도의 이치에 의하면, 모든 존재는 필연이었고 잠시도 도를 벗어난 적이 없었다. 그리고 이 의식의 정체가 바로 근원이니 가만히 있어도 이미 모든 것을 성취한 것과 같고, 삶의 희로애락이 그대로 열반의 열매가 아니겠는가?

진정한 열반은 번뇌가 있어도 그것을 물리칠 필요가 없는 상태다. 거기에 하등의 성가심이 없다. 아예 번뇌라고 생각되지도 않는다. 손자가 위층에서 마구 뛰어다녀도 그 소리에 흐뭇해하는 할아버지의 마음과 같다.

삼매를 추구하던 마음이 이미 삼매였고, 일상을 살아가는 마음이 이미 명상이었다. 그렇게 명상은 시작하기도 전에 끝나 있다. 때로는 자세를 잡는 것만으로도 완성된다.

그런 것이 중도의 심정에서 망상조차 진리의 일면이 되는 선정의 평화가 아닐까 생각한다. 일체 만상이 지극한 마음으로 긍정될 뿐이다.

그 다음에, 활기차고 고귀한 하루가 시작되고 그 속에서 불멸의 경험 정보를 체득하게 될 것이다. 그 삶이 명상의 목적이다. 명상으로 삶이 완성되는 것이 아니라 삶으로 명상이 완성된다.

      應無所住 而生其心

      (흔한 직역) 머무는 바 없이 그 마음을 내라

      (의역) 일체를 긍정하고 자유롭게 그 마음을 내라.

        _〈금강경, 장엄정토분〉

우리의 본질은 알아차림의 대상에 있지 않고 '알아차림' 자체에 있다.

그것을 확연히 체득하는 것이 지엽적 형상에서 벗어나 본연의 중도로 돌아가는 길이며 머무는 바 없이 그 마음을 내는 것이고 상을 벗어나 여래를 만나는 것이라 생각한다.

진정한 명상은 '최선을 다하는 삶'으로 완성된다. 그것이 내면의 절대자를 향한 최고의 찬양일 것이다.

에필로그

특히 여름방학이 그랬지만 인생 전체가 참 빠르게 흘러갑니다. 행복만 누리기에도 짧은데 불행까지 끼어드니 더욱 아쉽습니다. 고고한 울음 터 뜨리며 와서 사랑하는 가족을 만났지만 결국엔 그들마저 울리고 혼자 떠나는 것이 인생인 것 같습니다. 그래서 아무리 생각해봐도 인생의 목적은 행복이 아닌 것 같습니다. 결말이 병사라면 어떻게 그것을 해피엔딩이라 하겠습니까?

인생의 목적은 행복이 아니라 '경험' 자체에 있는 것 같습니다. 그렇다면 좋든 싫든, 그 경험에서 자기만의 지혜(정보)를 깨닫는 것이 인생의 열매가 될 것입니다. 깨달음이 있다면 불행이라 여겼던 사건도 불행이 아니게 됩니다. 깨달음은 내 발을 아프게 한 것이 사실은 돌부리가 아니라 황금 덩어리였음을 알게 해 주는 일입니다. 그래서 인생에서는 깨달음이 절실합니다.

이 책에서는 나름 물리적인 측면에서 '근원'을 이해하고자 하였습니다. 하지만 물리학을 전공하지 않은 필자의 수준에서는 물리적이라기보다는 물리학적 용어를 빌려온 정도가 되겠습니다. 당연히 논리의 부재와 어설픈 비약이 있겠지만 저는 막연하고 추상적인 묘사에서 벗어나 좀 더 피부에 와 닿는 근원(존재의 이치)을 발견하고 싶었습니다.

살펴보면 서양의 현대 물리학이 그나마 객관적이고 신뢰성 있는 법들을 많이 발견하고 있었습니다. 그런데 아이러니하게도 그 사유방식의 대극점에 있는 동양철학(음양론, 氣론)과 불교 철학도 이미 비슷한 통찰을 하고 있었습니다. 수식은 없었어도 그러한 통찰의 결론에는 오랜 시간에 걸친 수많은 철인의 지혜가 포함되어 있었습니다. 그 정도면 현대 물리학과 동양철학, 이 양자를 교과서로 삼아도 되지 않겠습니까?

객관적인 법에 기준을 두지 않고 그저 남의 말만 믿고 따라가다가는 나중에 어떤 황당한 경우를 당할지 모릅니다. 그때 "미안, 이것이 아닌데(…)" 하면서 화려한 언변의 선동가가 단상을 내려와 버린다면 그 추종자들은 서로를 멀뚱히 쳐다볼 수밖에 없는 희극 같은 비극에 처하게 됩니다. 그때는 누가 누구를 탓해야 할까요? (여기서도 마찬가지입니다. 이 책에 나오는 견해들은 꼭 각자의 이성으로 재확인을 하셔야 합니다. 저 또한 "죄송합니다. 이것이 아니었군요."하면서 얼버무리면 어찌하겠습니까!)

어쨌든 이 책에서 추정하는 근원의 물리적 존재 양상은 '有와 無를 오가는 원형의 행로', 다시 말하면 '존재하려는 경향'과 '존재하지 않으려는 경향'이 공평하게 교대하는 것이었습니다. 그것이 유무 어디로도 책잡히지 않는 중도의 실상이었고 그 동태가 원운동이었습니다. 근원을 협소한 인간의 논리에 구겨 넣은 듯 억지스럽지만 둔한 필자의 수준에서는 불가피한 '사고 모델'이었습니다.

고통은 '존재'에서 나옵니다. 그리고 그 고통은 '비존재'에서 소멸합니다. 번뇌는 아상에서 불타오릅니다. 그 불꽃은 무아에서 소멸합니다. 하지만 궁극의 평화는 존재와 비존재, 그 양자(兩者)를 오가는 자유에서 이루어집니다. 무엇에도 고착되지 않는 그 자유로운 무상의 행로, 그것이 바로 중도입니다.

'존재하는 것인가 존재하지 않는 것인가, 있는 것인가 없는 것인가, 죽은 것인가 산 것인가?'

이런 질문은 우리가 가질 수 있는 모든 의문의 출발점입니다. 그래서 어린애들은 일단 '있느냐, 없느냐'를 두고 자주 다툽니다. 용이 있느냐 없느냐? 산타크로스가 있느냐 없느냐? 유치하기보다는 한편으로는 상당히 철학적입니다. 어른이 되어서도 도가 있느냐 없느냐를 두고 고민합니다. 이런 유무의 문제부터 해결하지 않으면 그 다음 단계의 고찰은 무의미합니다. 바닥 층의 존재가 확실하지 않다면 그 위층의 설계는 부질없는 짓입니다. 근원은 존재 양상의 양극단(유무)에서부터 하자가 없어야 합니다.

다행히 중도의 근원은 존재와 비존재, 두 극단의 공존을 선택했습니다. 근원의 실상은 '삶과 죽음' 혹은 '있음과 없음'을 절묘하게 교대시키는 유무의 파동입니다. 그 공존의 묘리가 회전 운동체가 되어 우주의 바탕 매질이 되었습니다. 그것을 동양에서는 기라고 명명했습니다. (현대물리학에서는 그러한 신의 입자를 직접 확인하려고 하고 있습니다. 성공을 빕니다.) 그래서 동양철학에서 언급하는 기는 항상 역동적으로 순환하는 동태를 지닙니다.

이러한 기의 회전이 만물의 부단한 움직임을 형성하는데 거기에는 규칙적인 순환의 리듬이 있습니다. 그 질서를 〈주역〉에서는 "태극시생양의太極是生兩儀"라 하여 음양의 두 극단이 교대로 나타나는 '태극 운동'이라 하였고 그 순환력을 자연의 근원적인 힘으로 여겼습니다. 순환의 이치로 인해 이 세상은 무상하면서도 규칙적으로 움직이는 역의 세계가 펼쳐집니다. 그 질서(법)를 잘 파악한다면 미래의 모습도 큰 틀에서는 일부 예측 가능할 것입니다.

o

필연은 지극한 자연스러움이기도 합니다. 자연은 필연의 산물입니다. 그것이 바로 중입니다. 거기에는 일체의 억지가 없습니다. 조금이라도 억지가 있다면 필연이 되지 못합니다. 우주가 아무리 많이 발생한다 해도 모두 중도의 태극 운동으로 돌아가게 됩니다.

태극 운동이란 유무를 공평히 수용하는 중도의 회전인데 그것은 절대 멈추지 않는 무공해 영구기관입니다. 만물은 그 영구적인 동력을 자신의 질료로 삼아 이 우주에 출현하고 있습니다. 무엇이 감히 그런 존재를 탓하며 그 운동을 멈출 수 있겠습니까?

우리가 근원을 명실상부한 만물의 바탕으로 인정할 수 있는 이유는 모든 극단에 대한 차별 없는 수용 때문입니다. 그 공평한 사랑의 발로야말로 모든 생명력을 출산하는 근원의 진정한 모성이 아니겠습니까?

지금까지 고찰해보니 중도로 운영되는 우리의 근원은 믿을 만합니다. 기가 양 극단을 오가며 회전하는 것을 보면 그 공평무사함을 인정할 수 있습니다. 원형의 가치가 그런 것입니다. 원탁의 기사들은 모두가 중심이 되어 공평하게 앉아 있습니다. 원탁이 둥글어서 손해 보는 기사는 아무도 없습니다.

그런 공정함과 더불어 기가 어떤 개체적 형상에도 기꺼이 응하는 것을 보면 피조물에 대한 애정도 충분히 인정됩니다. 그렇다면 이 우주의 끝은 파국이 아닐 것입니다. 파국을 잉태한 씨라면 처음부터 그렇게 공정하고 자애롭게 피어나지는 않을 테니까요.

하지만 막연히 근원의 본성을 짐작하는 것으로 공부를 끝낼 수는 없습니다. 본성이 공정하고 자애롭다면 우리가 삶의 곳곳에서 목격하는 고통과 비극은 도대체 무엇이며 그 원인은 어디에 있는 것일까요?

근원에 대한 좀 더 구체적인 탐구가 필요했습니다. 공평무사한 우주가 고통을 잉태할 수밖에 없는 이유를 알고 싶었습니다. 근원을 추상적인 말로만 치장하지 말고 만물을 창조해 내는 물리적이고 실존적인 장으로 구체화하여 그 이유를 찾아보고 싶었습니다.

근원은 중도의 장이고 중도는 양극을 순환하는 기에 의해 그 이치가 온전히 실현됩니다. 기는 오래전부터 동양문화권에서 만물의 존재 근거로 추정되었는데 그것의 물리적 실상이 바로 '회전'입니다. 본서에서는 그렇게 회전하면서 유무를 오가는 상변화의 차별성을 기에 부여된 체성이자 실체로 파악했습니다.

그런데 회전운동에는 좌선과 우선 두 가지 방향이 있습니다. 그렇다면 기도 두 종류로 나뉘게 됩니다. 하나는 시계방향으로 돌고 다른 하나는 반시계방향으로 돌면서 근원의 두 매질로 존재합니다. 그것이 바로 양기와 음기입니다.

즉 근원의 장에서는 좌우(음양)로 돌아가는 두 종류의 기가 동시에 발생합니다. 좌우의 차별은 없습니다. 그들은 짝의 관계입니다. 짝이란 중도라는 일원의 원리가 둘로 분화된 것이어서 둘이 결합하면 다시 중으로 돌아가게 되는 관계입니다.

이러한 중이야말로 모든 존재가 지향하는 존재 상태입니다. 만물이 중에서 시작되었기 때문입니다. 물체가 낮은 곳으로 떨어지면서 더 안전한 존재 상태가 되듯이 음양은 서로 결합하면서 안전성을 확보하게 됩니다. 그래서 음양은 태생부터 중을 향한 인력을 받으며 서로를 필요로 하게 됩니다. 이런 관계를 상보적 짝이라 합니다.

음양은 다양한 짝지음을 통해 천차만별한 만물을 만들어갑니다. 음양은 각자가 겪은 복잡다단한 경험 정보를 상대와 나누면서 좀 더 다차원적인 정보체로 조직됩니다. 그것이 성을 통한 만물의 발생이며 진화입니다.

그것이 근원의 목적이었습니다. 우리에게 에로스의 환희를 선사하는 근원의 전략은 다양한 피조물의 발생을 통한 자기애의 만족이라고 냉정하게 말할 수 있습니다. 그래도 좋습니다. 그로 인해 우리는 영원히 외롭지 않으니까요. 나에게 대상이 있다는 것이 얼마나 다행스러운 일인지는 협소한 인간의 지성으로도 충분히 이해되지 않습니까?

하지만 근원은 자기 대상을 가지지 못합니다. 근원에게 더 이상의 외부란 없기 때문입니다. 근원의 정의가 그렇습니다. 근원은 최후의 배경이자 궁극의 법으로서 오직 하나입니다. 그런데 중요한 점은, 근원이라는 장도 실체적으로 존재하기 위해서는 중도의 회전을 해야 한다는 점입니다. 모든 실존은 회전으로 확보되는 것이니까요.

그렇다면 근원은 어떤 방향으로 회전하는 것일까요? 상대가 없는 근원은 이런 회전 방향의 중도를 자체적으로 해결해야 합니다. 즉 근원은 스스로 음양(좌우)의 회전을 교대로 펼치면서 중의 균형을 맞출 수밖에 없습니다. 그것이 바로 무한대 ∞운동입니다.

근원의 운동 방향이 그렇게 좌우로 교대함으로 인해 우주에는 흥망성쇠가 반복되는 '우주 대주기'가 발생하는 것으로 생각됩니다. 근원이 좌로 도는 사이클 동안은 좌선의 기가 순행매질(근원 자체의 매질)이 되는 우주가 팽창합니다. 그 우주의 팽창이 절정에 이르기까지 만물이 분화 발전하였다가 우주가 다시 수축하면서 만물은 점차 통합(유기적 소통)되어 전체성(우주정신)을 완성하면서 우주의 대주기가 하나 완성될 것입니다. 그리고 그 다음번에는 근원의 운동이 우로 도는 사이클로 교대하면서 우선의 기가 순행매질이 되어 또 한편의 우주 드라마를 연출할 것입니다. 근원의 호흡 주기를 따라 우주도 음양으로 교대 발생한다고 하겠습니다.

우리의 입장에서, 현재의 우주는 실수의 우주라고 할 수 있으며 이 우주의 흥망성쇠가 완결되면 그 다음번에는 반대 방향으로 돌아가는 허수의 우주가 실체로 등장하게 될 것입니다. 실수는 결국 허수로 돌아가고 허수는 다시 실수로 교대됩니다. 두 우주는 그렇게 짝으로 얽혀 상대의 존재를 통해 자신의 존재 에너지를 부여받습니다. 지금 우리 우주가 팽창하는 힘의 원천은 저편 우주가 수축하면서 내 뿜은 열인 셈입니다.

이처럼 근원(존재의 법)이 좌우로 회전(무한대 운동)함에 따라 우주가 생성 소멸하는 대주기가 발생한다고 보는데 사실은 방향보다 더 중요한 것이 있습니다. 바로 '물질'의 탄생입니다.

　근원이 회전함으로 인해 그 장안에서 공평하게 발생하던 음양의 기는 서로 다른 운명을 맞이하게 됩니다. 하나는 근원과 순행하는 의식의 세계를 구성하게 되고 다른 하나는 근원과 역행하는 물질의 세계를 펼치게 됩니다. 근원과 회전 방향이 반대인 역행의 기는 저항감으로 인해 응축되는 것입니다. 그것(저항감)이 바로 물질의 시작이며 그 본질입니다.

문제는 물질입니다. 물질은 존재 자체가 자기주장의 끝판왕입니다. 물질은 근원의 장안에서 매 순간 역행하면서 자신의 존재감을 강력히 외치고 있습니다. 그러나 이러한 물질의 자기주장은 달리 보면 창조력입니다. 역행한다는 것 자체가 근원에 저항의 흔적을 남기며 자기를 주장하는 것인데 그것은 곧 어떤 개별적 존재의 탄생을 말하는 것이지 않습니까?

　자기주장이 강한 물질들은 그 속성상 서로 부딪히고 경쟁하게 됩니다. 하지만 그 갈등은 다행히도 공존의 '형상'을 조직하면서 화해합니다. 피할 수 없다면 양보할 수밖에 없으며 자멸하지 않으려면 타협해야 합니다. 물질은 그렇게 정반합의 열매를 맺어 나갑니다. 그것이 물질의 조직화이자 형상의 발생입니다.

　이 형상은 '정보'이며 정보는 물질의 수명을 초월하여 존속할 수 있습니다. 역행의 물질세계에서 만들어진 이러한 공존의 형상은 순행의 비물질세계에 그 반형상으로 고스란히 전사됩니다. 이는 중도의 역학이라 할 수 있는 '작용과 반작용의 법칙' 때문입니다. 역행과 순행의 기는 서로 얽혀 함께 돌아가는 톱니바퀴이고 양각과 음각이며 빛과 그림자의 관계입니다.

형상에는 생존의 온갖 정보와 공존의 지혜가 담겨 있습니다. 형상은 그대로 하나의 정보체입니다. 그 형상은 장구한 세월 동안 역행과 순행의 세계를 오가면서 무수한 정보와 지혜를 더욱 유기적으로 조직해 나갑니다. 그것이 진화입니다. 그리고 그런 조직화의 어느 정점에서 '자의식'이 나타납니다. 이는 기의 본성인 천부적인 자각성이 원점 회귀하여 그 시작을 반조할 수 있었기 때문입니다. 이 역시 원형으로 표상되는 중도의 능력입니다.

그 자의식이 진화를 거듭하면서 더 많은 정보와 지혜로 정교하게 조직된 인간 수준의 의식체가 되면 마침내 '언어'를 만들어냅니다. 그때부터는 자의식에 '이름'을 붙여야 합니다. 언어체계에서는 주어가 필요하기 때문입니다. 그래서 붙여진 이름이 '나'입니다. 자의식 현상을 '나'라고 부르게 되었습니다. 그러니 '나'란 존재의 탄생이 아니라 언어의 탄생입니다.

이때의 '나'는 1인칭이 아니라 3인칭 호칭에 가깝습니다. '나'라고 해도 되고 '본성'이라 해도 되고 아트만, 브라만 등 그 무엇으로 불러도 됩니다. 이름이야 뭐라 해도 상관없습니다. 본질은 근원이 개체의식으로 분화된 것입니다. '나'란 근원의 또 다른 이름 중의 하나입니다.

오직 근원(브라만)일 뿐 그 외의 실체는 따로 없습니다. '나'란 언어를 사용해야 하는 물질계에서만 존재하는 유령과 같습니다. 물질 네트워크에 진입한 의식의 일시적 호칭입니다. 근원의 원초적 의식은 '나'라는 정체성을 기준으로 이곳 물질세계에서의 경험과 지혜를 수확하고 있습니다. 그 경험 정보는 뇌의 전자기 파형으로 코딩되어 육체와 짝으로 얽혀 있는 순행 기체로 전달됩니다. 육체가 사라져도 순행 기체로 이월된 그 정보는 영원합니다. 그렇게 지혜가 누적된 정보 체가 바로 내 의식의 본원인 영혼입니다.

그렇다면 지금 우리의 본분은 '공부'이며 내 진정한 신분은 '학생'이라 하겠습니다. 제사 지낼 때도 돌아가신 조상에게 '학생부군신위'라고 하지 않습니까? 우리는 딱딱한 의자와 답답한 교실에서 배고픔과 졸림을 참아가며 열심히 지혜를 배우고 익혀야 합니다.

상극의 세계에서 마음 놓고 편히 쉴 시간은 거의 없습니다. 오직 지혜를 습득하여 의식을 확장하는 것이 삶의 목표라고 할 수 있습니다. 그것이 이곳의 삶이며 에덴동산을 뛰쳐나온 이유입니다. 우리는 즐기기 위해 환생하는 것이 아닙니다. 근원의 개체화인 아트만은 완전한 지혜인 브라만을 각성할 때까지 '나'라는 정체성을 뒤집어쓰고 물질의 고단함 속에서 고군분투하고 있습니다.

도전하지 않는 삶은 아무런 결실이 없고 시련을 겪지 않은 풀은 약초가 되지 못합니다. 부모의 품을 떠난 자식은 가문을 이어갈 어른이 될 때까지 세상의 모진 풍파를 견디어내야 합니다. 다행히 역행을 선택한 반항의 불효자는 온갖 풍파를 겪으면서도 결국엔 귀중한 지혜의 형상을 터득하여 본가로 돌아오게 됩니다. 근원이 학수고대하던 것이 바로 그것입니다. 순행 질료가 자력만으로는 도저히 만들지 못하던 '형상'을 역행의 질료가 집 밖에서 잉태하여 돌아온 것입니다. 이제 그 집은 다시 대를 이어갈 후손이 생겼습니다. 온갖 존재의 잔치가 벌어집니다. 형상은 자율적이고 주체적인 의식으로 자라나 그전까지 고요하기만 하던 집 안이 온갖 의식체들로 북적이게 되었습니다. 근원의 자기애가 실현되는 순간입니다. 성경에서 말하는 '집 나간 탕자'의 귀환이 우리에게 전하고자 하는 교훈이 그런 것이 아닐까요? 그때 아들을 맞이하는 부모의 심정은 용서가 아니라 오히려 감사와 대견함일 것입니다. 그 귀환의 여정은 브라만의 씨가 브라만의 의식으로 성장하는 전 우주적 오디세이입니다.

o

물질적 존재는 예외 없이 소멸합니다. 근원의 흐름을 거역할 수 있는 물질은 없습니다. 태엽이 풀리는 동안만 움직이는 인형처럼 물질 조직체는 제한된 수명을 가집니다. 하지만 그 물질 조직체가 겪은 모든 경험은 짝으로 결합한 순행매질의 장으로 고스란히 이월되고 누적됩니다. 그곳이 비 물질의 '영체'로서 우리 의식의 발생처입니다.

의식의 매질은 근원과 순행합니다. 그것은 근원 자체의 매질이기도 합니다. 우주는 아무런 형상이 맺히지 않은 의식의 잠재적 장에서 시작하여 우주의 모든 지혜를 갖춘 신령한 주체의식으로 진화합니다. 근원은 그렇게 무수한 주체적 법신으로 분화되어 그 상호작용 속에서 멈추지 않는 자기애의 환희를 연출합니다. 그것은 신들의 유희[lila]입니다.

노년의 평안과 품격은 영혼에 대한 지식 여부에 달려 있습니다. 인생의 통합은 영혼의 바탕에서만 가능합니다. 그 바탕 종이가 없었다면 '나'라는 일기는 써질 수 없었고, 배후의 필름이 없었다면 '나'라는 영화는 상영될 수 없었습니다. 그런즉 무수한 삶을 수용하고 저장하는 영혼의 존재를 깨닫는 것이야말로 최고의 지식입니다. 그것이 모든 종교의 본질이라 생각합니다. 내 속에 있는 그 불멸의 의식을 알아차리고 그것이 '나'의 정체임을 깨닫는 것은 절대자를 만난 것입니다. 우리가 바로 그 절대자의 구현체이기 때문입니다.

그래서 인생의 목적은 육체의 부귀영화가 아니라 자신 속의 그 절대자에게 헌납할 다양한 경험 정보이며 깨달음입니다. 전체성에 일조하기 위해 혹은 상생의 영계에 진입하기 위해 써야 할 자기 보고서의 내용은 '무엇을 누렸는가'가 아니라 '무엇을 배웠는가'입니다. 다행히 중도가 그 배움을 실현해 주고 있습니다. 물질에서 의식에 이르기까지 모두 중도의 무위가 펼친 필연적 학습의 결과물들입니다.

중도는 존재의 역학(力學이자 易學)이며 근원의 본성입니다. 이런 중도의 본성을 달리 표현하면 '일체 긍정'입니다. 소아의 가치관에서 나오는 상대적 분별을 초월하여 근원의 심정에서 모든 피조물의 절대적 가치를 깨닫는 것입니다.

만물을 절대적으로 긍정할 수 있는 이유는 궁극의 실상인 의식의 세계에서, 타자는 곧 내 의식의 실상이라는 이해에 근거합니다. 그러한 이해가 진정한 사랑을 깨닫는 토대가 됩니다. 너와 나라는 경계는 대립이 아니라 환희의 조건인 것이지요.

그래서 인생에서 기필코 배워야 할 학습 목표는 '사랑'입니다. 어렵게 돌고 돌아왔지만 결국 사랑입니다. 진정한 사랑은 일체를 받아들이는 중도의 마음자리에서 자연스럽게 피어납니다. 우리가 수많은 죽음과 환생을 통해서 체득해야 할 교훈은 바로 '사랑'인 것입니다.

물론 진정한 사랑을 깨닫기까지는 앞으로도 수많은 생이 동원될 것입니다. 특히 소심한 나의 의식은 더욱 사랑의 가치를 깨달아야 합니다. 내가 사랑을 말하기에 부족한 것도 있지만, 너무 쉽게 사랑을 말하고 싶지는 않습니다. 사랑은 삶의 전제가 아니라 모든 구도적 삶의 결실입니다.

모든 통찰의 결론은 일체 긍정의 사랑을 가리키고 있습니다. 그 사랑은 숭고한 인격들만이 추구하는 윤리적 목표가 아니라 모든 존재가 지켜야 하는 공존의 과학이자 행복을 구하는 방정식의 유일한 해解입니다.

모두가 긴밀하게 엮이어 있는 연기의 법계에서 타인에 대한 사랑은 결국엔 자기애의 완성으로 돌아옵니다. 음과 양이 그렇듯이 나와 남은 합일되어 있기 때문입니다. 그래서 진정한 사랑은 일방적 희생이 아닙니다. 남을 위해 나를 희생하는 것은 사랑도 아니고 선도 아닙니다. 그것은 오히려 상대에게 빚을 안기는 무례함이며 상대의 존재 근거를 허무는 일입니다. 진정한 사랑은 자기애의 완성과 일치하며 그것은 자신을 위한 최선의 선택이자 전체성을 향한 최고의 헌신입니다.

서로가 서로에게 존재의 의미가 되는 근원적 이치를 볼 때 사랑은 공존의 과학입니다. 사랑은 타자他者 속에 깃들여 있는 나의 의미를 발견하는 일이며 내 존재의 근거가 되는 타자의 가치를 발견하는 일입니다. '나'가 전제되지 않은 사랑은 없습니다. 모성애조차 그 본질은 자기애입니다. 이런 사랑은 노력하여 성취하는 것이 아닙니다. 진정한 사랑은 발견됩니다. 사랑은 과학적 발견입니다. 나와 남이 차별되지 않는 궁극의 존재 양상에서 남을 사랑한다는 것은, 결국 나를 가장 행복하게 하는 일임을 발견하게 됩니다.

궁극의 세계에서는 각자의 의식이 합일하여 그곳의 현실을 창조합니다. 그곳에서는 타자가 발하는 의식의 파동이 내가 경험하고 누리는 실제 환경이 됩니다. 어찌 그의 행복 파波를 염원하지 않을 수 있겠습니까?

그곳에서 사랑의 궁극적 수혜자는 자기 자신입니다. 얼마나 다행스럽습니까? 사랑이 그렇게 자연스럽게 일어날 수 있다는 것이 말입니다. 내가 나를 사랑하는 것만큼 자연스러운 행위가 어디 있을까요? 거기엔 아무런 억지가 없고 일체 힘이 들지 않습니다.

중덕中德의 능력을 볼 때 결국 사랑은 자연스럽게 이루어질 것입니다. 하지만 그 사랑의 무게는 결단코 가볍지 않습니다. 사랑은 우주보다 더 무거운 만물의 존재 원리입니다. 온 우주적 시간과 사건을 통틀어서 얻을 수 있는 위대한 교훈입니다. 그래서 너무 쉽게 사랑을 말하고 싶지 않습니다.

우리는 사랑을 말하기 전에 우선 만물의 존재 원리부터 배워야 합니다. 그것이 육체에 구속된 존재가 겸손하게 먼저 추구해야 할 도리라고 생각합니다. 사랑에 대한 지식도 없이 어찌 올바른 사랑이 나올 수 있겠습니까? 강아지를 사랑한다고 온종일 안고만 있으면, 충분히 잠을 자지 못한 그 강아지는 결국 죽어 버리고 맙니다. 그것은 아무런 지식도 없이 그저 자기만족을 위해 상대를 이용한 것에 지나지 않습니다.

먼저 만물의 존재 원리에 대한 '이해'가 참다운 사랑의 과학을 열어줍니다. 사랑은 행복을 향한 위대한 지식이며 고귀한 정보입니다. 음양이 맞물려 돌아가는 법계法界에서 상대의 경계를 존중하는 사랑은 윤리적 권고가 아니라 물리학적 결론입니다.

> 사랑도 미움도 이해가 우선해야 한다.
> _레오나르도 다빈치

부단히 지식을 추구하고 합리적인 이성으로 그 지식을 통합하다 보면 언젠가 아집我執의 불꽃은 편안히 꺼지고 우리는 범아일여梵我一如의 환희를 체득하게 될 것입니다. 그때 구도의 여정은 각자의 빛나는 일상에 합일할 것입니다. 그날을 기대해 봅니다.

방랑의 길에서
- 크눌프를 생각하며

슬퍼하지 말아요. 이내 밤이 옵니다.
밤이 오면 파아란 들판 위에
서늘한 달이 살며시 웃는 것을 바라보며
서로 손잡고 쉬어요.

슬퍼하지 말아요. 이내 때가 옵니다.
때가 오면 쉬어요. 우리들의 작은 십자가
밝은 길가에 둘이 서로 서 있을 거예요.
비가 오고 눈이 오고 바람이 오갈 것입니다.
_헤르만 헤세

이 책은 소설에 가깝습니다. 상상의 산물이기에 글자 그대로 다 믿어서는 안 됩니다. 하지만 그것이 허구라 할지라도 근원의 존재 원리와 자신의 정체에 대해서 진지하게 탐구하고 싶은 동기부여가 되었다면 충분히 만족합니다. 이 책의 오류를 지적하고 좀 더 명확한 이치를 밝혀줄 후학을 기다립니다.

○

사랑은 이별을, 영원은 무상을 전제로 합니다. 그들은 서로 떨어지지 않습니다. 그러니 무상한 매 순간과 이별하는 우리는 영원히 매 순간을 사랑하는 사람입니다.

중도와 물리학
정신과 의사의 빛나는 삶을 위한 사유

2021년 7월 12일 초판 1쇄 발행
2022년 1월 3일 초판 2쇄 발행

지은이 최성욱
펴낸이 표원경
편집 표원경
디자인 이경란
발행처 도서출판 한동네
　　　　출판등록 2015년 4월 2일
　　　　주소 14900 경기도 시흥시 하우로 145번길 35
　　　　전화 070-4159-1230 팩스 031-311-1232
　　　　이메일 cello-freesia@hanmail.net

ⓒ 도서출판 한동네 2021

ISBN 979-11-972892-2-4 (03150)